HANSJÖRG SING

DER JAKOBSWEG

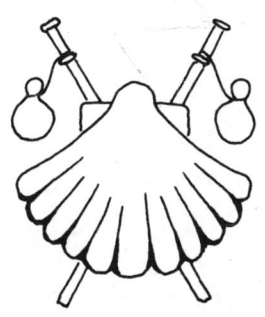

verlag
VIA

Fotos: Hansjörg Sing

Zeichnungen, Gesamtgestaltung und Umschlagsentwurf:

Olly und Hansjörg Sing

Schriftgrafik: Jasmin Gubo

Titelbild: Portal der Santiago-Kirche in Villafranca del Bierzo

Buchrückseite: Portal der Pilgerkirche in Aubrac

20. 05. 89

herzlichst

Hans Jörg Sing

1. Auflage 1985
2., überarbeitete und erweiterte Auflage 1987
3., überarbeitete und erweiterte Auflage 1988

© 1985   Via Verlag
         Postfach 3572
         D-7900 Ulm

Druck: Frey Druck GmbH Ulm

Printed in West-Germany   ISBN: 3-9801068-1-0

INHALT

Vorwort 7

PILGERREISEN - PILGERGRUENDE 8

DER JAKOBSWEG
Geschichte und Legende 12
Der Jakobskult, die erste europäische Gemeinsamkeit 16
Die Ikonographie des Hl.Jakob 17
Die Jakobsverehrung in Deutschland 20
Kunst am Jakobsweg 25

DER JAKOBSBRUDER DES MITTELALTERS 35
Das Erscheinungsbild des mittelalterlichen Jakobspilgers 35
Muschel und andere Pilgerzeichen 36
Die Organisation der mittelalterlichen Pilgerfahrten 38
Pilgerfahrt und Rechtssprechung 41
Probleme und Gefahren mittelalterlicher Pilgerfahrten 42
Pilgerlieder 44

DER CODEX CALIXTINUS 46
Übersicht und Inhalt 46
Das 5.Buch des Liber Sancti Jacobi 49

PILGERWEGE NACH SANTIAGO 52
Die Pilgerwege des Mittelalters 52
Der Pilgerweg dieses Buches 54

DER JAKOBSBRUDER DER GEGENWART 56

LE CHEMIN DE ST. JACQUES 59
Burgund
Beaune 65   Semur 70   Fontenay 73
Avallon 75   Vézelay 78
Saulieu 85   Arnay-le-Duc 85   Autun 86
Paray-le-Monial 88
Auvergne und Massif-Central
Thiers 93   Issoire 94
Brioude 94   La Chaise-Dieu 95
Le Puy 98   Aubrac 105
Conques 110   Figeac 116
Rocamadour 118   Cahors 121
Moissac 122
Midi-Pyrénées - Gascogne
Gascogne 126
Agen 128   Condom 128   Pau 129
Ostabat 131   St.Jean-Pied-dePort 132

EL CAMINO DE SANTIAGO

Navarra 138
Roncesvalles 141 Pamplona 143 Puente de la Reina 147
Estella 152 Viana 154
Altkastilien 155
Rioja 155 Logrono 156 Najera 156
San Millàn de la Cogolla (Yuso und Suso) 157
Santo Domingo de la Calzada 162 Redecilla del Camino 161
San Juan de Ortega 162 Burgos 164
Santo Domingo de Silos 172 Sasamòn 175 Castrojeriz 175
Frômista 176 Villalcazar de Sirga 178
Carrión de los Condes 178 Sahagún 182
San Miguel de Escalada 185 León 186
Hospital del Orbigo 192 Astorga 193
Rabanal-Paß 194 Ponferrada 197 Villafranca del Bierzo 198
Galicien 201
El Cebreiro 202 Triacastela 204 Samos 205
Sarria 206 Puertomarin 207
Vilar de Donas, Palas del Rey 208 Mellid 208 Labacolla 209
Santiago de Compostela 210

DIE KÜSTEN GALICIENS 225

DER ARLES-WEG 230

Sanguesa, Leyre 230 Jaca, Oloron Ste.-Marie 231
St.-Bertrand-de-Comminges 231 Toulouse, St.-Gilles, Arles 232

PARIS-WEG UND VEZELAY-WEG

Aquitanien 233

DER PARIS-WEG 237

Tours 237 Poitiers 238 Saint-Savin 241 Chauvigny 241
Parthenay 243 Melle, Aulnay 244 Saintes 246 Sorde 247

DER VEZELAY-WEG

Charitê s.Loire, Nevers, Bourges 249 Neuvy-Saint-Sepulchre 252
Gargilesse-Dampierre, La Souterraine 253 Saint-Léonard-de-Noblat 254
Périgord 255 Saint-Jean-de-Côle 257
Perigueux 258 Sarlat, Souillac 259
Saint-Sever 262 Hagetmau 263

WANDERKARTEN DURCH NORDSPANIEN 246

SPEZIELLE INFORMATIONEN 281

KLEINER SPRACHFÜHRER Französisch und Spanisch 285

REGISTER 286

C Unser pilgerschaft soll wir volbringū mit gaistlichē fröden / in dem lob gots vn̄ in haltung seiner gebot. Als Dauid spricht. Cantabiles michi erāt iustificatē es rue / in loco peregrinationis mee. Herr / deine gebot hab ich ge sungū / in der zeit meiner pilgerschaft. Wölche pilgerschaft die kirch begett von dem ersten sontag nāch trinitatis / vnn zum ersten sontag des aduents

Pilgergruppe im Wald

Hans Burgkmair in: Johannes Geiler von Kaysersberg, 1508
"Predigen Teutsch: und vil gutter leeren..."
München, Bayerische Staatsbibliothek

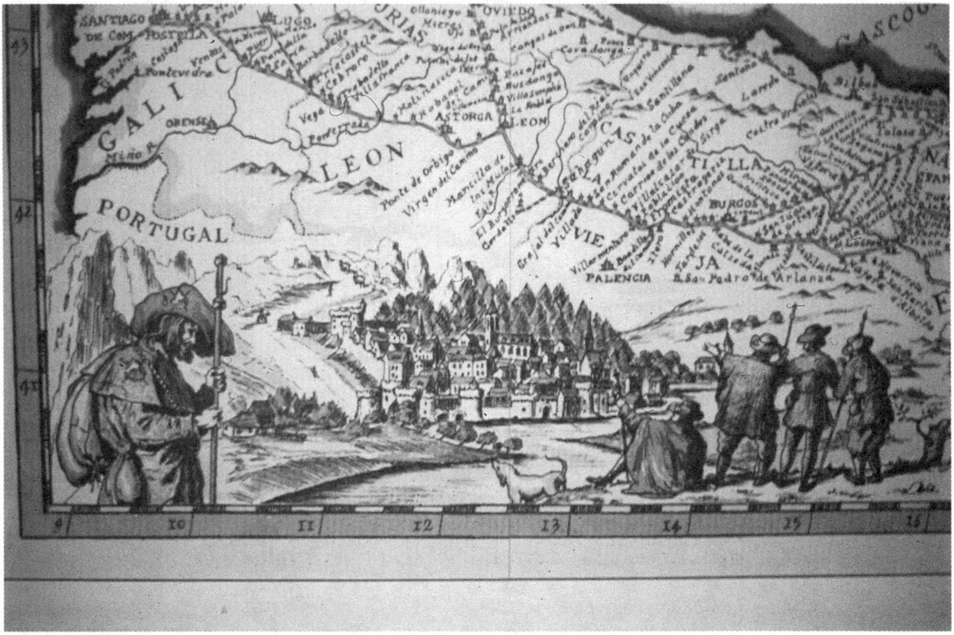

Mittelalterliche Pilger auf dem Weg nach Santiago de Compostela

Junge Pilger der Gegenwart am Ortsausgang von Sahagún

ÐER JAKOBSWEG
LE CHEMIN ÐE ST. JACQUES
EL CAMINO ÐE SANTIAGO

Nach Santiago pilgern

Sich zu den Jakobsbrüdern zählen

Auf dem Camino sein

(wie man in Spanien sagt)

Das ist weit mehr als gewöhnlicher Urlaubstourismus.
Es ist auch nicht nur das, was man unter Pilgerfahrt im ursprünglichen
Sinne meint: eine fromme Wallfahrt. Es ist ein besonderes Erlebnis,
das man nie mehr vergißt und nach welchem man immer ein wenig Sehnsucht hat. Den meisten, denen man auf dem Camino begegnet, sieht
man es an: daß sie Individualisten sind, auch in der Gruppe, daß sie
Menschen sind mit offenen Augen für das Schöne, mit Sinn für das
Außergewöhnliche und offener Seele für das, was zwischen Himmel und
Erde ist. Da trifft man Interessierte und Interessante, Kunstliebhaber,
eigenwillige Einzelgänger oder einfach solche, die den gebuchten Inclu-
sive-Urlaub leid sind.

"Auf dem Camino sein" bedeutet:
Stille der Landschaft und Schönheit der Kunst, mittelalterliche Stadt-
bilder, Tavernen mit gutem Wein und bodenständiger Küche, Menschen,
die ihre Eigenheit bewahrt haben: Auvergner und Gascogner, Basken
und Galicier. Und vor allem: Romanik und Gotik in ihrer reinsten und
schönsten Form.

pilGeRReisen –
pilGeRGRuenDe

Wallfahren = die Heimat verlassen

= in die Fremde gehen

= am Ort des Heils ankommen

ist gleichbedeutend mit den Fragen:

- Woher kommt der Mensch ?
- Welchen Sinn hat sein Leben ?
- Wohin geht er ?

In die Fremde gehen 'das Elent bauen' wie im Mittelalter hieß.

Peregri (lat.) = in die Fremde gehen, peregrinus = der in der Fremde weilende, peregrinatio = Aufenthalt in der Fremde.

Der Mensch, ursprünglich ein 'Civis coelestis', ein Bewohner des Himmels, wird geboren zum 'Hospes terrestris', zum Gast auf Erden, wo er in 'in der Fremde' ist, wo Versuchung und Gefahr auf ihn warten, und von wo aus er nach seinem Tod über Buße und Läuterung (Hölle und Fegefeuer) wieder zum 'Civis coelestis' wird.

Die Wallfahrt war und ist das greifbare Sinnbild der Peregrinatio religiosa: der Mensch begibt sich in die Fremde, um sich zu vergegenwärtigen, daß auch sein Leben, die Zeitspanne zwischen Geburt und Tod, eine Peregrinatio ist.

Für jede Wallfahrt gilt die Devise: 'per aspera ad astra': durch Mühsal und Plage zum Paradies. Das Aufsichnehmen von Ungewißheit und Strapazen, Krankheit und Gefahr, um am Ende die körperliche Begegnung mit dem Heiligen, mit dem Heil, zu erfahren.

Der Wallfahrer ist der 'Homo viator' = der auf dem Weg befindliche, auf dem Weg durch die Fremde zum Ort der Gnade. Im übertragenen Sinne: vom Jammertal Erde zum himmlischen Jerusalem. Paradies, Ewige Jagdgründe, Nirwana - es hat viele Namen.

Augustinus: "Wisset, daß ihr Pilger seid auf dem Wege zum Herrn".

8

Die Wege sind unterschiedlich:
- als religio carnalis (carne = Fleisch, übertragen: körperlich),
den Stab ergreifen, durch Wind, Wetter und Gefahr einen Weg
gehen = wallfahren.
- als religio spiritualis (spiritus = Geist), sich vom allzu Irdischen
und Menschlichen abwenden, im Claustrum (Kloster) ein kontemplatives und entsagungsvolles Leben führen.
Am konsequentesten lebte Franz von Assisi nach dieser Idee. Nach seiner
Auffassung sollten seine und seiner Brüder Wohn- und Aufenthaltsräume
nicht einmal eine Spur des Bequemen oder gar Gemütlichen enthalten,
sondern arm und unbequem stets an den Aufbruch gemahnen. Pauper
et Peregrinus - ein armer Durchreisender auf dem Weg zu Gott.
Franziskus bediente sich sogar beider Wege, der religio spiritualis und
carnalis, indem er im Jahre 1212 selbst nach Santiago pilgerte und
unterwegs Ordensgemeinschaften und Klöster gründete, wie z.B. in der
Stadt Astorga.

Welche Gedanken und Wünsche lagen der Wallfahrt zugrunde?
Wer satt und gesund auf bequemen Kissen ruht, denkt selten über den
Rand des Kochtopfes oder Divans hinaus, noch seltener an Gott. An
ihn besinnt er sich erst, wenn sein Magen knurrt, wenn Krieg, Krankheit,
Zerstörung und die Angst ums Leben ihn an die Vergänglichkeit des
Irdischen erinnern.
Die bequemen Kissen freiwillig verlassen, sich vom Haus in die Haus-
losigkeit begeben, das Tägliche und oft allzu Banale verlassen, das keine
Zeit zum Nachdenken läßt - man steht früh auf, weil man viel zu tun
und sinkt früh in den notwendigen Schlaf - , in die Ungewißheit des
Fremden gehen in der Hoffnung, neue Erkenntnisse zu gewinnen und
seinen Horizont so nah wie möglich an die Grenze zur Unendlichkeit
zu erweitern.

Was ist Dantes 'Comedia Divina' anderes als eine Peregrinatio?
Das menschliche Leben ist ein 'selva erronea', ein Irrwald, in welchem
der Panther als Symbol der Sinnlichkeit, der Löwe als Symbol der Gel-
tungssucht und die Wölfin als das der Habsucht auf den Wanderer lauern.
Was sind die Gelübde der Ordensleute, Keuschheit, Gehorsam und
Armut, anderes als die Entsagung an diese drei Bedürfnisse des Menschen: Genuß, Macht und Reichtum?
Führte der Pilgerweg Dantes in seiner Comedia, geführt von Vergil
und beflügelt von Beatrices Liebe, nicht ebenso durch die Hölle und
über den Berg der Läuterung zum Paradies?
In seiner 'Vita Nuova' sagt Dante: 'nur der darf sich wahrlich Pilger
nennen, der nach Santiago de Compostela zog'.

Die Zeiten der großen Wallfahrten des Mittelalters sind vorbei und
nicht jeder von uns hat das Zeug zu einem Franziskus oder Dante in
sich.
Warum wird heute weniger gepilgert? Ich sehe drei Gründe dafür:

- Auto und Flugzeug reduzieren Reisen, die früher Wochen, Monate oder Jahre dauerten, zu Stunden- oder Tagesetappen.
- Bücher, Zeitungen und Fernsehen sorgen dafür, daß die Fremde so fremd nicht mehr ist.
- Und wir liegen alle satt und gesund auf weichen Kissen.

Oder vielleicht doch nicht mehr so uneingeschränkt?

Woher sonst kommt das wiedererwachende Interesse an der Pilgerfahrt nach Santiago?

Pilger verschiedener Nationen, zu Fuß, per Fahrrad oder motorisiert, die mir auf dem Camino immer wieder begegneten, bestätigen dies, und gleichzeitig meine Absicht, ein Buch über den Camino zu schreiben.

Beim Versuch, die Beweggründe zu einer Wallfahrt früher und heute zu katalogisieren, muß man wohl in den Vordergrund der mittelalterlichen Pilgerreisen die 'Peregrinatio religiosa' stellen, die Pilgerschaft als Symbol des menschlichen Lebens. Für manchen gilt das auch heute noch. Ob das Pilgerziel nun Jerusalem oder Rom, Einsiedeln oder Santiago war oder ist, ob der Wallfahrer zu Fuß oder zu Pferd, im Bus oder mit dem eigenen Auto die heiligen Stätten anstrebte, es waren in der Hauptsache fünf Gründe, die ihn zur langen Reise bewogen:

1. 'Peregrinatio devotionis causa':
d.h. zur Verehrung eines Heiligen oder eines Heiligtums, alle Jahrhunderte und alle Religionen kennen das. Die alten Griechen zogen bereits deshalb nach Epidauros, Delphi und Dodona.

2. 'Peregrinatio religiosa':
der Wunsch, etwas für sein Seelenheil im Hinblick auf das Jenseits zu tun. Deshalb zieht es auch den Mohammedaner nach Mekka, den Hindu nach Benares und den Juden nach Jerusalem.

3. 'Peregrinatio Poenitentialis':
der Wunsch des Bösewichts, aus freien Stücken Buße zu tun und die Vergebung seiner Sünden zu erhoffen.

4. Die Hoffnung auf ein Wunder, auf Heilung langer Krankheiten.

5. Die Erfüllung eines Gelübdes nach überstandener Krankheit oder Gefahr. Die Exvotos wie Kerzen, Bilder und Krücken in den Wallfahrtskirchen zeugen davon.

Hinzu kommen drei weitere, allerdings für das Mittelalter typische Pilgergründe:

1. Die politische Wallfahrt:
Kaiser, Könige und Fürsten, Bischöfe und Äbte pilgerten mit großem Hofstaat, um anzudeuten, auf welcher Seite sie stehen und wer auf

ihrer Seite steht.

2. Die bezahlte Wallfahrt:

vom 14. Jahrhundert an bediente sich die reiche Oberschicht der sogenannten stellvertretenden Wallfahrt. Nach bestimmten Tarifen bezahlten Berufspilgern wurde das Gelöbnis einer Wallfahrt übertragen.

3. Die Strafwallfahrt:

Wallfahrt als Gerichtsurteil. Ein in Holland häufig praktiziertes Verfahren: Mörder oder andere Gewaltverbrecher wurden von weltlichen Gerichten dazu verurteilt, als Sühneleistung nach Santiago zu pilgern, woselbst sie sich schriftlich die vollzogene Wallfahrt bestätigen lassen mussten. Dieses Verfahren hatte überdies noch den Vorteil, die Missetäter vor der Lynchjustiz zu bewahren.

Ein an niederländischen Gerichten beliebtes Strafwallfahrtsziel war auch Rocamadour an den Ausläufern des Massif-Central, wobei oft so geringfügige Delikte wie Lärmen auf nächtlicher Straße oder öffentliches Gezänke keifender Weiber Grund genug für eine Strafwallfahrt waren.

Sicher aber waren auch damals mehr oder weniger hintergründig drei ganz andere Motive ausschlaggebend, die heute mehr in den Vordergrund treten:

1. Die Eintönigkeit des Alltags einmal zu durchbrechen. Tapetenwechsel sozusagen.

2. Die Neugier, fremde Länder und Menschen kennenzulernen und der Wunsch, sich einen anderen Wind um die Nase wehen zu lassen.

3. Die Sehnsucht nach Abenteuer und Improvisation.

Und sicher verbargen sich auch zu Zeiten der christlichen Wallfahrt unter so manchem Pilgermäntelchen Wünsche ganz unheiliger Art.

Ob man sich nun als frommer Wallfahrer oder als schlichter Tourist sieht, ob man sich auf dem Camino mehr in Kirchen oder in Kneipen aufhält, ist eines jeden eigener Geschmack.

Endlich vor der Kathedrale von Santiago zu stehen, vor die Jakobssäule zu treten und die Finger in die Vertiefungen der Jahrhunderte zu legen, ist ein Augenblick, den die einen in mystischer Versenkung, die anderen mit Staunen oder Neugier erleben. Mas o menos (mehr oder weniger).

Aber das Stadtbild von Santiago und die Calle del Franco oder die Rua del Villar hinterläßt ebenso einen bleibenden Eindruck.

Und so will sich dieses Buch als Reise- und/oder Pilgerführer sehen: Zu ebenso schönen wie charakteristischen Landschaften Frankreichs und Nordspaniens, zu deren Menschen, Dörfern und Städten und zu außergewöhnlichen Kunstwerken abendländischer Kultur.

ÐER JAKOBSWEG

GESCHICHTE UND LEGENDE

Der Weg Santiago de Compostelas durch die Jahrhunderte der christlichen Zeitrechnung vom Apostelgrab zum Wallfahrtsort, Bischofssitz und zur Universitätsstadt führt über nachweisbare, geschichtliche Quellen und legendäre Überlieferungen.

Legenden sind, wie man weiß, nicht einfach aus dem Nichts, sondern aus meist mündlich weitergegebenen Berichten entstanden. Die Häufigkeit ihrer Wiedergabe, Sprachunterschiede, geschichtliche Hintergründe, regionales Brauchtum und vieles andere ergeben letztlich aus mancher Legende eine fast unglaubliche Geschichte, die aber doch immer ihren wahren Kern hat.

So ist der Weg Sankt Jakobs, und damit die Geschichte der Stadt Santiago de Compostela, ein schillerndes Mosaik aus "sicher", "vermutlich", "vorstellbar" und "wahrscheinlich". Sie ergibt am Ende jedoch ein harmonisches Bild, bei dessen Betrachtung die Nachweisbarkeit dieser oder jener Einzelheit unwesentlich ist.

Im Neuen Testament ist von zwei Personen namens Jakob die Rede: Jakobus der Ältere und Jakobus, des Alphäus' Sohn, genannt Thaddäus. Gelegentliche Unsicherheiten darüber, welcher von beiden nun in Santiago begraben liegt, ließen den berühmten Spruch vom "Wahren Jakob" entstehen. Alle Quellen ergeben jedoch inzwischen eine gemeinsame und eindeutige Aussage: es handelt sich um Jakobus den Älteren.

JAKOBUS DER ÄLTERE

Er wurde am See Genezareth in Galiläa als Sohn des Fischers Zebedäus und der Salome, einer Verwandten Marias, geboren. Gemeinsam mit seinem Bruder Johannes dem Evangelisten wurde er Apostel Christi und begleitete dessen Lebensweg bis zur Stunde der Gefangennahme am Ölberg. Nach den Überlieferungen des Hl. Hieronimus (390) soll er bald nach dem Tod Christi in der weit entfernten römischen Provinz Hispania (Spanien) missioniert haben. Er folgte damit dem Pfingstaufruf Jesu: "Gehet hinaus in alle Welt und lehret alle Völker". Er und Johannes, der sich nach Griechenland wandte, waren die eifrigsten in der Ausführung der Pfingstbotschaft, weshalb es als "wahrscheinlich" gilt, daß er bereits vor der Überführung seiner Reliquien nach Santiago in Spanien war. Als er nach seiner Missiontätigkeit nach Jerusalem zurückkehrte, wurde er von den Gläubigen in einen Rang erhoben, der dem eines Bischofs entspricht. Diese Tatsache veranlaßte Herodes Agrippa I. ihn im Jahre 44 n.Chr. enthaupten zu lassen. So wurde der Hl.Jakob zum ersten Märtyrer des Christentums.

Er wurde am Berg Sinai begraben, an der Stelle des berühmten Katharinenklosters. Als im Jahre 614 Sarazeneneinfälle drohten, wurde sein Leichnam an das Ende der damaligen Welt, 'finis terrae', in der Nähe des heutigen Kaps Finisterre am nordspanischen Atlantik gebracht.

Eine der Legenden berichtet sogar, das Boot mit dem Sarkophag sei führerlos in der Bucht von Iria Flavia (röm.Gründung, heute: Padron) gestrandet. Das 20 km südwestlich von Santiago de Compostela gelegene Städtchen wurde von vielen Jakobspilgern besucht. Erst der mystische Anblick jenes Meeres, das den Leichnam hierher brachte, bedeutete für sie das Ende ihrer Wallfahrt.

Die Legende erzählt weiter, daß man den Sarg auf einen Wagen legte und diesen von Ochsen ziehen ließ, bis sie von alleine stehen blieben. An dieser Stelle wurde sein Grabmal errichtet.

Im Jahre 825 sah ein Hirte des öfteren ein Licht, vielleicht einen Stern, über einem Feld und berichtete dies der kirchlichen Obrigkeit, welche der Sache nachging, im tiefen Gebüsch das Apostelgrab mit römischen Inschriften, welche Jakobus identifizierten, entdeckte und eine Kirche über ihm errichtete.

An dieser Stelle wurde die Stadt gegründet, deren Name allein schon Beweis genug für die Legende ist: Santiago von Sankt Jakob, Compostela von 'campus stellae' (lat.) = Stern über dem Feld.

In der Mitte des 9. Jahrhunderts wurde die Translatio (Überführung) und Grablegung des Apostels in Santiago in den Martyrologien (Märtyrerchronik) von Metz und St.Gallen notiert.

DIE BEDEUTUNG DES APOSTELGRABES FÜR SPANIEN

Südspanien war zu jener Zeit von den Arabern besetzt, die man in Spanien 'Moros' (Mauren), im übrigen Europa oft Sarazenen nannte, und welche wiederholt Angriffe auf den Norden unternahmen "im Namen Allah's und seines Propheten Mohammed".

Da der Begriff 'Vaterland' in jenem Teil der Geschichte noch nicht existierte, kämpfte und starb oder siegte man noch für andere Ziele wie zum Beispiel für einen gemeinsamen Glauben. Dem Kriegspatron und Bannerträger Mohammed der Mauren hatten die Christen nichts Gleichwertiges entgegenzusetzen, bis Jakobus zum genau richtigen Zeitpunkt auf der Bildfläche erschien.

Von nun an zog man unter dem Zeichen des 'Matamoros', des Maurentöters Jakobus, und mit dem Schlachtruf "Santiago" gegen den ungläubigen Feind ins Feld. Aus dieser Zeit der 'Reconquista', der Rückeroberung Spaniens aus den Händen der Mauren, stammen viele Abbildungen, Skulpturen und Malereien des Hl. Jakob, hoch zu Roß, als Kriegsheld mit Fahne und Schwert, die Mauren unter sich zermalmend: als überlebensgroße Statue über dem Portal der Jakobskirche in Logrono, in den Kathedralen von Burgos, Leon u.a.

Die Kunde von Jakobus als Streiter für die christliche Sache drang bald ins gesamte Europa und weckte in Vielen den Wunsch, den Heiligen an seinem Grab zu verehren.

Die Reformbewegung von Cluny, der Cluniazenserabtei, war in diesem Glaubenskampf gegen die Mauren Antriebskraft und Organisationshilfe.

St.Jakobus 'Matamoros' in der Kathedrale von Santiago de Compostela

Im 10. und den folgenden Jahrhunderten zogen Millionen von Pilgern, nicht nur aus Europa, nach Santiago de Compostela. Die Stadt erfuhr dadurch einen so bedeutenden religiösen, wirtschaftlichen und kulturellen Aufschwung, daß sich schon 974 der Bischof von Santiago 'Bischof des Apostolischen Stuhles' nannte. Dieser für den Geschmack Roms zu anmaßende Titel wurde einem späteren Bischof von Papst Leo IX. mit der Androhung der Exkommunizierung abgesprochen. Trotzdem: Papst Calixt II., der burgundische Onkel des Königs Alfons VII. von Galicien, setzte in Santiago einen Erzbischof ein und erklärte die Jahre, in welchen der 25. Juli (Jakobstag) auf einen Sonntag fällt, zu Heiligen Jahren (1048, 1954, 1971, 1982 1983, 1993).

Die Erzbischöfe von Santiago waren ab dem Jahre 1135 (Alfons VII) gleichzeitig die Erzkanzler des Königreiches Leon und Kastilien.
In den folgenden Jahrhunderten wurde Santiago de Compostela zu einem Zentrum christlicher Kultur und Wissenschaft, vergleichbar mit Cordoba im Süden Spaniens, dem Mittelpunkt der islamischen Welt in Europa.

An dieser Stelle möchte ich mir eine Randbemerkung erlauben, die mich zu Zeiten der Inquisition zumindest einem 'hochnotpeinlichen Verhör ausgeliefert hätte:
Die Mauren schlugen die Christen, die Christen schlugen die Mauren. Denn in den Augen der einen waren die anderen die Ungläubigen und umgekehrt. So weit, so gut. Oder so schlecht.
Man kann sich aber selbst als guter Christ nicht um die Tatsache herummogeln, daß die Mauren im Süden, in Cordoba, Granada und Toledo, so barbarisch gar nicht hausten. Gewiß, sie waren eine Besatzungsmacht. Aber sie arrangierten sich mit den Einwohnern, Bauern und Bürger blieben, was sie waren, und der Handel lag, wie damals üblich, überwiegend in den Händen der Juden. An den Universitäten Cordoba und Toledo lehrten und forschten nebeneinander Cristen, Juden und Moslems, und das war ein- und erstmalig in Europa! In den Wissenschaften Mathematik, Astrologie, Medizin und anderen waren die Mauren dem Abendland weit voraus.

Zurück nach Santiago.
Der Papst Alexander III. verleiht 1181 in seiner Bulle 'Bula Regis Eterni' allen büßenden Jakobspilgern vollen Ablaß und Vergebung der Sünden.
In den Heiligen Jahren sogar denen, die sonst nur vom Heiligen Stuhl das 'ego te absolvo' erhoffen konnten.
Welch eine Gesellschaft von Mördern, Blutschändern und sonstigen unheiligen Gesellen mochte sich in den Heiligen Jahren in Santiago eingefunden haben.
Damit nun kein falsches Bild vom Jakobsweg entsteht, muß gleich hinzugefügt werden, daß die Wallfahrt nach Santiago nach und nach auch zu einem gesellschaftlichen Ereignis wurde. Bischöfe, Könige und Fürsten und der wohlhabende Bürgerstand zogen mit mehr oder weniger großem Geleit durch Frankreich und Nordspanien, machten in großen Häusern Station, hielten prunkvolle Tafeln und verhalfen somit den Wirtsleuten, Hoteliers und vielen Handwerkern zu Wohlstand.

Viele Heilige haben im Laufe der Jahrhunderte da und dort gelebt und gewirkt. Der Heilige Jakobus jedoch war der Zeitgenosse und Weggefährte Christi.
Sein Grab ist neben denen von Petrus und Paulus in Rom das einzige Apostelgrab in der westlichen Welt.

DER JAKOBSKULT
- DIE ERSTE EUROPÄISCHE GEMEINSAMKEIT

Die Pilgerfahrten nach Santiago nahmen bereits ab der Mitte des 12. Jahrhunderts ein so gewaltiges Ausmaß an, daß sie "in ihrer Bedeutung für die gemeinsamen religiösen Aspekte, aber auch für das Aufblühen von Handel und Gewerbe, Kunst und Wissenschaft und überhaupt für das Zusammenwachsen des Abendlandes gar nicht hoch genug gewertet werden können". (Prof.Dr.Hermann J.Hüfner)
Der Jakobsweg wurde zum ersten gemeinsamen Erlebnis des Abendlandes. Mit einer gemeinsamen Religion zu einem gemeinsamen Ziel im Kampf gegen einen gemeinsamen Feind, den Mauren. Nichts stärkt bekanntlich die Gemeinsamkeit mehr als ein Feind vor der Haustüre, der zudem schon einen Fuß in der Wohnung hat. Die Mauren waren, wie gesagt, schon in Süd- und Mittelspanien.
Nichts läßt einen Glauben lebendiger und intensiver werden, als die Präsenz einer Macht, die anderen Glaubens ist und einem diesen Glauben auch noch aufzwingen will. Nicht umsonst wurde das Rolandslied zur meisterzählten Geschichte an den abendlichen Kaminen der Pilgerhospize.

Der Jakobsweg war die Touristenstraße Nummer 1 in Europa, von Millionen von Pilgern aus allen Teilen des Kontinents begangen.
Ehedem isolierte Provinzen, abgelegen und im Dornröschenschlaf vor sich hindämmernd, wurden durch den Camino miteinander verbunden, kamen ins Gespräch, nahmen teil an Handel und Wandel und wurden zu Gliedern einer ersten europäischen Kette.
Romanik und Gotik wurden zu europäischen Stilrichtungen, und die Tempelritter entfalteten internationale Aktivitäten.

Die Pilger kamen nicht nur aus Frankreich und Deutschland, sondern auch aus Italien und Griechenland, ja sogar aus der Türkei, aus Nordafrika und Indien.
Von Norden her kamen sie aus den Niederlanden, aus England, Skandinavien und Finnland.
Es gab Zeiten in der hohen Zeit des Jakobsweges, zwischen dem 12. und 15. Jahrhundert, wo Santiago von größerer Bedeutung war, als Rom und Jerusalem.

Die Fülle der damals entstandenen, unvergänglichen Kunstwerke führt auch heute wieder Menschen aus allen Ländern auf den Camino und damit zu einer neuen Gemeinsamkeit.

Seite 17: Jakobus als Apostel, Buchmalerei aus dem Codex Calixtinus, auch Liber Sancti Jacobi genannt (Bibliothek der Kathedrale von Santiago)

DIE IKONOGRAPHIE DES HL. JAKOB

= Darstellungen des Heiligen im Hochmittelalter.
Je nach Region und Epoche kann man vier Typen der Darstellungen des Jakobus unterscheiden:
  Jakobus als Apostel
  Jakobus als Märtyrer
  Jakobus als Pilger
  Jakobus als Schutzpatron Spaniens

Jakobus als Apostel

Dies sind die frühesten Darstellungen, entsprechend der Epoche der Frühromanik, auf welchen er ohne persönliche Attribute, nur mit Buch und langer Tunika, wie alle anderen Apostel auch, erscheint.
Das früheste Werk befindet sich in der Erzbischöflichen Kapelle von Ravenna (6.Jahrh.).
Weitere Beispiele:
Als Buchmalerei im 'Liber Sancti Jacobi' vom 12.Jahrh.
Am rechten Gewände des 'Porticus de la Gloria' am Hauptportal der Kathedrale von Santiago, zwischen (von links nach rechts: Petrus, Paulus, Jakobus, Johannes).
Am Südportal derselben Kathedrale mit Buch, zwischen zwei stilisierten Zypressen.
Fast ebenso zeigt er sich auf der französischen Südroute im Kloster St.Trophime in Arles, in St.Gilles du Gard, beide in der Provence, und im Südportal der Kathedrale von Toulouse.
Auf dem nordöstlichen Eckpfeiler des Kreuzganges der Abtei von Moissac an der Le Puy - Route in Frankreich.
Auf dem Tragealtar von Mönchen-Gladbach.

Jakobus als Märtyrer

Die Darstellung als Märtyrer mit dem Schwert in der Hand (er wurde in Jerusalem enthauptet) gibt es nur selten: in der Kathedrale von Köln als Emailrelief am Dreikönigsschrein und im rechten Gewände des mittleren Südportals an der Kathedrale von Chartres.

Miraflores, Jakobus als Pilger

JAKOBUS ALS PILGER

Dies ist das häufigste Erscheinungsbild und taucht etwa ab dem 12. Jahrhundert auf. Als Vater aller Pilger wurde Jakobus so sehr mit der Figur des Pilgers identifiziert, daß man ihn sogar auf Darstellungen des letzten Abendmahles mit Pilgerhut und Pilgermuschel erkennt, wie beispielsweise auf dem wunderschönen Altar-Retabel in der Kartause von Miraflores bei Burgos.

In allen Jakobskirchen, auf allen Jakobsaltären Deutschlands, Frankreichs und Spaniens, als Relief, Statue oder Malerei, ist er auf den ersten Blick erkennbar an den Attributen des Pilgers: Hut mit Muschel, Pilgermantel, -tasche und -stab mit der Kalebasse als Trinkgefäß.

JAKOBUS ALS SCHUTZPATRON SPANIENS

Diese Darstellung, welche den Heiligen fast ausnahmslos hoch zu Roß, mit Schwert und Fahne, als 'Matamoros', Maurentöter, zeigt, sieht man verständlicherweise nur in Spanien. Da allerdings recht häufig.

Beispiele: das Foto zeigt ihn als überlebensgroße Statue über dem Portal der Jakobskirche von Logrono. Des weiteren: In den Kathedralen von Burgos, Leon und Santiago.

Seite 18: Jakobus der Pilger, eine vergoldete Holzschnitzarbeit im Altar-Retabel der Kartause von Miraflores bei Burgos.

DIE JAKOBSVEREHRUNG IN DEUTSCHLAND

Es ist wie mit den Gänseblümchen: wenn man genauer hinsieht, entdeckt man sie fast überall.
Wie oft war ich auf dem Jakobsberg bei Bad Aibling, ohne genau hinzusehen. Seitdem ich Jakobspilger bin, ist es für mich zu einer Art Sammelleidenschaft geworden, in allen Kirchen auf den Spuren des Jakobus zu sein, und es ist erstaunlich, wie oft man dabei fündig wird, vor allem im Oberbayerischen Raum.
So entdeckte ich beispielsweise mehr zufällig in der Dorfkirche zu Willing, einem Ort südlich von Bad Aibling, eine muschelverzierte Jakobsstatue auf dem Hauptaltar und links unter der Orgelempore eine sehr alte Ölmalerei auf Holz, die Legende vom Galgenwunder darstellend.
Die drei Ereignisse aus der Jakobslegende, welche am häufigsten in deutschen Kirchen dargestellt sind, als Malerei, Skulptur oder geschnitztes Relief: seine Enthauptung in Jerusalem,
   seine Überführung nach Galicien
   Das Galgen- oder auch Hühnerwunder.
Weil man diese Geschichte bereits in Deutschland sehr oft sieht, will ich sie gleich hier erzählen, nicht erst bei Santo Domingo de la Calzada, wo sie vor rund 800 Jahren passierte:

Eine Pilgerfamilie aus dem oberschwäbisch-bayerischen Raum, angeblich aus Peiting, machte Station in einem Gasthaus in Santo Domingo d.l.C., in der Gegend von Burgos.
Die Tochter des Wirts hatte ein Auge auf den Sohn der Pilgersleute geworfen, welcher aber nichts von ihr wissen wollte. Aus gekränkter Eitelkeit steckte die flotte Maid dem spröden Knaben heimlich einen Silberbecher in sein Gepäck.
Als die Gruppe wieder auf dem Weg war, schickte sie ihnen die Polizei nach, welche den Becher im Gepäck fand. Der Richter von Santo Domingo verurteilte den Jüngling kurzerhand zum Tode, und man hängte ihn an den Galgen vor der Stadt.
Die verzweifelten Eltern flehten in der Kirche zum Hl.Domingo und gingen am nächsten Tag nochmals zur Richtstätte, wo sie aber ihren Augen und Ohren nicht trauen wollten, als sie feststellten, daß ihr Sohn noch lebte und zu ihnen sprach: "Sankt Jakob hat mir die Füße gehalten. Gehet in die Stadt und meldet dem Gericht meine Unschuld".
Als man dem Richter, der sich gerade zum Essen setzte, die Kunde überbrachte, meinte er: "Der da draußen lebt genau so wenig wie die gebratenen Hühner hier auf meinem Tisch!" Im selben Moment erhoben sich die Hühner und liefen gackernd aus dem Raum.
Schnell holte man den jungen Pilger vom Galgen herunter, und die Gruppe zog weiter nach Santiago.

Was kann an einer so unglaublichen Legende eigentlich wahr sein? Nun, es kam schon vor, daß Gehenkte nicht sofort tot waren. Nehmen wir weiter an, daß die Hühner noch nicht gebraten, sondern in Vorbereitung dazu waren - man sah des öfteren Hühner ohne Kopf um die Ecke entschwinden. Eine Reihe von Zufällen, die chronologisch richtig ablaufen, und das Wunder ist perfekt.

Auf jeden Fall hat sich dieses sogenannte Hühnerwunder in ganz Europa herumgesprochen, in Nordportugal wurde daraufhin der Hahn sogar zum Landessymbol erhoben, und allein in Süddeutschland habe ich schon in fünf Kirchen Darstellungen dieses Wunders gesehen.

Das Galgen- und Hühnerwunder (Altar der Schloßkirche, Winnenden)

Aus der Tatsache, daß es bereits im 12. und 13. Jh. in Deutschland über 500 Jakobskirchen und -kapellen gab, davon über 120 allein nur in Bayern, wird erneut ersichtlich, welche Bedeutung die Jakobsverehrung in Europa hatte.

Hier eine kleine Auswahl, hauptsächlich im süddeutschen Raum:

Winnenden bei Stuttgart

In der ehemaligen Deutschordenskirche, jetzt Schloßkirche genannt, habe ich den schönsten aller Jakobsaltäre gesehen: ein großer, ca.8 Meter hoher, gotischer Altar, ausschließlich aus Holzschnitzereien von außerordentlicher Schönheit bestehend.

Als zentrale Figur der sitzende Jakob, Pilger segnend, links von ihm die Statuen des Hl.Jodok, ebenfalls als Pilger, und Paulus, rechts Petrus und Wendelin. Acht große und wunderschöne Holzreliefs erzählen die Legenden des Jakobus:
Links oben: Predigt Jakobs vor Ungläubigen und Verbrennung der Bücher des Zauberers Hermogenes.
Rechts oben: Enthauptung des J. und 'Translatio' (Verschiffung) nach Galicien.
Links unten: Die Jakobspilger in der Herberge und der Wirt, einen Becher im Gepäck derselben versteckend (eine Variation der Legende).
Rechts unten: Der Sohn der Pilger am Galgen (er opferte sich in dieser Variation für den Vater, den der Wirt begaunern wollte), Jakob hält seine Füße; das Hühnerwunder.

Agatharied bei Miesbach

Das Dorfkirchlein enthält eine Jakobsstatue der Spätgotik, die jedoch bei den Restaurierungsarbeiten etwas kräftig übermalt wurde (rechtes Bild).
Auf dem rechten Seitenaltar sind schöne, alte Malereien der Jakobslegende zu sehen: die Translatio, der Transport der Reliquien auf dem Ochsenkarren nach Santiago und das Hühnerwunder.

Peiting bei Schongau

In der Kirche 'Maria unter der Egg' befindet sich eine Ölmalerei auf Holz (etwa 17.Jh.), mit der Darstellung des Hühnerwunders.
In der Stadtpfarrkirche von Peiting steht eine Jakobsstatue.

Jakobsberg bei B.Aibling

Der Jakobsberg liegt in einer idyllischen Voralpenlandschaft mit Blick auf die Berge.
Die von einem kleinen

Spätgotische Jakobsstatue in der Dorfkirche von Agatharied (zwischen Miesbach und Schliersee)

Friedhof umgebene Kirche zeigt im Inneren (Schlüssel beim Bauernhof gegenüber) Deckenfresken mit Jakobus als Prediger vor einem heidnischen Tempel und die Szene vor seiner Enthauptung in Jerusalem.

Tuntenhausen bei Bad Aibling

In der Wallfahrtskirche steht im linken Seitenschiff an der Wand eine sehr schöne, spätgotische Figur des Jakobus (14.Jh.).

Rabenden im Chiemgau

In der Kirche St.Jakobus Mayor steht auf dem Hochaltar, flankiert von den Aposteln Simon und Judas Thaddäus Jakobus als Pilger mit Stab, Hut und Pilgermuschel. Der Altar ist die außergewöhnlich schöne Holzschnitzerei des unbekannten 'Meisters von Rabenden'. Nebenbei: in Bayern steht seit dem 11.Jh. ein Jakobitag am 25.Juli im Kalender.

Lenggries im Isarwinkel

Die Gemälde im Altarraum der Pfarrkirche St.Jakobus Mayor zeigen Jakobslegenden und den Sieg über die Mauren 834.

Rothenburg ob d.Tauber

Die Stadt an der 'Romantischen Straße' muß ein wichtiges Pilgerzentrum gewesen sein, denn zum einen ist in der Jakobskirche das Hühnerwunder zu sehen, darüberhinaus besitzt die Stadt eine Jakobsherberge am Grünen Markt mit Massenlagern für die einfacheren und Einzelschlafzimmern für die begüterteren Jakobspilger.

Augsburg

Von den einstigen Zeugnissen der Jakobswallfahrt sind noch erhalten:
das Jakobertor (15.Jh.),
der Jakoberwall (16.Jh.), die Pilgerhausstraße,
die St.Jakobskirche (Chor 14.Jh.).

Braunschweig

Die Jakobskirche aus der Karolingischen Zeit (Mitte 9.Jh.) war eine der ältesten, deutschen Jakobskirchen.

Aachen

Auch diese Jakobskirche zählt zu einer der frühesten Gründungen auf deutschem Boden. Aachen war der Beginn der 'Niederstraß' nach Santiago und besaß überdies ein Jakobshospital, das von der Jakobsbruderschaft 1435 gebaut wurde.

Ulm/Donau

Auch Ulm zählte zu den Stationen an den Jakobswegen durch Deutschland. Es unterhielt im frühen Mittelalter eines der größten Pilgerhospize, das leider nicht mehr erhalten ist.

Überlingen am Bodensee

In der Jodokskapelle entdeckte man 12 Fresken mit Darstellungen aus der Jakobsgeschichte und -legende.

Zum Schluß noch einige Beispiele aus Italien und Schweiz:

Lafenn, Grissian und Tramin (Bozen, Südtirol)

Hoch über dem Etschtal entdeckte ich auf der Lafenn ein herrlich gelegenes Jakobskircherl, das auf der mit einzelnen Lärchen bestandenen Hochebene steht, über die der Europawanderweg führt und von welcher aus man einen großartigen Rundblick auf die Bergwelt Südtirols hat.
Direkt gegenüber, auf der anderen Seite des Etschtales, liegt oberhalb von GRISSIAN (Gemeinde Tisens)
auf einem steilen Buckel und in einer malerischen Landschaft die Jakobs-Kapelle, in der außer einigen gut erhaltenen, romanischen und gotischen Fresken, eine bemalte, überlebensgroße Holzstatue des Jakobus (1550) zu sehen ist. Die Wanderung von Grissian dort hinauf gleicht einer Miniaturwallfahrt in schöner, Südtiroler Berglandschaft.
TRAMIN
Auf einem hohen, mit Weinstöcken bewachsenen Hügel oberhalb des Weinstädtchens Tramin, steht weithin sichtbar die Kirche Sankt Jakob, welche kunsthistorisch außerordentlich wertvoll ist. Das Innere ist in zwei Schiffe unterteilt: ein romanisches mit den bemerkenswerten Fresken des 'Bestiariums (symbolträchtige Fabelwesen) in der Apsis, und ein gotisches mit Fresken aus den Jakobslegenden, unter anderem eine detaillierte Darstellung des international bekannten Hühnerwunders.

Pistoia (Toskana)
Auf dem Silberaltar des Leonardo di Giovanni (1367-1371) in der Jakobs-kapelle des Domes San Zeno in Pistoia sind Jakobslegenden dargestellt, unter anderem die Translatio nach Spanien.

Altdorf (Uri, Schweiz)
Auch in der Schweiz - durch sie führte die 'Oberstraß' - findet man heute noch Zeugnisse der Jakobswallfahrt. In Altdorf steht das Jakobs-pilgerhospiz. ein noch vollständig erhaltener, stattlicher Bau (15. Jh.).

DEUTSCHE PILGERNAMEN AUF DEM JAKOBSWEG :

1072	Erzbischof Siegfried I. von Mainz
1147	Deutsche Kreuzritter
1162	Graf Eberhard von Altona
1164	Erzbischof Konrad von Wittelsbach
1175	Bischof von Minden
1182	Heinrich der Löwe, der Gründer Münchens
14.Jh.	Viele deutsche Ritter
15.Jh.	Viele deutsche Bürger

KUNST AM JAKOBSWEG

Die alten Pilgerlieder, von welchen ich in einem späteren Kapitel berichte, sind verklungen. Die Probleme und Strapazen eines modernen Jakobspilgers, selbst wenn er zu Fuß unterwegs ist, sind kaum noch mit jenen vergleichbar, welche für so manchen Pilger des 11. bis 15.Jh. mit einem schlichten Steinkreuz auf einem Friedhof 'im Elent', in der Fremde endeten. Was ist übriggeblieben? Was ist heutigentags das begreifbare Erlebnis auf dem Jakobsweg? Die Kunst!

DIE ROMANISCHE KUNST

Das leuchtende Rot einer Rose vor dem Dunkel eines romanischen Kreuzganges, in dessen Zwielicht die steinernen Fratzen auf den Säulenkapitellen jene phantasievolle Bildersprache aus dem Übergang von der Urzeit zum Christentum sprechen, welche uns heute so rätselhaft erscheint. Die Sprache ist rätselhaft, ihre Aussage nicht.

Die frühe Romanik verwendet das Chaos aus Göttern und Dämonen der Urgeschichte als schmückendes Ornament, so wie der Jäger den Zahn des Ebers als Schmuck um den Hals trägt. Nur so kann man die Teufelsfratzen und scheußlichen Ungeheuer an den Säulenkapitellen, Wandfriesen und Portalplastiken der Romanik verstehen:

Das Chaos als Jagdtrophäe des Glaubens

Teufelsfratzen auf dem Tympanon von Conques (Aveyron)

25

Der Würgegriff des Bösen dient wohl noch als Mahnung, eigentlich aber nur noch als künstlerische Untermalung vor der Gewißheit der göttlichen Verheißung, die Grimasse ist das Ornament vor der Klarheit des Bogens.

Die Faszination der Romanik ist die Lust am Gegensatz: Chaos und Ordnung, Dunkel und Licht, Alptraum einer bösen Nacht und Befreiung durch die Sonne des Tages, Verzweiflung und Glaube. Aus Unergründlichem erwächst die Klarheit.

Dies also ist die Sprache der romanischen Architektur und Plastik: aus den Säulenkapitellen, auf welchen sich Bosheit und Brutalität, List und Gewalt frech austoben, erheben sich die klaren Linien der Bögen und Gewölbe, der Raum aus Maß und Harmonie, das Haus des Glaubens.

Die Menschen der romanischen Zeit verstanden diese Bilder und Zeichen besser, als wir heute. So, wie bei einem Blinden die intensiven Empfindungen des Gehör- und Tastsinnes das Sehen ersetzen, waren die Menschen der damaligen Zeit empfänglicher für bildliche Zeichen, da die meisten weder schreiben noch lesen konnten.

Der Figurenschmuck eines romanischen Tympanons über dem Portal einer Kirche ist für uns ein zwar erstaunliches Kunstwerk, aber viel mehr eben nicht. Für die Analphabeten des Mittelalters war das die 'Biblia pauperum', die Bibel der Armen. Bildergeschichten, die jeder verstand. Die Vorläufer unserer Comics?

Eine der am meisten dargestellten Geschichten dieser Art, in vielen Tympana und Variationen zu sehen, schildert in drastischen Gebärden und Gesichtsausdrücken, mit hehren Engeln und garstigen Teufeln das Jüngste Gericht: in der Mitte, meist übergroß, thront Christus in der 'Mandorla' (Mandelglorie), zu seiner Rechten blicken die Frommen andachts- und erwartungsvoll zu ihm empor. Packender und interessanter sind natürlich die Gesichter und Gebärden der Verdammten links von ihm und derer, die sich in sie verbeißen, der Teufel.

Die Häufigkeit eben dieses Motivs war kein Zufall, sondern der stets erhobene Zeigefinger: "So ergeht es den unbußfertigen Frevlern, wenn...".

Zwischendurch darf ich den Leser daran erinnern, daß zur Zeit der Romanik in Spaniens Süden und Mitte immer noch die Mauren allgegenwärtig waren.

Da konnte es auch nicht ausbleiben, daß sich die beiden Kulturen gegenseitig beeinflußten.

Im Mudejar-Stil fließen christliche, also vor allem romanische Elemente in die Kunst der Mauren.

Vom Mozarabischen Stil spricht man, wenn christliche Bauherren Maurisches übernommen hatten. Am deutlichsten sieht man den Mozarabischen Stil am Kloster San Miguel de Escalada, an den Kirchen von Sahagun und an der Kirche von Peñalba de Santiago südlich von Ponferrada. Die Skizze rechts zeigt das Eingangsportal von Peñalba.

EINIGE STILELEMENTE UND BEGRIFFE DER ROMANIK :

Die frühromanische Basilika war die Urform der christlichen Kirche. Sehr früh schon dreischiffig mit halbrunder Apsis:

1 Mittelschiff
2 Seitenschiff
3 Apsis
4 Sakristei bzw. Turm

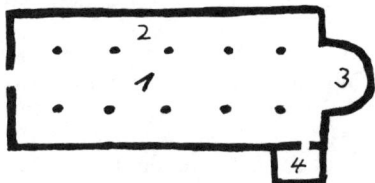

In dieser Form finden sich viele Landkirchen (Pieve) in der Toskana, sogar in so berühmten Kirchen wie San Miniato al Monte in Florenz. Die Decke war meist eine flache Holzbalkenkonstruktion.

Schon bald kamen, vor allem in der burgundischen Romanik, weitere Teile hinzu:

1 Hauptschiff, Langhaus
2 Seitenschiff
3 Vorhalle, Narthex
4 Querschiff
5 Vierung (oft mit Turm)
6 Chor
7 Chorumgang
8 Axialkapelle
9 Radialkapelle
10 Apsis

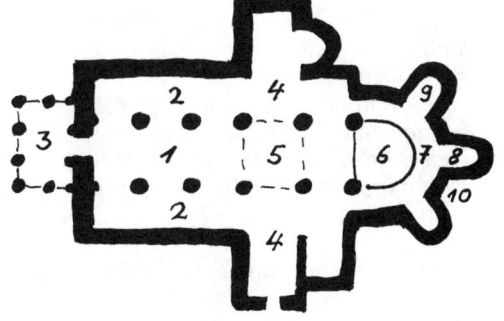

(Beispiel: Paray-le-Monial, Burgund)

Der zunächst offene Vorraum (Atrium) wurde später zum geschlossenen Narthex, der als Versammlungs- und Gebetsraum für solche diente, die nicht an der Messe teilnehmen durften, zu Zeiten der Wallfahrten aber auch als Übernachtungsmöglichkeit für Pilger.

An den folgenden Skizzen soll ohne architektonische Details der Aufbau einer romanischen Basilika gezeigt werden:

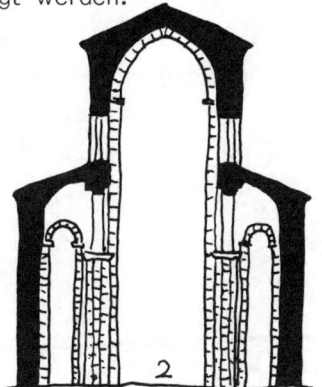

Erläuterung zu den Skizzen auf der vorhergehenden Seite:
1 Querschnitt (Beispiel: Paray-le-Monial)
2 Querschnitt (Beispiel: St.Trophime, Arles, Provence)
3 Joch mit der Dreigliederung: A = Arkaden, T = Triforium, O = Obergaden, auch Lichtgaden genannt.

Die Seitenschiffe hatten ursprünglich keine Fenster, weshalb das Mittelschiff in die Höhe gezogen werden mußte, um die Fenster zu ermöglichen. Dieses Stockwerk ist der Gaden oder Obergaden. Das Triforium gibt es in 2 Ausführungen: mit einem begehbaren Umgang, welcher in Pilgerkirchen oft als Schlafstätte für Pilger diente, oder als nicht begehbares Blendtriforium, welches nur schmückend als architektonische Auflockerung diente.

Die Apsis bildete den halbkreisförmigen Abschluß des Mittelschiffes und umschloß den Chor mit Altar und Kathedra (=Bischofssitz); aus dem Begriff wurde später die Kathedrale.

Zur Apsis fügte man dann noch die Radial- und Axialkapellen hinzu, welche durch den Chorumgang miteinander verbunden waren.

Zum Langhaus kam das Querschiff, womit die Kirchen die Gestalt des Kreuzes gewannen.

Im Schnittpunkt von Mittelschiff und Querschiff befindet sich die Vierung, über welcher sich häufig eine Vierungskuppel oder ein Vierungsturm erhebt, und unter welcher in vielen Kirchen die Krypta mit den Sarkophagen von Königen oder Heiligen über eine schmale Treppe erreichbar ist.

Was ist nun eigentlich das typisch Romanische, im Gegensatz zur Gotik? Es sind nicht nur Rundbögen oder Spitzbögen.
Die wuchtigen Mauern der romanischen Kirche stehen da wie aus dem Boden gewachsen, dessen Teil sie zu sein scheinen. Das Chtonische lebt in der Masse des Steines. Aber die Reinheit und Klarheit des Stils ist die Hymne 'ad maiorem Dei gloriam', zur höheren Ehre Gottes.

Die Elemente des romanischen Portals:

1 Türsturz
2 Bogenfeld (Tympanon)
3 Archivolten
4 Gewände
5 Tür- oder Mittelpfeiler

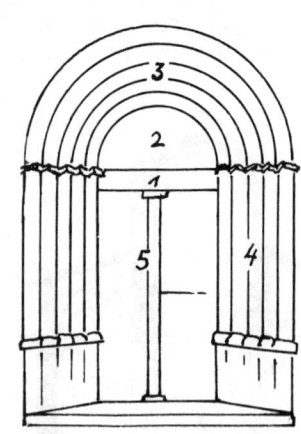

Das Tympanon:
Die erzählende Bildersprache der Romanik findet man als Kapitellplastik auf Langhaus- und Portalsäulen und als Portalplastik auf den Tympana (Einzahl: Tympanon oder Tympanum), den geschmückten Giebelfeldern über den Kirchenportalen.

Die schönsten Tympana am französischen Jakobsweg zieren die Portale von Vézelay, Autun, Conques und Moissac (Beschreibung bei den jeweiligen Orten).

DIE GOTISCHE KUNST:

Die Last von Bögen, Kuppel und Dach ruht nicht auf den massiven Mauern der Romanik, sondern wird nach außen verlagert in das Strebewerk, so daß das Innere ein leichtes und lichtes Maßwerk aus Streben, Pfeilern und Fenstern bildet.

Die gotische Kathedrale ist das 'Gloria in excelsis', das erdentrückte 'Sursum corda', die Himmelfahrt der gläubigen Herzen.

Von der Gegenüberstellung des Heidnischen und des Christentums ist in der frühen Gotik noch gelegentlich, in der Hochgotik nichts mehr zu spüren. Die dämonische Dunkelheit wird aufgehellt durch die Buntglasfenster der gotischen Kathedrale. Vom Übergang der Hochgotik zur Spätgotik werden die Fenster noch heller und lassen das volle, ungefilterte Licht in den Raum.

Die Erdverbundenheit der Romanik ist aufgelöst, und die hohen und schmalen Statuen an den Gewändesäulen der gotischen Kathedralen sehen alle aus wie Senkrechtstarter zum Himmel.

Querschnitt durch ein gotisches Langhaus mit seinem Strebewerk und Draufsicht eines Joches, beides stark vereinfacht und stilisiert:

So ist also die Kunst des Pilgerweges vor allem die der Romanik und Gotik.

Sancho der Große öffnete Nordspanien dem Einfluß der Benediktiner-mönche von Cluny. Die Reformen der Liturgie der Cluniazenser und deren Baustil an Kirchen und Klöstern prägten den Begriff 'camino frances' (französischer Weg), wie der Pilgerweg durch den Norden Spaniens lange Zeit hieß. Aus demselben Grund nannte man das Nordportal der Kathedrale von Santiago 'Porta francigena'.

Zum einheitlichen Bild der Kunstwerke entlang des Pilgerweges trug die Tätigkeit derselben Baumeister, Skulpteure und anderer Handwerker an räumlich weit auseinander liegenden Orten bei. Einer der Baumeister des Kölner Domes, genannt Juan de Colonia, Hans von Köln, baute die Türme und Fassade der gotischen Kathedrale von Burgos.

Die Schöpfer der Figuren im Tympanon von Conques, einem der künstlerischen Höhepunkte des französischen Le-Puy-Weges, meißelten auch für das Südportal von Santiagos Kathedrale, und der große Meister Estéban wechselte seinen Arbeitsplatz zwischen Santiago und Pamplona.

So viel Gemeinsames also die deutsche, französische und spanische Kunst verband, so ganz anders verlief die Entwicklung bei der italienischen Romanik, welche anmutiger, reicher und verzierter, fast möchte ich sagen verspielter ist, und was ich an den beiden Beispielen der Fassaden von Paray-le-Monial (Burgund) und San Zeno in Pistoia (Toskana) mit zwei Skizzen zu zeigen versuche:

Italienische Romanik
San Zeno in Pistoia (Toskana)

Französische Romanik
N.D. in Paray-Le-Monial (Burgund)

30

RENAISSANCE UND BAROCK

Diese zwei Stilrichtungen sind am Jakobsweg nur durch wenige Beispiele vertreten, dafür aber durch so schöne Bauwerke wie die Klöster San Marcos in Leon (heute ein 5-Sterne Hotel) und Samos in Galicien, beide eindrucksvolle und stilreine Kunstwerke der Renaissance.

Für das Barock bietet der Jakobsweg zwar nur einen, aber den wichtigsten Anblick, der gleichzeitig den Schluß- und Höhepunkt der Pilgerreise bedeutet: die Fassade der Kathedrale von Santiago de Compostela.

PLATERESKENSTIL

Dieser sehr spanische Stil sei der Vollständigkeit halber zum Schluß meiner kleinen Stilkunde noch erwähnt.

Am deutlichsten zu sehen ist auch er in Santiago, an der Fassade des Nobelhotels 'Los Reyes Catolicos', an der Plaza Obradoiro neben der Kathedrale.

Eigentlich ist er kein Baustil, sondern nur ein Fassadenschmuck der Frührenaissance, der mit seinen Halbreliefs aus Figuren und Ornamenten an die Arbeit von Silberschmieden erinnert und daher auch seinen Namen hat: 'platero' = Silberschmied.

Renaissance-
Fassade
Kloster Samos
am Jakobsweg
in Galicien

Barockfassade der Kathedrale
von Santiago de Compostela

31

DIE KLÖSTER DES MITTELALTERS

Wer Kunst sagt, muß auch Kloster sagen.
Das eine war im Mittelalter ohne das andere nicht denkbar. Die Klöster, nicht die Städte waren die Kulturzentren ab der Karolingischen Zeit.
Sie waren es, die dafür sorgten, daß die Kultur der Antike in die Neuzeit hinübergerettet wurde. Bei allem, was man über sie sagen und hören mag: sie waren die Bewahrer der europäischen Kultur.
Das Schrifttum der Griechen, Römer, Hebräer und vieler anderer Kulturen wurde dort gesammelt, übersetzt, neu geschrieben und verbreitet.
Gleichzeitig schufen und bewahrten sie die eigene Kultur. Wer tiefer in die Welt des mittelalterlichen Klosters eindringen möchte, sollte nicht versäumen, Umberto Eco's "Der Name der Rose" zu lesen.

Auch die Kunst des Handwerks, die Wissenschaften, Forschung, Bildung und Schulen, ja sogar die Beratung von Fürsten und Königen gehörten zu ihren Aufgaben.
Sie waren politisch selbständig, wirtschaftlich autark, zoll- und steuerfrei.

Und nicht zu vergessen: die Kultur von Küche und Keller!
Was ein richtiger Mönch war, der konnte nicht nur Halleluja singen und Bücher schreiben. Der konnte ein kräftiges Starkbier für die Fastenzeit brauen und einen guten Wein für den Rest des Jahres bauen. Das Aqua Vitae (Lebenswasser) war ebenso seine Erfindung wie der König aller Getränke: der Champagner (erfunden vom Mönch Dom Perignon aus Epernay).

Ora et labora - Bete und arbeite, aber vergiß mir nicht den Bayonner Schinken und die Gascogner Gänseleber, die Schnepfen der Landes und den guten Wein aus der Rioja!
Auch dies ist Kultur. Man stelle sich nur für einen Moment eine Welt vor, die nur noch aus Jeans und Comics, Mac Donalds und Cola besteht.

Die Anlage eines Klosters

Die prinzipielle Aufgliederung eines Klosters in seine drei Bezirke sei am Beispiel von St.Gallen verdeutlicht:

1. Der laute oder profane Bezirk:
   Werkstätten, Ställe, Scheunen und Wirtschaftsräume.

2. Der Heilige Bezirk:
   Kirche und 'Claustrum', d.h. abgeschlossener, innerer Bezirk um den Kreuzgang herum.

3. Der stille Bezirk:
   Krankenhaus, Apotheke, Arzneigarten, Friedhof, Bibliothek und Studierräume.

Schematische Skizze der Klosteranlage:

1 Profaner Bezirk

2 Heiliger Bezirk

3 Stiller Bezirk

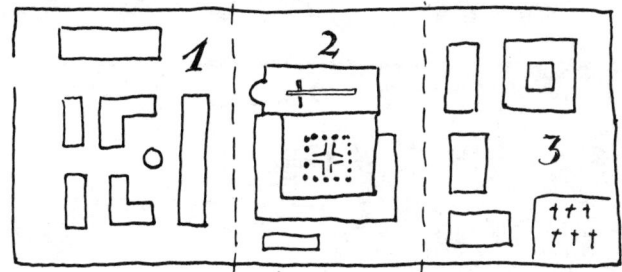

Das Claustrum selbst setzt sich aus bestimmten Räumen zusammen, deren Namen man in allen Klöstern begegnet, und welche nicht Jedem vertraut und bekannt sind:

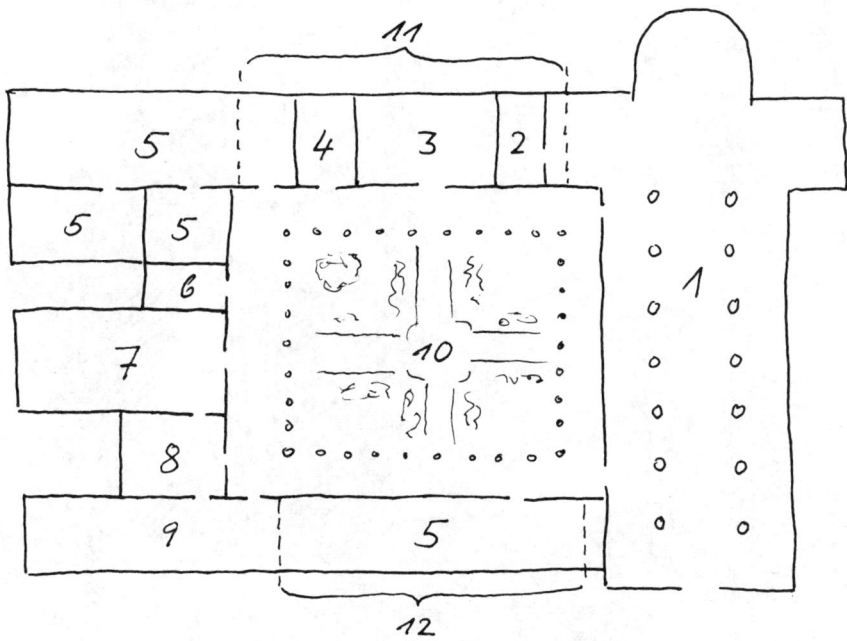

1 Kirche
2 Sakristei
3 Kapitelsaal
   (Versammlungsraum)
4 Parlatorium
   (Sprechraum)
5. Arbeitsräume
6 Caldarium
   (Wärmestube)

7 Refektorium der Mönche
   (Speisesaal)
8 Küche
9 Refektorium der Laienbrüder
10 Kreuzgang
11 Dormitorium der Mönche (Schlafsaal mit
   direktem Zugang zur Kirche, wo sie auf
   Stroh zwischen den Messen schliefen.
12 Dormitorium der Laienbrüder

Die Jacobs Brüder.

ÖER JAKOBSBRUÖER ÖES MITTELALTERS

DAS ERSCHEINUNGSBILD
DES MITTELALTERLICHEN JAKOBSPILGERS

Aus verschiedenen Quellen wissen wir sehr genau, wie der äußere Habitus der Pilger des MA beschaffen war.
Viele Darstellungen des Hl.Jakobus selbst, des Vaters aller Pilger, in Bild und Skulptur, sowie Szenenbilder der Pilger in Büchern, Gemälden Reliefs und Fresken und nicht zuletzt vielerlei Schrifttum geben uns ein klares Bild der typischen Merkmale der Pilger:

HUT: ein breitkrempiger Allwetterhut, dessen hochaufgeschlagene, vordere Krempe die Pilgermuschel zierte.

MANTEL: ein weiter, regenfester Umhängemantel. Aus diesem für die 'Pelerinage' (Pilgerschaft) typischen Kleidungsstück wurde später die Pelerine.

TASCHE: eine am langen Riemen über der Schulter getragene Ledertasche, meist ebenfalls mit der Muschel verziert.

STAB: der Pilgerstab diente als Stütze, Waffe gegen wilde Tiere und Hilfe beim Überqueren von Bächen. An ihm hing eine Kalebasse als Trinkgefäß.

Der Elsässer Johann Geiler von Kaysersberg gibt in seinem Buch 'Der Pilger' in der Mitte des 15.Jh. Verhaltensmaßregeln zur Vorbereitung der Pilgerfahrt bekannt (siehe Abb. S.5):
"Unser Pilgerschaft soll wir volbringn mit gaistlichen fröden in dem lob gots und in haltung seiner gebot"
Er empfiehlt den Pilgern vor Antritt der Reise ihre Schulden zu begleichen, Buße zu tun, ein Testament zu machen, Abschied von Haus und Hof zu nehmen und sich von allen irdischen Gütern zu lösen. In seine Pilgertasche soll er hineintun Brot, Wein, aber nicht zuviel, Arzneien und ein Feuerzeug. Des weiteren, sich einen Hut, gute Schuhe, weiten Mantel und Stab zu beschaffen.
Für die Reise wird empfohlen: sich ohne Widerstand verspotten zu lassen, sich keinen Ausschweifungen hinzugeben und sich Wirten gegenüber besonnen zu verhalten.

Im Germanischen Nationalmuseum in Nürnberg, wo dieses Buch liegt, wird auch die Original-Pilgerbekleidung mit Mantel, Hut, Stab, Schuhe, Reitermantel und Rosenkranz des Nürnberger Santiago-Pilgers Stefan Praun von 1570 aufbewahrt.

Ein Relief aus dem 12.Jh., zu sehen auf dem Nordwestpfeiler des Kreuzganges Santo Domingo de Silos südlich von Burgos, zeigt Christus als Pilger nach Emaus mit einer muschelverzierten Pilgerumhängetasche.

MUSCHEL UND ANDERE PILGERZEICHEN

Die 'Pecten maximus', als Jakobsmuschel verwendete und deshalb oft auch 'Pecten jacobaeus' genannte Flachmuschel der europäischen Atlantik-küste ziert auf allen Abbildungen Hut und Mantel der Jakobspilger u. -statuen.
Ausgrabungen in vielen Teilen Europas bestätigen dieses Pilgerzeichen: man fand Muscheln mit zwei kleinen, künstlich gebohrten Löchern, die zum Festnähen an Hut und Mantel dienten.

Eine Legende von der Entstehung der Muschel als Pilgerzeichen erzählt von einem Reiter, der den Spuren des Hl.Jakob folgte, auf der Flucht vor Wegelagerern einen Meeresarm durchquerte und anschließend über und über mit Muscheln bedeckt war.

Es ist ein Ritual seit Anbeginn aller Wallfahrten, daß man vom Gnadenort ein Zeichen, 'signum', mit nach Hause bringt.
Das ursprüngliche Zeichen der Santiago-Pilger war die Muschel als Naturprodukt, welches übrigens in Santiago nur von Devotionalien-Händlern mit amtlicher Lizenz verkauft werden durfte.
Die Silber- und Goldschmiede an der Plaza de las Platerias (Platero = Silberschmied) hinter der Kathedrale von Santiago stellten sehr bald auch für die zahlungskräftigeren Pilger die Muschel in Silber und Gold her.
Als weiteres Material wurde der Azabacho, ein schwarzer, leicht schneidbarer Kohlenstein verwendet, der nach der Bearbeitung wie fester Teer aussieht.

Auch heute noch kauft man je nach Geldbeutel in den Geschäften an diesem Platz seine Muschel aus Silber oder eine kleine Jakobsfigur aus Azabacho.

Andere Pilgerorte wie zum Beispiel Rocamadour, eine Anschlußwallfahrt zum französischen Le-Puy-Weg, verkauften Pilgerzeichen, welche aus leicht schmelzbaren Metallen (Blei, Zinn) oder Legierungen hergestellt wurden. Diese 'Sportelles', wie sie in Rocamadour heißen, waren in Modeln gegossene, flache Plaketten mit nur einer Schauseite und Ösen am Rande zum Festnähen an Hut und Mantel.

Sie waren meist Nachbildungen der jeweiligen Kirchensiegel (sigillum) in spitzovaler Form und, wegen der oft hohen Zahl von Pilgern, der erste Massenartikel Europas.

Es gab Tage, wo der Pilgerstrom die Produktionsmöglichkeiten überforderte, und manche haben "nichts bekommen, geweinet und lär heimziehen müssen".

Man möge über derlei Dinge lächeln, spotten sollte man nicht darüber. Ihre Bedeutung ist vielfältig:
* Erinnerung an eine Wallfahrt oder Reise, je nachdem. Aus dem Grunde trage ich eine kleine silberne Muschel bei mir.
* Der nach Hause mitgenommene Gegenstand der Verehrung.
* Für einige wohl auch der greifbare, körperliche Kontakt mit dem Heiligtum. Alte Legenden erzählen von unglaublichen Wundern und Heilungen durch solche Pilgerzeichen. So wurde ein Ritter aus Apulien durch die Berührung einer von einem Santiagopilger mitgebrachten Muschel von seiner Halskrankheit geheilt.

Die Jakobsmuschel

Symbol des Jakobspilgers:
Muschel und gekreuzte
Pilgerstäbe mit Kalebassen

Sportelle aus Rocamadour

DIE ORGANISATION
DER MITTELALTERLICHEN PILGERFAHRTEN

Die ungewöhnlich große Bedeutung christlicher Wallfahrten im Mittelalter ist durch Aufzeichnungen zeitgenössischer Chronisten festgehalten und durch zahlreiche Urkunden, Rechnungen und Verträge in ihrer unglaublichen Dimension belegt.
Bei bestimmten Festtagen oder bei öffentlichen Zeigungen von Heiligtümern oder Reliquien betrug die Zahl der Pilger oft ein Vielfaches der Einwohner eines Pilgerortes, so zum Beispiel strömten 1392, als in München die Andechser Reliquien gezeigt wurden, 40.000 Pilger in die Stadt, die damals ca. 10.000 Einwohner zählte. Die Zahl der Pilger ermittelte man dadurch, daß man für jeden Fremden, der das Stadttor passierte, eine Erbse in einen Topf warf. Es ist denkbar, daß ein Zähler beim Anblick einer besonders schönen Pilgerin die Erbse aus Versehen in den Mund schob.

Diese Zahlen ergaben für viele Gemeinden erhebliche Unterkunfts-, Verpflegungs- und Verkehrsprobleme. Wobei es unumgänglicherweise auch zu Unzufriedenheiten oder gar unliebsamen Zwischenfallen kam. Überfüllte Herbergen und Brücken stürzten ein, Menschen wurden verletzt oder erdrückt, die Bäcker und Metzger waren überfordert, der Unrat in den Straßen häufte sich, und manchmal wurden dann einfach die Stadttore geschlossen, und die weiter Zuströmenden mußten auf freiem Felde übernachten.

Die Einrichtungen, welche für Organisation und Schutz der Pilger zu sorgen hatten, kann man in 6 Hauptgruppen unterteilen:
Kirche
Staat
Interessenverbände
Private Initiative
Ritterorden
Pilgerführer

KIRCHE
Gemeindepfarrer, Bischöfe und Äbte besorgten verständlicherweise die religiöse Betreuung: sie gaben den Pilgern Empfehlungsschreiben mit, bestätigten in den Pilgerbüchern die besuchten Orte, unterhielten aber auch Herbergen und Krankenpflegestationen. Der Bischof Godescalc von Le-Puy ließ 951 sogar größere Wegstrecken auf der 'via podensis' (Le-Puy-Weg) ausbauen.

STAAT
Die weltlichen Machthaber, Fürsten und Könige, schützten die Wallfahrt zum einen durch Gesetze (siehe Kapitel: Wallfahrt und Rechtssprechung). Alfons VI. von Kastilien erklärte für die Jakobspilger in Spanien einen

'Königsfrieden für die Pilger'. Derselbe König errichtete auch viele Brücken, Hospitäler und Herbergen entlang des Jakobsweges.

Freilich - aus purer Nächstenliebe haben Spaniens Herrscher all das nicht getan. Man darf nicht vergessen, daß die Pilger nicht samt und sonders arme Schlucker waren, angewiesen auf Almosen und freie Übernachtung. Das wohlhabende Bürgertum, Kaufleute und Adelige, Äbte, Bischöfe und Könige waren immer wieder unter ihnen, so daß die gute Behandlung und alle sonstigen guten Eindrücke der Pilger sich im übrigen Europa herumsprachen, und somit dem jeweiligen spanischen Potentaten zu gutem Ansehen verhalfen.

Ebenfalls muß in diesem Zusammenhang nochmals daran erinnert werden, daß die Wallfahrt nach Santiago schon wenige Jahrzehnte nach ihrem Beginn den Rahmen des rein Religiösen längst gesprengt hatte und zum europäischen Politikum geworden waren.

An dieser Stelle muß auch der Cluniazenserorden nochmals erwähnt werden, welcher sich außerordentlich stark um die Jakobspilgerfahrt kümmerte. Auch hierbei spielten Machtfragen sicher keine nur untergeordnete Rolle.

Unter weitgehender Billigung der spanischen Herrscher wurde von den Cluniazensern viel traditionell Westgotisches sozusagen zum Sperrmüll gestellt und durch Römisches ersetzt.

INTERESSENVERBÄNDE

Sehr früh schon wurden Jakobsbrüderschaften gegründet, sozusagen Pilgervereine e.V.

Beispiele: 1216 In Paris, in dessen Jakobskloster während der Revolution sich eine Gruppe von Radikalen versammelte, welche daraufhin 'Jakobiner' genannt wurde.

Im spanischen Burgos wurde 1229 eine Hospitaliterbruderschaft gegründet, welche in Burgos und anderen Orten Hospitäler unterhielt..

In Deutschland gab es eine Vielzahl von Jakobsbrüderschaften wie etwa die von Bremen, Hamburg, Lübeck, Frankfurt (Goethe erwähnt hier ein Compostell-Haus), Lüneburg, Göttingen, Lindau, Überlingen, Erfurt, Aachen und vielen anderen Städten.

Ebenso gab es welche in der Schweiz, in Österreich und den Niederlanden.

Von den zahlreichen Pilgerherbergen in Mitteleuropa und Spanien wurden die meisten von den Jakobsbrüderschaften errichtet und unterhalten. Einige waren Stiftungen oder kommunale Einrichtungen wie das Augsburger Pilgerhaus.

Des weiteren wird von der Existenz von Wege- und Brückenbaugenossenschaften berichtet wie dem 'Orden der Brückenbauer' in Südfrankreich.

RITTERORDEN: siehe übernächstes Kapitel 'Probleme und Gefahren'

PRIVATE INITIATIVEN

Eine der herausragenden Gestalten war der später heilig gesprochene DOMINGO DE LA CALZADA, ein Ingenieur des 11. Jh., nach welchem die altkastilianische Stadt gleichen Namens heißt, und der große Wegstrecken des Camino ausbaute und Brücken und Hospitäler errichtete. So zum Beispiel das große Pilgerhospital in Santo Domingo de la Calzada, in welchem er auch selbst die Jakobspilger pflegte und heilte.

Heute ist es ein Hotel Parador Nacional, dessen wunderschöne und unversehrt erhaltene, gotische Halle eine der schönsten Hotelhallen am ganzen Jakobsweg ist.

Die gleichen Verdienste um den Ausbau der kastilianischen Pilgerstrekke erwarb sich der Heilige SAN JUAN DE ORTEGA in der Provinz Leon.

Zwei Heilige, die unermüdlich halfen, die Mühsal der Pilger zu verringern, und den langen Weg zum Apostelgrab in Santiago de Compostela zu bereichern und zu verschönern. Der Camino führt an ihren Gräbern vorbei.

Ureica, die Gattin des Königs Sancho des Starken von Navarra, ließ die Brücke bei Puente de la Reina bauen (= Brücke der Königin), ein vollständig erhaltenes Bauwerk des 11.Jahrhunderts.

PILGERFÜHRER

Eine der erstaunlichsten Tatsachen ist jedoch, daß es bereits ab dem 12.Jh. Reisebeschreibungen und Pilgerhandbücher gab.

Da erschien zunächst das 5. Buch des 'Liber Sancti Jacobi' (siehe Kapitel 'Codex Calixtinus).

Fast zur selben Zeit wurde der Führer von Cluny (1140), mit genauen Ortsangaben, wo welche Reliquien verehrt wurden, geschrieben.

Das berühmte Vademecum des Straßburger Mönchs Kuenig von Vach aus dem 15. Jh., in welchem sogar von deutschen Wirten geführte Herbergen mit eigenen Wechselstuben in Frankreich erwähnt wurden.

Das Pilgerhandbuch des Elsässers Johann Geiler von Kaysersberg habe ich auf Seite 35 bereits zitiert.

BESONDERHEITEN AUF DEM JAKOBSWEG

An vielen Wegstrecken, vor allem in Frankreich, die durch dünn besiedelte Gegenden führten, war den Pilgern offiziell erlaubt, 20 Meter links und rechts des Weges zu lagern, Holz zu holen, Feuer zu machen und die Pferde zu weiden.

In den Städten gab es Barbierstuben, wo die Pilger jederzeit heißes Wasser für Kleider- und Körperpflege erhielten.

Die Bruderschaften der Schuhmacher von Pamplona (Navarra) und Astorga (Leon) erlaubten ihren Zunftmitgliedern auch am Sonntag die Schuhe der Pilger zu reparieren. Ganz Arme erhielten diese Hilfeleistung sogar umsonst.

Der Holzschnitt auf der folgenden Seite mit dem Titel 'Vom harten Weg' zeigt einen alten Pilger, welcher bekümmert die abgelöste Sohle

Holzschnitt 'Vom harten Weg' aus: 'Von der Artzney bayder Glück', deutsche Übersetzung des Werkes 'De remediis utriusque fortunae' von Francesco Petrarca (1304-1374). München, Bayerische Staatsbibliothek.

von seinem Schuh betrachtet, während ein anderer auf Krücken in die Landschaft humpelt, und ein dritter auf die Stadt zugeht.

PILGERFAHRT UND RECHTSSPRECHUNG

Einiges zur rechtlichen Stellung der Wallfahrt.
Es gab in allen an der Wallfahrt beteiligten Ländern des MA Gesetze zum Schutz des Pilgers und zur Organisation der Wallfahrten.
Die rechtliche Absicherung kam allerdings weniger von der Seite der Kirche, als vielmehr von der weltlichen Rechtssprechung. So beinhaltete zum Beispiel die 'Lex Baiuvariorum', das Volksrecht der Bayern aus dem 8.Jh., einen Rechtsschutz für Pilger.
Auf spanischer Seite verkündeten die Könige Alfons IX. von Leon und Alfons X. von Kastilien im 13.Jh. Erlasse zum Schutz der Santiago-Pilger.
Besonderen Rechtsschutz in Form eines Rechtsstillstandes genossen Pilger während ihrer Wallfahrt. Ihr Vermögen durfte nicht angetastet, die Erbmasse nicht verteilt werden. Ebensowenig durften dem Abwesenden Rechtsnachteile in Prozessen, Grundstücksgeschäften u.a. entstehen.

Besonders interessant waren die Nuancen in den Urteilen zu Strafwallfahrten, wobei je nach Schwere des Tatbestandes unterschiedliche Entfernungen und diverse Erschwernisse der Wallfahrt festgelegt wurden.

So mußte zum Beispiel in Holland jemand, der einen anderen mit blanker Waffe erschreckte, nach St.Josse pilgern; bedrohte er ihn mit der Waffe, war das Ziel Aardenburg; verwundete er ihn gar, so blieb ihm der lange Weg nach Santiago de Compostela nicht erspart.

Die vom Gericht auferlegten Erschwernisse bestanden darin, teilweise nackt, mit bloßen Füßen oder ausgebreiteten Armen zu gehen, eiserne Ringe oder Ketten anzulegen, einen Stein oder ein Kruzifix zu tragen, oder gar bestimmte Strecken auf den Knien zurückzulegen.

An bestimmten Etappen der Reise und vor allem am Ziel mußten sie sich diese mit Unterschriften und Siegeln bestätigen lassen und selbige nach der Rückkehr dem Gericht vorlegen.

In Deutschland gab es nach der Reformation für längere Zeit ein Wallfahrtsverbot in allen evangelischen Gemeinden.

In Frankreich war es ab 1671 bei der Strafe des Prangerstehens, Ausgepeitschtwerdens und der Galeerenstrafe verboten, ohne Erlaubnis des Bischofs oder staatlicher Beamter zu wallfahren.

PROBLEME UND GEFAHREN
MITTELALTERLICHER PILGERFAHRTEN

Trotz aller Gesetze und Organisationen zum Schutz des Pilgers barg die mittelalterliche Wallfahrt Risiken und Probleme die man sich nur dann vorzustellen vermag, wenn man sich den größten Teil unserer gegenwärtigen Infrastruktur wegdenkt.

Schlechte Wegstrecken, große Entfernungen von Ort zu Ort, schwierige Paß- und Flußübergänge, Unbill der Witterung, Mängel an Kleidung und Schuhen trugen sicher das Ihre zu den Erschwernissen bei, waren aber, wie könnte es anders sein, die kleineren Übel im Vergleich zu den Hindernissen und Gefahren, deren Ursachen in Art und Charakter so mancher Zeitgenossen lagen:

> Sankt Jakob sei es laut geklagt,
> daß er's dem Herren wiedersagt:
> sie achten nicht Gesetz noch Recht
> den Christen machen sie zum Knecht!

Räuber und Halsabschneider in den Wäldern und Hohlwegen, betrügerische und profitgierige Wirte in den Städten, Gaukler, Taschenspieler und Betrüger, 'falsche Propheten' und Spione in Pilgerkleidern ließen so manche fromme Wallfahrt tragisch enden.

Vor allem die raffinierten Gaunereien der Wirte machten dem Peregrino, dem Fremden im fernen Land, arg zu schaffen:

> Guten Wein zum Probieren,
> schlechten zum Servieren.

Da gab es den 'Picado de tres dias', den aus übriggebliebenen Resten zusammengeschütteten Wein von 3 Tagen, des weiteren verwässerten Wein oder die Verwendung von falschen Maßen wie die 'Marsicia', ein Maß für Wein, welches außen viel zeigte, aber wenig beinhaltete. Gelegentlich wurden Gäste betrunken gemacht oder wurden ihnen Betäubungsmittel in die Getränke gemischt, um sie hinterher berauben zu können. So manche Tricks des Gaststätten- und Herbergsgewerbes haben sich bis heute erhalten, wie zum Beispiel: zu Zeiten der Hochsaison, damals vor allem in den Heiligen Jahren, wenn der Jakobstag (25.Juli) auf einen Sonntag fiel, und besonders viele Pilger unterwegs waren, schnellten die Preise in die Höhe. Heute nennt man das Saisonzuschlag. Und: wer für ein Bett mehr zahlte, bekam es auch, und für Zimmerreservierungen wurden besondere Prämien verlangt.

Ein Gesetz von Estella und Burgos vom Jahre 1164 sollte den Pilger vor Diebstahl und Ausbeutung in Gaststätten schützen.

Die Pilgerherbergen der Gemeinden und Jakobsbruderschaften mußten dem Pilger oft wie der Himmel auf Erden erschienen sein: unter ihresgleichen zu sein, die müden Füße vor ein wärmendes Feuer halten zu können, Wein und warmes Essen zu 'christlichen Preisen' oder gar umsonst zu bekommen und sich auf frisch gefüllten Strohsäcken ausruhen zu können. Diese Pilgerunterkünfte waren im allgemeinen in Entfernungen von einem Tagesmarsch anzutreffen.

Die Tempelritter bauten zur Betreuung der Santiagopilger Schutzburgen und gaben ihnen auf besonders einsamen und gefährlichen Wegstrecken das Geleit. So in Frankreich beispielsweise im Aubrac, dem kahlen Höhenzug des südlichen Massif-Central, oder in Spanien über den einsamen Rabanalpaß oder den wilden Cebreiropaß.

Die Templer entwickelten im Laufe der Zeit eine so weitreichende und internationale Tätigkeit und gewannen in einem Maße an Einfluß und Macht, daß ihr Orden vom Papst verboten wurde.

Im Gegensatz dazu widmete sich der spanische Santiago-Ritterorden nicht dem Schutz der Pilger, wie oft fälschlicherweise behauptet wird, sondern nur auf nationaler Ebene der Bekämpfung der Mauren.

Der Jakobsweg des MA war lang und beschwerlich, und endete für viele auf einem Friedhof in der Fremde:

" stirbt er in dem welschen land
man gräbt in bei der strassen
da leit vil manches edelmans kind
aus deutschem land begraben."

Oder es hieß schlicht:

"blib uf Sankt Jakobs strass"

Kreuz des Jakobsritterordens (Kreuz +Schwert)

PILGERLIEDER

Die Kunst der Musik fängt da an, wo andere Künste aufhören.
Musik muß man hören, sie nur zu beschreiben, ist meist ungenügend.
Aus diesem Grunde möchte ich hier allen Santiagofreunden und -wanderern des Camino zwei Schallplatten empfehlen:
Titel: Camino de Santiago I und II, Serie: Reflexe - Stationen europäischer Musik, Firma: Elektrola, Nr. C 063-30107

Originaltexte und Noten aus dem 'Liber Sancti Jacobi' und den 'Cantigas de Santa Maria' von Alfons X.(dem Weisen), beide zusammen die wichtigsten Quellen mittelalterlicher Musik, werden, begleitet von Originalinstrumenten wie Drehleier, Laute, Fiedel u.a., in lateinischer Sprache gesungen, manche in französischer oder einer Mischung aus französischer und lateinischer, andere niederländisch-lateinischer oder galicisch-portugiesischer Sprache.
Die Lieder sind einerseits Lobpreisungen und Bittgesänge an Christus, Maria, Jakobus und andere Heilige, berichten andererseits auch sowohl von Wundern und mystischen Erscheinungen, als auch von menschlichen und allzu menschlichen Ereignissen entlang des Pilgerweges. In den Cantigas 26 des Gonzalo de Berceo (ca.1250) wird die Geschichte eines Pilgers erzählt, der es auf dem Camino "mit einer Dirne trieb", ohne es zu beichten. Der Teufel erschien ihm in Gestalt des Hl.Jakobus und versprach ihm Erlösung von seinen Sünden, wenn er sich "den Teil abschneide, der ihn zu Fall brachte und sich anschließend die Kehle durchschneide." Gesagt, getan.
Um die Seele stritten sodann der falsche Jakob (der Teufel) und der wahre Jakob. Die Hl.Maria wurde als Schiedsrichterin ernannt und entschied, dem Pilger, der sich nur wegen der teuflischen Täuschung und List entleibte, das Leben wiederzuschenken. Gesagt, getan.
Der Pilger kehrte zum Leben zurück:
"Doch erlangte er nie zurück,
womit er einst sündigte
und was er dann abschnitt"
Non é gran cousa se sabe... (Wundert euch nicht...)

Sehr beliebt war es zu Zeiten der christlichen Wallfahrt auch, Ermahnungen, Warnungen oder Empfehlungen im Bezug auf Weg und Wetter, Menschen und Gegenden, in Liedform weiterzugeben, wie in dem damals sehr bekannten 'Jakobston':

"Wer das ellend bawen wil
(in die Fremde gehen)
der heb sich auf und sei mein gsel
wol auf Sant Jacobs strassen

Zwei par schuch der darf er wol
ein schüssel bei der flaschen.

44

Ein breiten hut den sol er han
und on mantel sol er nit gan
mit leder wol besetzet.
Es schnei es regn es wehe der wind
dass in die luft nicht netzet.

So ziehn wir durch Schweizerland ein
sie heissen uns gotwilkum sein
und geben uns ir speise
sie legen uns wol und decken uns warm
die strassen tun sie uns weisen.

So ziehen wir durch Soffeien (Savoyen) hinein
man geit uns weder brot noch wein
die säck sten uns gar läre
wo ein bruder zu dem andern kommt
der sagt im böse märe.

So ziehen wir durch der armen Jecken land (Armagnac)
man gibt uns nichts dann apfeltrank
die berge müssen wir steigen
gäb man uns äpfel und birn genug
wir ässens für die feigen".

Doch auch damals schon gab es Spötter, die auf solche Lieder ihre
Parodien sangen:

"Wer doch das ellend bawen wil
der mach sich auf und kart und spil
und zech mit schönen frawen."

Deftiges und Hehres. Spaß am Wegesrand und die Mystik der Wallfahrt.
Paßt nicht alles wieder wunderbar zusammen?

Comédie humaine
und
Comedia divina

Musiker-Miniaturen aus den 'Cantigas de Santa Maria' (o.a.Schallplatte)

DER CODEX CALIXTINUS

ÜBERSICHT UND INHALT

Der 'Codex Calixtinus', auch 'Liber Sancti Jacobi' (Buch des Heiligen Jakobus) genannt, ein Buch aus dem 12.Jh. berichtet in fünf Büchern über das Leben des Hl.Jakob und die Verehrung seiner Reliquien, über die Wallfahrt nach Santiago de Compostela und deren Probleme, über die Notwendigkeit der Kreuzzüge gegen die Sarazenen, und enthält in seinem 5.Buch den ersten Reiseführer Europas!

Er liegt als einer der kostbarsten Schätze des Jakobskultes in der Bibliothek der Kathedrale von Santiago de Compostela.

Außer einer gewissen zeitlichen Übereinstimmung und der gelegentlichen Erwähnung seines Namens hat das Buch mit dem damaligen Papst Calixt II. nichts oder wenig zu tun. Wenig insofern, als dieser Papst der Stadt Santiago de C. zu seiner großen Bedeutung u.a. dadurch verhalf, indem er sie zum Erzbischofssitz erklärte.

Das Leitmotiv, der rote Faden sozusagen, der sich durch alle fünf Bücher des 'Liber Sancti Jacobi' hindurchzieht, ist klar erkennbar, wenn man ihn vor dem Hintergrund der damaligen Situation betrachtet:

das Aufeinandertreffen von Halbmond und Kreuz, Islam und Christentum. Der Feind, der sich vom Süden Spaniens her auszubreiten versuchte, war nicht nur ein Feind des Glaubens, sondern vielmehr ein Feind der Nationen, besser gesagt der eigenen Traditionen, des eigenen Besitztums und der gewohnten Lebensweise, kurz: die unerwünschte Besatzungsmacht.

Der 'Liber Sancti Jacobi' war, verziert mit liturgischen Gebeten, mit Geschichten und Legenden und, versinnbildlicht durch Wunder und Ritterepen, ein großer AUFRUF ZU WALLFAHRT UND KREUZZUG, zum Kampf eines Jeden, sei es als einzelner Pilger oder als kämpfende Rittergruppe, gegen den anstürmenden Feind.

Dios y Santiago ayuda!
Gott und der Heilige Jakob mögen uns helfen!

Zur tatkräftigen Unterstützung Christi und seines Apostels gab es drei französische Ritterorden: die Johanniter, die Hospitaliter und die Templer. Vor allem letztere machten sich sehr um den Schutz der Pilger verdient. Allein in Spanien besaßen sie am Jakobsweg fünf Burgen. Ihr Lebensunterhalt und ihre 'Spesen' wurden, wie damals üblich, aus dem 'Zehnten' bestritten.

Wer im Kampf um den Glauben starb, konnte damit rechnen, in die Reihe der Märtyrer aufgenommen zu werden; wer ihn lebend überstand bekam zumindest den Nachlaß aller Sünden.

"Wallfahrt und Kreuzzug, Mönchtum und Rittertum sind die Ideale des Ritterordens" (A.Hämel).

So ist auch der Leitgedanke des Rolandsliedes zu sehen: "Französische Ritter ziehen in einen Kreuzzug, kehren ruhmgekrönt heim oder fallen als Märtyrer" (A.Hämel).

Roland wurde zum Märtyrer, von den Pilgern des MA wie ein Heiliger verehrt.

Gliederung und Inhalt des 'Liber Sancti Jacobi':

ERSTES BUCH

In 31 Kapiteln und auf 138 Folia (=Blättern) befinden sich Lesungen zu den kirchlichen Festtagen, eine Liturgie mit starkem Bezug zum Hl. Jakobus. In den 'Sermones' steckt aber außer den Huldigungen an Jakobus auch viel Informationsmaterial für den Pilger nach Santiago de Compostela. Im 'Sermo veneranda dies', der Lesung zum 30.Dezember, im umfangreichsten des gesamten Codex, werden die Mißstände gegeißelt, so zum Beispiel die Schilderungen der "Gefahren der Wallfahrt, die Leib und Seele bedrohen, die Betrügereien, denen die Pilger auf dem Weg zum Heiligtum und in Compostela selbst ausgesetzt sind. Das ganze Wirtshauselend der damaligen Zeit zieht an uns vorüber, die schlechten Speisen, die man den Pilgern vorsetzte, die Prellereien im Geldverkehr, die hohen Preise in der Stadt, die Überforderung im Gasthaus, man machte die Gäste betrunken, um sie dann bestehlen zu können. Den Tieren stahl man das Futter aus der Krippe und quälte die Pilger nach den verschiedenen Seiten". (A.Hämel).

ZWEITES BUCH

Unter dem Stichwort 'Miracula' wird in 23 Kapiteln und auf 16 Folia von 22 Wundern des Hl.Jakob berichtet.

Eines dieser Wunder geschah so:

Ein Italiener hatte seinem Bischof eine so abscheuliche Sünde gebeichtet, daß dieser nicht wagte, ihm die Absolution zu erteilen. Er schrieb die Sünde auf einen Zettel und schickte den Sünder nach Santiago mit der Auflage, den Zettel dem dortigen Bischof Theodominus vorzulegen. Nach seiner Ankunft in Santiago de C. legte also der Italiener den Zettel vor der Messe auf den Altar der Kathedrale. Als der Bischof den Zettel in die Hand nahm und fragte, woher dieser komme, warf sich der Sünder ihm vor die Füße und bekannte sein Verbrechen. In diesem Augenblick war die Schrift auf dem Zettel gelöscht - das Zeichen der göttlichen Verzeihung.

DRITTES BUCH

Die 'Translatio', das kleinste der fünf Bücher erzählt auf nur sieben Folia in 4 Kapiteln die Legende des Hl.Jakob, vor allem die Translatio, seine Überführung nach Galicien über das Meer.

VIERTES BUCH

'Vita Carolis Magni'
Das Leben Karls des Großen.

Dieses Buch, das dem Reimser Erzbischof Turpin zugeschrieben wird und deshalb 'Pseudoturpin' genannt wird, berichtet in 25 Kapiteln aus dem Leben Karls des Großen, in besonderer Ausführlichkeit von seinem Zug nach Spanien, von der Zerstörung der Stadt Pamplona, vom Kampf gegen die Sarazenen bei Zaragoza und erzählt vor allem:

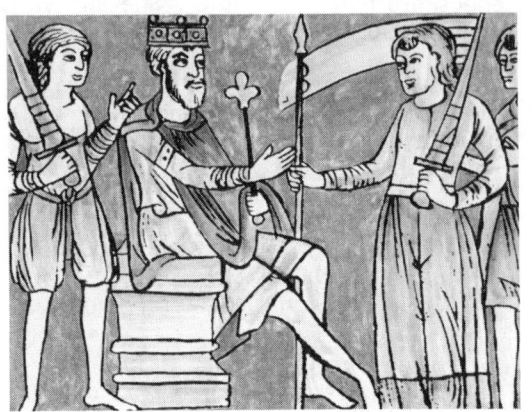

Karl d.Große mit seinen Paladinen Olivier und Roland. Detail aus den Heidelberger Handschriften (12.Jh.)

DAS ROLANDSLIED

Es beginnt mit der Vision Karls des Großen, worin St.Jakob dem Carlomagno erscheint und ihn zum Kreuzzug auffordert, schildert sodann die Zerstörung Pamplonas, welches er wohl auf dem Rückweg vollends kassieren wollte, seine Kämpfe gegen die Mauren bei Zaragoza und seinen Rückzug nach Deutschland wegen der aufsässigen Sachsen.

Seine Nachhut, angeführt von Roland de Bretagne und begleitet vom Erzbischof Turpin, geriet unterhalb des Ibaneta-Paßes in einen Hinterhalt der Basken, die sich für Pamplona rächten. Kein Wunder!

Roland, sein Freund Olivier, Turpin und die meisten der Paladine und Gefolgsleute fanden dabei den Tod.

Das dramatische Geschehen von Roncesvalles aus dem Jahre 778 wurde der bedeutendste Sagenstoff des frühen Mittelalters. Vom 9. Jahrhundert an zählte er zum Liedgut der Jakobspilger. Das im 12.Jh. vom französischen Mönch Turdalos verfaßte Helden-Epos, dessen älteste deutsche Bearbeitung 'Das Rolandslied des Pfaffen Konrad' ist, verbreitete sich in ganz Europa.

Sein Höhepunkt ist der heroische Todeskampf Rolands und sein Hilferuf und Warnsignal mit dem Wunderhorn Olifant, das den König aus dem entfernten Pyrenäental (heute: Valcarlos) zurückrief.

Selbst sizilianische Puppenspieler bringen diese Motive noch heute.

Roland und Karl der Große wurden heilig gesprochen. Der Jakobskult sah in ihnen Kämpfer für den Glauben und Mitstreiter Santiagos.

DAS 5. BUCH DES LIBER SANCTI JAKOBI

Dieser erste Reiseführer Europas wurde zwar nur in 132 Kopien angefertigt und auch nicht als Reiseführer im heutigen Sinne verkauft, sein Inhalt wurde jedoch in den Pilgerhospizen entlang des Camino vorgelesen, mündlich weitergegeben und war somit den meisten Pilgern bekannt.

Und weil sich von diesem Buch des 12.Jahrhunderts bis zu meinem Reiseführer des Jakobsweges ein Bogen über rund acht Jahrhunderte spannt, will ich dessen Inhalt, nach der schwierigen Lektüre lateinischer Texte und der spanischen Übersetzung von A.Moralejo (eine deutsche Übersetzung gibt es noch nicht), in Stichworten wiedergeben. Die einzige deutschsprachige Hilfe verdanke ich A.Hämels: 'Überlieferung und Bedeutung des Liber Sancti Jacobi und des Pseudo-Turpin' (Sitzungsbericht der Bayerischen Akademie der Wissenschaften vom 14.Okt.1949).

1.Kapitel
Von den Wegen nach Santiago.
Im lat. Original: "quatuor vie sunt que ad scu (sanctu) iacobu tendentes in unu ad ponte regine" ("es gibt vier Wege, die zum Hl.Jakob führen und sich bei Puente de la Reina zu einem vereinigen"). Diese vier Wege beschreibe ich im Kapitel: 'Pilgerwege nach Santiago'.

2.Kapitel
Von den Tagesstrecken des Jakobsweges.
Hier ist vom Somport-Paß nach Puente de la Reina die Rede von drei Tagesreisen (Somport-Jaca, Jaca-Monreal, M.-Puente d.l.R.). Die Strecke Pamplona-Santiago wird in 11 Tagesstrecken eingeteilt: P.-Estella-Najera-Burgos-Fromista- Sahagun- Leon- Rabanalpaß-Villafranca-Triacastela-Palas-Santiago. Wenn man nachrechnet, kommen hierbei durchschnittlich 70 km/Tag heraus, womit klar wird: das sind Tagesstrecken für berittene Pilger! Das gibt zwar der Vermutung, der Liber sei für wohlhabende Pilger zu Pferde geschrieben worden, berechtigte Nahrung; jedoch war er im Anblick der Fülle an Informationen auch für Pilger zu Fuß geeignet, wie die folgenden Kapitel zeigen.

3.Kapitel
Von den Namen der Dörfer und Städte am Jakobsweg.
Pamplona wird hier nur namentlich erwähnt, Estella aber gerühmt:"..gutes Brot, ausgezeichneter Wein, viel Fleisch und Fisch und Glück aller Art". Was er mit diesem 'Glück aller Art' wohl meinte?

4.Kapitel
Von den drei Hospitälern der Welt.
Gemeint sind die drei großen Pilgerhospize des französischen Ritterordens Jerusalem, Großer Sankt Bernhard und Somport-Paß (auf letzterem kamen die Pilger der Südroute von Arles).

5.Kapitel
Würdigung der 'Camineros'.
Mit dem lateinischen Wort 'viatores' sind nicht, wie manche irrtümlich geschrieben haben, berühmte Pilger gemeint, sondern Wegebauer, also solche, die sich um Bau und Anlage des Weges vom Rabanal-Paß bis Puertomarin verdient gemacht haben.

6.Kapitel
Von den Wasserqualitäten des Jakobsweges.
Vor dem Fluß Salado bei Lorca wird gewarnt: "Weder du noch dein Pferd sollen daraus trinken, denn der Fluß ist todbringend (Mortifero)". Weiter: "Das Wasser der Ega bei Estella ist süß, gesund und sehr gut". Die Flüsse zwischen Estella und Logrono sind alle 'malsanos', ungesund.

7.Kapitel
Von den Qualitäten der Völker.
Das Kapitel erzählt von den Namen der Länder und den Charakteren der Völker entlang des Camino.
Der 'Poitevino' (Gegend von Poitiers) wird als besonders gastfreundlich, gut gekleidet, geschickt im Umgang mit Lanze und Bogen, schlau und freizügig dargestellt.
Bei der Gelegenheit erlaube ich mir meine eigene Meinung über den Autor dieses Reiseführers vom 12.Jh., meinen Vorgänger also: er entdeckte bei allen Völkern negative Eigenschaften. Bei manchen, wie bei den Basken, nur solche. Einzig die Poitevinos sind untadelig! Man weiß angeblich nicht genau, aus welcher Gegend Frankreichs er stammte. Ich habe da keine Zweifel, möchte aber bezüglich der Objektivität des Monsieur Aiméry de Picaud, der übrigens auf Kosten und als Reisebegleiter einer reichen Flämin auf dem Camino war, gewisse Zweifel anmelden.
Trotzdem: seine sonst guten Informationen bildeten die Grundlage einer Art Reisebroschüre, die den Pilgern vom Cluniazenserorden in die Hand gegeben wurde, und auf deren Angaben sie sich verlassen konnten.
Die Leute aus dem Bordelais (Bordeaux) haben zwar einen guten Wein (schon damals also!), aber eine bäuerliche Sprache.
Die 'Landes' (Ebene vor den Pyrenäen), sind bekannt wegen ihres Mangels an Brot und Wein, Fleisch, Fisch und Früchten.
Die Gascogner und ihr Land: Weißbrot und guter Wein, Wälder, Wiesen und gesundes Wasser. Die Leute sind wortgewandt, schwätzen und lachen viel, lieben Wein und Weib, essen gut und gern, kleiden sich aber schlampig. Sie sind kriegstüchtig und gastfreundlich gegenüber Armen. Sie essen ohne Tisch und trinken alle aus einem Glas. Sie sehen ungepflegt aus und schlafen "verdreht und dreckig" auf Stroh und "durcheinander, Knechte, Herren und Damen".
Die Basken sind "...wild und ihre Sprache gleicht dem Grunzen von Schweinen. In dieser komplett barbarischen Sprache nennen sie Gott 'urcia', die Muttergottes 'andrea maria', das Brot 'orgui', den Wein 'ardum', das Fleisch 'aragui', das Haus 'echea', den Hauseigentümer

'iaona', das Wasser 'uric', den König 'ereguia' und Santiago 'iaona domne Jacue'...". Der Bericht läßt keinen klaren Unterschied erkennen zwischen Basken und Navarrern, es heißt an einer Stelle nur, sie seien sich ähnlich. Die dann folgenden Schilderungen der Basken sind so drastisch, daß ich nicht wage, sie wiederzugeben. Es könnte ja sein, daß mein Buch auch von Minderjährigen gelesen wird.

Nach einer kurzen Erwähnung der Provinz Leon, überfließend von Gold und Silber, Brot, Wein und Fleisch, Fisch, Milch und Honig, aber (schon wieder!) bevölkert von schlechten und lasterhaften Menschen, wird nun Galicien als wahres Paradies geschildert: Wälder, Flüsse, Wiesen und Felder voller Früchte. Statt Weißbrot haben sie Roggenbrot. Und dann höchstes Lob: "...die Galegos passen sich weitgehend unserem gallischen Volk an (Aha!), sie sind nur ein wenig jähzornig und streitsüchtig" (ganz kann er's doch nicht lassen).... .

8.Kapitel
Von den Reliquien der Heiligen.
Eine Aufzählung aller Reliquien, die der fromme Pilger auf dem Weg nach Santiago verehren kann.

9.Kapitel
Von der Qualität der Pilgerstadt und von der Kathedrale.
Es folgt eine sehr genaue Beschreibung der Fenster, Portale, Türme und Altäre der Kirche, der Reliquien des Hl.Jakobus und der Würde des Ortes.

10.Kapitel
Von den Opfergaben auf dem Altar des Hl.Jakobus.

11.Kapitel
Von der würdigen Aufnahme der Jakobspilger in der Stadt.

H.SING

pILGERWEGE nAch SAntIAGO

DIE PILGERWEGE DES MITTELALTERS

Wie Schnüre, die sich zu einem Seil vereinen, ziehen sich von Nordost nach Südwest, in unserem Falle von Deutschland nach Spanien, mehrere Jakobswege nach Santiago de Compostela, welche in ihrer Routenführung umso klarer und eindeutiger werden, je mehr sie sich dem Ziel nähern.

Für einen ersten groben Überblick nur so viel vorweg:
In Deutschland
gibt es den Begriff 'Jakobsweg' wie in Frankreich und Spanien nicht. Man kann nur einige Städte und Klöster nennen, die mit der Jakobswallfahrt in engem Zusammenhang standen.
In Frankreich
gibt es vier Wege, die alle den Namen 'Chemin de St.Jacques' führen und mit einigen Anschlußwallfahrten, d.h. mit einigen mehr oder weniger kleinen Abstechern zu bekannten Wallfahrtsstätten, ganz bestimmten Routen folgen.
In Spanien
vereinen sich jenseits der Pyrenäen, in Puente de la Reina, alle Wege aus dem Osten zu einem einzigen Weg, dem

Camino de Santiago

Im folgenden beschreibe ich die Routen etwas detailierter:

DEUTSCHLAND

Im 'Vademecum' (Reiseführer) des Straßburgers Kuenig von Vach (15.Jh.) ist die Rede von einer 'Nyderstrass' (Niederstraße), worin Aachen als eine der bedeutendsten Städte des Jakobskultes und als große Sammelstelle der Jakobspilger genannt wird, sodann Köln, Brüssel, Paris. In der 'Oberstrass' wird Einsiedeln in der Schweiz als großer Ausganspunkt erwähnt, ferner Luzern, Bern, Lausanne und Genf mit seinem Pilgerhospiz und seinen vier Jakobskapellen, schließlich Le-Puy in Frankreich.

FRANKREICH

Die vier 'Chemins de St.Jacques' sind zwar bereits in mittelalterlichen Landkarten verzeichnet und durch Kirchen, Klöster und Hospize festgelegte Routen, leider jedoch nicht (oder noch nicht?) so schön gekennzeichnet wie in Spanien, wo bereits ab der Grenze in allen Orten und an allen Kreuzungen das Schild zu finden ist: Camino de Santiago

Bemerkenswert für Frankreich ist, daß es eine Reihe von Wallfahrtsorten gibt, die zwar nicht an dem einen oder anderen 'Chemin' direkt liegen, aber schon von Anfang an so stark frequentiert wurden, daß sie sozusagen dazugehören. Am deutlichsten zeigt sich das an Orten wie Autun, Paray-le-Monial und Chaise-Dieu, welche zwischen dem Vézelay- und dem Le Puy-Weg liegen.

I Der Paris-Weg

In alten Chroniken 'Via Turonensis' genannt, weil er über die schöne Stadt Tours an der Loire führt. In Paris deuten zwei markante Dinge auf den Jakobsweg hin: der spätgotische Glockenturm der ehemaligen Kirche St.Jacques-la-Boucherie (den Zusatz 'la Boucherie' bekam sie, weil die Fleischerzunft sie zu ihrer Kirche erkor), ganz in der Nähe des Rathauses, von wo aus über die Seine-Brücke 'Notre Dame' hinweg die Rue St. Jacques sich parallel zum Bd.St.Michel den Berg hinaufzieht, auf welcher die Pilger Paris verließen.

Der Weg nach Tours hatte zwei Variationen: die eine führte über Chartres, die andere über Orleans. Ebenso teilte sich die Strecke Poitiers-Bordeaux auf in einen Weg über Angoulême und einen anderen über St.Jean d'Angély nach Ostabat.

II Der Vézelay-Weg

'Via Limosina' genannt, weil er über Limoges führt.

Auch er teilte sich zunächst in einen östlichen Weg über Nevers und einen westlichen über Bourges und Châteauroux nach Limoges, weiter nach Perigueux. Ab St.Sever verlief auch er in Richtung Ostabat.

Paris
Chartres
Orleans
Tours
Poitiers
St. Jean d'Angély
Angoulême
Saintes
Bordeaux
Sordes l'Abbaye
Ostabat

Vézelay
Nevers
Bourges
Limoges
St. Jean de Côle
Perigueux
St. Severs
Ostabat

III Der Le Puy-Weg
'Via Podensis

Auf seinem Weg befinden sich die bekanntesten und wohl auch schönsten Orte und kulturellen Höhepunkte des französischen Jakobskultes. Er beginnt in Le Puy, klettert auf die einsamen Höhen des Massif-Central mit der Templerburg Aubrac und obwohl er, wenn man das Tal von Conques passiert hat, direkt über Cahors nach Moissac führt, scheuten und scheuen die Jakobsbrüder den Umweg über Rocamadour nicht. In Ostabat trifft er auf den Parisweg und den Vézelayweg.

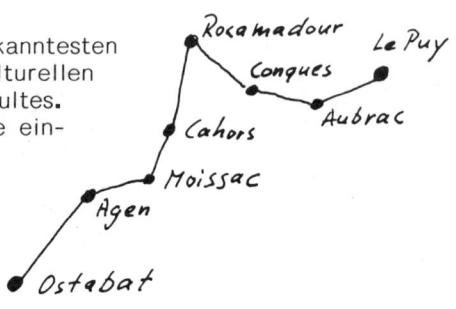

IV Der Arles-Weg
'Via Tolosana', weil Toulouse an seiner Strecke liegt. Ausgangspunkt war Arles, dann folgen St.Gilles, St.Guilhem-le-Desert, Agde, Toulouse und das wunderschöne Kloster St.Bertrand-de-Comminges am Rande der Pyrenäen. Eine Variante führte über Auch.
Über den Somport-Paß hinweg traf dieser Weg erst in Puente de la Reina auf die anderen drei Wege.

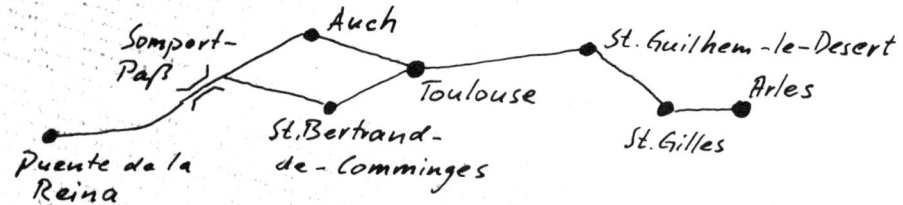

DIE IN DIESEM BUCH BESCHRIEBENEN JAKOBSWEGE

Für die Auswahl und Beschreibung der Wege durch Frankreich waren folgende Kriterien maßgebend:
1. DIE VERBINDUNG VON VÉZELAY NACH LE PUY u. DER LE-PUY-WEG
Vézelay ist für die meisten Besucher aus Deutschland das nächsterreichbare Ziel: von Norddeutschland über Saarbrücken und Nancy, von Mitteldeutschland über Mulhouse und Beaune.
Die Verbindung von Vézelay nach Le Puy empfiehlt sich aus zwei Gründen: zum einen durchquert man zwei der schönsten mitteleuropäischen Landschaften, Burgund und Auvergne, zum anderen lernt man bekannte Pilgerstätten mit bemerkenswert schönen Zeugnissen der Romanik und Gotik kennen, wie Autun, Paray-le-Monial und La-Chaise-Dieu.
In Le Puy beginnt dann der dritte der vier französischen Jakobswege, die 'Via Podensis', die über das wildromantische Massif-Central und zu

Perlen der Romanik führt: Conques und Moissac, sowie zu dem seit alters her bekannten, etwas abseits gelegenen Rocamadour.

Obwohl der Teil Burgunds zwischen Beaune und Vézelay nicht zum Jakobsweg gehörte, waren seine reizvollen Städte und lieblichen Landschaften die ersten Stationen im fremden Land auf dem Weg nach Vézelay, sowohl für den mittelalterlichen Pilger, als auch für den zeitgenössischen Touristen und Wallfahrer, weshalb ich die Beschreibung dieses Weges mit Beaune und etlichen Orten der Umgebung beginne; auch aus der Erwägung heraus, daß viele den Jakobsweg nicht gleich beim ersten Mal in seiner Gesamtheit bis Santiago de Compostela bewältigen wollen, sondern mit ersten Etappen in Frankreich beginnen, und deshalb über mehr Zeit verfügen.

Da ich aus eigener Erfahrung weiß, daß der Jakobsweg zur langjährigen Leidenschaft werden kann, und daß demzufolge viele nicht nur einmal seiner Spur folgen, und da die meisten in Frankreich einen der vier Wege für die Hin-, einen anderen für die Rückreise wählen wollen, habe ich nun die dritte Auflage des Buches erweitert:

2. DER VÉZELAY-WEG

Die Beschreibung der 'Via Limosina' (auch: Via Lemovicensis) von Vézelay über Limoges und Perigueux befindet sich am Ende des Buches, ebenso

3. DER ARLES-WEG

Die 'Via Tolosana' über Toulouse und den Somport-Paß, und

4. DER PARIS-WEG

Die 'Via Turonensis' ab Poitiers, über Saintes und Bordeaux.

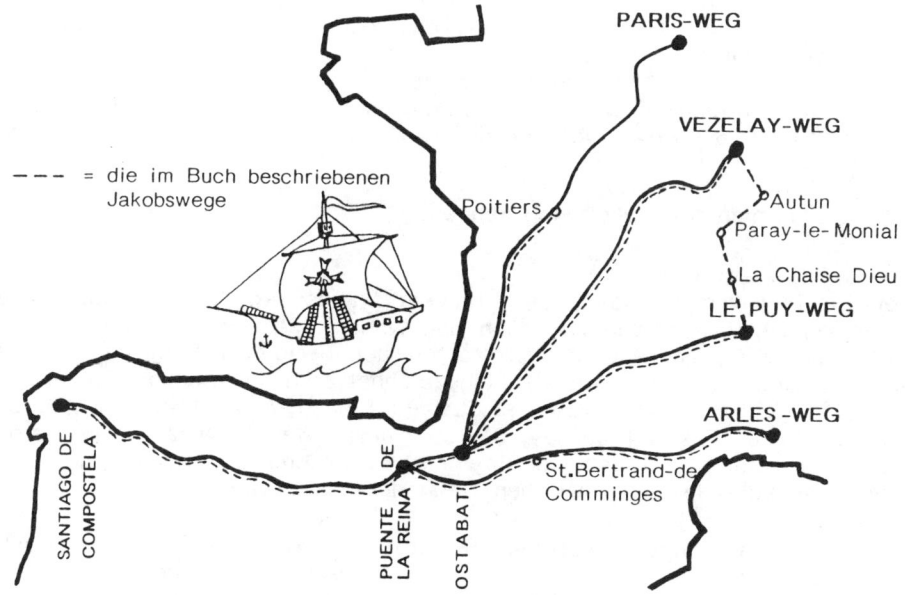

DER JAKOBSBRUDER DER GEGENWART

Man kann, wie ich im Kapitel 'Pilgerreisen-Pilgergründe' schon dargelegt habe, aus den verschiedensten Gründen 'auf dem Camino sein'.

1. Das Bedürfnis nach wahrer 'Peregrinatio', der Mystik religiöser Wallfahrt im Sinne des Hl.Augustinus.

2. Der einfache Wunsch, ein schönes Stück Europa zu erwandern oder zu erfahren. Wie doppelsinnig ist doch das Wort 'erfahren'. Wallfahren bedeutet, ein Ziel zu Fuß anstreben, dabei aber die Fremde kennenzulernen, zu erfahren. Inwieweit man heute eine Gegend auch mit dem Auto 'erfahren' kann, hängt von der Bereitwilligkeit und Art des Reisens eines einzelnen ab.

3. Warum nicht eine Mischung aus allem, nach meinem Reisemotto: 'die Vergangenheit bewundern, die Gegenwart genießen'?
Brauchen wir nicht wieder eine Portion Mystik im Zeitalter des Computers, welcher anfängt, unser Leben in 1 oder 0, ja oder nein, zu zerlegen. Und wenn die Mystik sich in nur einem einzigen Konjunktiv begnügen würde: "Was wäre, wenn...", wäre sie bereits eine Erholung vom Computer.

Ist nicht das natürliche Tempo des Menschen das zu Fuß? Ist es nicht der Rhythmus des Gehens, der uns das wahre Gefühl für Entfernungen wieder von neuem schenkt?
Wovon und womit wir heute leben möchten, ist weder das himmlische Manna der Halleluja-Frömmler, die sich Asche auf's Haupt streuen, noch die gräßliche Sterilität von Beton, Mikroprozessoren und Mac Donalds Retorte.

Wie lernt man den Jakobsweg kennen?

Zu Fuß
- in Frankreich:
Der Le Puy-Weg ist identisch mit dem Wanderweg Nr. GR 65. Dieser gut gekennzeichnete Weg hat auch den Namen 'Sentier de Saint-Jacques-de-Compostelle', und ist in den Karten der Serie Verte (grün) des IGN (Institut géographique national) eingezeichnet, die im Buchhandel erhältlich sind. Die Nummern von Ost (Le Puy) nach West (Ostabat): 50, 58, 57, ein kleines Eck auf der 64, 63, 69. Dieser Weg führt zwar nur selten über asphaltierte Straßen, dafür durch herrliche Landschaften, atmet aber noch nicht den authentischen Geist des Jakobsweges
- in Spanien:
Dort ist er nämlich eine nationale Institution, und während man in Frankreich nur in größeren Etappen auf die Jakobsorte stößt, begegnen einem in Spanien auf Schritt und Tritt Spuren, Zeugnisse und Hinweise an und

in Kirchen, über Haustüren, am Wegesrand und im Bewußtsein der Menschen, der Einheimischen wie der fremden Pilger. Hier ist man so recht erst 'auf dem camino'. Der Verlauf des 'Camino Antiguo', des mittelalterlichen Pilgerweges, ist mit seinen Wegstrecken und Ortschaften durch Bücher wie den Codex Calixtinus, durch Gästelisten der Herbergen und andere schriftliche Zeugnisse exakt beschrieben und nachvollziehbar. Von den 780 km zwischen Roncesvalles und Santiago sind allerdings etwa 300 km des Camino identisch mit asphaltierten Landstraßen, der Rest sind Feldwege und Pfade, die nur zu Fuß, nicht einmal per Fahrrad zu bewältigen sind.

Hinweisschilder 'Camino de Santiago' entlang der asphaltierten Straßen sind Orientierungshilfen für Autofahrer und Fußpilger. Wo allerdings der Camino querfeldein führt, findet nur noch der Wanderer Hinweise in Form von **gelben Markierungen.**

Dank der Mithilfe spanischer, französischer und belgischer Jakobsbruderschaften, und vor allem der Initiative, den Kenntnissen und der selbstlosen - weil unbezahlten - Arbeit der Pfarrer in den Gemeinden mit Pilgerherbergen, besonders die Äbte bzw. Pfarrer von Roncesvalles, San Juan de Ortega und Cebreiro, ist der gesamte Camino Antiguo im Laufe der letzten Jahre mit gelben Markierungen versehen worden, in Form von Pfeilen oder Punkten an Bäumen, Mauern, Masten, Zäunen oder einfach auf der Straße.

Aus diesem Grund kann im Wanderkartenteil am Ende des Buches auf detaillierte Angaben wie etwa: ". . vor dem Friedhof rechts . . .verzichtet werden. Sollte man dennoch einmal eine Markierung übersehen haben: die Bevölkerung entlang des Camino kennt diesen meist sehr genau und gibt bereitwillig Auskunft.

Achtung Fußpilger !
Bitte auch die Hinweise auf Seite 137 und im Vorwort zum Wanderkartenteil beachten !

Meine persönliche Empfehlung:
Mit Auto, Zug oder Bus bis Astorga, die restlichen ca. 270 km zu Fuß. Das hat zwei große Vorteile: 1. bequem in 11 Tagen zu erwandern, 2. die schönsten Strecken des Camino: den Rabanalpaß, den Cebreiro, die grünen Täler Galiciens.

per Fahrrad
Ein guter Kompromiß zwischen Fußpilger und Autofahrer. Man muß sich allerdings an die asphaltierten Straßen halten, da der Camino Antiguo meist über unbefahrbare Feldwege führt.

Mit dem Auto
Die Vielzahl von Sehenswertem, die Abwechslung der Landschaft und die meist kleinen und kurvenreichen Nebenstraßen erlauben keine hohen Geschwindigkeiten. Trotzdem ist der Jakobsweg vom Burgund bis zum Atlantik und zurück bequem in 4 Wochen zu schaffen.

Flugreisen
Für ganz Eilige: Santiago hat einen internationalen Flughafen.

Dieses Buch soll nicht nur ein Reisebegleiter sein, sondern zugleich auch ein Aufruf an die Europäer:

Bereist euer schönes, altes Europa, besinnt euch auf seine vielseitige Kultur, bevor ihr einen Thai-Buddha mit Blende 11 ablichtet, dessen Lächeln ihr sowieso nicht versteht.

Europa ist eine faszinierende Mischung aus geschichtlicher Entwicklung, sprachlicher Verflechtung und gegenseitiger, kultureller Beeinflussung, aus Vorurteilen, die gottlob nach und nach verschwinden, aus Gemeinsamkeit und lokaler Eigenbrödelei.

Wer mit offenen Augen den Camino erwandert oder erfahren hat, weiß mehr über Europa und versteht mehr davon.

Es hat seine tieferen Gründe, warum man immer mehr Jakobspilgern begegnet, wenn in letzter Zeit mehrere Fernsehsendungen zu sehen und Zeitungsberichte zu lesen waren, oder große Ausstellungen veranstaltet wurden wie in München: 'Wallfahrt kennt keine Grenzen'.

Sei es das Gehen oder das gemächliche Reisen als eine Möglichkeit zur 'Selbstverwirklichung', sei es das Gruppen-Erlebnis, sei es das Aussteigen aus den verkrampften Zwängen eines 'Urlaubsanimators', oder sei es die Renaissance religiöser Bedürfnisse, der Wunsch nach Kontemplation und Reflexion, oder nur einfach die Sehnsucht nach Stille der Landschaft und Schönheit der Kunst - gleichwohl!

> Mach dich auf den Weg nach Santiago, Bruder,
> mit der Freude im Herzen, der Muschel am Hut
> und dem Ruf der Pilger auf den Lippen:
> Santiago, Ultreia!

Sully bei Autun

Le chemin
de St. Jacques

Der Weg durch Frankreich führt über:

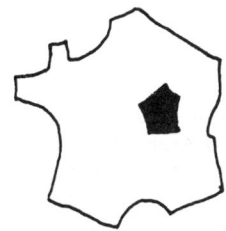

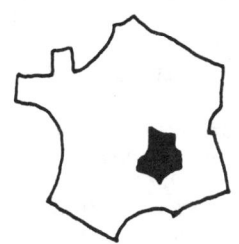

Burgund

Auvergne +
Massif-Central

Gascogne

BURGUND

Es gibt Landschaften in Europa, die gleichermaßen einmalig, typisch und unverwechselbar sind.

Die Toskana zum Beispiel, vor allem zwischen Florenz und Siena, mit ihrer "Wogenden Anmut der Hügel" (Carducci), "wo das silbergraue Largo der Oliven und das Andante der hellgrünen Weinberge konzertiert mit dem Stakkato der schlanken Zypressen" (H.Sing 'Toskana').

Zur Harmonie und Originalität einer Landschaft gehören ihre Topographie, die Architektur ihrer Dörfer und Städte, ihre Menschen und deren Brauchtum, ihr Klima und ihre Tier- und Pflanzenwelt.

Oberbayern besitzt diese Harmonie, Andalusien im Süden Spaniens, Galicien in dessen Norden, Arkadien auf der Peloponnes und - BURGUND

Man könnte mit der Beschreibung so anfangen: Burgund ist grün. Lach' nicht! Friesland hat ein anderes Grün, Oberbayern und die Bretagne auch. Hier ist eine Symphonie in Grün, ein polychromes Grün-Epos.

Und wenn man gemächlich ins Burgundische hineinfährt, stellt man sehr bald die zweite typische Eigenschaft dieses Landes fest: seine Ausgeglichenheit. Es gibt keine Abgründe und steilen Höhen, keine Langeweile, aber auch keine Dramatik. Bewaldete Hügel und flache Berge, malerische Flußauen mit hohen Pappeln und sanft geneigte Weiden mit Gruppen alter Bäume lösen einander ab.

Kleine Ortschaften liegen verstreut dazwischen, organisch hineingewachsen in die Harmonie der Landschaft, und selbst die Straßen, die sie miteinander verbinden, sind keine breiten Betonpisten, sondern asphaltierte Autowege, die sich der Landschaft anpassen und für hohe Geschwindigkeiten nicht geeignet sind.

Der Feuchtigkeitsgehalt der Luft, der aus den vielen Bächen und Wäldern aufsteigt, wirkt auf die Konturen der Berge und Horizonte wie ein Weichzeichner. Der Jakobsfahrer möge sich daran erinnern, wenn er später über die Weiten Altkastiliens fährt.

Es ist eine nervenberuhigende Landschaft; dem gestreßten Zeitgenossen schenkt sie ein paar Streicheleinheiten für die strapazierten Nerven. Hier ist Rimbaud's "U" : 'Ruh auf kuhbedecktem Flurengrund'. Aus all dem Grün leuchtet das blendende Weiß der Rinder wie Zinkweiß vor Erdgrün; es wechselt zu Bleiweiß vor Moosgrün, wenn sich eine Wolke vor die Sonne schiebt.

Irgenwo überquert man in Burgund immer einen seiner Kanäle, oder fährt ein Stück an ihnen entlang. Wen der Anblick eines solchen Kanals nicht berührt, wer hier nicht spürt, daß die gewohnte Hektik ganz oder teilweise entweicht wie schlechte Luft aus dem Darm, dem ist nicht mehr zu helfen.

Fast durchgehend sind die Kanäle von hohen Pappeln und anderen schattenspendenden Bäumen gesäumt. Gesprenkeltes Licht rieselt zwischen den Blättern hindurch auf dunkelgrünes Wasser. Feine Spinnwebfäden hängen zwischen dem Eisengeländer einer alten Brücke, und auf dem Wasser darunter huschen Wasserläufer behend in geometrischen Figuren. In kurzen Entfernungen reiht sich eine Schleuse an die andere. Diese Schleusen sind ein Stück Beständigkeit in unserer rastlosen Zeit. Ein Dank an dieser Stelle dem französischen Staat, welcher, als die Kanäle durch Straße und Schiene unrentabel wurden, sie nicht zuschütten ließ, sondern ihren Erholungswert erkannte und für ihre Erhaltung sorgte. Immer wieder habe ich dem Betrieb einer Schleuse zugesehen. Betrieb ist nicht das richtige Wort. Es ist eine bedächtige Handlung, die Zeit erfordert. Zeit, bis der Schleusenwärter (oder -wärterin) aus seinem Häuschen kommt oder von seinem Garten, wo er Tomaten und Petersilie zieht, oder bis er ohne Hast seine Angel weglegt. Zeit, bis er Kurbeln und Räder bedient, bis sich die Schleusenkammer mit Wasser füllt, bis das eine Tor sich öffnet, der Kahn vosichtig einfährt, das Tor sich schließt, das Wasser sich senkt, das andere Tor aufgeht, und das Schiff hinausfährt, um nach 300 Metern wieder zu warten, bis der Schleusenwärter....- man darf es nicht eilig haben. Trotz der paar technischen Hilfsmittel ist dies ein natürlicher Rhythmus und eben das ist es, was was wir heute so sehr vermissen. Die Geschwindigkeit, welche mit den,

an verschiedenen Stellen (auch über deutsche Reisbüros) zu mietenden Hausbooten zu erreichen ist, liegt nicht viel über dem eines Fußgängers, und auch das ist gut so.
   Ob man nun auf den Wasserstraßen Burgunds entlang schippert oder mit dem Auto motorbummelt, überall locken verträumte Dörfer und bezaubernde Städte zum Verweilen, mit beachtenswerten Kunstwerken und einladenden Gasthäusern. Womit ich bei den drei 'K' der Bourgogne angelangt wäre: KUNST, KÜCHE, KELLER.

   Wer über Burgund spricht, darf die Kunst der Romanik nicht vergessen. Wer Pisa, Lucca, Pistoia, Massa Marittima und andere Städte der Toskana kennt, erinnert sich an die Anmut der pisanischen Romanik.
   Die Romanik Burgunds, und das gilt in ähnlichem Sinne auch für die Auvergne, ist ganz anders. Sie ist erdverbundener, die Wurzeln zur heidnischen Urzeit sind sichtbarer, ihre Linien sind klar und der Schmuck karg.
   Das ist so verwunderlich nicht, denkt man an das Gebot der Demut und Einfachheit der Zisterzienser und an die Ordensreformen von Cluny. Zwei Orden, die das Bild der mitteleuropäischen Romanik entscheident geprägt haben. Mit 'mitteleuropäisch' meine ich hier natürlich ganz besonders die romanische Kunst am gesamten Jakobsweg in Frankreich und Nordspanien.

 KÜCHE UND KELLER

   Auf Burgund, das Land der Tafelfreuden, große Lobreden zu halten, hieße Eulen nach Athen tragen.
   An touristisch stark frequentierten Orten freilich ist es hier wie überall auf der Welt: der eine oder andere Wirt kam auch schon auf die Idee, mit wenig Arbeit große Umsätze zu machen. Die Losung heißt: "Steak frites", und auf dem Teller liegt ein über den Grill gezogener Fetzen Fleisch mit Fließband-Pommesfrites. Solchen Wirten wünsche ich Mac Donalds an den Hals beziehungsweise an die gegenüberliegende Straßenseite.
   Es sind Ausnahmen, gewiß. Aber der ahnungslose Fremde, der per Zufall auf diese Weise seine erste Restaurant-Erfahrung macht, könnte versucht sein, nie mehr ein anderes zu betreten. Und das wäre schade! Wie kann man sich solchen Ärger ersparen? Ich kann hierzu nur sechs allgemeine Ratschläge geben:
1. Wer Französisch kann, erkundige sich bei Einheimischen.
2. Lokale meiden, wo überwiegend Touristen sind.
3. Kehrtmachen, wenn es nach altem Öl riecht.
4. Vorher die Speisekarte vor der Türe studieren.
5. 'Steak Frites' vermeiden, sich an die Landesspezialitäten halten, wie
   in Burgund zum Beispiel ans 'Boeuf Bourguignon"

6.Gutes ist auch in Frankreich nicht billig. Also: besser nur einige Male gut, dafür etwas teurer essen gehen. Gute Hilfe leistet hierbei der Guide Michelin. Restaurants in einem Reiseführer hat nur einen Sinn, wenn das Buch jedes Jahr neu überarbeitet wird. Ich habe nicht nur einmal erlebt, daß ein empfehlenswertes Lokal wegen eines Wechsels des Kochs oder Besitzers indiskutabel wurde und umgekehrt. Wer also die allgemeinen Ratschläge befolgt, wird feststellen:
Burgund ist tatsächlich das Land der Tafelfreuden!

Eine kleine Auswahl Burgundischer Gerichte:

Vorweg eine Spezialität, die noch nicht typisch für Burgund, sondern auf französischen Speisekarten öfter zu finden ist, aber einen direkten Bezug zum Jakobsweg hat:
Coquilles St.Jacques.
Jakobsmuscheln, die auf verschiedene Art zubereitet werden: naturbelassen mit einer feinen Sauce, 'gratinées' d.h.überbacken, oder mehr nach Art der Provence, kurz mit Knoblauch gebraten. So sehr ich Knoblauch schätze, hier paßt er nicht hin.
Grundlage vieler Gerichte der burgundischen Küche ist der Wein, so auch beim berühmten
Boeuf Bourguignon.
Hier kommt es natürlich auf die zwei wichtigsten Zutaten an: guter Rotwein, in welchem das Fleisch der Charolais-Rinder geschmort wird.
Coq au vin.
Jede Gegend Frankreichs bereitet das Hähnchen in Weinsauce auf ihre Art zu. An der Spitze rangiert der 'Coq au Champagne', mit Knoblauch und Champignons in Champagner gedünstet. Beim elsässischen 'Coq au Riesling' wird der Wein mit Sahne veredelt, und in Burgund habe ich beide Arten schon gesehen: mit Rotem und mit Weißem.

In einem verlassenen Nest am Ufer des Indre wies ein Wirt, bei dem ich eine Woche lang königlich gespeist hatte, meinen Wunsch nach einem Coq au Vin für den nächsten Tag zum Abschied entrüstet zurück: dann müsse er ja ein tiefgefrorenes Hähnchen aus dem Supermarkt holen. Das komme nicht in Frage. Wenn ich wieder einmal in die Gegend komme, solle ich ihm eine Woche vorher schreiben, dann könne er in Ruhe ein Hähnchen aussuchen. Auch so kann Frankreich sein!

Potage du Morvan.
Kohlsuppe mit Kartoffeln und Speck.
Tourte de canard Henri Colin.
Pastete mit Enten- und Schweinefleisch mit Geflügelleber.
Escargots à la Bourguignonne.
Mit Butter, Knoblauch und Gewürzen überbackene Weinbergschnecken.
Daube Avallonaise.
Avalloner Rindfleischeintopf.
Escalopes à la Mode
Schnitzel in Senfsauce.

Potée bourguignonne.
Fleisch- und Gemüseeintopf.
Jambon persillé.
Terrine aus Schinken mit Petersilie.
Fondue bourguignonne.
Ist eigentlich keine Burgunder Spezialität, sondern eher eine Modeerscheinung der letzten Jahre.

Die Weine Burgunds.

Wer durch Burgund fährt, wird enttäuscht nach Weinbergen Ausschau halten. Burgund ist kein Weinland, aber das Land der größten Namen auf dem Gebiet des Weines. Die stammen nämlich aus dem nur sehr schmalen Streifen, Côte d'Or genannt, wo zwischen Beaune und Dijon die exklusiven 'Grand Cru's' und 'Premier Cru's' wachsen, wie Nuits-ST.Georges, Vosne-Romanée, Vougeot u.a., und südlich von Beaune die herrlichen Weißweine von Meursault, Puligny-Montrachet u.a.

diese Weine zählen zu den erlesensten der Welt und- auch zu den teuersten.

Man kann sehr wohl im Lande eine Flasche oder zwei zelebrieren. Sie mitzunehmen und 2 - 3 Wochen im Kofferraum schunkeln zu lassen ist aber vergeudetes Geld. Es sei denn, man befindet sich auf der Rückreise und kann sie gleich wieder im Keller zur Ruhe legen.

Eine gute Adresse für Weinkauf ist Denis Perret an der Place Carnot in Beaune oder der Marché du Vin neben dem Hospiz.

Man kann auch die Côte d'Or entlang fahren und beim Erzeuger direkt kaufen.

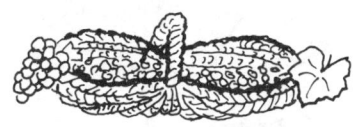

UNSERE NACHBARN DIE FRANZOSEN

Kleine Alltäglichkeiten können manchmal ein Volk besser charakterisieren als viele Worte. In der Rue Mouffetard in Paris beobachtete ich folgende Szene: ein Franzose sitzt im Auto und liest Zeitung. Vor seinem Citroen (Kennzeichen 75!) manövriert sich ein Peugeot (auch 75) in eine enge Parklücke, und bummst bei diesem Vorgang mehrmals an die Stoßstange des Citroen. Die Zeitung in den Händen des Insassen zittert jedesmal ein wenig, doch dem Leser ist die Lektüre wichtiger als ein Blick durch die Scheibe. Beide Autos haben nach vollendetem Parkmanöver ein paar Kratzer und leichte Beulen. Bei uns wäre jetzt ein Krieg der Rechtanwälte und Versicherungen ausgebrochen.

Viele französische Autos haben Beulen, und wir sind deshalb geneigt, die voreilige Schlußfolgerung zu ziehen, die Franzosen seien schlechte

Autofahrer. Das Auto ist für sie kein heiliges Blech, sondern ein Nutz-
gegenstand. Nach meinen Erfahrungen fahren sie fair und mit wenig
Aggressionen. Ausnahmen bestätigen die Regel.

Statt sein Auto zu waschen, geht der Franzose lieber Boule spielen.
'Savoir vivre' bedeutet, sich für scheinbar unwichtige Dinge Zeit nehmen,
die in Wirklichkeit aber von hoher 'Lebensqualität' sind.

Meine ganz persönliche Randbemerkung zum Thema 'die Franzosen':
ich träume von einem zukünftigen Europa, wo es nicht mehr 'die Deutschen', 'die Franzosen', 'die Spanier' usw. gibt, sondern nur noch die
Elsäßer, die Gascogner, die Basken, die Galicier, die Hessen und die
Bayern usw., ohne Grenzen und alte Vorurteile, sondern mit der einzigen
Autonomie, die möglich ist: die der Kultur und des regionalen Brauch-
tums, der Tradition aus Sprache, Musik, bodenständiger Küche und Architektur. Vielleicht ? Hoffentlich !
Dann wird auch der Jakobsweg wieder zu dem, was er einmal war,
vor vielen Jahrhunderten:
eine europäische Gemeinsamkeit.

* * *

Die 4 Departements von Burgund

21 - Côte d'Or
58 - Nievre
71 - Saône-et-Loire
89 - Yonne

BEAUNE

1 - Hôtel Dieu
2 - Markthalle mit
    Touristenbüro
3 - Basilika
4 - Hôtel des Ducs
    (Weinmuseum)
5 - Mairie (Rathaus)
6 - Post

Beaune ist für Weinkenner
gleichbedeutend mit Bur-
gunder Wein.
An den Hängen der weltbe-
rühmten Côte d'Or liegt es
zwischen den großen Namen,
die den Liebhaber guter
Tropfen genießerisch die
Augen schließen und träumen
lassen.
Nach Süden zu liegen Orte
wie Pommard, Volnay und
Meursault, nach Norden, Dijon zu,
reihen sich so bekannte Namen wie Nuits-St.-Georges, Vosne-Romanée,
Vougeot und Chevrey-Chambertin.

Die Herzöge des 'Zwischenreiches', wie das geschichtliche Burgund
zwischen dem Westreich, dem späteren Frankreich, und dem Ostreich,
dem späteren Deutschland, lange Zeit hieß, hielten hier, in der heutigen
Hauptstadt des Burgund, üppigen Hof, bis sie später nach Dijon umzogen.
Das Wort 'üppig' steht sowohl für Küche und Keller, als auch für Kunst.
Insofern lohnt sich also ein Aufenthalt in Beaune, was ja, weil es im
Winkel der Autobahnen Paris-Lyon (Autoroute du Soleil) und Lyon-Dijon
liegt, keinen Umweg erfordert. Nur etwas Zeit. Selbstverständlich könnte
man Tage hier verbringen, würde man nicht zwischendurch daran denken,
daß von hier nach Santiago noch rund 2000 km liegen. Apropos Santiago:
Beaune war immerhin eine Station mittel- und süddeutscher Pilger nach
Vézelay, und mancher von ihnen lag auch mehr oder weniger lang im
berühmten Hôtel Dieu, dem mittelalterlichen Krankenhaus der Stadt.

Das Hôtel Dieu

Dieser Gebäudekomplex, das Wahrzeichen Beaunes, wurde 1443 vom damaligen Kanzler Burgunds Nicolas Rolin als Krankenhaus und Wohltätig-
keitszentrum für Arme errichtet.

Hôtel Dieu in Beaune

Hier stoßen wir auf ein erstaunliches und merkwürdiges Phänomen der Stadt Beaune: beim Vergleich zwischen dem reichsten und mächtigsten Haus des mittelalterlichen Stadtbildes, dem 'Hôtel des Ducs de Bourgogne' (Herzogspalast, in welchem heute das Weinmuseum untergebracht ist), und dem Haus der Ärmsten, dem Hôtel Dieu, fällt schon beim Betreten des Innenhofes auf: der des Hôtel Dieu ist schöner und prächtiger, als der, über den einst Herzöge schritten.

In Architektur und Ausstattung dürfte das Hôtel Dieu wohl das schönste Armenkrankenhaus der Welt sein.

Hinzu kommt noch, daß Rolin für dieses Haus einige der besten Weinlagen der Umgebung kaufte, deren Weine unter dem Namen 'Hospices de Beaune' heute noch am 3. Sonntag im November im Hôtel Dieu zu Höchstpreisen versteigert werden. Der Erlös fließt in die Stiftung zurück, zur Erhaltung der Gebäude und zur Aufrechterhaltung und Sicherung des sozialen Auftrages.

Im höchsten, von außen sichtbaren Gebäude, mit blaugrauem Schiefer gedeckt, von einem gotischen Dachreiter verziert und eher einer Kirche ähnlich, befindet sich ein Raum, der tatsächlich eine einmalige Verbindung von Krankenhaus und Kirche darstellt: in einer riesigen und hohen Halle, überwölbt von einem gotischen Holzbalkengerüst, stehen an den Längswänden entlang die Betten mit roten Vorhängen zur Mitte hin, und in der dem Eingang gegenüberliegenden Apsis steht der Altar. So konnten die Kranken, ohne das Bett verlassen zu müssen, an der Messe teilnehmen. Immerhin diente dieser Raum noch bis 1948 als Krankensaal!

Für Rolin, wie für viele andere Reiche jener Zeit, etwa die Fugger zu Augsburg, lagen die Beweggründe solch sozialen Handelns mehr oder weniger auch im Wunsch, etwas für das eigene Seelenheil zu tun, dem armen Lazarus mehr als nur ein paar Krümel von ihrem Tisch zu geben. Gebt volles Maß!

Spottete der (neidische ?) König Ludwig XI. über ihn: "Er hat in seinem Leben so viele arm gemacht, daß er nun ein Asyl für Arme zu bauen fast gezwungen ist."

Betritt man nach dem Krankensaal den Innenhof des Hôtel Dieu, könnte man augenblicklich vergessen, daß man ein Krankenhaus besichtigt. Ein Hof dieser Art gehört gewohnterweise in einen Palast. Hier muß man seine Phantasie am kurzen Zügel nehmen, um sich vorzustellen, daß hier nicht edle Damen in Samt und Seide von Rittern geführt und von Troubadouren besungen, sondern schlicht und einfach Kranke im Rollstuhl hindurchgeschoben wurden.

Die glasierten Ziegel auf den polychromen Dächern sollte man unbedingt bei Sonnenlicht sehen, um zu erleben, wie die Farbenpracht zu funkeln und zu gleißen beginnt.

In der Küche, deren Eingang unter der hölzernen Fachwerksgalerie liegt, wird heute noch neben alten Feuerstellen mit mittelalterlichen 'Grillautomaten' auf modernen Herden das Essen für das hinter diesem Bau liegende Altersheim gekocht.

Im Museum des Hôtel Dieu befindet sich heute das berühmte Triptychon, das der flämische Maler Roger van der Weyden im Auftrag Rolins für den großen Krankensaal schuf, wo es ursprünglich zur Erbauung und Ermahnung der Kranken hing. Wie in den Steinplastiken der Tympana von Autun und anderen romanischen Kirchen Burgunds hat dieses Altarbild das Jüngste Gericht zum Thema. Die Waage der Gerechtigkeit, auf welcher die Auserwählten für das Paradies und die Verdammten für den Schlund der Hölle gewogen werden und, je nach ihrem Lebenswandel, für 'zu leicht befunden' werden, ist die zentrale Szene.

Sehenswert in diesem Gebäudekomplex ist außer Krankensaal, Innenhof, Küche und Museum noch die alte Apotheke mit Zinngeschirr und schönen Fayencegefäßen.

Das Hôtel Dieu ist täglich, aber nur mit Führungsgruppen zu besichtigen.

Hôtel des Ducs de Bourgogne

In diesem mittelalterlichen Stadtpalast in der kleinen Rue d'Enfer (Höllengasse) regierten bis zum 15. Jh. die Herzöge von Burgund.

Seit 1938 ist darin das sehenswerte Musée du Vin de Bourgogne (Weinmuseum) untergebracht.

Hôtel des Ducs

Beaune ist nun einmal die Stadt des Weines und der Kunst.

In einer großen alten Scheune, gleich rechts am Eingang zum Hof, früher vermutlich Stall und Wagenremise, stehen im Halbdunkel riesige alte Weinpressen mit mächtigen, hölzernen Balken, Hebeln und Schraubengängen. Der Palast zeigt in vielen Sälen sowohl alle Verfahren und Gerätschaften des Weinanbaues vom frühen Mittelalter an, als auch die Kunst des Weinausbaues bis hin zum Servieren, die Entwicklung der Flaschenformen, Urkunden, Gemälde, Stiche und Plastiken.

Die Basilika Notre Dame

Bemerkenswert an dieser gotischen, im Inneren romanischen Kirche, gleich neben dem Weinmuseum, ist die große Vorhalle (14.Jh.), die im Inneren ausgestellten, schönen Tapisserien aus dem Leben Mariens (15.Jh.) und der ruhige Kreuzgang mit seinem Rosengarten.

Place Carnot

Der zentrale Platz der alten Innenstadt, wo man mit Glück einen Parkplatz finden kann. Originelle Hausfassaden ringsum, die Bar Brasserie 'la Concorde' die zu mäßigen Preisen ein recht gutes Boeuf Bourgignon anbietet.

Neben dem Hôtel Dieu kann man sich in der Probierstube des **Couvent des Cordeliers** (13.Jh.) für einen guten Tropfen entscheiden.

Wessen Probierlust immer noch nicht erschöpft ist, findet in den Gewölben der Stadtwälle da und dort Einlaß in die Keller der Weinhändler. Man sagt, Beaune sei von einem Wall von Flaschen umgeben.

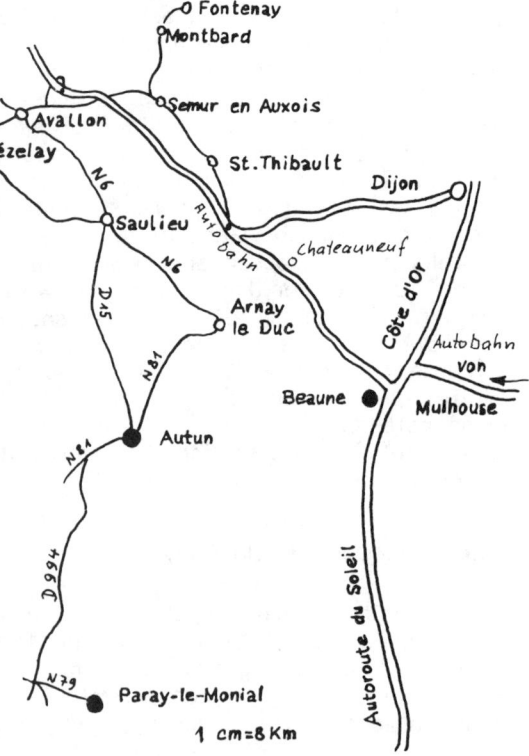

* * *

Von Beaune nach Vézelay

Zwei Wege führen von Beaune nach Vézelay: die Landstraße und die Autobahn. Auf letzterer hat man die rund 100 km bis zur Ausfahrt Avallon in knapp einer Stunde hinter sich. Und wer den Pilgerweg bis Santiago de Compostela in einem Urlaub bewältigen möchte, sollte, auch wenn es schwer fällt, auf die Schönheiten der Landschaft und der Städte, die einem am Rande der Landstraße begegnen, vielleicht doch verzichten. Aber das ist eine Frage der zeitlichen Einteilung und der persönlichen Prioritäten, die man auf so einer Reise setzt.

Für die Landstraßenbenutzer beschreibe ich einige der sehenswertesten Punkte auf dieser Etappe, welche dann allerdings zu einer 1 - 2 Tagestour werden kann. Da man nicht nur eine durchgehende Landstraße nehmen kann, sondern gelegentlich auf kleinen Departementsträßchen kreuzen muß, ist eine gute Landkarte unerläßlich.

Mein Vorschlag beginnt ab Beaune mit der D 2 über Savigny-les-Beaunes nach Bouilland, einem hübschen kleinen Nest in idyllischer Landschaft mit einem guten Restaurant rechts der Straße, wo man auf einer kleinen Terrasse, umrankt von Rosen, ein empfehlenswertes Menu genießen kann, mit Blick in ein Stück typischer Burgunder Landschaft.

Wer viel Zeit hat, kann von hier aus einen Abstecher zu der in völliger Ruhe und Abgeschiedenheit eines Seitentales gelegenen Ruine der gotischen Abtei Ste.Marguerite machen.

Abtei Ste.Marguerite

Ab Bouilland schlängelt sich die Straße durch Täler, Wälder und Anhöhen zum CANAL DE BOURGOGNE bei PONT D'OUCHE.

Am Knie des Kanals, wo er nach Nordwesten abschwenkt, hat eine der Wohnbootsverleihfirmen ihre Boote liegen (siehe Informationsteil).

Von hier aus fährt man links des Kanals, überquert nach 2,5 km die Autobahn, an dieser entlang, dann die zweite Brücke rechts wieder über sie hinweg, und gelangt zum mittelalterlichen Dorf und Schloß:

Châteauneuf

Auf der Kuppe eines Hügels liegt das kleine Dorf, dessen Häuser noch überwiegend aus mittelalterlicher Bausubstanz bestehen. Das alles überragende Schloß, eine typische Residenz des burgundischen Landadels, stammt in seiner heutigen Gestalt aus dem 12. Jh., zeigt neben seinen Wehrtürmen und Schießschartenmauern recht deutlich die Einflüsse der 'Flamboyant-Gotik' und bietet vor allem von den Fenstern des durch die Revolution beschädigten Wohntraktes aus einen wunderschönen Blick über die weite burgundische Landschaft des 'Auxois', durch welche sich der von Pappeln gesäumte Kanal in der Sonne glitzernd hindurchzieht.

Über Pouilly-en-Auxois läuft nun ohne allzu viele Kurven die D 970 nach:

ST. THIBAULT

Die Straße steigt vorher etwas an, und plötzlich erhebt sich aus dem Horizont der Getreidefelder rechts der Straße ein hohes, eigenwilliges Gebäude, welches wie eine zu hoch geratene Kirche erscheint.

Sie ist nur der Chor einer großen Kirche, die 1686 einstürzte.

Übrig blieben zwei Kostbarkeiten: Der Chorraum, der in seinem hohen und lichten Maßwerk aus Pfeilern und Fenstern an die hohe Gotik der Ste.Chapelle in Paris erinnert. Das Portal des ehemaligen Querschiffes mit seinem Tympanon, auf welchem Szenen aus dem Leben Mariens und dem Alten und Neuen Testament dargestellt sind, ist einen Aufenthalt wert. Was man im 18.Jh. wieder zu Chor und Seitenschiff dazubaute, ist ein schlichtes Kirchenschiff ohne Bedeutung.

Die D 970 läuft, nach einem kurzen Stück auf der D 70, ziemlich gerade nach:

St.Thibault

SEMUR- EN-AUXOIS

Dieses Städtchen bietet zwei Gründe zum Verweilen: sein bewundernswertes Stadtbild und für Wohnwagen- und Zeltreisende den Campingplatz, 3 km außerhalb am langen Stausee 'Lac du Pont, mit Bademöglichkeit und waldigen Uferwegen.

Aus einer großen Schleife des Flüßchens Armancon heraus erhebt sich die Silhouette Semurs aus Mauern, wuchtigen Wehrtürmen, schönen alten Bürgerhäusern und den gotischen Türmen der Kathedrale auf einem Felsen über dem Tal, welches die Stadt von 3 Seiten umgibt.

Wer sich nur für Kunst und sonst nichts interessiert, gehe in der Stadt direkt zur Kathedrale und studiere Dreipaßbögen,

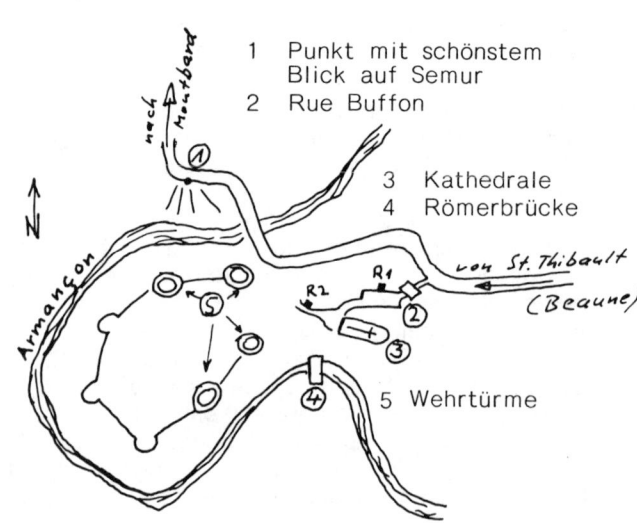

1 Punkt mit schönstem Blick auf Semur
2 Rue Buffon
3 Kathedrale
4 Römerbrücke
5 Wehrtürme

Semur-en-Auxois

Bussy-Rabutin

Canal de Bourgogne und Châteauneuf

Triforien, gestelzte Bögen, Dienste und Obergadenzonen.
Wer wie ich in einer fremden Stadt immer erst mal ins Café geht, um die Atmosphäre der Stadt auf sich wirken zu lassen, begebe sich mit mir in das schöne Café am Beginn der Rue Buffon. Sie müßte eigentlich Place Buffon heißen, denn in ihrer Anlage und architektonischen Geschlossenheit wirkt sie wie ein Platz, mehr noch wie ein großer Raum. Ganz besonders deutlich spürt man die Gelassenheit und den gemächlichen Rhythmus der Stadt an einem warmen Sommerabend an einem der Tischchen vor dem Café. Die platzähnliche Straße wirkt wie eine Theaterkulis - se, vor welcher die Akteure des Abends ihre Rollen spielen: der Held, die jugendliche Liebhaberin und der Nebenbuhler, die Naive und der Intrigant, der Romantiker und die Kokotte.
'Les Citoiens de Semur se plaisent fort en l'Acointance des Etrangers'- dieser Spruch von Sebastian Münster von 1552 steht auf dem Innenbogen des alten Stadttores, gleich um die Ecke des Cafés und heißt: 'die Bürger von Semur freuen sich sehr über den vertrauten Umgang mit Fremden'. Schräg gegenüber ist das Restaurant 'Le Carillon' (auf dem Plan: R1) mit recht guter Küche, wenngleich nicht ganz billig.

Nur ein paar Schritte sind es bis zur Kathedrale Notre Dame, die mit ihrer großen Vorhalle und ihren Türmen recht imposant wirkt.
Durchaus gotisch erinnert sie aber im Inneren mit ihrem schmalen (6,5 Meter breit) und sehr hohen (21 Meter) Mittelschiff eher an die cluniazensische Romanik, etwa wie die Kathedrale von Autun.

Der schöne und umfassende Blick auf die Stadt bietet sich von der Straßenkurve oberhalb der Brücke 'Pont Joly'; idyllischer und malerischer jedoch ist der Blick von unten herauf, im Süden der Stadt, wo die schöne alte Brücke sich in zwei Bögen über den Fluß wölbt.

Wenn ich kein Buch über den Jakobsweg, sondern eines über Burgund schreiben würde, müßte jetzt das nur 13 Km entfernte weitflächige antike Ausgrabungsgebiet
ALISE - STE.- REINE, ehemals Alesia, kommen, wo auf dem Mont Auxois das große Denkmal des Vercingetorix steht, der sich hier der militärischen Übermacht von Cäsars Legionen beugen mußte, und das in unmittelbarer Nähe gelegene Renaissance-Schloß mit Gemäldegalerie
BUSSY - RABUTIN, wohin der Graf Roger de Bussy-Rabutin (1618-1693) vom Hof des Sonnenkönigs verbannt wurde, weil er die amourösen Geschichten des Hofes witzig und geistreich zum besten gab.
Zurück zu unserem Weg nach Vézelay, auf die D 980, nach
MONTBARD , dem Geburtsort des Naturforschers Buffon, dessen Werk so etwas ähnliches ist wie Brehms Tierleben, und dessen Studierzimmer in einem Turm im Park über der Stadt zu sehen ist.
Von hier sind es nur noch 5-6 km zu einem lohnenden Ziel:

ABTEI FONTENAY

In der Einsamkeit eines ruhigen, breiten Tales, eingebettet zwischen Wiesen und bewaldeten Hängen, liegt die von Bernhard von Clairvaux

Fontenay: Kreuzgang

1118 gegründete Zisterzienserabtei. Die weit ausladende Anlage läßt wieder einmal erkennen, wie autark die Klöster des Mittelalters waren: Bäckerei, Hundezwinger, Apotheke, Fischteiche, Gewürz-, Heil- und Gemüsegarten, Taubenturm, Schmiede und andere Werkstätten.

Das klare Wasser der Bäche und Quellen, die im Klostergarten zu Fontänen und Wasserkaskaden gefaßt sind, gaben der Abtei wohl ihren Namen Fontenay von 'fonte net' (was auf dem Quellwasser schwimmt). Nach dem Passieren des Pförtnerhauses eröffnet sich hinter den hohen Mauern eine großzügig konzipierte Anlage, wo zwischen hohen alten Bäumen und großen Grünflächen verteilt die Gebäudekomplexe im weiten Rund verstreut liegen:

links der heilige Bezirk, Kloster und Kirche, in der Mitte die Wohnhäuser und Arbeitsräume, weiter hinten das Krankenhaus und rechts die Werkstätten, Wohn- und Wirtschaftsräume und Ställe.

So harmonisch wie die Anlage in ihrer Gesamtheit, ist sie auch im Detail - etwa in den ausgeglichenen Proportionen des Kreuzganges und der Räume um ihn herum, wenngleich sie, der Regel des Ordens entsprechend, weitgehend schmucklos gehalten sind.

Im Gegensatz zu den Cluniazensern, die ihre Kirchen und Klöster reich mit Bildern, Zierrat und Figuren ausstatteten und zu ihren Kirchen hohe Türme bauten, war den Zisterziensern jeder Schmuck verhaßt, und auf ihre Kirchendächer setzten sie nur unscheinbare Dachreiter. Diese Verschiedenheiten waren stets Anlaß zu Streitereien zwischen den beiden Orden.

Ein Kunstwerk ganz besonderer Art ist die gewölbte Eichenholzdecke des Dormitoriums über Kapitelsaal und Scriptorium. Da die Mönche mehrmals während der Nacht zu Gebeten und Messen in die Kirche mußten, die sie von hier aus über eine Treppe direkt erreichten, schliefen sie die wenigen Stunden dazwischen auf Strohsäcken, welche auf dem blanken Steinboden lagen.

Was man in nur wenigen Klöstern zu sehen bekommt: der Kerker, ein Raum, dessen Boden und Wände aus roh behauenen Steinen gefügt ist. Wer durch die den Klöstern eigene Gerichtsbarkeit zu einem Aufenthalt hier verurteilt wurde, bekam als Klausurarbeit einen Spruch, über den er zu meditieren hatte.

Nach der Revolution diente das Kloster als Papierfabrik, weshalb es der Zerstörung entging. Erst 1906 erwarb das Anwesen ein Mitglied der Familie Montgolfier, der die moderneren Teile der Fabrik abreißen und das Kloster in seiner ursprünglichen Form wiederherstellen ließ.

1981 wurde Fontenay von der UNESCO als kulturelles Welterbe (Patrimoine Mondial) erklärt.

Lageplan:
1 Pförtnerhaus
2 Fremdenkapelle
3 Bäckerei
4 Hundezwinger
5 Taubenschlag
6 Kirche
7 Kreuzgang
8 Wärmestube
9 Refektorium und
   Küche
10 Kapitelsaal
11 Scriptorium
über 10 + 11 Dormitorium
12 Kerker
13 Wohnungen
14 Gärten
15 Krankenhaus
16 Schmiede
17 Kaskade + Fischteich
18 Wohnungen,Ställe

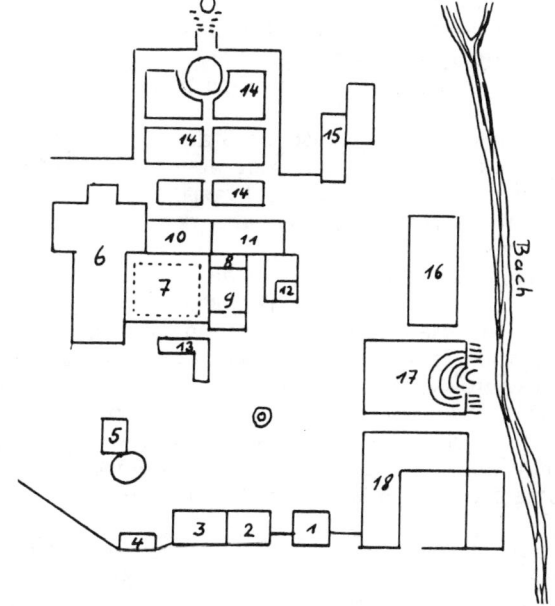

AVALLON

Ähnlich Semur liegt auch die Altstadt von Avallon auf einem Felsrücken, der auf drei Seiten von tiefen Tälern umgeben ist. Auch hier ziehen sich wie in Semur entlang der drei Abgründe Stadtwälle mit Türmen und Bastionen.

Avallon Altstadt

1 Kirche Saint-Lazare
2 Haus der Herren von Domecy
3 Uhrturm
4 Touristenbüro
5 Hostellerie de la Poste
6 Bastion des kleinen Tores

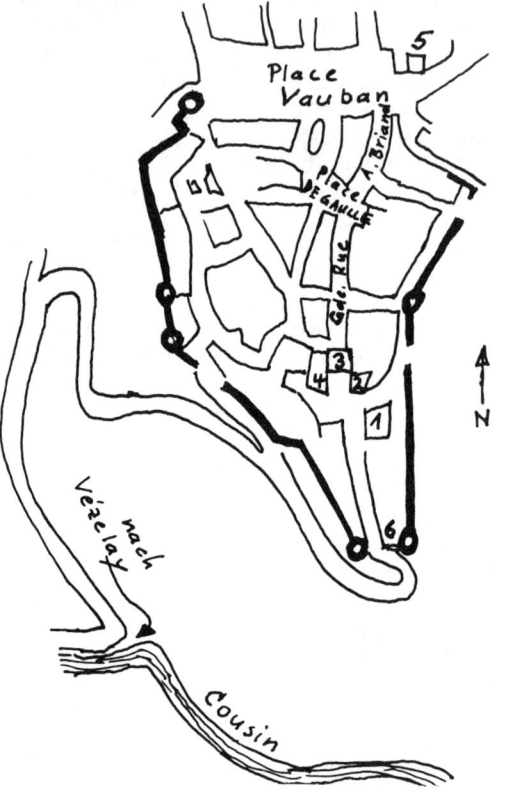

Parken kann man entweder an der Place Vauban oder an der Place General de Gaulle. Man kann auch die Grande Rue Aristide Briand ganz durchfahren,passiert den Uhrturm (Tour d'Horloge, 15.Jh.) und parkt gegenüber der Kirche Saint Lazare. Hier hat man die wichtigsten Sehenswürdigkeiten Avallons auf einem Fleck beieinander: den Uhrturm, das Touristenbüro, gleichzeitig ein typisches Haus, das Haus der Herren von Domecy und die Kirche.
Stilelemente burgundischer Stadtarchitektur liegen sich sozusagen gegenüber: Fachwerk und Flamboyant-Gotik in und am Haus des Touristenbüros und der typische Treppenturm, der halbrund an der Mauer klebt wie ein Schwalbennest, am Haus der Herren von Domecy. Die Kirche St.Lazare, in welcher angeblich ein Stück Knochen vom Haupt des Heiligen Lazarus als Reliquie aufbewahrt wird, war deshalb Pilgerziel vieler Aussätziger.
Die zwei Portale sind zwar schöne Zeugnisse burgundischer Hochromanik, wurden während der Revolution jedoch schändlich mißhandelt, vor allem das Tympanon des rechten Portals. Im rechten Gewände des Hauptportals dient ein Prophet in länglich stilisierter Form als Säule.

Vor diesem Portal der Kirche von Avallon habe ich zum erstenmal erlebt, wie die Romanik kurz nach Mitternacht, angestrahlt nur vom matten Mondlicht, aufhört eine Sehenswürdigkeit der Kunst zu sein und zurückgleitet in die Mystik des Mittelalters, und die Figuren zu dem werden, was sie einmal waren: die beredte Sprache frühen Glaubens, Legende, Mahnung und Verheißung.
Eine Katze schlich lautlos zum Portal, sprang behend auf das leere Kapitell einer übermannshohen Säule am Mittelpfeiler, holte sich mit flinker Kralle eine vorüberhuschende Fledermaus aus der Luft und verspeiste sie unter dem leisen Knacken der Knochen.
Leben und Tod, himmlische Hoffnung und höllische Pein, wie oft und

Avallon: St.Lazare, Haus der Herren von Domecy und Uhrturm

in welch vielfältiger Variation sind sie auf den Tympana der Romanik in Stein gemeißelt. Wie oft habe ich, über den Portalen von Autun, Conques oder Moissac, höllische Bestien gesehen, deren Gebisse um die Glieder der Verdammten geschlossen waren. Ob dabei nicht ein ähnliches Knacken der Knochen zu hören war?

Lassen wir den nächtlichen Spuk und gehen am nächsten Morgen die Straße vom Uhrturm in Richtung Süden, stadtauswärts, zur Petite Porte und zur Bastion de la Petite Porte, von wo aus man einen schönen Blick hinunter in das grüne Tal des Cousin hat, und wo auch unsere Richtung liegt, nach Vézelay hinüber.

Im Tal des Cousin, wo es nach Wiesengrund und Bachufer duftet, liegen linkerhand drei Restaurants am Ufer, welche den Namen nach wohl früher Mühlen waren: das beste ist das Moulin des Ruats - Hotel und Nobelrestaurant, gut und teuer.

Bei Pontaubert verläßt man das liebliche Tal des Cousin, zieht ein paar gemächliche Schleifen auf einem kleinen Sträßchen hinauf auf wellige Höhen.

VÉZELAY

Die Sicht wird frei und weit und plötzlich liegt - in einer Entfernung von sieben Kilometern
Vézelay - der heilige Berg Frankreichs im Blickfeld.

Auf dem breiten, sanft ansteigenden Rücken eines Berges, erhaben aber nicht schroff im alpenländischen Sinne, erstreckt sich der kleine Ort hinauf zu seiner Krone: aus dem Dächergewirr der mittelalterlichen Häuser ragt beherrschend und weithin sichtbar die ehemalige Abtei und spätere Wallfahrtskirche 'Sainte Madeleine', eine der größten Kostbarkeiten Frankreichs.

Seit rund 800 Jahren ist Vézelay das Ziel von Königen und Heiligen, Pilgern, reichen und armen Sündern.

Heute pilgern überwiegend die Kunstliebhaber hierher, denn die romanischen Kapitell- und Portalplastiken der Kirche sind in Ausdruck, Variation und meisterhafter Gestaltung einmalig in der Welt.

Die Basilika und damit der Name Vézelays rückte im 11.Jh. schlagartig ins Interesse Europas. Aus Jerusalem waren die Reliquien der Maria Magdalena nach Südfrankreich gebracht worden. Dann übergab sie ein Mönch dem damaligen Benediktinerkloster von Vézelay, welches im 9.Jh. von Girard de Roussillion gegründet worden war.

Der kleine Ort wurde sehr schnell zum Wallfahrtszentrum und zur ersten Sammelstelle französischer, deutscher und anderer Pilger nach Santiago de Compostela.

Ist es nun verwunderlich oder nicht, daß gerade eine Sünderin wie Maria Magdalena so zum Magnet einer Massenwallfahrt wurde? Ich meine, es ist nicht nur nicht verwunderlich, sondern sehr verständlich. Ihre Sünden waren verständlich, ihre Reue und Liebe zu Christus ebenso. Und Christus verzieh gerade ihr, der großen Sünderin mit besonderem Nachdruck. Waren nicht auch viele der Pilger Sünder, die durch ihre Wallfahrt Vergebung erhofften?

La Madeleine

Aber nicht nur der Magdalenenkult baute die überragende Bedeutung Vézelays aus. Von hier aus wurde Geschichte gemacht. Alle Großen der damaligen Zeit bestiegen den heiligen Hügel. Im Jahre 1146 hielt der Heilige Bernhard von Clairvaux eine zündende Predigt vor einer riesigen Menschenmenge in Anwesenheit König Ludwigs VII. und initiierte damit den zweiten Kreuzzug. Philipp August und Richard Löwenherz brachen von hier aus mit ihren Heeren nach Jerusalem auf, ebenso wie Ludwig der Heilige, der drei Jahre vor seinem Tod als Kreuzfahrer und Pilger das Grab Maria Magdalenas aufsuchte. Vézelay war der Ausgangspunkt des zweiten, dritten, sechsten und siebenten Kreuzzuges ins Heilige Land. Daneben war und blieb es der Beginn der Jakobswallfahrten ins ferne, spanische Galicien.

Der Santiagopilger Franz von Assisi fand im Licht über der burgundischen Landschaft einen Widerschein des Lichtes Umbriens, als er hier im Jahre 1212 Station machte, und ließ von seinen Brüdern 1220 hier den ersten Franziskanerorden Frankreichs gründen.

Seine Bedeutung verlor Vézelay im 14.Jh., als plötzlich weitere Reliquien Maria Magdalenas in St.Maximin in der Provence auftauchten.
Im 15.Jh. wurde das Kloster säkularisiert und von Hugenotten geplündert, von welchen man sagt, sie hätten mit den Köpfen der von ihnen enthaupteten Mönche Ball gespielt.
Die Revolution tat ein übriges zur Zerstörung der Anlage, und sozusagen den Rest gab ihr ein Blitz, welcher 1819 den Glockenturm zerschlug.
Die Apelle des Schriftstellers Prosper Mérimée (der Dichter der 'Carmen') nach seinem Besuch in Vézelay 1835 bildeten den Auftakt zu den umfangreichen und gekonnten Restaurierungsarbeiten des genialen Architekten

Ein Kreuzritter beim Treueid im Jahre 1250

Viollet-le-Duc von 1840-1859. Le-Duc hat übrigens auch die Kathedrale Notre Dame in Paris restauriert. Auch hier gab ein Dichter, nämlich Victor Hugo, mit seinem Roman 'Der Glöckner von Notre Dame' den eigentlichen Anstoß dazu.

Die hervorragenden Restaurierungsarbeiten und die wieder zunehmende Pilgerbewegung, in Verbindung mit der landschaftlich schönen Lage des Ortes und seiner Umgebung haben Vézelay wieder zu einem frequentierten Ziel des in- und ausländischen Besucherstromes werden lassen.

DIE BASILIKA

Von der Fassade sollte sich der Kenner der Romanik nicht allzu sehr irritieren lassen. An- und Umbauten haben ihr im Lauf der Jahrhunderte zu einem Aussehen verholfen, das vom gewohnt Romanischen etwas abweicht. Das Tympanon über dem äußeren Westportal ist ein Werk des 19.Jh.; das Original wurde in der Revolution schwer beschädigt.

Ich rate dem Besucher, unverzüglich in die Vorhalle, den Narthex, einzutreten, um hier einem der schönsten romanischen Tympana gegenüberzustehen. Diese berühmte Portalplastik und die Kapitellplastiken im Inneren der Kirche zählen zu den bedeutendsten Kunstwerken romanischer Bildersprache. Erstaunlicherweise hat dieses Bogenfeld alle Plünderungen und Verwüstungen bis auf wenige Einzelheiten unbeschadet überstanden. Der Farbton des elfenbeinhellen Kalksteins, der auch im Kirchenschiff vorherrscht, reflektiert das Licht in einer Lebendigkeit, daß niemand ihm sein Alter von rund 800 Jahren glaubt.

Die Raumfolge der Basilika ist klar gegliedert in drei Abschnitte: Vorhalle und Langhaus in reiner Romanik, und der gotische Chor mit der Apsis.

Beginnen wir unseren Rundgang beim Tympanon der Vorhalle: im zentral angeordneten, mandelförmigen Glorienschein, der sog.Mandorla, thront Christus und gießt aus seinen Händen, genauer gesagt aus der rechten, den Heiligen Geist über seine Apostel aus. Seine linke Hand und einige Apostelköpfe gehören zu den 'Einzelheiten', die sich die Revolution holte. Rechts und links von ihm stehen oder sitzen seine Apostel, das Evangelium in Händen und schon im Aufbruch begriffen 'hinzugehen und alle Völker zu lehren'.

Erklärung zur Skizze auf der folgenden Seite:
1 Christus
2 Apostel
3 zwei schreibende Apostel
4-10 Völker, denen (wohl zum Zeitpunkt der Entstehung des Tympanons) das Evangelium bereits verkündet wurde.
11 + 12 Völker, denen das Evangelium noch fremd ist, oder es ablehnen.
13 St.Peter und St.Paul
14 - 42 Tierkreiszeichen in ihrer zeitlichen Reihenfolge (15-17-19-21-24-26-30-32-35-37-39). Rest: ländliche Szenen.

Zur Symbolik der Bildersprache gehört auch die Größe der Figuren: Christus überlebensgroß in der Mitte, die Apostel deutlich kleiner, die von der Lehre Christi zumindest schon berührten Völker noch kleiner, und winzig zuletzt die Heiden.

Tympanon des Narthex

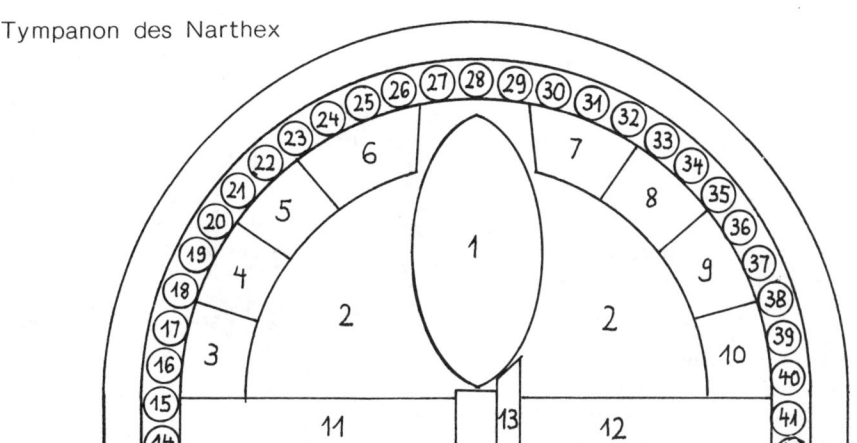

Das Kirchenschiff:
A   Vorhalle (Narthex)   E   Chorumgang
B   Schiff   F   Krypta
C   Querschiff   G   Kapitelsaal
D   Chor   H   Kreuzgang

Die Kapitellplastiken sind mit a-b-c (im Uhrzei-
gersinn), die Säulen mit 1-20 nummeriert nach den

Beispielen: 1 ▢b (bis 10) und (11 bis) b ▢20
              a   c
              c   a

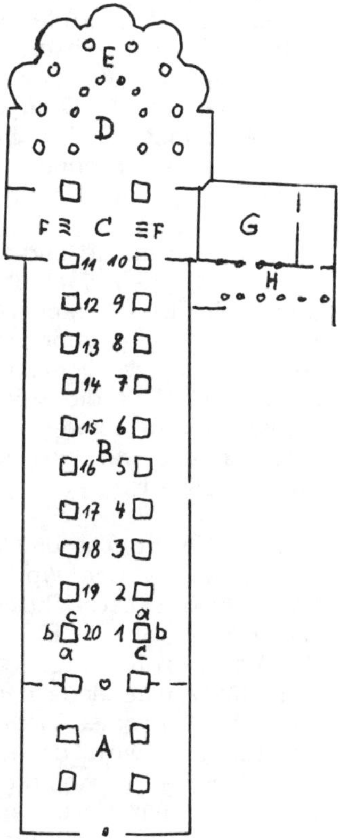

2 b   Wollust und Verzweiflung
2 c   Der Zweikampf
3 c   Die Legende des Hl.Hubertus
4 a   Der Tod Kains
4 b   Der Tod des Lazarus
4 c   Die mystische Mühle
5 b   David und der Löwe
6 b   Daniel in der Löwengrube
6 c   Der Hl.Martin
7 a   Versuchung des Hl.Benedikt
7 b   Isaak segnet Jakob
7 c   Jakobs Kampf mit dem Engel
11 a Befreiung des Hl.Petrus aus dem Gefängnis
12 b Adam und Eva
13 b Die Vision des Hl.Antonius
14 b Die Legende der Hl.Eugenia
15 b Moses und das goldene Kalb
17 b David besiegt Goliath
19 c Die Verläumdung und der Geiz

Man muß kein Kunsthistoriker
sein und keine entsprechenden
Zahlen kennen.
Wer auch nur ein wenig offenen
Sinn für Maß und Proportionen
hat, ist beim Betreten dieses
Kirchenschiffes begeistert und
beeindruckt.
Der harmonische Rhythmus der
10 Joche wird stark unterstrichen
durch die Rundbögen, welche im
Gegensatz zu fast allen anderen
Kirchen dieses Stiles in abwech-
selnder Steinfolge von hellem
Kalk und dunklem Schiefer die
Perspektiven des Mittelschiffes
noch gewaltiger erscheinen lassen.
Ebenso außergewöhnlich und, fast
möchte man sagen, unromanisch
ist die Lichtfülle im Raum. Und
selbst diese Lichtfülle steigert sich
fast zur Unwirklichkeit im Chorraum, welcher allerdings klare
und unverfälschte Frühgotik zeigt,
was aber hier nicht etwa stört.
Schiff und Chor bilden eine harmonische Einheit.

Außer Harmonie und Licht bietet das Kirchenschiff aber vor
allem die 'Biblia pauperum', das
Lesebuch der Analphabeten in den Kapitellplastiken. Die neben der um-
seitigen Skizze genannten Kapitelle stellen nur eine Auswahl besonders
schöner und für die Romanik typischer Plastiken dar (siehe auch Kapitel
Kunst am Jakobsweg!). Da diese Bildersprache zum Teil sehr verschlüs-
selt ist und für uns heute nur noch bedingt verständlich, seien einige
kurz erläutert:

2 b: Die Wollust und die Verzweiflung
Die Symbolik der Wollust in Gestalt einer Frau, welcher Schlangen aus
Bauch und Brüsten kriechen, ist nicht nur hier, sondern auch anderenorts
anzutreffen wie z.B. in Moissac am linken Portalgewände. Der Dämon
der Verzweiflung stößt sich ein Schwert in den Leib.
14 b: Die Legende der Hl.Eugenia
Die Tochter eines ungläubigen Richters geht als Mann verkleidet in ein
Kloster und wird dort sogar zum Abt ernannt. Eine Verleumderin (links
von Eugenia) beschuldigt sie ('ihn') der Vergewaltigung. Vor dem Richter,
ihrem eigenen Vater, öffnet sie ihre Kleider, um ihre Brüste zu zeigen.
Sehr deutlich sieht man das Entsetzen im Gesicht des Vaters und den

Die Mystische Mühle

säuerlich enttäuschten Ausdruck in dem der Verleumderin.

15 b: Links des goldenen Kalbes, dem gerade ein Dämon aus dem Maul entschlüpft, hebt Moses mit der linken Hand die Gesetzestafeln in die Höhe, um sie zu zerschmettern; mit der rechten holt er mit dem Stock aus, um das Götzenbild zu zerschlagen.

2 c: Der Zweikampf
Der im MA aktuelle Kampf des Ritters gegen Unterdrückung.

4 c: Die Mystische Mühle
Der Symbolgehalt dieser Plastik dürfte selbst den Menschen des MA, die sicher auf diesem Gebiet belesener waren, nicht ohne zusätzliche Interpretation verständlich gewesen sein. Ein Prophet des Alten Testaments (Moses?) schüttet Korn (das Gesetz des Alten T.) in die Mühle (Chrisstus), der Apostel des Neuen T.(Paulus?) sammelt das Mehl (das Gesetz des Neuen T.) in einen Sack (Evangelium).

Oder: die Wahrheit des Alten Testaments, verborgen wie das Mehl im Korn, tritt offen und für Jeden erkennbar als Lehre Jesu Christi zutage.

4 b: Der Tod des Lazarus und des Reichen
Im Mittelbild liegt der Reiche auf dem Sterbebett. Zwei Teufel reißen ihm die Seele aus dem Leib, während unter dem Bett eine Schlange seinen Reichtum frißt. Das linke Bild zeigt zwei Engel, welche die Seele des Lazarus zum Himmel tragen.

Die Krypta
Im Querschiff führen zwei Treppen hinunter in die Krypta, dem ältesten Teil der Basilika aus dem 9.Jh.

Im mystischen Dunkel unter dem schweren, niedrigen Kreuzgewölbe spürt man das Gewicht des vergangenen Jahrtausends. In einer Wandnische (wie auch in einer Säule des rechten Querschiffes) liegen Reliquien (Fingerknochen?) der Hl.Maria Magdalena.

Der Turm
Vom Narthex aus windet sich eine steile Treppe auf den Turm hinauf.
Der Blick von oben belohnt die Mühe des Hinaufsteigens. Die alten Dächer, die weitgehend erhaltene Stadtmauer und die winkeligen Gäßchen des kleinen Ortes rücken auf der Kuppe des Berges eng zusammen, und die gelassene Weite burgundischer Landschaft fließt in flachen Wogen bis an die Horizonte.

Hier ließe sich's leben! Das sagte sich auch der Dichter Romain Rolland, der viele Jahre in Vézelay verbrachte.

Nach dem Besuch der Kirche und einem anschließenden Gläschen im kleinen Café davor sollte man nicht gleich wieder ans Weiterfahren denken, sondern einen Spaziergang zur Terrasse auf der anderen Seite der Kirche bei der Apsis machen.

Unter dem Schatten der alten und mächtigen Kastanien kann man die Eindrücke aus der Kirche noch ein wenig nachempfinden. Man kann sich auch vorstellen, wie auf demselben Platz vor rund 800 Jahren Könige, Ritter und deren Gefolge in Panzerhemden und den weißen Mänteln der Kreuzfahrer die wiehernden Pferde bestiegen um nach Jerusalem zu ziehen.

Oder man kann ganz einfach hinunter sehen in das weite Tal der Cure und hinüber zu den in blauer Ferne verschwindenden Wäldern und Hügeln des Morvan, einem der größten Naturschutzgebiete Frankreichs, mit tiefen Wäldern und klaren Seen.

Christus im Tympanon des Narthex von Ste.Madeleine

Auf der Fahrt von Vézelay nach Autun kann, wer Zeit hat, einen Teil dieses Parks durchfahren.

Und wer unmittelbar nach den starken Eindrücken von Vézelay noch aufnahmefähig ist, sollte nicht versäumen, in ST.PÈRE-SOUS-VÉZELAY, dem kleinen am Fuß des Berges gelegenen Ort, der zwar nicht gewaltigen aber in ihrer reinen gotischen Schönheit (mit reichem Figurenschmuck) beeindruckenden Kirche ein paar 'Augenblicke' zu widmen. Es lohnt sich.

Noch drei kurze Informationen zu Vézelay:
1. Magdalenenfest am 22. Juli.
2. Im Kirchenmuseum befinden sich Originalskulpturen und Teile der Außenfassade.
3. Nicht nur hier, sondern auch in vielen Städten Frankreichs finden in den Sommermonaten nach Einbruch der Dunkelheit sogenannte 'Son et Lumière' -Veranstaltungen statt (historische Licht- und Tonspiele). Regionale Unterschiede und häufige Änderungen (Wetter u.a.) erfordern den Gang zum 'Syndicat d'Initiative' (Schilder).

VON VEZELAY NACH AUTUN

Für diese Etappe gibt es 3 Möglichkeiten:
1. Wer wenig Zeit hat, sollte die 15 km nach Avallon zurückfahren, und von da aus N 6 nach Saulieu nehmen. Die paar km Umweg werden durch bessere und schnellere Straßen wettgemacht.
2. Wer etwas mehr Zeit hat, kann wenigstens ein Stück des schönen Naturparks Morvan kennenlernen, indem er an dem See 'Lac St.Agnan' vorbeifährt und dann ebenso nach Saulieu gelangt.
3. Wer sehr viel Zeit hat - das können allerdings nur diejenigen sein, die den Jakobsweg in 2 Etappen bereisen (1.Jahr Frankreich, 2.Jahr Spanien) - kann auch die ganze Länge des Naturparks durchfahren. Das sind zwar nur 70 km Luftlinie von Vézelay nach Autun, kostet aber viel, viel Zeit. Mein Vorschlag: Nr.2

SAULIEU

In der Kollegiatskirche sind eine Reihe schöner romanischer Kapitell-plastiken zu sehen. Der Ort ist recht hübsch, lohnt aber keinen größeren Aufenthalt. Unter Umständen zum Übernachten, da es direkt an der N 6 einen Camping Municipal besitzt. Saulieu wird des guten Essens wegen gerühmt. Meine Erfahrung in Stichworten:
Das 'Côte d'Or': zwei Michelinsterne, gut aber zu teuer. 'La Borne Imperiale' in derselben Straße: ganz passabel. 'Au Lion d'Or': netter Innengarten, aber mäßige Küche bei der Berieselung von Clayderman-Musik.

Von Saulieu nach Autun:
entweder direkt (ca.43 km), oder 11 km Umweg über:

ARNAY-LE-DUC

Das Restaurant und Hotel 'chez Camille' dort kann ich nur wärmstens empfehlen. Es ist den Umweg wert. In einem Haus aus dem 16.Jh. haben Monique und Armand Poinsot sehr gemütliche Zimmer eingerichtet und den Innenhof in der Art eines mit Glas überdeckten Gartens zu einem charmanten Restaurant gestaltet, wo man von den liebevoll gedeckten Tischen aus zusehen kann, wie hinter den Glasscheiben zur Küche der Maître gelassen und souverän mit seiner kleinen Mannschaft Köstliches auf die Teller zaubert. Burgundische Tradition mit Raffinement und Phantasie, so z.B. das 'Mignon d'agneau' oder das 'Plat du marché'. Eine Überraschung besonderer Art ist der Kaffee danach.
Das Städtchen hat noch einige Besonderheiten zu bieten:
Musée des Arts de la Table

La Maison Bourgogne,
typisches Haus Burgunds,
in Arnay-le-Duc

AUTUN

**Porte d'Arroux
in Autun**

Stadt der Römer und der Romanik

Von dem von Römern gegründeten Augustodunum sind noch eine Reihe mehr oder weniger stattlicher Reste erhalten.

Von Saulieu kommend stößt man auf die 'Porte d'Arroux' (linkes Bild), von Arnay-le-Duc her auf die noch schönere 'Porte Ste.Andrê'. Die kümmerlichen Reste des Janustempels in der Peripherie und die spärlichen Fragmente des Amphitheaters in der Nähe eines Sees sind meiner Meinung nach keinen Umweg wert.

Für die Jakobspilger haben die Kunstwerke der Romanik die größere Anziehungskraft, weshalb ich den solchermaßen Ambitionierten gleich zu den zwei nahe beieinander liegenden Punkten in der Oberstadt führe: zur Kathedrale St.Lazare und zum Rolin-Museum.

DIE KATHEDRALE SAINT LAZARE

Gemeint ist der Lazarus, der von Christus zum Leben wiedererweckt wurde und der Bruder jener Maria Magdalena war, welche in Vézelay verehrt wird. Der Legende nach soll er in Marseille seine Missiontätigkeit auf französischem Boden begonnen haben. Für manchen leprakranken Pilger des MA galt er irrtümlich als der aussätzige Lazarus, doch spielt so etwas bei entsprechend starkem Glauben bekanntlich keine Rolle.

Drei Punkte empfehle ich der besonderen Beachtung: das Hauptportal mit dem Tympanon, das Kirchenschiff und den Kapitelsaal.

Für Liebhaber romanischer Kunst bildet das Portal neben Vézelay einen der Höhepunkte Burgunds. Wie in Ste.Madeleine thront auch hier Christus als zentrale Figur in der Mandorla. Nicht aber als Sendbote des Vaters mit dem Auftrag an seine Apostel "Gehet hin in alle Welt....", sondern als der majestätische Richter des Letzten Weltgerichtes, umgeben von den Auserwählten zu seiner Rechten und den Verdammten zur Linken. Und wie immer in den Plastiken der Romanik werden die Teufel mit gräßlichen Fratzen, und diejenigen, die sie sich holen dürfen, mit vor Angst und Verzweiflung verzerrten Gesichtern dargestellt.

Der Meister dieses Kunstwerkes hat sich auf dem Band zwischen Tympanon und Türsturz selbst verewigt mit den Worten: 'Gislebertus hoc fecit' (G.hat dies gemacht).

Ironie der Geschichte und Glück für uns:

das Tympanon, welches einem frömmelnden Domherren um die Mitte des 18.Jh. wegen seiner realistischen Darstellungen mißfiel, wurde mit Gips zugedeckt und überstand somit die Zerstörungswut der Revolution.

Beschreibung des Tympanons:

Die drei Gestalten am Mittelpfeiler des Hauptportals sind Lazarus, Maria und Martha.

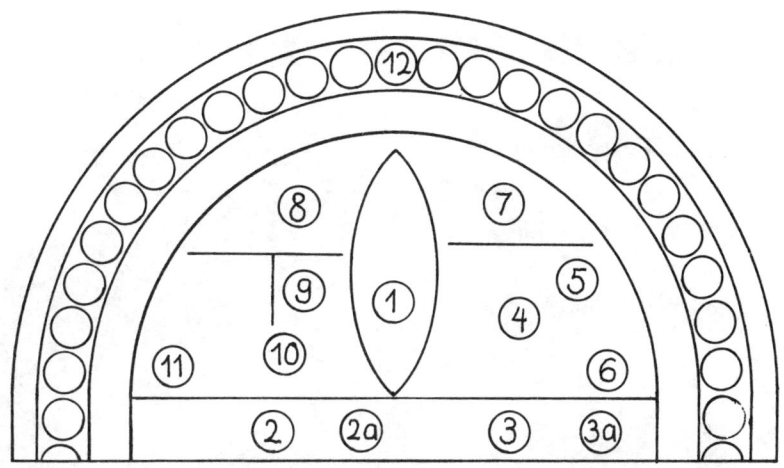

1 Christus
2 Die Auserwählten
3 Die Verdammten
4 Erzengel Michael + Teufel
5 Teufel + Verdammte
6 Pforten der Hölle
7 Paradies mit Engeln
8 Paradies mit Maria

9 Petrus an der Tür zu Paradies
10 Petrus und die Apostel
11 Seelen, die ins Paradies eintreten
12 Im Bogenfeld: 31 Medaillons mit
   Tierkreiszeichen, Jahreszeiten und
   Monatssymbolen

2a Zwei Pilger, einer mit Jakobsmuschel, der andere mit dem Kreuz des Jerusalempilgers auf der Tasche.
3a Der Sünder zwischen teuflischen Baggerhänden.

Das Innere der Kirche

Im Gegensatz zu Vézelay's lichter Halle steht man hier in einem schmalen, hohen und dunklen Schacht.

Dies monumentale Halbdunkel cluniazensischen Geistes wird durch einen Obergaden verursacht, der pro Joch nur ein Fenster besitzt.

Von den rund 100 Kapitellplastiken in Schiff und Chor sind etwa die Hälfte ornamental, also mit Pflanzen und anderen stilisierten Elementen, gestaltet, die andere Hälfte zeigt figürliche Darstellungen, von welchen einige original erhalten sind, andere mit Stuck restauriert und einige als Originale in der früheren Bibliothek des Domkapitels (Zugang über die alte Sakristei rechts vom Chor) untergebracht sind, so auch die zwei berühmtesten Plastiken: Der 'Traum der Könige' und die 'Flucht nach Ägypten. Beide werden ebenfalls Gislebertus zugeschrieben.

Kapitell-Teufel

Die bekannteste und wegen ihrer sinnlichen Darstellung etwas aus dem Rahmen der üblichen romanischen Kunst fallende Plastik zierte früher den Türsturz des Nordportals: die liegende Eva, die dem

Autun: die liegende Eva (12.Jh.)

nicht mehr auffindbaren Adam gegenüberlag, ist heute außerhalb der Kathedrale untergebracht, im:

ROLIN - MUSEUM
In diesem Stadtmuseum, ein paar Schritte von der Kirche entfernt, hat man neben Gallo-Romanischem, Regionalem, Handwerks-, Möbelkunst und Gemälden einige Kostbarkeiten der Kathedrale aufgestellt.
Die 'Eva' allein lohnt den Besuch des Museums: leger hingelagert, selbst fast Schlange, lässig hinter sich den Apfel greifend, die Brüste voll dem Betrachter zugewandt, langes gewelltes Haar über Schultern und Armen, träumerischer Blick unter schweren Lidern, verführerisch, das Weib der ersten Stunde!
Der Meister Gislebertus muß entweder über eine perfekte Phantasie oder über ein beneidenswertes Modell verfügt haben.

ᴘᴀʀᴀʏ-ʟᴇ-ᴍᴏɴɪᴀʟ

Hier im südlichsten Winkel Burgunds, an der Schwelle zur Auvergne, liegt am Ufer der Bourbince und am Rande eines kleinen Städtchens ein in doppelter Hinsicht bedeutsames Pilgerzentrum.

Gegenüberliegende Seite: Sacre-Coeur in Paray-le-Monial (1090)

H.SING

PARAY-LE-MONIAL

1 Basilika Sacre Coeur
2 Rathaus (Mairie)
3 Fußgängersteg
4 Campingplatz
5 Museum Hiéron

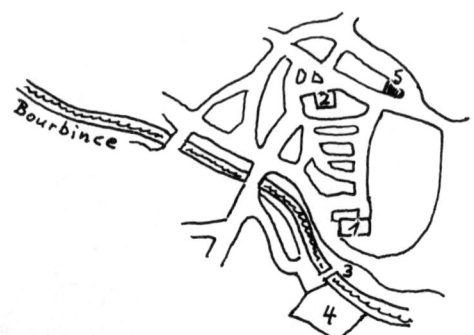

Ich erwähne den Jakobsweg zuerst, weil die meisten Pilger hier vorbei-
kamen und -kommen, obwohl ab 1670 der Ort zum Pilgerziel aus einem
ganz anderen Grund wurde: die Visionen der Hl.Margareta Maria Alacoque
vom Herzen Jesu und die daraufhin in der ganzen christlichen Welt
einsetzende Herz-Jesu-Verehrung. Wohl kaum jemand, der heute und
weit von hier, nämlich vor Sacre-Coeur auf dem Montmartre über Paris
steht, denkt an diesen Ursprung, der zu einer jungen Nonne führt.
Die Reliquien der Heiligen ruhen in einem silbernen Schrein in der nahe-
gelegenen 'Chapelle de la Visitation'.

BASILIKA SACRE - COEUR
Diese Kirche verkörpert die reinste und schönste Romanik im clunia-
zensischen Stil (Grundriß siehe Kapitel 'Kunst am Jakobsweg).
Die beiden Fassadentürme und der Vierungsturm ergeben mit der übrigen
Anlage der Längs- und Querschiffe ein Bild der vollendeten Proportionen.
Ob man die Basilika von der Portalseite mitsamt ihrem Spiegelbild vom
gegenüberliegenden Ufer der Bourbince, oder vom Park hinter der Kirche
mit Apsis und Radialkapellen betrachtet, strahlt sie die gleiche Majestät
und Harmonie aus.
So schön und einmalig sie in ihrem architektonischen Reichtum und
Aufbau ist, so arm ist sie andererseits an Figurenschmuck im Vergleich
zu den vielen anderen romanischen Kirchen; kein Tympanon und nur
spärliche Kapitellplastiken.
Wer in Paray übernachtet, sollte nicht versäumen, einen Spaziergang
bei Dunkelheit zwischen der Brücke und dem Fußgängersteg zum Campingplatz auf dem der Kirche gegenüberliegenden Ufer der Bourbince zu
machen. Die Kirche ist dann nämlich angestrahlt, und das leuchtende
Hellocker der Mauern und Bögen hebt sich vor dem nachtblauen Himmel
ab wie eine romanische Traumkulisse.

Meine Erfahrung von Avallon: man sollte sich ab und zu einer romanischen Kirche bei Nacht nähern. Wenn dann noch im offenen aber dunklen
Narthex wie hier sich ein paar arme Pilger auf ihren Decken zum Schlafen gelegt haben, und die Stille des späten Abends nicht durch Verkehrs-
lärm gestört wird, taucht das Bild des Mittelalters und seiner Pilger
vor einem auf.
Hier war es auch, wo mir zum erstenmal so recht ins Bewußtsein

kam, Jakobspilger zu sein.

Irgendwo und irgendwann, auf dem 'Chemin de St.Jacques oder dem 'Camino de Santiago, ergeht das jedem so, und das ist das Besondere an dieser Reise.

Hinter der Kirche, an ihrer Apsis vorbei, gelangt man zu einem großen Parkgelände mit alten Bäumen, in welchem linkerhand in einem Gebäude eine Reihe von Schaukästen ('Diorama') aus dem Leben der Hl.Margarete erzählt. Auf der anderen Seite des Parks liegt ein Pilgerhaus mit Mensa.

10 Minuten sind es gemütlich zu Fuß von der Kirche zum Rathaus, dessen Fassade in ihrer Originalität sehenswert ist. 1525 von einem reichen Tuchhändler als Stadtpalais gebaut, zeigt die Renaissance-Fassade einen überreichen Schmuck an Medaillons, Statuen und Gesimsen. Die besondere Beachtung des Jakobspilgers verdienen die zahlreichen Jakobsmuscheln über Fenstern und Portal.

Ein paar Schritte durch die Rue de la Paix, Ecke Rue Pasteur, ist das MUSEUM HIERON.

Neben kirchlichen Gerätschaften besitzt das kleine Museum eine Kostbarkeit für den Freund romanischer Kunst: das Tympanon vom Kloster Anzy-le-Duc.

* * *

AUVERGNE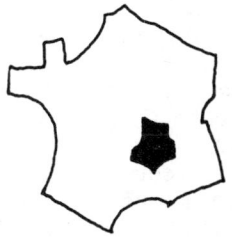

"Die Auvergne ist ein prächtiges Geschenk ihrer alten Vulkane", sagen die Einheimischen.

Tatsächlich zeigt diese Landschaft, eine der ruhigsten Frankreichs, nicht den harmonischen Rhythmus Burgunds, sondern eine Vielfalt und dramatische Abwechslung, welche überwiegend aus der Zeit vulkanischer Tätigkeiten stammt.

Berge und kahle Hochebenen, Wälder wie im Böhmerwald, Krater und Kraterseen, klare Flüsse in tiefen Schluchten, erfrischend kalte und ganz heiße Quellen.

Die meisten Gegenden sind dünn besiedelt, manche fast menschenleer. Industrie gibt es kaum, nur in einigen größeren Städten wie z.B. Michelin in Clermont-Ferrand, und der Boden gibt für die Landwirtschaft wenig her.

Die Auvergne, Land in der Mitte des Massif-Central, besitzt zwar Berge bis zu einer Höhe von 1900 Metern, hat aber überall Mittelgebirgscharakter ohne Alpin-Schroffes.

Asterix-Leser seien kurz daran erinnert, daß der große Vercingetorix, der bei Gergovia die Römer schlug und bei Alesia von ihnen besiegt wurde, ein Arverner war.

Und für Kunstliebhaber der erste Hinweis: die auvergnatische Romanik steht der burgundischen nicht nach. Sie besitzt allerdings eine größere Einheitlichkeit der Architektur. Zwei typische Merkmale im Kirchenbau sind das betonte Querschiff und der Vierungsturm, was man besonders deutlich in Conques sehen kann.

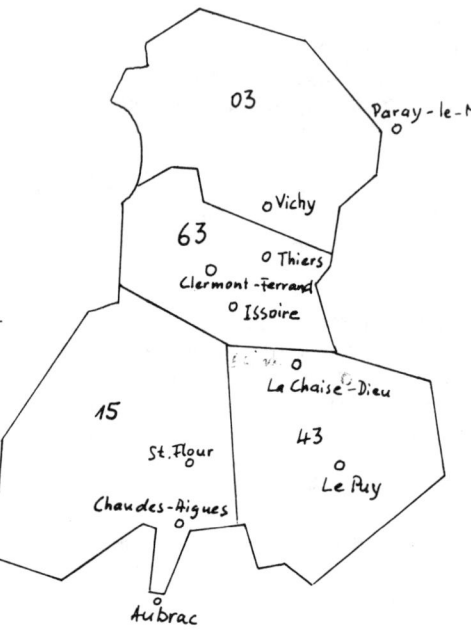

Die 4 Departements der Auvergne:

03   Allier
63   Puy-de-Dôme
43   Haute Loire
15   Cantal

DIE KÜCHE DER AUVERGNE

Etwas verallgemeinernd könnte man sagen: sie ist bäuerlich-deftig, herzhaft und gut, ohne das Raffinement der Grande oder Nouvelle Cuisine. An Zutaten ist die Gegend reich: Wild, Geflügel, Fische, Pilze und einfache Gemüse.

Die Auvergne ist ein bukolisches Land und so ist auch seine Küche. In den Charcuteries findet man Schinken aus Clermont, Schweineleberkäse und Auvergner Blutwurst, die Galantine aus Spanferkel und anderes. Nicht zu vergessen: die würzigen Auvergner Käsesorten wie den Bleu de Laqueulle, den Saint-Nectaire, den Tome du Cantal und den pfefferscharfen Gaperon.

Einige Spezialitäten:

Auch hier gibt es eine Variation des Coq au Vin nach Auvergner Art, ferner ein Poulet César mit Obstler, Wein, Champignons und Trüffel. Tête de Veau à la Vinaigrette (Kalbskopf mit Sauce Vinaigrette), Sanglier (Wildschwein) auf verschiedene Arten, Käsesuppe aus Cantal mit dem regionalen Käse. Eintopfgerichte mit vielerlei Zutaten: Rind, Schwein oder Hammel, aber immer mit reichlich Knoblauch. Kuttelgerichte (Tripes oder Tripeaux) von St.Flour und Aurillac. Linsenspezialitäten von Le-Puy.

Die Auvergne ist ein gebirgiges Land und hat demzufolge an Weinen wenig zu bieten.

Meine Erfahrungen mit der auvergnatischen Küche waren durchwegs gut. Die Tripeaux von Saint Flour waren vorzüglich, aber auch dort fand ich schon das berüchtigte 'Steak frites' auf einer Speisekarte.

Von Paray-le-Monial nach Le Puy

Eine direkte Linie gibt es für diese
Strecke nicht. Man muß sich zwischen Paray-
le-Monial und Thiers entscheiden, ob man
über Roanne oder Vichy fährt.
Ich empfehle den Weg über Digoin,
Lapalisse und Vichy.

LAPALISSE
Das Stadtbild wird beherrscht vom
Schloß der Nachfahren jenes Marschall
La Palice, dessen Binsenweisheiten den
Begriff 'Lapalissades' (Lapalien) prägten.

VICHY
Das berühmteste Wasser Frankreichs
hat eine gewisse Heilwirkung bei Stoff-
wechselkrankheiten und angegriffener
Leber.
Da aber der von Burgund kommende
Reisende seine durch den dortigen Wein
etwas strapazierte Leber mit einem Glas
allein ohnehin nicht kurieren kann, lohnt
sich ein längerer Aufenthalt in der
Stadt nicht. Denn sein Kurbetrieb und
seine Zuckerbäckerarchitektur à la
Baden-Baden bieten dem Santiagopilger
nichts.

Digoin • Paray-le-Monial

Lapalisse

Vichy

Roanne

Autobahn

Thiers

Clermont-Ferrand

Issoire

Ambert

Brioude

La Chaise-Dieu

Le Puy

1 cm ≈ 10 km

THIERS
Das Solingen Frankreichs ist eher 1 - 2 Stunden des Verweilens wert.
Von seinem 'Boulevard-Terrasse' hat man an klaren Tagen einen herrlichen Panoramablick auf die Vulkankette der Puys hinter Clermont-Ferrand mit ihrer höchsten Erhebung, dem Puy de Dôme.
Wenn möglich parkt man den Wagen an der Place de la Mairie (Rat-
hausplatz), geht die Rue du Bourg hinunter und gelangt zunächst zur
kleinen Place Piron mit ihren wunderschönen Fachwerkhäusern.
Ab hier, die Rue de la Coutellerie hinab, lernt man dann das typische
Kennzeichen von Thiers kennen: die Werkstätten und Läden der Messer-
und Scherenhersteller, welche eine Tradition besonderer Art haben:
sie schleifen ihre Schneidwerkzeuge, indem sie bäuchlings auf einem Ge-
rüst liegend, unter welchem sich der Schleifstein dreht, während auf
ihrem Hintern ihr Hund sitzt. Des Gleichgewichtes wegen?
Außer den 'Couteliers' kann man an den Häusern der Straße schöne
Fachwerkfassaden und Holzschnitzereien sehen, welche Gesichter, Hinter-
teile oder gar Intimeres zeigen wie beispielsweise die Figur einer Frau
in ca. 3 Meter Höhe, die alles Hintere und Untere der Straße zuwendet,
oder die Figuren am 'Haus der sieben Todsünden' in der Nähe der Place
Piron.

Von Thiers nach Chaise-Dieu hat man nun wieder zwei Möglichkeiten der Weiterfahrt: entweder über Clermont-Ferrand, Issoire und Brioude, oder über Ambert.
Der auvergnatischen Romanik wegen schlage ich den ersteren Weg vor, fasse mich aber in der Beschreibung der Städte sehr kurz, denn es ist immer noch ein weiter Weg nach Santiago de Compostela.
Auf einer neuen Autobahn ist man sehr schnell in

CLERMONT-FERRAND und der PUY DE DOME
In der Stadt Michelins, wo es je nach Wetterlage meist ein wenig nach Gummi riecht, empfehle ich zur Besichtigung nicht so sehr die aus schwarzem Basalt gebaute, gotische Kathedrale, sondern vielmehr die rein auvergnatisch-romanische Kirche Notre-Dame-du-Port mit ihren schönen Kapitellplastiken im Chor.
Wenn man die Zeit erübrigen kann, lohnt sich ein Abstecher auf den 1800 Meter hohen Vulkankegel Puy-de-Dôme, weil der Blick von oben etwas Einmaliges zeigt: die Kette der Puys, baumlose Vulkankegel mit Kratern, alle grasüberwachsen. Der Puy-de-Dôme ist inzwischen zu einem Eldorado der Drachenflieger geworden.
Fährt man die Straße, die mit 12 % Gefälle einen zweieinhalbfachen Kreis beschreibt, wieder hinunter, braucht man nicht wieder in die Stadt hinein, sondern kann gleich seitlich rechts abschwenken nach
ROYAT mit seiner wuchtigen, romanischen Wehrkirche.

ISSOIRE
Die Peripherie mit Elektrizitäts- und Aluminiumwerken sollte vom Besuch der hübschen Altstadt nicht abschrecken, zumal dort der romanische Dom St.Austremoine im rein auvergnatischen Stil in seinem Inneren eine Besonderheit aufweist: bei den Restaurierungsarbeiten im 19 Jh. hat man Kapitelle, Bögen und Säulen eindrucksvoll bunt bemalt mit romanischen Ornamenten und Symbolen.
Das war zwar des öfteren Anlaß zu heftiger Kritik, doch sollte man nicht vergessen, daß die Kirchen des MA fast ausnahmslos bunt gestaltet waren. Selbst die Tempel der alten Griechen waren grellbunt bemalt, so unvorstellbar das für viele auch sein mag.
Am Beispiel dieser vielbesuchten Kirche sei nochmals an die Einheitlichkeit der auvergnatischen Kirche erinnert, die sich u.a. auch im Grundriß zeigt. Der Dom von Issoire fällt allerdings mit einer kleinen Variation aus dem Rahmen: mit der quadratischen Axialkapelle.

BRIOUDE
Auch hier erhebt sich aus dem Gassengewirr einer unversehrten Altstadt eine mächtige, romanische Kathedrale, die größte der Auvergne, welche man aus der Nähe nur vom Platz hinter der Apsis in ihrer wahren Dimension überblicken kann. Das Querschiff fehlt hier ausnahmsweise. Im Inneren der Kirche gibt es wieder genügend Gelegenheit, die Vielfalt und Symbolik romanischer Kapitellplastiken zu studieren. Aufmerksame Besucher von Vézelay und Autun haben sicher schon Übung in der Lektüre der 'biblia pauperum', im Entziffern der verschlüsselten Zeichen.

La Chaise-Dieu

Mönche, die in der Einsamkeit der Wälder ein kontemplatives Leben führen wollten, gründeten hier oben ihr Haus Gottes ('casa dei').

Somit ist gleich der verständliche Irrtum beseitigt, La Chaise-Dieu sei der Stuhl Gottes (frz. la chaise = Stuhl).

Die Fahrt von Brioude nach Chaise-Dieu führt in die Landschaft wie in ein stilles Wunder. Eine einsame Landstraße windet sich in vielen Kurven dem Rhythmus von Tal und Hang folgend langsam durch herrliche Wälder aufwärts. Hohe Farne säumen den Weg, und zwischen den Stämmen leuchtet das Lila wilder Blumen. Plötzlich treten an einer Kurve die Bäume zurück, der Blick wird frei, und über dem Horizont eines Bergrückens liegt majestätisch der Ort. Und wie in Vézelay setzt die Kathedrale dem Berg und dem kleinen Städtchen eine Krone auf. Eine archaische Krone. Denn obwohl sie in ihrer heutigen Gestalt erst aus dem 14.Jh. stammt, also rund 300 Jahre jünger ist als Ste.Madeleine in Vézelay, hat sie in ihrer wuchtigen Gedrungenheit wenig von der hohen Zierlichkeit der Gotik, in deren Zeit sie gebaut wurde.

Mit ihren schweren Mauern und mächtigen Streben wirkt sie eher wie ein aus dem Boden gewachsener Granitfels.

Auch das berühmte und eindrucksvolle Totentanzfresko im linken Seitenschiff atmet nicht gerade gotischen Geist.

Die Kathedrale

Schon beim Betreten der Kathedrale fällt einem gotisch Ungewöhnliches auf: das sehr breite und niedrige Mittelschiff und die schmalen Seitenschiffe lassen sie eher wie eine Halle erscheinen, und der überdimensionale Lettner teilt sie zudem noch in zwei Hälften.

Die Lettner dienten ursprünglich der Abtrennung der Mönche im Chor vom

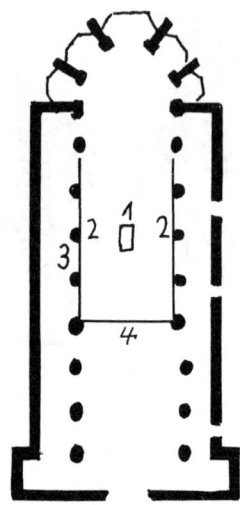

1 Grabmal Clemens VI
2 Chorgestühl und
  Tapisserien
3 Totentanz
4 Lettner

'Volk der Laien' und wurde aus den meisten Kirchen aufgrund des Konzils von Trient entfernt.

Die Kunstschätze der Kirche erfordern einen längeren Aufenthalt.

Da sind zunächst die phantastischen Holzschnitzereien des Chorgestühls an den Wandtafeln und den 144 Chorstühlen. Erstaunlich, welche Freiheit die Auftraggeber dem Künstler gewährten. Nicht durchweg Heiliges oder Erbauliches ist hier dargestellt, sondern viel Heidnisches und Phantastisches, Mystisches, Profanes und Groteskes, Satirisches und Deftiges. Da reitet auf einem der Medaillons ein Junge eine Sau, sich an Schwanz und Ohren festhaltend. Rätselhafte Fratzen, Tierbilder und Engelsgesichter blicken zeitlos auf den Betrachter.

Schaurige Bilder aus einer entfernten Epoche, bei deren Anblick der Zeitgenosse des 20.Jahrhunderts sprachlos wird.

Auf den herrlichen Tapisserien darüber hingegen geht es recht heilig zu. Die 25 Bildteppiche, jeweils zu einem Triptychon gegliedert, stammen aus einer flämischen Werkstatt des 16.Jh.

Die Themen der 25 Triptycha, jeweils von links nach rechts (die Mitte stellt jeweils ein Thema des Neuen, die beiden Seiten das dazu passende Thema des Alten Testaments dar):

1 Eva und die Schlange - Maria und der Engel - Gideon u.sein Fell
2 Der brennende Dornbusch - Christi Geburt - Der Stab Aarons
3 Opfer an David - Die Hl.Drei Könige - Geschenk der Königin von Saba an Salomon
4 Davids Flucht vor Saul - Flucht nach Ägypten - Zerstörung d.Götzen
5 Ermordung der Priesterfreunde Davids durch Saul - Der Kindermord von Herodes - Joas Amme rettet ihn vor der Wut der Athalia
6 Durchquerung des Roten Meeres - Taufe Christi - Naamans Bad im Jordan
7 Der Apfel der Versuchung - Versuchung Christi - Versuchung Esaus (Linsengericht)
8 Elias erweckt den Sohn der Witwe von Sarepta - Auferweckung des Lazarus - Elisa erweckt den Sohn der Sunamiterin
9 David und Goliath - Einzug in Jerusalem - Elisas Empfang in Jericho
10 Josef wird nach Ägypten verkauft - Judas erhält seine Silberlinge für den Verrat - Dalila verrät Simson
11 Opfer des Melchisedek - Abendmahl - Manna in der Wüste
12 Joab verrät Abner - der Judaskuss - Der Sturz der abtrünnigen Engel
13 Der gefesselte Achior - Geiselung Christi - Hiobs Heimsuchung
14 Einer der Söhne verspottet den betrunkenen Noah - Dornenkrone Christi - Königin Hanun demütigt die Gesandten Davids
15 Daniel in der Löwengrube - Jesus vor Pilatus - Verleumdung d.Susanna

16 Opfer des Isaak - Kreuztragung - Witwe des Sarepta
17 Lot verläßt Sodom - Christus zerschlägt die Höllenpforten - die Kinder im Feuer
18 Josef wird in den Brunnen geworfen - Grablegung - Jonas und der Walfisch
19 Samson reißt die Tore von Gasa ab - Auferstehung - Jonas wird vom Walfisch befreit
20 Vierteiliger Teppich:
Ruben entdeckt den leeren Brunnen - Das leere Grab Christi - Christus erscheint der Maria Magdalena - Daniel unversehrt in der Löwengrube
21 Josef gibt sich zu erkennen - Der ungläubige Thomas - Die Eselin von Balaam
22 Henoch wird ins Paradies gebracht - Christi Himmelfahrt - Elias auf dem Feuerwagen
23 Moses steigt vom Sinai herab - Die Pfingstfeuer - Elias Opfer
24 Salomon und Bathseba - Krönung Mariens - Ahasver und Esther
25 Zweiteiliger Teppich: Salomons Urteil - Das Jüngste Gericht

Der Totentanz

Primas   Lehensherr   Bischof   Edelmann

An der Trennwand zwischen linkem Seitenschiff und Chor. In drei Bildfolgen, al fresco flüchtig gezeichnet und gemalt, hatte der unbekannte Meister des 15.Jh. offensichtlich seinen Spaß daran, den Gevatter Tod als Tanzpartner jeder Gesellschaftsschicht zu zeichnen.

Hämisch und listig, mit skurril verrenkten Knochen und grinsendem Schädel umtänzelt er mit affektierten und gespreizten Haltungen Papst und Bauern, Dame und Mönch in einem grausigen Menuett.

Und die Lebenden stehen da wie verdutzte Tanzstundenjünglinge bei einer unerwarteten Damenwahl.

Die Figuren der drei Bilder:
Bild 1: Papst-Kaiser-Kardinal-König-Primas-Lehensherr-Bischof-Edelmann
Bild 2: Dame-Dichter-Stiftsdame-Händler-Hofdame-Ritter-Junge Dame
Bild 3: Knappe, philosophierender Mönch-Troubadour-Weiser Mönch-Bauer-Bettelmönch-Kind-Mönch(undeutlich)

Zum Schluß sei noch auf das Grabmal des Papstes Clemens VI. (1342-1352) hingewiesen, der hier, in dem seit 1043 bestehenden Benediktiner-kloster, seine Jugend verbrachte, als Kunstmäzen in Avignon residierte, dort den berühmten Papstpalast und hier diese Kirche bauen ließ - für sein Grab.
Die Kathedrale ist das bedeutendste, gotische Bauwerk der Auvergne und gleichzeitig das höchstgelegene Baudenkmal Frankreichs.
Fast hätte ich ihn vergessen: das Kuriosum von Chaise-Dieu: der Echosaal! Im Parterre des hinter der Kirche befindlichen Altersheimes. Gerüchte sprechen von einem Beichtsaal für Leprakranke. Sehr originell!

In der zweiten Augusthälfte finden im Kloster von Chaise-Dieu weithin bekannte Musikfeste statt.
Die Landstraße von Chaise-Dieu nach Le Puy führt zunächst durch hochgelegene, lichte Nadelwälder und senkt sich dann in leichten Wellen nach:

Le puy

Le Puy-en-Velay, wie sie offiziell heißt, ist wohl die merkwürdigste Stadt Frankreichs.
Bizarr ist die Silhouette mit ihren spitzen, schlanken Vulkankegeln, bizarr ist die Mischung aus Kunst, Kitsch, Mystik und großer Tradition.

Und wir, die Jakobspilger, betreten sie im erwartungsvollen Bewußtsein, daß hier der dritte Chemin de St.Jacques Frankreichs beginnt.
Die Via Podensis.

Erstes Zeugnis jener eigenartigen Naturerscheinungen sieht man auf der Fahrt von Chaise-Dieu nach Le Puy etwa 7 km vor der Stadt links

der Straße in einem breiten Tal: das Schloß Polignac auf dem mächtigen Klotz eines erstarrten Basaltstromes. Das Geschlecht derer von Polignac war so mächtig, daß sein Schloß bei der Revolution als erstes in Flammen stand.
Die Straße senkt sich noch ein paar Kehren talwärts, dann taucht Le Puy ins Blickfeld, wenngleich noch nicht in seinem ganzen Panorama. Dazu empfehle ich, bevor man in die Stadt hineinfährt, einen kleinen Abstecher nach rechts, Boulevard Gambetta, zum Ortsteil Espaly St.Michel (2 km), wo sich auf einem hohen Felsen die mit Sockel 20 m hohe Statue des Hl.Joseph erhebt. Nicht der Statue wegen, denn die gehört zur Kategorie Kitsch in Le Puy, sondern wegen des Panorama-Blicks. Von hier aus nämlich hat man die schönste Aussicht auf Le Puy und seine Rochers oder 'Necks', wie diese bizarren Naturgebilde heißen.
Das äußere, weiche Material von erkalteten Vulkanen verwitterte, die erstarrte und harte Basaltlava des Vulkanschlotes blieb stehen.

Le Puy: Rocher St.Michel
(Aiguilhe St.Michel)

Kamera nicht vergessen! Vor den weiteren Unternehmungen sollten ein paar geschichtliche Hintergründe die Bedeutung der Stadt als Pilgerziel erklären. Doch auch hier mischt sich, wie in Santiago de Compostela, Legende und Geschichte.
Beginnen wir beim Dunkel der Legende, die von Wunderheilungen bereits im 3. und 4.Jh. erzählt. Einer vom bösen Fieber befallenen Frau sei die Muttergottes erschienen, welche ihr empfohlen habe, sich auf einen Stein auf dem Mont Anis zu legen, worauf diese gesund wurde. Der Stein war Teil eines heidnischen Druidenaltares. Einer Gelähmten widerfuhr ein Jahrhundert später ähnliches.
Diese Marienerscheinungen zählen zu den frühesten Europas. Der Stein 'Pierre des fièvres' (Fieberstein) wurde sehr bald zum frequentierten Pilgerziel, und bereits in der Mitte des 6. Jahrhunderts soll auf dem Mont Anis ein erster Bischof eingesetzt worden sein. Soweit, so gut.
Der Übergang von der Legende zur Geschichte beginnt im 10. Jahrhundert, als die zunehmende Marienverehrung in Le Puy die Stadt zum Sammmelplatz und Ausgangspunkt der Wallfahrten nach Santiago de Compostela werden ließ. Zur weiteren Berühmtheit der Kirche von Le Puy trug ab 1254 die Figur der schwarzen Madonna bei, die der Überlieferung nach der Hl.Ludwig von einem Kreuzzug mitbrachte und der Kirche vermachte. Diese Statue, in Haltung, Ausdruck und Dekor den byzantinischen Ikonen sehr ähnlich, wurde während der Revolution auf einem Scheiter-

haufen vor dem Rathaus verbrannt. Die jetzige Statue ist eine Rekonstruktion aus dem 19.Jh.
Ein Bürgermeister stiftete als Sühne für diese wenig ruhmreiche Tat der Revolution 62 Jahre später der Kirche eine 25 Pfund schwere Kerze.

DIE KATHEDRALE

Orientierungsplan:

1 Chor
2 Sakristei
3 Turm
4 Johannes-Taufkapelle
5 Büßerkapelle
6 Kreuzgang
7 Reliquienkapelle
8 Totenkapelle
9 Weg zum Rocher Corneille
   mit der 'Eisernen Maria'

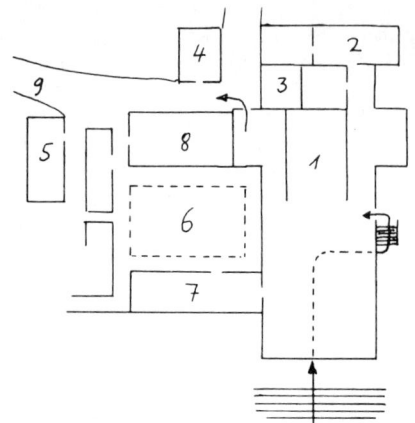

Damit der erste Anblick auch der beeindruckendste ist, nähert man sich der Kirche von Westen, zuerst durch die Avenue de la Cathédrale (vorher einen Parkplatz suchen), dann wird es in der anschließenden Rue des Tables, der Straße der Klöppelspitzen (Le Puy ist bekannt dafür) steiler und am Ende der Straße beginnt die große Freitreppe mit ihren 134 Stufen.
Da die Kathedrale am Hang gebaut ist (einst stand hier oben ein Römertempel), stehen nur Chor und Seitenschiff auf festem Boden, die übrige Kirche ruht auf mächtigen Mauern, woraus sich zweierlei erklärt: die hohe Westfassade mit ihren fünf Arkadenreihen und die seltene Erscheinung, daß die Vorhalle (der Narthex) nicht wie sonst vor, sondern unter dem Kirchenschiff liegt.
Deshalb betritt man die Kirche sozusagen von unten. Die Treppen setzen sich hier fort, bis man vor einem alten Tor steht, vor welchem heute jener Fieberstein liegt, durch welches aber die Pilger des MA eintreten konnten, um wenig später im 'Nabel' der Kirche, im Chor, zu stehen. Heute geht man nach rechts und betritt die Kirche im rechten Seitenschiff des 5. Joches.
Über dem Altar des Chorraumes thront die schwarze Madonna, vor der immerhin schon sechs Päpste und 13 französische Könige knieten. Auch mir schlug das Herz etwas schneller - 134 Stufen sind schließlich keine Kleinigkeit.
Der Eindruck von der Fassade verstärkt sich im Inneren: obgleich durchaus romanisch, ist beim näheren Hinsehen viel Arabisches und Byzantinisches in den architektonischen Details und den Fresken.

Die viel stärkere Impression vermittelt der Genius Loci jedoch dem, der auf dem Wege nach Santiago de Compostela ist. Hier ist der Geist

100

und die Begeisterung der Jahrhunderte spürbar, in welchem Millionen von Pilgern einen der Höhepunkte ihrer Reise erfuhren. Hier ahnt man ähnlich wie in Vézelay die großen europäischen Dimensionen, die der Jakobskult religiös, politisch, geistig und kulturell über rund 500 Jahre innehatte.

Trotz aller regionalen Verschiedenheiten und nachbarlichen Querelen begreift man an solchen Orten - mit der Jakobsmuschel am Revers - Europa wieder einmal als Ganzes, als Einheit.

Wäre ein Gang über diese Treppen nicht auch für unsere heutigen Politiker lohnend? Mit der Erfahrung der Geschichte im Kopf und einer sinnvollen europäischen Einigung im Auge?

In der Sakristei ist eine Kostbarkeit besonderer Art zu bewundern: die Bibel des Théodulphe, Bischof von Orleans, eine Handschrift aus dem 8.Jahrhundert, der Zeit Karls des Großen also.

Von außerordentlicher Schönheit ist der romanische Kreuzgang, von dem man sagt, er sei einer der schönsten Kreuzgänge des christlichen Abendlandes.

Ich liebe Kreuzgänge, habe so eine Art Sammelleidenschaft für sie entwickelt, kenne also sehr viele im mitteleuropäischen und mediterranen Raum und gebe durchaus zu: er ist schön.

Schön wie eine Frau, die zwei Stunden dazu gebraucht hat, wenn dieser ganz subjektive Vergleich erlaubt ist. Zu schön zum Anfassen. Damit soll nun nicht gesagt sein, daß ich in Kreuzgängen an Frauen denke. In jedem Mann steckt, mehr oder weniger verborgen, ein Mönch. Und wenn ich sage, daß ich intimere Kreuzgänge kenne, so meine ich die kleinen, abgelegenen, stillen und bescheidenen Kreuzgänge des Südens, die mich eher zu Reflexion und Kontemplation anregen: die Zisterzienserabtei Senanque bei Gordes in der Provence zum Beispiel, mit Lavendelfeldern im Tal und Nachtigallen im Gebüsch, das Franziskanerklösterchen San Damiano bei Assisi mit dem kleinen Brunnen, oder die dunkelroten Rosen im Kreuzgang von San Pedro de Rúa in Estella am nordspanischen Jakobsweg, wohin wir noch kommen werden.

Im Augenblick umgibt uns noch die vollkommene Schönheit der Notre-Dame von Le Puy.

An der Büßerkapelle vorbei führt ein Fußweg hinauf auf den Rocher Corneille, auf dessen Gipfel der Kitsch Nummer Zwei von Le Puy steht: die eiserne Madonna 'Notre Dame de la France', rot bemalt, 16 Meter vertikale Geschmacklosigkeit, aus den erbeuteten Kanonen des Krimkrieges gegossen. Es lohnt sich nicht, auch nicht der Aussicht wegen.

Dazu empfehle ich vielmehr einen Aufstieg auf den

ROCHER D'AIGUILHE

den senkrechten Nadelfelsen, wo in 80 Metern Höhe die Kapelle des Erzengels Michael wie ein Finger in den Himmel zeigt.

Wer die 268 Stufen erklommen hat, baut die Milchsäure in den Oberschenkeln so schnell nicht wieder ab.

Die kleinere und ältere Kapelle in der später außenherum gebauten größeren soll der Sage nach der erste Pilger nach Santiago im 10. Jh. gestiftet haben.
Wer noch etwas Zeit hat, sollte in der Altstadt die Rue Pannassac vom Turm gleichen Namens bis zum Rathaus entlanggehen, um schöne, alte Fassaden zu sehen wie an den Häusern der Nummern: 29, 33, 42, 46 oder 51.
Und eine kleine Straße zwischen Rathaus und Boulevard St.Louis hat den Namen Rue St.Jacques sicher nicht zufällig.

* * *

VON LE PUY NACH CONQUES

Die ersten 40 km nach Langeac können entweder auf einer kurvenreichen, aber landschaftlich recht schönen Departementstraße, die hauptsächlich im Tal verläuft, zurückgelegt werden, oder man fährt, wenn man mit der Zeit haushalten muß, ca. 10 km von Le Puy zurück in Richtung Chaise-Dieu und biegt dann links ab in Richtung Brioude (N 102). Das sind zwar etwa 7 km mehr, aber die Straße ist besser ausgebaut. 25 km nach der Abzweigung Brioude wieder nach links zur D114. Die Straße von Langeac nach St.Flour ist eine der typischen Strecken im Massif-Central, wo einer, der 'einen guten Schnitt' fahren möchte, aus der Haut fährt.
Sie besteht nur aus Kurven. Aber sie ist so schön, daß sie dem, der auf einen guten Schnitt pfeift, gar nicht lang genug ist. Sie führt über Hochebenen mit weiten Horizonten, vorbei an Kuhweiden und durch schattige Urwälder.

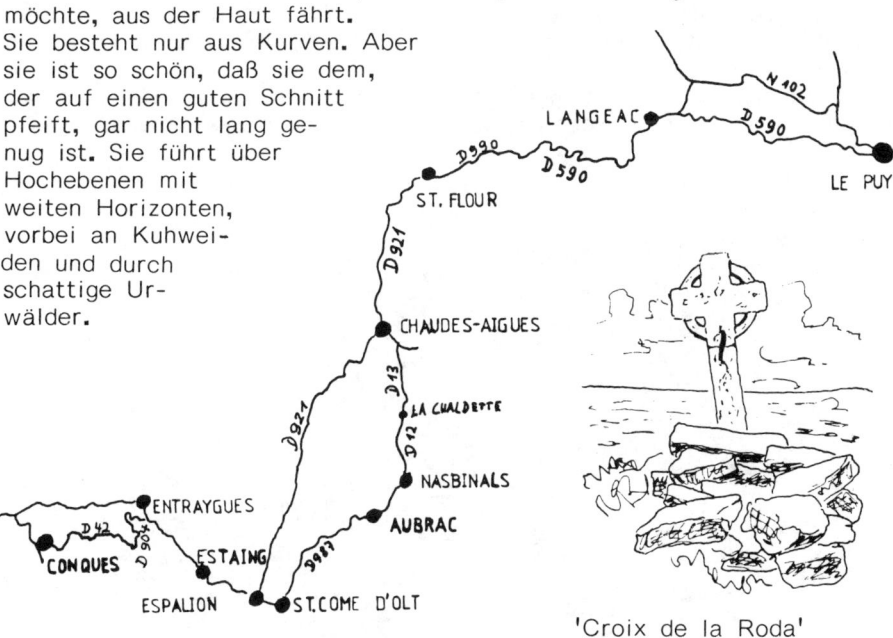

'Croix de la Roda'
Wegkreuz bei Aubrac

SAINT FLOUR

besteht aus einer Unterstadt an Durchgangsstraße und Fluß und einer Oberstadt, welche auf einem über 100 Meter hohen Basaltblock liegt und wegen der aus schwarzer Lava gebauten Häuser auch 'Schwarze Stadt' genannt wird. Die gotische Kathedrale St.Piêrre aus dem 15.Jh. wirkt in ihrer schmucklosen Strenge nicht gerade erbaulich auf den Betrachter. Zum einen, weil sie ebenso aus schwarzer Lava gebaut ist - selbst der Christus in einer der Chorkapellen ist schwarz - , zum anderen wegen der Türme, die wie wuchtige, quadratische Rammböcke erscheinen. Zudem diente der rechte Turm eine Zeit lang als Gefängnis. Das Maison Consulaire ihr gegenüber bietet mit seiner Renaissancefassade einen freundlicheren Anblick, und die Kirchenterrasse schöne Ausblicke.

St.Flour ist der herrlich gelegene Mittelpunkt des Massif-Central. Eine der regionalen Küchenspezialitäten sind Kutteln (tripeaux). Unterwegs nach Chaudes-Aigues kommt man an einem langen Stausee vorbei.

CHAUDES-AIGUES

= Heiße Wasser. In der Tat, was da aus einigen Quellen herauskommt, ist bis zu 82 Grad heiß.

Die Thermen des kleinen Städtchens helfen bei Rheuma, doch liegt es so weit ab vom Schuß, daß sich ein Hexenschuß bei der langen Anfahrt wohl von selbst heilt, beziehungsweise bei der langen Rückreise sich erneut einstellt.

Viele der Häuser des Ortes werden mit dem heißen Wasser beheizt. Gerade die Verschlafenheit des Städtchens soll nicht vergessen lassen, daß diese heißen Quellen aus einem noch recht aktiven vulkanischen Untergrund kommen.

Nach Chaudes Aigues schlängelt sich die schmale Landstraße zunächst durch eine wahrhaft malerische Landschaft mit dünner Besiedelung.

LA CHALDETTE

La Chaldette ist ein kleiner Weiler mit schiefergedeckten, breiten Hausdächern, die in der Sonne glitzern. Durch Buschwerk und grüne Wiesen schlängelt sich ein kristallklares Flüßchen, über welches eine uralte Steinbrücke führt.

Eine paradiesische Landschaft, die sich jedoch bald ändert, wenn man die kahle

HOCHEBENE DES AUBRAC   erreicht.

Sie ist der südlichste Teil des Massif Central und eine der einsamsten Gegenden Frankreichs. An manchen Stellen fällt sie aus knapp 1500 Metern Höhe abrupt ins Tal des Lot ab.

Ihre endlosen Horizonte ohne Häuser, Orte und Bäume sind so trostlos, daß sie fast schon faszinieren. Das Landschaftsbild gehört den Rinderherden. Ich stelle mir die Jakobsbrüder des MA hier oben vor, wie sie müde dahinzogen, nach Schutz und Herberge suchend.

Die Templerburg in der Ortschaft Aubrac läßt überdies keine Zweifel, daß diese Gegend im MA nicht nur des Wetters wegen gefürchtet war. Strauchdiebe und Wegelagerer müssen damals ihr Unwesen hier getrieben haben.

NASBINALS

Ein kleiner Marktflecken mit 600 Einwohnern inmitten des Aubrac mit einem berühmten Rindermarkt.

An ihrer schönen romanischen Kirche entdeckte ich zum erstenmal auf der Via Podensis ein Schild mit der Aufschrift: 'Chemin de Saint Jacques - Centre D'études Compostellanes.

in etwa 1600 Meter Höhe liegt einsam das kleine Dorf Aubrac. Es ist nicht einmal ein Dorf. Zwei Gasthäuser mit Zimmern, zwei oder drei Häuser, und, aus schwarzer Basaltlava roh gefügt, die Reste der Templerburg und die romanische Kirche, ergreifend in ihrer Schlichtheit. In der Nähe des Altares liegt ein Pilgerbuch auf. Ich blättere ein wenig darin und entdecke unter den vielen alten und neuen Eintragungen diese Zeilen:

Ultreia
c'était le cris des pélérins
chaque fois qu'ils reprenaient la route
Ultreia, Au delà!
Toujours plus loin

Frei übersetzt:

Ultreia
war der Ruf des Pilgers,
wenn er sich erneut auf den Weg machte
Ultreia, Weiter!
Es ist noch ein weiter Weg.

Ein weiter Weg! Für Viele war er hier zuende. Es gab nicht grundlos das große 'Hospice des Pauvres' (der Armen). Alte Grab- und Wegkreuze findet, wer in der näheren Umgebung Aubracs ein wenig auf die Suche geht, noch heute. Die Dômerie, ein Forsthaus aus dem 15.Jh. und der 30 Meter hohe quadratische Turm der Templerburg prägen das Ortsbild.

Die Burg wurde von flandrischen Templern zwischen 1100 und 1200 erbaut. Sie traten bis ins 17.Jh. als Beschützer und Begleiter der wehrlosen Pilger auf.

Die erschöpften Jakobsbrüder fürchteten nicht nur die Hitze des Sommers, die rauhen Herbstwinde oder die darauf folgenden Schneestürme, sondern auch das Räuberunwesen, welches hier oben sogar den Römern zu schaffen machte, die auf der Via Agrippa durch diese herbe Karstlandschaft zogen.

Dem heutigen Reisenden kann schlimmstenfalls noch passieren, daß er bei Wind und Regen einen Reifen wechseln muß. Ansonsten bietet das Aubrac mit seiner Ruhe und klaren Luft einen hohen Erholungswert. Den dadurch entstehenden Hunger kann man im Dorfgasthaus mit der herzhaften Spezialität 'Tome' (Käse mit Kartoffeln und Sauermilch) stillen.

Ein paar Kilometer hinter Aubrac, wo die Landschaft im wörtlichen Sinne ihren Höhepunkt erreicht hat, senkt sich die Straße plötzlich und gleitet hinunter ins liebliche Tal des Lot.

Der Wechsel des Landschaftsbildes ist überraschend und könnte krasser nicht sein. Eigenschaftsworte wie idyllisch, malerisch und verträumt sind gewiß nicht originell, passen aber hierher wie kaum sonst irgendwo. Tiefe Schluchten und reißende Stromschnellen, Abgründe und schwindelerregende Überhänge gibt es nicht. Ein Fluß schlängelt sich in vielen geruhsamen Schleifen durch ein breites Tal mit sanft geneigten Hängen, durch leuchtend grüne Wiesen und gesäumt von Buschwerk und Baumgruppen.
In seinem Wasser spiegeln sich alte Brücken und die Silhouetten kleiner Dörfer und bezaubernder Städtchen.
Die Straße folgt den Windungen des Flusses, dessen lautlose Gemächlichkeit sich ganz von selbst und in beruhigender Weise auf den Reisenden überträgt. Das befreiende Gefühl, weit weg von Terminen, Problemen und Streß zu sein, stellt sich ein.

ESPALION

Brücke über den Lot in Espalion

107

Von der neuen Autobrücke über den Lot in Espalion blickt man auf den träge dahinfließenden Fluß, auf die schiefergedeckten Dächer der Altstadt und auf eine traumhaft schöne gotische Brücke aus dem 13. Jh., die sich in drei mächtigen Bögen über das Spiegelbild der Häuser wölbt.

Für den Santiagopilger ist das schöne Renaissanceschloß der Stadt weniger wichtig als die 1 km außerhalb in einem stillen, alten Friedhof gelegene romanische Pilgerkirche St.Hilarien de Perse (1040) mit einem Pfingst-Tympanon.

ESTAING

Der Adelssitz der Familie Estaing (Giscard d'Estaing) und ein malerisches, mittelalterliches Städtchen am Ufer des Lot. Die kleine Kirche ist ein verspieltes Märchen der Gotik, verwinkelt, skurril und doch stilecht.

Estaing

Auch hier führt eine gotische Brücke in schönen Bögen über den Fluß, und über den Dächern der Stadt erhebt sich majestätisch, aber nicht erdrückend, das Schloß derer von Estaing (15. Jh.). Unsere Pilgerstraße schlängelt sich weiter den Windungen des Lot entlang in Richtung Entraygues.

Man kann nun, um nach Conques zu kommen, durch Entraygues hindurch

Estaing

108

und weiterhin im Tal bleiben. Der bessere Vorschlag: kurz vor Entraygues führt links ein Sträßchen über eine Staumauer des Lot, dann über eine Vielzahl von Kurven hinauf nach GOLINHAC, einem kleinen Nest hoch über dem Tal des Lot. Von Golinhac aus kommt man dann sozusagen von oben nach Conques.

Ab Aubrac befinden wir uns übrigens nicht mehr in der Region der Auvergne, sondern im Midi-Pyrénées und seinem ersten Département Aveyron.

Nachdem wir nun die Regionen Burgund und Auvergne hinter uns haben, betreten wir hier das letzte Drittel des französischen Pilgerweges nach Santiago de Compostela.

*   *   *

MIDI-PYRÉNÉES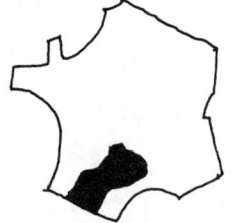

Dieser verwaltungstechnische Begriff sagt uns wenig, ebenso die Namen der Départements: Lot, Tarn-et-Garonne, Gers usw.

Nennen wir die Gegenden, durch welche der Jakobsweg führt, bei ihren alten, vertrauten Namen: das Dreieck zwischen Figeac, Cahors und Rocamadour bilden das QUERCY, und der Weg zwischen Moissac und den Pyrenäen führt durch die GASCOGNE. Die Musketiere waren Gascogner und nicht 'Leute vom Département Gers'. Damals gab es ja auch noch keine Autonummern.

Die Départements der Region Midi-Pyrénées:

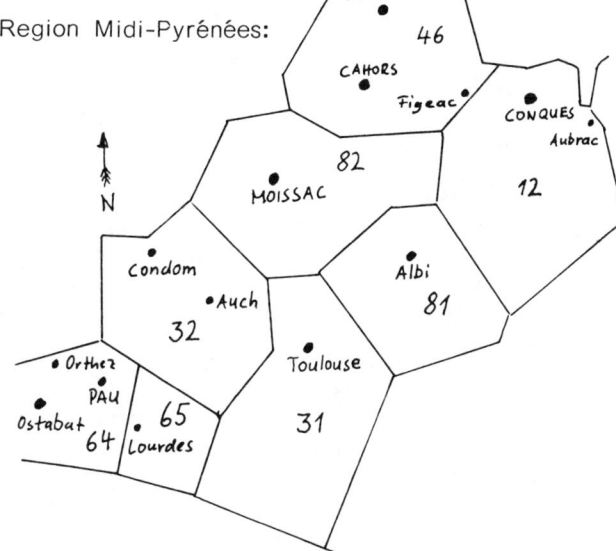

12	Aveyron
46	Lot (Quercy)
81	Tarn
82	Tarn-et-Garonne
31	Haute Garonne
32	Gers
65	Haute Pyrénées
64	Pyrénées-Atlantique

CONQUES

H. SING

Es ist für den Autofahrer gar nicht so verkehrt, über Golinhac nach Conques zu gelangen, weil er so gleich den Parkplatz oberhalb der Kirche findet (die Sorgen des Neuzeit-Pilgers). Von unten aus dem Tal hatten die müden Pilger auf dem 'klassischen Weg' einen langen, mühsamen Aufstieg.

Ich nenne diese einsam gelegene Stadt dramatisch, weil sie wie eine mittelalterliche Kulisse an den bewaldeten Hängen eines tiefen Tales liegt und sich in ihrer Bühnenmitte, ihrer Bedeutung wohl bewußt, eindrucksvoll die Basilika 'Sainte Foy' erhebt.

Conque kommt vom lateinischen 'concha' (Muschel), weil das Tal muschelförmig ist.

Die erste Klostergründung geht auf das 4. Jahrhundert zurück. Zu Bedeutung gelangte das Kloster um 880, als die Reliquien der Sainte Foy (Hl. Fides) hierher gebracht wurden. Sie starb im 3. Jh. im zarten Alter von 12 Jahren den Märtyrertod. Ihre Überreste wurden zunächst im Kloster von Agen aufbewahrt.

Da ein Kloster jener Zeit ohne Reliquien keine Chance hatte, zu Ruhm und Bedeutung zu gelangen, und Conques keine besaß, ließ sich einer seiner Mönche in Agen als Bruder aufnehmen, wo er es nach 10 Jahren schaffte, zum Wächter der Reliquien ernannt zu werden. Während die Mönche von Agen dann eines Tages im Refektorium Lammknochen abnagten, schnappte sich Bruder Arosnidus inzwischen die Knochen der Hl.Fides und brachte sie nach Conques.

Stand dieser Diebstahl in der Kategorie der läßlichen Sünden? Offenbar ja, denn die Figur des pfiffigen Mönchleins befindet sich im Tympanon auf der Seite der Auserwählten.

Gleichviel - Conques wurde berühmt und ist es bis zum heutigen Tage. Und gehört zum obligatorischen Ziel eines jeden Jakobspilgers einschließlich meiner Wenigkeit und meiner geschätzten Leser.

Das Tympanon der Basilika:

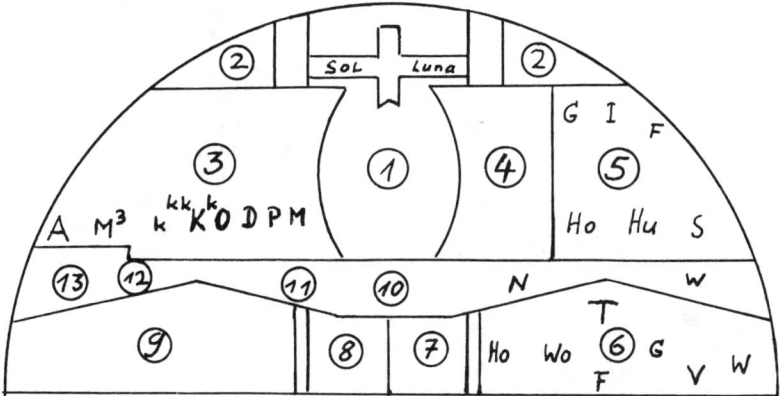

Das Tympanon der Basilika Ste.Foy ist mit seinen 117 Figuren mehr als nur eine 'Biblia Pauperum' - es ist ein Breitwandkino des Jüngsten Gerichtes!

1– Christus in der Mandorla

2– Engel blasen zum Jüngsten Gericht

3– Vier Engel halten die Spruchbänder der 4 Kardinalstugenden Glaube, Hoffnung, Liebe, Demut über einer Schar Auserwählter: M = Maria, P = Petrus, D = Dadon (Gründer des Klosters), O = Odolric (Erbauer der Basilika), an seiner Hand: K = Karl der Große, um diesen herum vier seiner Familienmitglieder (= k), M 3 = 3 Märtyrer, A = Arosnidus, der Knochenklauer.

4– Vier Engel. Zwei davon, mit Bibel und Weihrauchfaß, sind Christus zugewandt, zwei verteidigen mit Schwert und Fahne das Paradies vor dem Zugriff der Hölle.

5– Der Hölle erster Teil
G = drei Geistliche, die ihre Ämter mißbrauchten, und von von einem dickbäuchigen Teufel mit einem Netz gefangen werden. I = Irrlehrer (Häretiker), F = Falschmünzer. S = der an den Füßen hochgezogene Schlemmer, dem das 'Zuviel' aus dem Mund gezogen wird. HU = Hurerei, Ho = Hochmut, W = der Wilderer, der von einem Hasen und einem Teufel am Spieß gebraten wird. N = der Neidische stirbt vor Neid, weil er die Pansflöte nicht bekommt.

6 Der Hölle zweiter Teil

T = in der Mitte thront mit breitem Grinsen und tückischem Auge der Chef der Hölle.

F = die Faulheit liegt zu seinen Füßen, mit dem Symbol der Faulheit, der Kröte.

Wo = die Wollust; ein kleiner Teufel über dem Haupt erwartet vom Chef entsprechende Anweisungen für sie.

Ho = nochmals der Hochmut: zwei Teufel werfen einen Ritter aus dem Sattel.

G = dieser Gehängte symbolisiert mit seinem Beutel um den Hals den Geiz.

V = die Verleumdung; dem Verleumder wird die Zunge herausgerissen.

W = die Wut wird im Kessel weichgekocht.

7 Ein Teufel treibt die Verdammten in den Schlund der Hölle und schaut neidisch und ein wenig belämmert über die Schulter auf die andere Seite, wo -

8 die Frommen, von ihm nicht mehr erreichbar, in die Pforte des Paradieses treten und ihrerseits ängstlich zum Eingang der Hölle sehen.

9 Das Paradies; man sieht wieder einmal deutlich, wieviel 'spannender' es in der Hölle zugeht.

10 Ein Motiv, das wir von Autun her schon kennen: ein Engel und ein Teufel wägen die Seelen aus, wobei auch hier der Teufel mit listigem Finger die Waage auf seine Seite hinunterdrücken will, was ihm aber nicht gelingt.

11 Die Auferstehung der Toten.

12 Die Hl. Fides im Gebet vor der Hand Gottes.

13 An den Arkaden der Basilika von Conques hängen die Fesseln, aus welchen die Ste. Foy die Christen aus den Händen der Mauren befreite.

Die Basilika Ste. Foy

Auvergnatische Romanik des 12. Jahrhunderts.

Auffällig ist die starke Betonung des Seitenschiffes, bedingt durch seine Dreischiffigkeit. Das Mittelschiff ist mit seinen 22 Metern außergewöhnlich hoch. Die Galerien über den Seitenschiffen des Langhauses dienten unter anderem auch als Schlafraum für arme Pilger.

Erinnern wir uns daran, daß Conques einer der wichtigsten Punkte auf dem Jakobsweg war.

Die Säulenkapitelle sind wegen ihrer Höhe von unten schlecht erkennbar, weshalb ich nur einige erwähne: die Gefangennahme der Hl. Fides an der vierten, linken Säule des Hauptschiffes. Am Kapitell der mittleren vorderen Säule des rechten Querschiffes sind Jakobsmuscheln erkennbar, in deren Mitte ein Kopf mit herausgestreckter Zunge zu sehen ist. Ob die Pilger hier mit vor Durst heraushängender Zunge ankamen, oder das Ganze nur eine Laune des Bildhauers war, weiß man nicht genau.

Der Tresor

Der Kirchenschatz von Conques ist deshalb vollständig erhalten geblieben, weil er vor den Religionskriegen und vor dem Zugriff der Hugenotten unter den Fußbodenplatten der Kirche vergraben wurde.

Der Hase, der den Jäger brät↓ und die Pforten von Paradies und Hölle↑

Die Einzelheiten dieser bedeutenden Sammlung sind in einem 6-seitigen Informationsblatt beschrieben, welches man (auch auf deutsch!) an der Kasse erhält. Man sieht Reliquienschreine, also Kästchen mit Reliquien, aus merowingischer Zeit und sogenannte Reliquiare, Figuren oder Teile von Figuren (z.B. der Arm des Hl.Georg), welche ebenfalls Reliquien enthalten.

Das wertvollste Stück ist das 'A' Karls des Großen, welches er der Abtei selbst gestiftet haben soll. Das Besondere in diesem Schatzmuseum ist, daß es einen Überblick über Gold- und Silberschmiedearbeiten vom 11. bis zum 16. Jh. gibt, sowie über damals verwendete Edelsteine.

Das kostbarste Reliquiar, gemessen in Karat, ist das der Ste. Foy. In einem Glasschrank gesichert, über und über mit Edelsteinen verziert,

Oberes Bild: Die Rue Charlemagne in Conques, mit dem Pflaster des alten Pilgerweges. Unten: Malerische Häuser drängen sich um die Kirche

Smaragde, Rubine, Topase, Opale, Granaten und viele andere, sitzt die Figur auf einem goldenen Sessel, trägt über einem hölzernen Kern ein goldenes Gewand und enthält in der Brust Schädelstücke der Ste. Foy. Zeit der Entstehung: 9. Jh.

Schön ist sie nicht. Plump in Proportion und Haltung; das Gesicht ist nicht das eines kleinen Mädchens, sondern eher eines Mannes. Aber das auszudrücken war auch gar nicht die Absicht der Schöpfer.

Sie ist einerseits ein Behälter für die Reliquien und hat nur nebenbei eine menschliche Gestalt. Andererseits brachte man an ihr die kostbaren Gaben an, die reiche Pilger wie Bischöfe, Fürsten und Könige dem Kloster schenkten.

Bei aller Kostbarkeit des Schatzes möchte ich dem Jakobspilger etwas Schlichteres, aber für ihn Eindrucksvolleres zeigen: die Rue Charlemagne (Bild). Durch das alte Tor 'Porte du Barry' betritt man das authentische Pflaster der ursprünglichen Pilgerstraße, welche ziemlich steil hinab führt zum Talgrund, wo eine römische Brücke sich über das Flüßchen Dourdon wölbt (siehe Zeichnung S.51).

Rechts und links der Rue Charlemagne, die ihren Namen von Karl dem Großen hat, angeblich ein Förderer der Abtei, fällt der Blick auf schöne alte Fachwerkfassaden, verwitterte Mauern und schiefergedeckte Dächer. Ziemlich weit unten zweigt links ein Pfad ab, der auf einen kleinen Hügel mit einer Kapelle führt, von wo aus man einen sehr schönen Gesamtblick auf den Ort und die Basilika hat.

* * *

DAS QUERCY : von Conques nach Moissac

Eine abwechslungsreiche Landschaft, ohne krasse Gegensätze wie in der Auvergne; das Massif-Central verliert in sanften Übergängen sein Massives, und gemäßigter Mittelgebirgscharakter herrscht vor.

Das Massif im Rücken, die Gascogne noch vor sich, kann der Santiagofahrer hier, in Flußtälern mit klarem Wasser und bewaldeten Hängen, in schönen Städten zwischen viel Grün und in einer selten reinen Luft, sich so richtig. wohlfühlen.

Ein schönes Stück Erde - zwischen Lot und Dordogne - unverbildet, rein und ruhig.

ROCAMADOUR
GRAMAT
FIGEAC
D42
CONQUES
DECAZEVILLE
N140
CAHORS
LAUZERTE
MOISSAC

115

Von Conques nach Figeac gibt es zwei Möglichkeiten: wenn man von der Stadt herunter bei der Brücke angelangt ist, hält man sich entweder rechts, fährt auf der D 601 den Fluß Dourdon entlang bis zu seiner Mündung in den Lot, an diesem entlang nach Capdenac und noch 8 km nach Figeac. Ich empfehle die landschaftlich fast noch schönere und nicht längere Strecke von Conques aus nach links, den Dourdon aufwärts, bei St.Cyprien verläßt man sein liebliches Tal, überquert den Fluß, hält sich aber gleich wieder nach links und kommt über St. Julien de Malnon auf die Hauptstraße N 140 nach Decazeville, weiter nach Figeac.

FIGEAC

Hostal de la Moneda

Das mittelalterliche Stadtzentrum besitzt viele gotische Häuser. Typisch für Figeac sind die offenen Speicherräume in vielen Häusern, 'Soleilho' genannt.

Das schönste, rein gotische Haus aus dem 13. Jh., das Hostal de la Moneda, beherbergt im 1. Stock ein kleines Museum, das überwiegend dem großen Sohn der Stadt, dem Ägyptologen Jean-Francois Champollion (1790) gewidmet ist.

Er hat als erster die ägyptischen Hieroglyphen entziffert, mit Hilfe eines von Napoleon aus Ägypten mitgebrachten Steines, genannt der Stein von 'Rosette'. Dieser enthielt in drei Sprachen den gleichen Text, griechisch, ägyptisch kursiv und die bis dahin unbekannten Zeichen.

Am ehesten bekommt man in Figeac einen Parkplatz am Boulevard Colonel Teulie in der Nähe der Kathedrale.

Gegenüber deren Hauptportal wird der Jakobspilger wieder fündig: eine kleine Straße namens Rue St.Jacques führt zwischen alten Mauern und mit authentischem Pflaster hinunter zur Rue de Colomb.

Ein gemütlicher Spaziergang durch die Altstadt schließt sich an:

Links die Rue de Colomb hinunter zur Place Champollion mit ihren schönen Fassaden, dann zur Place Carnot mit ihrer großen Markthalle (möglichst vormittags, wenn sie in Betrieb ist!). Hier ist auch 'La Maison Sistéron', ein Eckhaus mit Erkertürmen, das im Besitz von Louis XIV. war, der dort angeblich galante Besuche empfing. Weiter zur Place Vival mit dem Museum 'Hostal de la Moneda', wo übrigens im Erdgeschoß das Touristenbüro ist.

Das Bild auf der nächsten Seite zeigt die Kathedrale von Figeac mit der Rue St.Jacques.

ROCAMADOUR

Abgesehen von der Tatsache, daß Rocamadour die meistbesuchte 'Anschlußwallfahrt' des Jakobsweges war, stellt dieser Ort (50 Einw.!) eine einmalige Sensation dar:
Er ist senkrecht gebaut!

Über dem Bach die Häuser

über den Häusern die Kirche

über der Kirche der Fels

auf dem Felsen die Burg

Die senkrechte Stadt

Rocamadour: Übersichtsplan

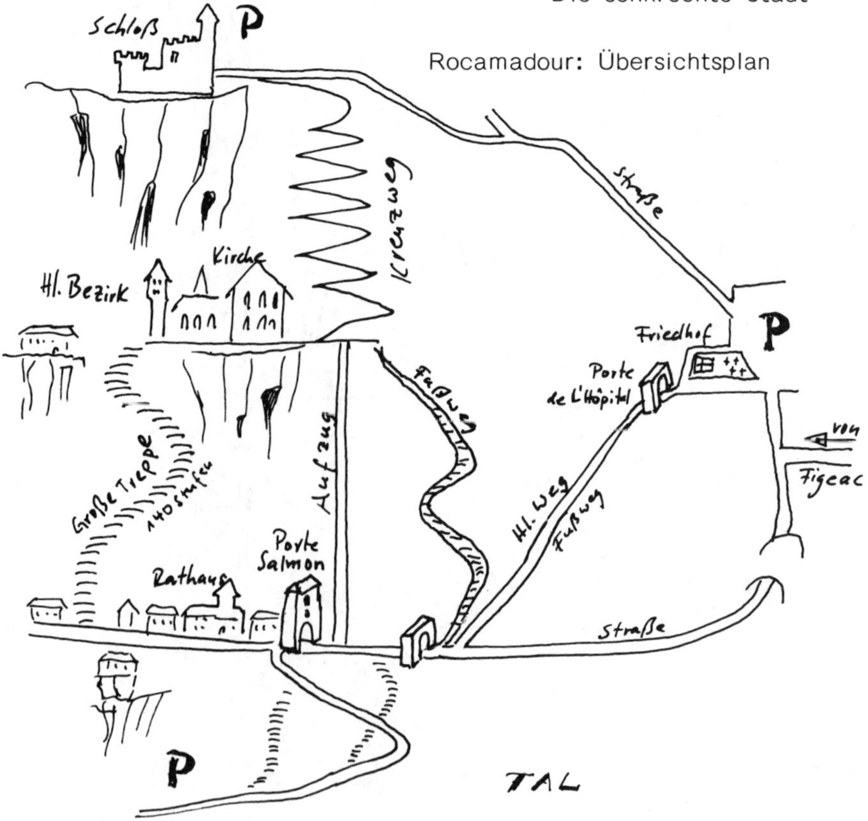

Der Sage nach lebte in einer Grotte des Felsens ein Eremit namens Amadour ('Roc-Amadour' = Felsen des A.), welcher jener Zachäus des Evangeliums gewesen sein soll, der mit Veronika verheiratet war und bei dem Christus einkehrte.
Seinen Leichnam fand man 1166 unverwest in einem Grab unter dem Altar der Kirche Notre Dame. Dieses Wunder und die gleichzeitige Marienverehrung durch die Benediktinermönche dort machten Rocamadour alsbald zur Wallfahrtsstätte. Im selben Jahrhundert gehörte der Ort bereits zum festen Bestandteil der Jakobspilgerschaft, obwohl er nicht am eigentlichen Jakobsweg lag. Vier Herbergen und ein Spital für Pilger wurden von der Jakobsbruderschaft von Rocamadour gebaut.

Die 'Vertikale' von Rocamadour ist in vier Bereiche gegliedert:
ganz unten die Talsohle mit Fluß und Straße, über ihr der 'profane Teil', der Ort, welcher aus nur einer Straße besteht. Zu mehr ist kein Platz. Über dem Ort, nur über Treppen, die 'Grand Escalier', zu erreichen, der Hl.Bezirk, die eigentliche Wallfahrtsstätte. Über dieser, auf steilem und teilweise überhängendem Fels, die Burg.

Wir kommen von Figeac her aus derselben Richtung, aus welcher auch die meisten Pilger des MA den Ort erreichten, und stehen an der Mauer des alten Pilgerfriedhofes. Davor ist ein großer Parkplatz, in dessen Mitte ein Pavillon mit Fremdenverkehrsbüro.
Ab hier hat man die Wahl zwischen drei Wegen:
1.Zu Fuß durch die alte 'Porte de l'Hôpital', den 'Voie Sainte' (Hl.Weg) hinunter zum Ort, durch die 'Porte Salmon', am Rathaus vorbei und und die 'Grand Escalier' (große Büßertreppe) zum Hl.Bezirk.
2.Denselben Weg, aber vor der 'Porte Salmon' mit dem Aufzug nach oben. Pfui!
3.Mit dem Auto auf der Hochebene weiterfahren zum Parkplatz hinter dem Schloß.
Das Ganze ist eine Zeitfrage.

Im Heiligen Bezirk, gleich, ob man von oben oder von unten kommt, gibt es sieben Kapellen und einen später dazu gebauten Bischofspalast, welcher Erinnerungen an Neuschwanstein hervorruft.
* Die Amadour-Krypta (12.Jh.) mit den Reliquien des Heiligen
* Die Johanniskapelle (19.Jh.)
* Die Blasiuskapelle, romanisch mit gotischem Gewölbe
* Die Annakapelle (19.Jh.)
* Die Basilika St.Sauveur, Erlöserkirche, (13.Jh.)
* Die Gnadenkapelle, Chapelle Notre Dame oder Chapelle Miraculeuse. Letztere ist die eigentliche Wallfahrtskapelle mit der Statue der 'Schwarzen Madonna' (12.Jh.), und einer schmiedeeisernen Glocke aus dem 9. Jh., der sogenannten 'miraculeuse', die von selbst geläutet haben soll, wenn Seeleute aus Gefahren gerettet wurden. Daher die Votivgaben in Form von Schiffen.
* Die Michaelskapelle, deren Wände und Decken meist aus Fels bestehen.

Vom Vorplatz der Kapellen, dem 'Parvis Notre Dame' sieht man über sich in der Felswand ein Schwert stecken, welches der Roland der Sage vor seinem Tod am Roncesvalles-Paß hierher geschleudert haben soll. Kleinigkeit bei dem geringen cW-Wert eines Schwertes.

Außerhalb der Kirche und über dem Parvis Notre Dame ist der kleine 'Balkon der öffentlichen Schuldbekenntnisse'.

Auf halber Höhe der 'Grand Escalier' hängt an der Mauer eine Tafel, die den Besucher daran erinnert, daß Rocamadour die älteste Pilgerstätte Frankreichs ist und zusammen mit Rom, Jerusalem und Santiago de Compostela zu den vier größten Wallfahrtszielen der Welt gehört. Sie enthält außerdem eine Liste berühmter Rocamadour-Pilger, unter anderen: der Hl.Ludwig, Philipp der Schöne, König Johann von Böhmen und der Hl.Bernhard, ... gefolgt von Unzähligen, deren Knie ihre Spuren im Stein der Treppe hinterlassen haben.

Darunter waren auch die Heiligen Dominikus, Benediktus und Antonius von Padua. Vom Rathaus aus dem 15. Jh. im unteren Teil des Ortes werden die 194 Treppen bis ganz oben von den Pilgern heute noch auf den Knien 'erstiegen'. Verurteilte mußten im MA Ketten um die Füße tragen, deren Abdrücke man noch im Stein sieht. Die Sportelle, die Pilgerabzeichen von damals (S.37) wird heute noch verkauft. Von Rocamadour aus wurden Herbergen in Estella, Burgos und Astorga gegründet.

In Spanien und Portugal nennen sich Kirchen Santa Maria de Rocamadour.

Von Troubadours besungen: Rocamadour und das Alzou-Tal.

CAHORS

Die Altstadt von Cahors liegt wie Semur und Avallon auf einem Hügel, der von einem weiten Bogen des Flusses, hier des Lot, umschlossen wird.

Die Kathedrale St.Etienne, gebaut im Übergang von der Romanik zur Gotik, besitzt zwar ein beachtliches Tympanon, welches in seinem Aufbau an Moissac erinnert und das zu sehen man dem Jakobsfahrer nicht unbedingt zu empfehlen braucht, da ihn ja Moissac erwartet.

Die Hauptsehenswürdigkeit von Cahors erreicht man, wenn man von Rocamadour kommend durch die ganze Stadt geradeaus hindurchfährt bis zum Flußufer und dann nach rechts abbiegt.

Plötzlich steht sie im Blickfeld, und man glaubt, ein Bild aus einem Märchenbuch zu sehen: die schönste Wehrbrücke Europas, Pont Valentré.

Dieses 1308 begonnene und vollständig erhaltene Bauwerk ist nicht einfach eine Brücke, es ist ein Festungsbollwerk. Der mittlere der drei Türme diente mit seinen 40 Metern Höhe als Wachtturm, die beiden äußeren der Verteidigung.

Der Name des mittleren Turmes 'Tour du diable' (Teufelsturm) geht auf folgende Geschichte zurück:

Der in Terminnot geratene Architekt - so etwas gab es also auch damals schon - schloß zwecks Beschleunigung der Bauarbeiten einen Pakt mit dem Teufel, des Inhalts, daß er ihm seine Seele vermache, wenn jener imstande sei, alle seine Befehle in die Tat umzusetzen. Um seine Seele zu retten, gab der listige Architekt ganz kurz vor der Vollendung des Brückenbaus dem Teufel den Befehl, Wasser in einem Sieb zu holen. Verständlicherweise kündigte der genarrte Teufel fristlos, weshalb der oberste Stein angeblich heute noch fehlt.

ꟿOISSᴧC

- Juwel der Romanik

Wo die Landschaft des Quercy über flache Hügel in das breite und fruchtbare Tal der Garonne ausläuft, liegt das kleine Städtchen Moissac.

Seine Umgebung ist gekennzeichnet durch die weiten Wasserflächen des seeartig verbreiterten Zusammenflusses von Tarn und Garonne, durch Obstgärten und durch die Weinberge, in welchen die Chasselas-Traube wächst.

Der verträumte Ort an den baumbestandenen Ufern bildet den Auftakt zur schönen Gascogne.

Portal der Abteikirche

Der absolute Höhepunkt aber ist seine Abteikirche mit ihrem Kreuzgang - Ziel aller Jakobspilger des MA, aller Kunstliebhaber der Gegenwart und aller zeitgenössischer Santiagofahrer - in Architektur und vor allem Skulptur eines der schönsten Zeugnisse romanischer Kunst.

Die Bildersprache der Plastiken im Tympanon und auf den Kapitellen des Kreuzganges sind in ihrer außergewöhnlichen Vielfalt und Schönheit nur noch vergleichbar mit Vézelays Portal- und Kapitellplastik und mit den Portalen von Autun und Conques.

Das Portal von Moissac

Das Tympanon von Vézelay zeigt die Pfingstbotschaft, die beiden Tympana von Autun und Conques machen in ihrer erschrecklichen Darstellung

Apokalyptische Könige im Tympanon von Moissac

des Jüngsten Gerichtes jedem klar: so ergeht es dem Sünder, so er sein Leben nicht ändert und Buße tut.
Dies hier ist anders. Es hat zwar auch das Jüngste Gericht zum Thema, aber ohne die Teufelsfratzen und Schilderungen der Höllenpein von Autun und Conques.
Zwar thront auch hier Christus in der Herrlichkeit der Mandorla in der Mitte des Geschehens, um ihn herum aber sitzen in drei Reihen übereinander die 24 Ältesten der Apokalypse. Ein Geist besonderer Art strahlt aus diesem Bogenfeld. Nicht die Feuerzungen von Vézelay und nicht die Waage der Belohnung und Bestrafung von Autun und Conques.

Dies hier ist eine Herrenparty, wo man unter sich ist. Man beachte die Haltungen und Gesichtsausdrücke dieser Ältesten: gelöst, lächelnd, trinkend, musizierend, die Beine lässig gespreizt oder überschlagen.
Manche mit der Mimik eines Aktionärs bei der Vorstandssitzung; im sicheren Bewußtsein, bei der richtigen Aktiengesellschaft investiert zu haben.

Im linken Gewände des Portals allerdings geht es wieder recht infernalisch zu: ein spitzbauchiger Teufel umtänzelt eine Buhlerin, aus deren Brüsten Schlangen hervorquellen und über ihren Lenden zu Boden gleiten. Besonders phantasiereich gestaltet ist der Mittelpfeiler mit seinen ornamental verschlungenen Leibern von Tieren und Propheten. Das ist Romanik in ihrer reichsten und verspieltesten Form.

Der Kreuzgang

Aus dem klaren Rhythmus von Säulen und Bögen erhebt sich in der Mitte eine riesige Zeder und verleiht der Szene südliches Gepräge.

In den vier Galerien könnte man Tage damit verbringen, die Ornamente, Tiere, Pflanzen und all die Szenen des Alten und Neuen Testamentes an je vier Eck- und Mittelpfeilern und an 52 Säulenkapitellen zu betrachten und zu entschlüsseln. Ich greife im folgenden nur einige exemplarisch heraus, wobei die Säulenkapitelle jeder Galerie für sich von 1 - 16 bei Norden und Süden, beziehungsweise von 1 - 18 bei Ost und West nummeriert sind, beginnend beim Eingang.

Viele Kapitelle zeigen Blumen- und Blattdekorationen wie in der östlichen und westlichen Galerie, stilisierte Vögel und lineare Ornamente in der südlichen und nördlichen.

Läßt man hier im Kreuzgang von Moissac einmal alles bisher Gesehene an romanischer Architektur und Plastik vor seinem geistigen Auge passieren, könnte im Hinblick auf die noch bevorstehende, lange Reise nach

S   Eckpfeiler: Matthäus
1 Vogelornament
4 Nebukadnezar als wildes Tier
7 David und Musikanten
9 Apokalypsis
12 Der barmherzige Samariter
14 Apokalyptische Reiter
    Eckpfeiler: Paulus

O   Eckpfeiler: Petrus
3 Sündenfall
6 Die Fußwaschung
8 Der arme Lazarus und der Reiche
11 Hochzeit zu Kanaan
14 Bestie und Blattornament
    Eckpfeiler: Jakobus

N   Eckpfeiler: Johannes
1 Vogelornament
8 Der wunderbare Fischfang
9 Daniel in der Löwengrube
10 Kreuzritter am Hl.Grab
15 Hl.Martin
    Eckpfeiler: Andreas

W   Eckpfeiler: Philippus
4 Daniel in der Löwengrube
7 Erweckung des Lazarus
10 Opfer Davids
16 Kain und Abel
    Eckpfeiler: Bartholomäus

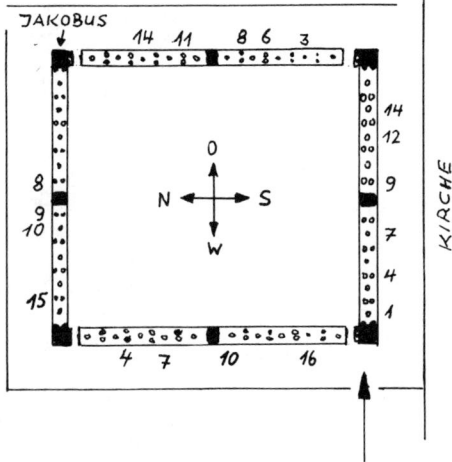

Moissac: der Kreuzgang der Abtei

Santiago de Compostela die Frage auftauchen, ob es noch Steigerungs-
möglichkeiten gibt. Was die brillante Vollendung einer Stilrichtung be-
trifft, wohl nicht.
   Doch gibt es entlang des nordspanischen Jakobsweges ergreifend schöne
Bauwerke und Plastiken der Romanik und Gotik, von der Schlichtheit
kleiner Dorf- und Klosterkirchen bis zur Großartigkeit der Kathedralen
von Burgos, Leon und Santiago.

   Außerdem erwarten den Jakobspilger in Spanien außer der Kunst Landschaften mit unverwechselbarem Charakter und schöne Städte, gute
Küche und noble Weine, freundliche Menschen und - nun ja, eben das
ganz Besondere, was auf dem Platz vor der Kathedrale von Santiago
de Compostela seinen Höhepunkt erfährt:

   der ständig gegenwärtige Geist des Authentischen vermittelt erst dort
das Gefühl, so richtig auf dem Jakobsweg zu sein. Das Außergewöhnliche
dieses Erlebnisses kann nur bestätigen, wer es selbst erfahren hat.

*   *   *

GASCOGNE

und
BÉARN

Diese Etappe des Jakobsweges ist beileibe nicht arm an Kunstwerken, wenngleich die Höhepunkte der bisherigen Reise fehlen. Aber sie ist landschaftlich überaus reizvoll und weit entfernt von dem, was man eine Durststrecke nennt. Die Gascogne, an deren Schwelle wir in Moissac stehen, ist so recht eine Landschaft zum Erholen und um die gewaltigen Eindrücke der Kunst zu verdauen.

Apropos Durststrecke und Verdauen: verdursten muß im Land des Armagnac keiner, und zum Verdauen gibt es hier Köstlichkeiten ganz besonderer Art. Unschwer zu erraten, wenn man die großen Gänseherden über die weiten Grünflächen ziehen sieht.

Gascogne = Vasconenland = Baskenland. Richtig - wir sind eigentlich schon bei den Basken, die im Liber Sancti Jakobi (siehe Kap.'Codex Calixtinus') als lustige und wortgewandte Gesellen beschrieben werden, die gern einen Spaß machen und gutes Essen und Wein lieben. Und vor allem: ihren Armagnac!
Notabene: entgegen der verbreiteten Irrlehre ist der Armagnac nicht der 'kleine Cognac'! Es gibt Armagnaculteure, die ihre ausgesuchten Jahrgänge in alten Eichenfässern lagern und kultivieren und ihn in einer dem Cognac ebenbürtigen Qualitätsstufe an Dreisternelokale zu stolzen Preisen verkaufen.
Die andere Spezialität der Gascogne sind ihre Gänse und alles, was von ihnen stammt: Gänsestopfleber und 'Confit d'Oie', eingemachtes Gänsefleisch.
Diese 'Produits régionaux' kann man auf Flaschen gezogen und in Gläsern eingemacht oder in Dosen versiegelt, vielerorts direkt an der Straße kaufen. Besser natürlich ist es, man genießt sie in der behaglichen Ruhe eines Landgasthauses.

Fast hätte ich's vergessen: so unrecht hatte der 'Liber Sancti Jakobi' mit seiner Beschreibung nicht. Waren die Musketiere, welche übrigens tatsächlich gelebt haben - Alexandre Dumas veränderte in seinem unsterblichen Roman 'Die vier Musketiere' nur leicht die Namen - etwa nicht rauflustig, wortgewandt und ewig zu Späßen bereit? Ihre Degen saßen so locker wie die Taler, die sie im Dienste des Königs Louis XIV. verdienten.

Die Béarner sind zwar keine Basken, deren Sprache und Ursprünge im rätselhaften Dunkel der Vorgeschichte wurzeln, sondern eher iberisch-romanischen Ursprungs, in ihrem Wesen aber nicht allzu unterschiedlich von dem der Basken.

Der beliebteste König Frankreichs, Heinrich IV., dessen Schloß und Stammsitz wir in Pau bewundern können - war er nun Béarner oder Gascogner? - gleichviel, er war ein lebensfroher Bursche, der den Knoblauch hoffähig machte und dessen Bestreben, jedem Franzosen am Sonntag ein Huhn im Topf zu ermöglichen, zum Nationalgericht der Gegend führte: 'Poule au pot de Nouste Henric' (Pot au feu unseres Heinrich).

Sagen wir es ohne Umschweife: das Béarn ist die südliche Landschaft der Gascogne. Der Unterschied liegt hauptsächlich im landschaftlichen Bild: die Kern-Gascogne ist ein von Flüssen und Bächen durchzogenes, weites und fruchtbares Land mit mildem Klima und südlicher Heiterkeit. Breite Täler, von flachen Hügeln begrenzt, viel Landwirtschaft und wenig Industrie.

Das Béarn ist durchaus mit dem vergleichbar, was wir unter 'Voralpenlandschaft' verstehen und kennen.

KÜCHE UND KELLER DER GASCOGNE

Die Gascogne stellt in der Gesamtheit dessen, was man an Zutaten für Teller und Glas braucht, das wohl reichste Land Frankreichs dar. In ihren Tälern wachsen die besten und feinsten Gemüse - Artischokken, Spargel und Auberginen - aus ihren Wäldern kommen Steinpilze und verschiedene Wildarten, über ihre weiten Grünflächen watscheln riesige Gänseherden, und an ihren sanften Hängen gedeihen ein paar leichte und gute Weißweine (Magron, Picquepoult, Léon) und einige ehrliche, nicht überzüchtete Rote (Côtes du Gers, Pouillon, Madiran, Montestruc). Und natürlich: Seine Majestät, der Armagnac.

Die Gascogner wurden nicht umsonst schon im 5.Buch des 'Codex Calixtinus' (11. Jh.) als ein Volk der Sinnenfreude gerühmt.

Die Spezialitäten der Gascogne sind so vielfältig, daß es wirklich schwer fällt, eine Auswahl zu treffen. Auf eines sollte man jedoch nicht verzichten: das 'Confit d'Oie' oder 'Confit de canard', eingemachtes Gänse- oder Entenfleisch, und die 'Foie gras', die Gänseleberpastete.

Eine Köstlichkeit besonderer Art ist Entenleber mit Weintrauben.

Das typische Gericht der Gegend von PAU, des Béarn, ist das 'Poule au Pot de Nouste Henric', das gefüllte Huhn nach Art des guten Königs Heinrich IV., natürlich mit viel Knoblauch!

Ebenso: die 'Garbure', eine Gemüsesuppe mit Schweine- Gänse- oder Entenfleisch, die so dick sein muß, daß der Löffel darin senkrecht stehen bleibt.

Bei uns bekannt, dort aber doch in anderen Variationen zu finden: die Sauce Béarnaise.

Um die Kehle zu netzen bietet das Béarnais die frischen Weißweine des Jurançon.

Von Moissac nach Ostabat

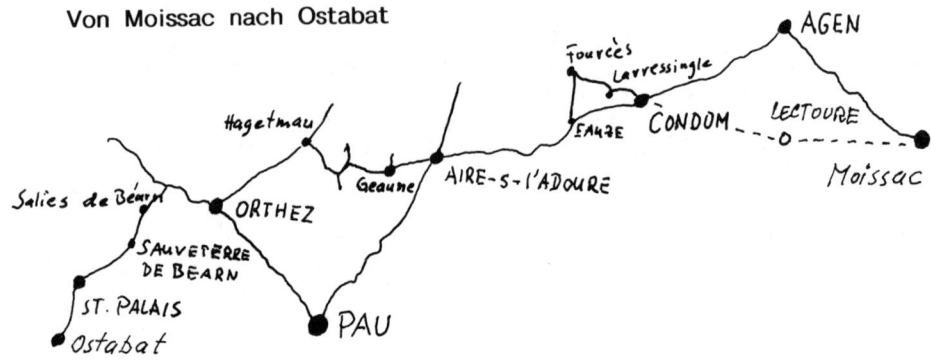

Entlang der Garonne erreicht man zunächst:

AGEN

Der Leser möge mir nicht zürnen, wenn ich so reizvolle Städte wie Agen und Condom (man kann auch über die ebenso schönen Orte Fleurance und Lectoure nach Condom gelangen) nicht den ihnen gebührenden Raum in meinem Buch gebe, dessen Titel mein Augenmerk auf die Stationen des Jakobsweges zu legen mich immer wieder zwingt. Von Moissac nach Condom führte ein Weg über Lectoure, der andere über Agen, wo der Chor der Kirche St.Caprais (Nähe Bahnhof) ein schönes Beispiel der ausklingenden Romanik des 12. Jh. ist.

Das Museum der Stadt, untergebracht in prachtvollen Renaissancebauten, zeigt neben einer respektablen Goya-Sammlung die 'Venus du Mas' (Venus vom Bauernhof) aus parischem Marmor, so genannt, weil man sie in der Nähe eines Bauernhofes fand.

CONDOM

Das Condomais, das Land um Condom, und das Städtchen selbst, bilden einen sehr gemütlichen und idyllischen Winkel der Gascogne.

Um seine Kathedrale (16. Jh.) im gotischen Flamboyant-Stil mit ihrem schönen Kreuzgang scharen sich die alten Häuser.

Liebhaber des Armagnac sollten einen Besuch im Armagnac-Museum (Musée de l'Armagnac) nicht versäumen.

Auf dem Weg von Condom nach Aire-sur-l'-Adour empfehle ich dringend einen kleinen Umweg von nur 6-8 km nach:

LARRESSINGLE

Es lohnt sich wahrhaftig, dieses mit hohen Mauern und Zinnen umgebene, hinter Wall und Graben und mit Türmen geschützte, über eine Zugbrücke erreichbare, kleine Dorf zu sehen, wo Kätzchen auf alten Mauern liegen, und leuchtende Malven vor dem Dunkel gotischer Bögen blühen.

Inmitten des Gemäuers gibt es Gelegenheit, alten Armagnac über die Zunge rinnen zu lassen.

Und wer die Gascogne so richtig genießen möchte, kann die 12 km hinüberfahren nach:

128

FOURCÈS

wo es meiner Meinung nach einen der schönsten Dorfplätze Europas gibt. Man überquert ein Flüßchen, welches sich durch eine liebliche, abgelegene und ruhige Landschaft schlängelt, und steht auf einem kreisrunden Platz mit Bäumen in der Mitte, worunter die Bewohner eine geruhsame Partie Boule spielen. Ringsherum ziehen sich unter den Häusern Arkadengänge mit schönen, alten Holzdecken. Rechts drüben ein Restaurant (es gibt nur eines), wo es ein vorzügliches 'Confit de canard' gibt. Unser eigentlicher Jakobsweg führt nun über

EAUZE

einer kleinen Stadt mit Fachwerkhäusern, einem schönen Arkadenplatz und einer Kathedrale aus dem 15. Jahrhundert.

AIRE-SUR-L'ADOUR

Das römische 'Adura', später Bischofssitz, in dessen Palais aus dem 16. Jh. jetzt die Mairie (Rathaus) untergebracht ist. An der Stelle eines Römerheiligtums aus dem 1. Jh. wurde die Kirche St.Quitterie du Mas erbaut. Die Heilige ruht in der Krypta. Im Herbst fliegen in dem kleinen Marktflecken die Federn, wenn die große Federviehschau der Umgebung hier stattfindet.

PAU

Hauptstadt des Béarn und wie schon erwähnt Stammsitz des populären Königs Heinrich IV., dessen Renaissance-Schloß zu besichtigen ist.

Ich möchte die Aufmerksamkeit des Lesers aber auf eine andere Attraktion der Stadt lenken: den Boulevard des Pyrénées, der beim Palast Henri IV. beginnt und sich bei der Place Royale zu jener von Napoleon angelegten Terrasse erweitert, von welcher aus man einen phantastischen Panoramablick auf die schneebedeckte Kette der Hochpyrenäen hat. Allerdings nur bei entsprechendem Wetter; bei trübem Wetter braucht man gar nicht erst hinzufahren.

Wer den Jakobsweg aus zeitlichen Gründen hier unterbrechen muß, kann über den 39 km entfernten Wallfahrtsort Lourdes zu dem wunderschönen Kloster St.Bertrand-de-Comminges weiterfahren. An diesem einst römischen Ort verbrachten Herodias und Herodes Antipas, die Johannes den Täufer enthaupten ließen, ihren Lebensabend in der Verbannung. Der Heimweg kann über einen beliebigen Teil des Arles-Weges erfolgen. Auch die Autobahn ist in der Nähe. Der Jakobsfahrer nach Santiago hingegen fährt von PAU aus 40 km auf einer gut ausgebauten Straße nach

ORTHEZ

Von der neueren Brücke aus hat man den schönsten Blick auf die alte Brücke 'Vieux Pont', diese schöne Wehrbrücke aus dem 13. Jahrhundert, die uns mit ihrem hohen Wehr- und Wachtturm ein wenig an Cahors erinnert.

Orthez:
Vieux Pont

von Sauveterre
de Béarn

St.Palais

„Gibraltar"

Harambeltz

Ostabat

zur Grenze

Über Salies-de-Béarn mit seinen Holzbalkonen, und Sauveterre-de-Béarn nähern wir uns ST.PALAIS, wo wir der Skizze entsprechend den Ort auf der D 933 nach rechts verlassen, um nach ein paar Kilometern an der 'Stèle d'Orientation' zu stehen, dem unerkärlicherweise auch 'Gibraltar' genannten Orientierungsstein der Jakobswege.

An dieser Stelle vereinigten sich die drei Pilgerwege aus Frankreich: der Paris-Weg, der Vézelay-Weg und der Le Puy-Weg, auf welchem wir hierher gekommen sind.
Der untere Teil der Stele besteht aus einer runden Steinplatte, auf welcher die Richtungen und die Namen der Wege aufgezeigt sind, der obere Teil gleicht

den Grabstelen, welche man auf vielen Pilger-
friedhöfen findet.
"Carrefour des Routes de St.Jacques - de Paris-
du Vézelay - du Puy", steht auf der Steinplatte.
Man darf nicht überrascht sein, wenn der Bauer
vom Hof nebenan wichtigtuerisch erklärt, das
hier sei alles falsch "... der Stein, die Kreuzung,
einfach alles!" Das macht er immer. Vielleicht,
weil er sauer ist, daß gelegentlich ein Auto seine Hühner aufscheucht.

'Gibraltar'

Von hier aus senkt sich der schmale Weg wieder hügelabwärts und stößt im Tal bei Uhart-
Mixe auf die Hauptstraße Palais-Ostabat.

Nach etwa 2 km führt rechts in den Wald eine schmale Straße mit
dem Hinweisschild: 'Harambeltz' und endet nach 1 km leichter Steigung
bei der Kapelle St.Nicolas und drei Bauernhäusern.
Hier kann der Jakobspilger zum erstenmal richtig die Atmosphäre
des Jakobsweges spüren. Die Meisten fahren an dem kleinen Hinweisschild
an der Straße unten achtlos oder aus Unwissenheit vorbei. Ist das nun
gut oder schlecht? Schlecht, weil sie sich um eines der eindrucksvollsten
Erlebnisse der Fahrt bringen. Gut, weil damit die Ruhe des Ortes bewahrt bleibt. Und wenn ich nun meinen Lesern und Jakobsbrüdern den
Weg hierher zeige, so möchte ich ihnen gleichzeitig das Versprechen
abnehmen, die Ruhe hier nicht mehr als nötig zu stören.
Da steht zunächst einmal eine uralte Kapelle aus dem 11. Jh. unverändert in ihrer Schlichtheit, mit ihrer holzgedeckten Vorhalle, die sicher
vielen Pilgern des MA als Schlafstätte diente, und mit ihrem kleinen
Friedhof, wo man auf alten Grabstelen Jahreszahlen wie 1641 und früher
entziffern kann, und wo sicher auch so mancher 'deutsche Pilger im
Elent' begraben liegt. Neben dem Friedhof erhebt sich ein stattlicher
Misthaufen mit gackernden Hühnern darauf.
Auf dem anschließenden Hof wohnt seit Generationen die Bauernfamilie
mit dem typischsten aller baskischen Namen Etcheverry. Wenn die Familienmitglieder nicht gerade auf dem Feld sind oder bis mindestens 15
Uhr Siesta halten, kann man sich bei ihnen den Schlüssel zur Kapelle
holen. Notwendig ist es nicht, denn die Atmosphäre des Ortes allein
ist eindrucksvoll genug, und eine Rast in der alten Eichengruppe unterhalb der Kapelle läßt die Stille des Ortes so recht genießen.

Von Ostabat zum Paß von Roncesvalles

OSTABAT

Wieder auf der Hauptstraße sind es nur noch einige Kilometer bis
Ostabat. Die Stele von Gibraltar war zwar der Treffpunkt der Jakobs-
wege, der Treffpunkt der Pilger aber war Ostabat.
Hält man sich nochmals vor Augen, daß vom 10. bis zum 16. Jh. jähr-

lich viele Tausende, insgesamt also Millionen von Pilgern hier eintrafen, dann kann man sich vorstellen, warum es hier einmal 20 Hospize, viele Klöster, Herbergen und Kirchen gab. Heute ist Ostabat ein verschlafenes Nest, und nur im Osten des Dorfes, eine steile Straße ins Tal hinunter, steht noch der halb verfallene Rest eines der Hopize.

Die Hauptstraße steigt nun, der Landschaft angepaßt, zu den Vorbergen der Pyrenäen, deren Nähe man an der klaren und frischen Luft spürt. Teilweise sind sie auch schon zu sehen. Kurz darauf erscheint:

ST.JEAN-PIED-DE-PORT

Der Name bedeutet: St.Johann am Fuß des Paßes. Gemeint ist der Paß Ibaneta, allgemein bekannt unter: Paß von Roncesvalles.
Das Städtchen ist teilweise noch mit mächtigen Wehrmauern umgeben.
Es ist die letzte Pilgerstation vor der französisch - spanischen Grenze.

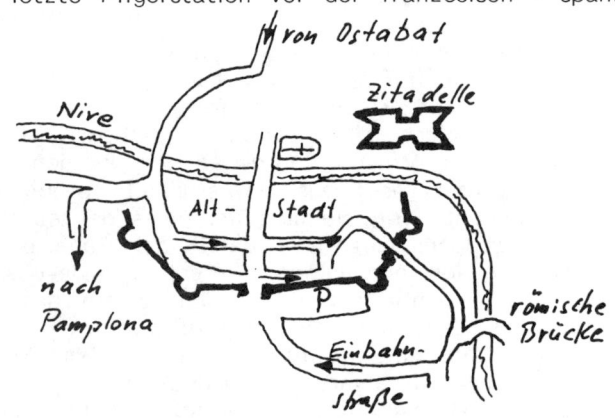

Hier konzentrierten sich die Aktivitäten des französischen Cluniazenserordens in der Betreuung der Santiagopilger.

Schon im 11. Jahrhundert wurde der erste offizielle Reiseführer ausgegeben, ein Auszug aus dem 5. Buch des 'Codex Calixtinus', der präzise Angaben über den weiteren Verlauf der Wegstrecke enthielt.
Näheres darüber ist im Kapitel 'Codex Calixtinus' im ersten Teil des Buches zu lesen.

Der Ein- und Auszug der Pilgergruppen wurde unter dem Geläute aller Glocken feierlich vollzogen, galt es doch nun, die Pyrenäen zu überschreiten, um ins ersehnte Jakobsland zu gelangen, was große Strapazen erwarten ließ. Viele trugen dazu noch Kreuze. bis zum Ibaneta-Paß hinauf. Mit Lichterprozessionen wurde der letzte Abend vor dem Aufbruch in ein neues, unbekanntes Land begangen.
Die heutigen 'Son et Lumière' - Veranstaltungen sollen daran erinnern. Die Möglichkeiten des technischen Zeitalters werden dafür eingesetzt, um eindrucksvolle, mystische Geschehnisse aus alten Tagen neu zu beleben, vor der Kulisse der alten Zitadelle erwacht die Vergangenheit.

Harambeltz, Pilgergräber

links: St.Jean-Pied-de-Port
unten: Wegkreuz bei Ostabat

Pilger bei der Rast, Kupferstich von Lukas von der Leyden (1508).
München, Staatliche Graphische Sammlung

Der Planskizze entsprechend (Einbahnstraßen!) erreicht man im Grund des Tales die alte römische Brücke, die sich in einem großen Bogen über das klare Wasser der 'großen Nive' spannt, welche durch ein schattiges Auwäldchen fließt. Über diese Brücke gelangten die Pilger früher in die Stadt.

An der 'kleinen Nive' entlang sind es noch 8 km bis zum Grenzort Arnéguy.

Römerbrücke
bei St.Jean-
Pied-de-Port,
der alte Pilgerweg
zu den Pyrenäen.

In St.Jean-de-Pied-de-Port endet

Le chemin de st. Jacques

und wenn wir das Valcarlos hinauffahren, betreten wir den zweiten Teil des Jakobsweges, den Camino de Santiago.

EL CAMINO
DE SANTIAGO

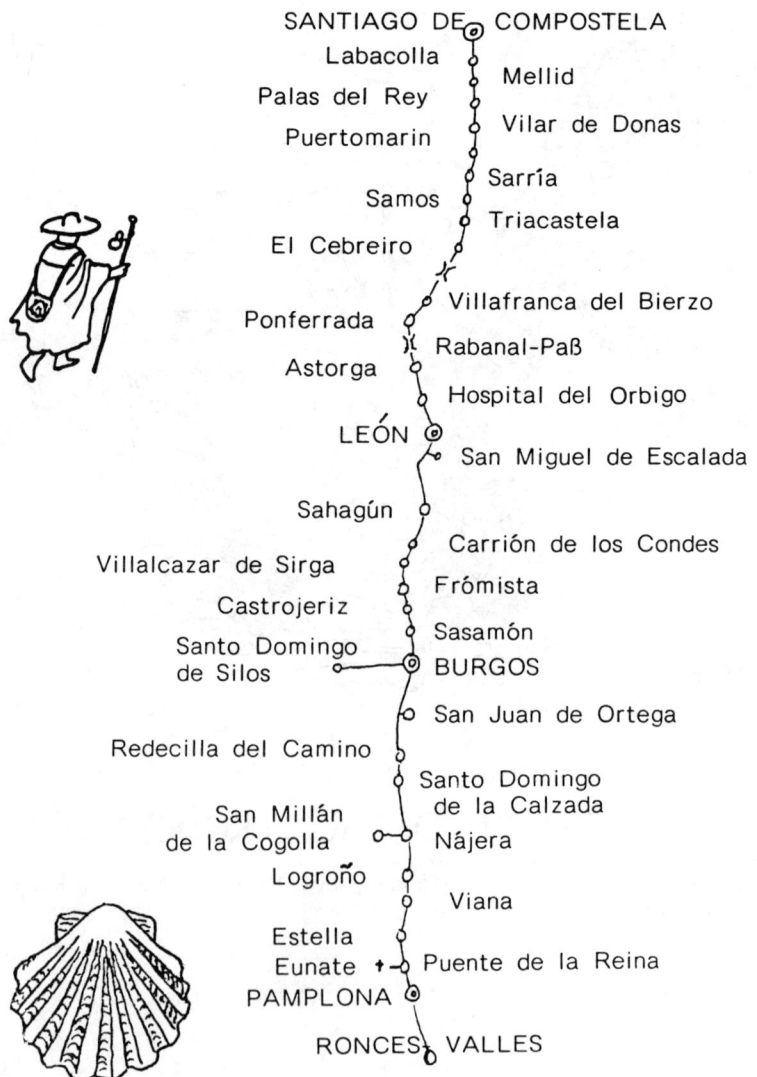

SANTIAGO DE COMPOSTELA
Labacolla
Mellid
Palas del Rey
Vilar de Donas
Puertomarin

Sarría
Samos
Triacastela
El Cebreiro

Villafranca del Bierzo
Ponferrada
Rabanal-Paß
Astorga
Hospital del Orbigo
LEÓN
San Miguel de Escalada

Sahagún
Carrión de los Condes
Villalcazar de Sirga
Frómista
Castrojeriz
Sasamón
Santo Domingo
de Silos
BURGOS
San Juan de Ortega
Redecilla del Camino
Santo Domingo
de la Calzada
San Millán
de la Cogolla
Nájera
Logroño
Viana
Estella
Eunate
Puente de la Reina
PAMPLONA
RONCESVALLES

136

Neben den alten Gebietsbezeichnungen Navarra, Kastilien-Leon und Galicien gibt es die modernen Provinznamen, die sich mit den alten Namen teilweise decken:
Navarra: altes Königreich, Teil des Baskenlandes
Burgos, Palencia und Leon: Teile des sogenannten Altkastilien
Galicien: alt und neu identisch

Die Bezeichnung 'Weg der Könige' für den spanischen Jakobsweg hat zwei Ursachen: zum einen führt er durch die alten Königreiche Navarra, Kastilien - Leon und Galicien, welche zusammen die Keimzelle dessen waren, was man heute Spanien nennt.
Von hier aus ging die 'Reconquista' die Eroberung der südlichen Gebiete aus den Händen der Mauren, und die Bildung der Gebiete Neukastilien (Madrid), Andalusien und anderer.
Zum anderen sind auf diesem Weg nicht nur einfache Gläubige, sondern auch Bischöfe, Fürsten und Könige als Pilger nach Santiago de Compostela gezogen.
Welche Rolle der Jakobsweg in dieser langen Geschichte gespielt hat, ist im Kapitel 'Geschichte und Legende des Jakobsweges' zu lesen.

Wie auf den Seiten 56+57 bereits beschrieben, sind Autostraße und Fußweg (der alte Pilgerweg) teilweise identisch.
Wie früher gibt es auch heute wieder für Wanderer und Pilger, vor allem für Schüler und Studenten, kostenlose Übernachtungsmöglichkeiten in 38 Orten entlang des Weges, sogenannte REFUGIOS. Betreut werden sie hauptsächlich von den Pfarrern der jeweiligen Orte. Die Unterkünfte sind teilweise noch recht einfach und befinden sich in Pfarrämtern, Klöstern oder Schulen. Einige werden renoviert, andere aufgelöst, neue kommen dazu.
Adressen: siehe Wanderkartenteil.
Die Frage nach einer Herberge lautet im Umgangs-Spanisch: "Donde esta el refugio para los peregrinos?" (im Pfarramt fragen).
Seit 1986 gibt es an einigen Orten des Weges ein Pilgerheft, worin alle Refugios aufgeführt sind.
Dieses Carnet (Abb. rechts) ist notwendig, weil man deshalb

CARNET DE PEREGRINO A COMPOSTELA.

sich durch die Stempel der Pfarrämter, Klöster oder Rathäuser als 'Peregrino de Santiago' zu erkennen gibt; zweckmäßig, weil man für spätere Tage eine schöne Erinnerung hat. Jeder Stempel erzählt seine eigene Geschichte über Erlebtes, Gesehenes und Erfahrenes.

KÜCHE UND KELLER NORDSPANISCHER PROVINZEN

Eine wichtige und allgemeine Information für den Touristen muß gleich hier an den Anfang gestellt werden: es gibt in Spanien zwar nicht die Vielfalt und das Raffinement der 'Cuisine Francaise', dafür aber einen großen Vorteil, den Frankreich leider nicht zu bieten hat. In Frankreich kann man zumeist nur nach dem Motto 'Alles oder nichts' im Restaurant essen, das heißt ein komplettes Menu und auch das nur zu ganz bestimmten Tageszeiten. In Spanien sind zwar die 'Menuzeiten' der Restaurants auch zu bestimmten Zeiten, daneben aber gibt es hier eine sowohl für Touristen als auch für die Spanier selbst, sehr segensreiche Einrichtung: Die TAPAS oder RACIONES : zu jeder Tageszeit kann man an der Bar zu einem Glas Bier oder Wein eine Kleinigkeit zu sich nehmen: Fleisch, Fisch, Gemüse und anderes.

NAVARRA UND KASTILIEN

Eine große Rolle spielen in dieser Gegend Lammgerichte (Chuleta de Cordero), Spanferkel (Cochinillo Asado), Forellen (Truchas), Hasen (Liebre), Seefische wie die Seezunge auf Baskisch (Lenguada a la Vasca) und Krusten- und Schalentiere des Meeres. Auch Stockfisch (Bacalao) wird häufig serviert. Andere Spezialitäten: siehe Teil 'Burgos - Restaurante Bonfin'.

In der Gegend von Leon schmecken besonders der 'Cocido maragato' (Eintopfgerichte), die 'Cachelada' (Kartoffelgericht) und das 'Lacón con grelos' (Schweinefleisch mit Gemüse). Die Truchas (Forellen) in der Gegend des Bierzo sind besonders frisch.

In der Gegend von Estella wächst ein guter Rotwein; die besten Rotweine Spaniens jedoch stammen aus der 'Rioja'.
Die Rioja und die galizische Küche folgen in den entsprechenden Kapiteln.

NAVARRA

UND

BASKENLAND

Die Baskenmütze und die eigenwilligen Köpfe darunter sind bekannte Begriffe aus diesem Land, und das nicht zu Unrecht.
So charakteristisch der erste für die Basken in ihrer Gesamtheit ist, so verständlich ist der zweite in gewissen Aspekten. Die Baskenmütze kann durchaus als Symbol für die Liebe zu Tradition und für die Skepsis gegenüber allem Neuen der Menschen dort betrachtet werden.

Ihre Eigenwilligkeit ist ein Ventil für den Drang nach Unabhängigkeit, Freiheit und eigener Entfaltung; es muß hier nochmals daran erinnert werden, daß es 'die Spanier' eigentlich nicht gibt, sondern die Basken, die Katalanen, die Galicier und die Andalusier.

Ich habe die Basken bei ihrem abendlichen Bummel ('Paseo') und bei ihren Dorffesten beobachtet und sah sie als fröhliche Gesellen, denen immer ein wenig der Schalk im Nacken sitzt. Sie singen und tanzen gern. Der Tourist erwarte aber keinen 'spanischen Flamenco'. Dieser Tanz, bei welchem man 'Feuer aus dem Munde speit und mit den Füßen zertritt' (Cocteau), ist eine andalusische Eigenheit. Der Baske tanzt aus Lust an der Bewegung. Ihre hohen Sprünge und Spagate dabei sind virtuos und ihre Tanzfiguren gehen auf heidnisches Brauchtum zurück.

Wann immer ich mit ihnen zu tun hatte, erwiesen sie sich als offen, liebenswürdig und hilfsbereit.

Ihre Sprache ist offiziell und auch normalerweise das 'Castellano' (unserem Neuhochdeutsch entsprechend), welches in ganz Spanien die Staatssprache ist. Daneben aber hört oder liest man gelegentlich eine ganz und gar unverständliche Sprache, Baskisch oder 'Euscaro' genannt.

Die Ursprünge sind so rätselhaft wie beim Ungarischen oder Finnischen. Man weiß eigentlich nur eines: sie hat nichts mit romanischen Sprachen gemeinsam. Im Kapitel 'Codex Calixtinus' sind ein paar Kostproben zu lesen.

In einer kühnen Vereinfachung teile ich das Baskenland in zwei Teile auf: die dicht besiedelte und industriereiche Küstenzone nördlich des Kantabrischen Gebirges von San Sebastian bis Bilbao einerseites, und das ruhige 'Hinterland' um Pamplona, durch welches sich 'El Camino' zieht, andererseits.

Dieses letztere ist ein Land mit klaren Flüssen, saftigen Wiesen und viel Wald, mit Hügeln und Bergen in unendlicher Folge. Und wo saftiges Grün ist, regnet es auch ab und zu mal, claro?

Das Klima wird vom Golf von Biskaya bestimmt, also: keine frostklirrenden Winter, aber auch keine vor Hitze flirrenden Sommer. Diese sind angenehm, manchmal sogar kühl und manchmal naß. Nieselregen und Dunstschwaden aus den feuchten Wäldern erinnern gelegentlich an den Schwarzwald oder an Berchtesgaden. Im Hochsommer allerdings überwiegen, wie überall in Spanien, die sonnigen Tage.

Gleichzeitig auch lassen Olivenbäume und Weinberge da und dort erkennen, daß man doch einige Breitengrade südlicher ist. So gesehen liegt nämlich der Jakobsweg südlicher als die französische Riviera bei Nizza!

Von St. Jean-Pied-de-Port nach Roncesvalles

Für Fußpilger gibt es den alten und schönen Pilgerweg über den Col de Bentartea - ohne schwindelerregende Partien! - welcher in Frankreich als Wanderweg GR 65, in Spanien mit gelben Markierungen gekennzeichnet ist (siehe Wanderkartenteil am Ende des Buches).

![Der Rolandsstein auf der Ibaneta-Paßhöhe bei Roncesvalles](...)

Der Rolandsstein auf der Ibaneta-Paßhöhe bei Roncesvalles

Nach der Grenze windet sich die gut ausgebaute Straße in vielen Kurven das 'Valcarlos'-Tal hinauf, durch welches im Jahre 778 Karl der Grosse zum Kampf gegen die Mauren nach Zaragoza zog.

Rechts und links ist es gesäumt von Nadelwäldern, Schluchten und grünen Almwiesen mit Sennhütten. Nach etwa 15 km, mit immer schöneren Ausblicken, erreicht man dann den Ibanetapaß.
Rechts der Straße eine Tafel:

Camino de Santiago - 789 km

Auf einer zweiten Tafel ist in spanischer Sprache zu lesen: 'Verweile, Reisender, und höre mit Ehrfurcht, wie Rolands Horn 'Olifant' den König ruft'. Links bei der Kapelle ist ein Parkplatz. Die Glocke der alten Kapelle, die früher hier stand, wurde bei Nebel und stürmischen Nächten von einem Mönch geläutet, um den Pilgern den Weg zu weisen.

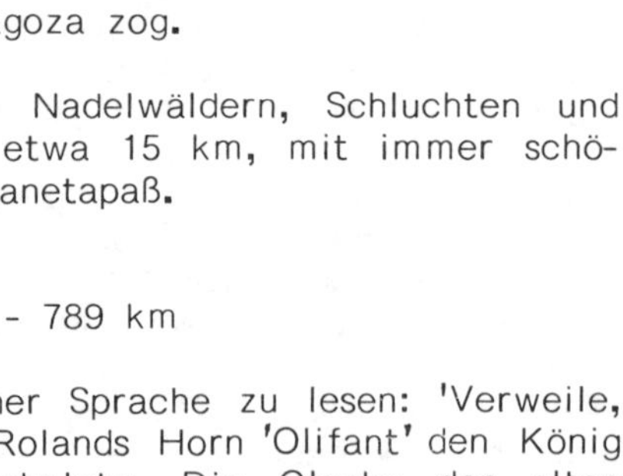

Wo der Wind über die grasnarbenbedeckte, flach gekrümmte Paßhöhe streicht, erheben sich zwei Gedenksteine, wovon der untere in drei Sprachen, baskisch, französisch und spanisch, auffordert: "Man grüßt hier die Muttergottes von Roncesvalles mit einem Salve Regina". Der zweite Stein, zu dem man etwa 200 Meter hinaufklettern muß, und von dem aus man zurück ins Valcarlos

Roncesvalles: ganz links die Capilla de Santiago, daneben die C. de Santo Spirito (Gebeinhaus)

blicken kann (Foto links), ist das Denkmal Rolands (Seite 48, Codex Calixtinus). Als am 15. August 778 der Kampf der Nachhut Karls des Großen mit den Basken im Wald von Roncesvalles tobte, entschloß sich Roland schließlich, mit seinem Wunderhorn Olifant um Hilfe zu rufen und gleichzeitig ein Warnsignal zu geben. Der König hörte es im Tal, durch das er mit der Spitze des Heeres zog, eilte zurück und rächte den Tod der getreuen Paladine in jener in Geschichte und Dichtung eingegangenen Schlacht, in die inzwischen auch die Sarazenen eingegriffen hatten. Das unbesiegbare Schwert Durendart, in das Reliquien eingefügt waren, spaltete den Fels, an dem Roland es zerschmettern wollte, um es vor den Ungläubigen zu retten. Der Erscheinung des Erzengels Gabriel übergab der sterbende Recke seinen Ritterhandschuh für immer.

Nach der Paßhöhe erreicht man nach einigen Kehren bergab einen tiefen Laub- und Kiefernwald und kommt in den sagenumwobenen Ort

RONCESVALLES

Im Augustinerkloster aus dem 12. Jh. betritt man, nach einem schönen Kreuzgang, die Kirche 'Real Colegiata'. Beide sind wunderschöne Beispiele

spanischer Architektur am Übergang der Romanik zur Gotik ("Silber"-Madonna).

Außerhalb des Klosters liegt links die ebenso romanisch-frühgotische 'Capilla de Santiago', daneben die Capilla 'de Santo Espirito', das zwar restaurierte aber älteste Gebäude von Roncesvalles, in dessen Krypta die Gebeine der verstorbenen Jakobspilger liegen. Kloster-Kreuzgangkapelle: Sargophag Sanchos d. Starken.

Kurz nach Roncesvalles, auf der ruhigen Straße nach Burguete, steht links unter rauschenden Bäumen das älteste und schönste Pilgerkreuz des Camino, welches man das Rolandskreuz nennt, weil es die Stelle des Kampfes bezeichnen soll.

Verwittert und dennoch zeitlos steht es da, als würde es auch kommende Jahrhunderte überdauern.

Die Pilgerscharen vergangener Zeit verharrten hier in Andacht, verehrten sie doch die Gefallenen als Glaubenskämpfer.

Die Abfahrt ins navarresische 'Königsland' – wie es früher hieß - wird bei der Kehre des Paßes Erro besonders schön. Wie Meereswellen liegen die Höhenzüge hintereinander, vom dunklen Grün bis zum lichten Blaugrau der ferner liegenden Berge.

Von Roncesvalles nach Puente la Reina

Auf dieser landschaftlich sehr schönen Strecke kann der Fußpilger die rund 40 Kilometer nach Pamplona abseits der Autostraße auf Feldwegen oder kleinen Verbindungsstraßen zwischen den Orten, bei guter Luft und angenehmem Klima, zurücklegen.

Wem 40 km Fußmarsch an einem Tag zuviel sind, kann in LARRA-SOANA im Refugio übernachten, das während der Sommerferien in einem Schulsaal untergebracht ist. In diesem Ort, wie auch in vielen anderen am Camino, fallen die schönen Holzschnitzereien unter den Dachsparren und der Blumenschmuck der Balkone auf.

Für den Fußpilger können sich beim Wegstück um Zubiri Orientierungsschwierigkeiten ergeben wegen der häufig sich ändernden Wegführung, verursacht durch eine sich immer weiter ausdehnende Magnesiumfabrik. Empfehlenswert: vor Zubiri rechts, über den Rio Arga, zur Hauptstraße und die fünf Kilometer bis Larrasoana auf dieser bleiben.

PAMPLONA

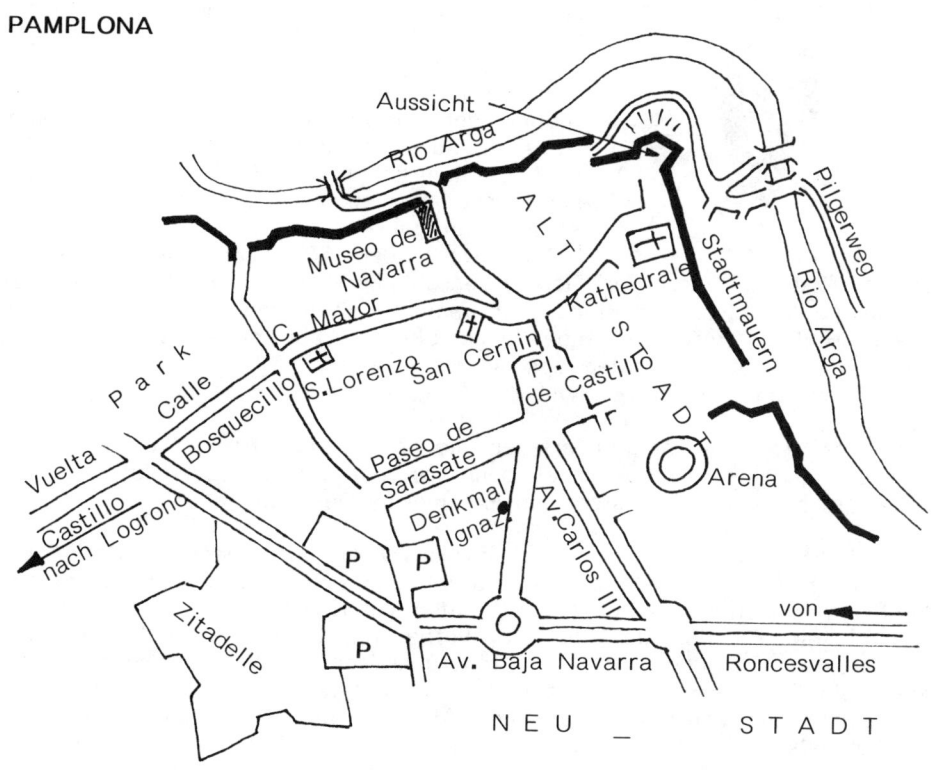

Auf dem breiten Rücken eines Felsplateaus, hoch über dem Fluß Arga, umgeben von mächtigen Wehrmauern in mehreren Etagen mit Vorwerken, Schießscharten und alten Kanonen, liegt der Kern, die Altstadt von Pamplona, überragt von ihrer imposanten Kathedrale.

Die dem Pompeius zugeschriebene römische Gründung war später die Hauptstadt des Königreichs Navarra.

Aus Filmberichten, Zeitungen und nicht zuletzt aus Hemmingways Roman 'Fiesta' wissen inzwischen auch Viele, die nicht dort waren, von den berühmten 'Sanfermines' oder 'Feria de San Fermin', vom 6. bis 14. Juli, wo schwarze Stiere sich wie dunkle Flutwellen durch die engen

Straßen wälzen und schnellfüßige, weißgekleidete Helden wie einen Schaumkranz vor sich herschieben.

Ich habe diese Art von Stierspielen, wie sie auch in Südfrankreich und Portugal üblich sind, immer lieber gesehen, als eine 'Corrida', einen richtigen Stierkampf. Als ich vor rund 20 Jahren den ersten Stierkampf sah, übrigens mit dem bekannten 'El Cordobes', unterlag auch ich zunächst der Versuchung, vom Fieber des 'Aficionado' ergriffen zu werden. Picasso und Hemingway taten das Ihrige dazu.

Die Ernüchterung folgte sehr bald beim Anblick der Arbeit der 'Picadores', die vom Pferd herab mit ihren Lanzen dem Stier im Nackenmuskel herumstochern, so wie man eine Gabel in einen Braten bohrt, um zu sehen, ob er gar ist.

Oder wenn der 'Toreador' daneben sticht bei der 'Estocada' und der Tierarzt anschließend mit einem kurzen Messer fachkundig 'den Rest erledigt'. Und wenn der Stier dann von zwei Pferden hinausgeschleift wird und eine lange blutige Spur hinter sich herzieht, hat man einen etwas schalen Geschmack im Mund.

Auch der unbestreitbare Symbolgehalt 'Gut gegen Böse' überzeugt mich nicht.

Wer es trotzdem einmal erleben möchte: in der Arena von Pamplona ist, wie in jeder spanischen Stadt, sonntags Gelegenheit dazu. Olé!

Notabene: bei der Arena steht ein Hemingway-Denkmal.

Für Nicht-Aficionados empfehle ich, das Auto auf einem der Parkplätze bei der Zitadelle (siehe Plan) abzustellen und einen gemütlichen Bummmel durch die winkeligen Gassen der Altstadt zu machen.

Durch die Avenida de S.Ignacio, vorbei am Denkmal des Ignatius von Loyola, dem Begründer des Jesuitenordens (er wurde hier beim Kampf gegen die Franzosen verwundet und ging anschließend in sich), zum schönen, großen und zentralen Platz der Altstadt, der Plaza del Castillo. An der Schmalseite stehen viele Stühle und Tische vor dem traditionsreichen Café Irun, in welchem Hemingway saß. Das Innere ist inzwischen leider ein Bingo-Spielsaal.

Von hier aus sind jeweils nur ein paar Schritte zu vier markanten Punkten (Plan):

Kirche San Saturnin (oder: Cernin)
Am schönen Nordportal die Statue des Santiago !

Museo de Navarra
Prähistorische, altiberische, römische und andere Sammlungen. Vor allem: gotische Wandmalereien und die alten romanischen Kapitelle der früheren Kathedrale des 11. Jh.

Die Kathedrale
Nach der Zerstörung der ersten, romanischen Kirche errichtete man im 14. Jh. die jetzige, gotische Kirche. Die Türme und die klassizistische Fassade sind ein Werk des 18. Jh. Das Innere bietet sich in schlichter, navarresischer Gotik dar, durchsetzt mit einigen Barockaltären. Ein schönes Werk des 14. Jh.: das Alabastergrabmal von Karl III. (Carlos el Noble) und dessen Gemahlin. Besondere Beachtung verdient der gotische Kreuzgang mit seinen reich verzierten Kapitellen. Neben der Kathedrale befindet sich das noch erhaltene, alte Pilgerhospiz mit seiner großen Küche.

Das Rathaus
Ein originelles, phantasievolles Gebäude mit heiter verschnörkelter Barockfassade und reichem Säulen- und Figurenschmuck.

Die Stadtwälle
Die ersten Mauern wurden von Karl dem Großen zerstört (siehe Kap. Codex Calixt.). Die jetzigen stammen aus dem 16. Jh. Der Spaziergang hierher lohnt sich weniger wegen der aufgestellten Kanonen - die sind überall gleich häßlich - sondern wegen des weiten Panoramablickes über das Tal der Arga hinweg in das Bergland Navarras.

Eigentlich wollte ich hier in Pamplona schon das Loblied auf die spanische Kneipenkultur singen. Ich verschiebe es auf Santiago, weil ich dort noch mehr dazu angeregt werde.
Ich möchte hier in dieser Stadt den Versuch beginnen, drei wesentliche Kennzeichen der Lebensart und der Mentalität der Spanier (wohlgemerkt: aller Spanier) in drei Städten und unter drei Überschriften zu beschreiben:
DIE ARENA VON PAMPLONA
DER PASEO DEL ESPOLON IN BURGOS
DIE CALLE DEL FRANCO IN SANTIAGO DE COMPOSTELA

DIE ARENA VON PAMPLONA
oder: Spanische Kinder
Was am deutschen Sonntagnachmittag der Fußball, ist in Spanien der Stierkampf. Ich bin, wie gesagt, kein Aficionado. Andererseits aber mokiere ich mich nicht über ihn nach Art unserer Tierschutzvereine. Das hat seinen Grund.
Ein Andalusier fragte mich vor vielen Jahren, warum es in Deutschland so viele Kindesmißhandlungen gäbe. Die Tageszeitung von Cadiz hatte nämlich darüber berichtet, und der Manólo hatte es mit derselben Aufmerksamkeit gelesen, wie die Ergebnisse der Corrida vom letzten Sonntag. Warum gibt es bei uns eine Menge Tierschutzvereine, aber keine Kinderschutzvereine? Das ist der Grund, warum ich über Corridas nicht die Nase rümpfe.
Spanische Kinder wachsen anders auf als unsere. Heiß geliebt, verwöhnt und verhätschelt bis zur Unbegreiflichkeit. Aber wenn der Vater zu seinem Sohn 'Niño' (Junge) mit einem Ton sagt, daß das 'o' am Ende wie ein lang auslaufender Donner klingt, oder das 'Niña' der Mutter den Klang

der Trompeten des Jüngsten Gerichtes hat, dann weiß der niño und die niña ganz genau: bis hierher und nicht weiter.

Diese Mischung aus Liebe und Autorität beherrscht nur ein Romane. In Italien ist es ähnlich. Und die Kinder? Sie genießen die Liebe und akzeptieren die Autorität. Erfreulicherweise zeigt die jüngere Vergangenheit auch bei uns eine Besinnung zur Mitte zwischen der bedingungslosen, die Kinder frustrierenden Autorität und der alle Beteiligte enttäuschenden, totalen Antiautorität.

Von Pamplona nach Puente de la Reina gibt es für den Autofahrer keine Möglichkeit, sich zu verfahren: immer der Hauptstraße, der N 111 entlang. Nach 25 km hat man bereits Puente de la R. erreicht.

Fußpilger:
Westlich der Autobahn, immer links der N 111, über: Cisur Menor, an Galar rechts vorbei, nach Guendulain, Zariquiegui, und über den Paß del Perdon (750 m) nach Uterga und Muruzabal. Sicherheitshalber immer fragen.
Von hier aus nach Südosten (südwest geht's nach Obanos), dann weiter zur

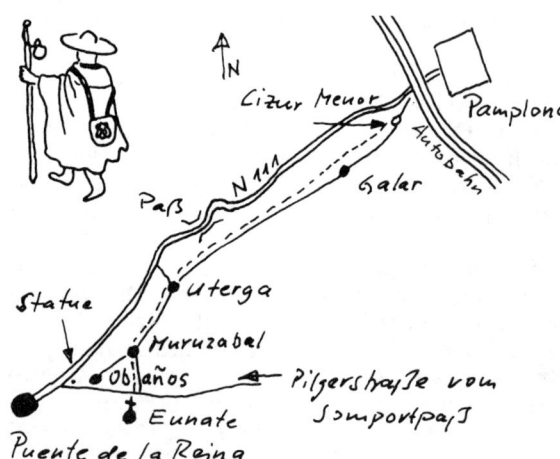

EUNATE
(folgende Beschreibung)

EUNATE

Der motorisierte Pilger biegt einen halben Kilometer vor der Ortschaft Puente de la Reina links ab, noch besser: er parkt vor dem aus Natursteinen und Holz geschmackvoll erbauten Hotel 'Meson del Peregrino', um zunächst an der Bar einen zu lüpfen und dann in Ruhe die schwarze Figur an der Straßenkreuzung zu betrachten.

Hier, wo endlich alle Jakobswege aus Frankreich, auch der letzte aus dem Süden über den Somport-Paß, zusammentreffen und zu einem Weg werden, steht eine zwar sehr moderne, aber gut gelungene und eindrucksvolle Bronzeplastik des Jakobsbruders.

Zur Eunate sind es noch 4 km ostwärts.
Eine kleine Pappelallee zweigt nach rechts ab zur atemberaubend schönen romanischen Kirche, die zu Zeiten der großen Wallfahrt eine Friedhofskapelle war. Ein Friedhof für Pilger, die Santiago nie mehr erreichten, oder von dort kamen.

In einer weiten, flachen Landschaft, umgeben von Kornfeldern, steht

Die Eunate bei Puente de la Reina

sie einsam und still inmitten ihres Arkadenhofes mit 35 zierlichen Bögen. Seit rund 800 Jahren steht sie so da, und die Zeit ist an ihr vorübergegangen. Fast spurlos, wenn man über die geringen Spuren der Verwitterung am Buntsandstein hinwegsieht, und vor allem: bedeutungslos.

Panta rhei. Ist wirklich alles im Fluß, der Veränderung unterworfen? Hier nicht. Hier spürt man die seit Urzeiten bestehende Sehnsucht des Menschen nach Frieden, nach Erlösung, nach Ruhe.
Ein paar Augenblicke auf der Mauer des Arkadenganges zu sitzen, die Hände auf altem Stein, dem Summen der Bienen und dem Rauschen des Windes durch das Getreidefeld zuzuhören - das ist es, was uns für Momente wieder zur Besinnung bringt.
Ein Glas Wein 'ad majorem dei gloriam' und ein kurzes Gebet: "Öffne denen, die an den Schalthebeln der Vernichtung sitzen, die Augen für die Schönheit der Welt, um der Bienen von Eunate willen".

puente de la reina

Es ist hier ähnlich wie bei Ostabat, wo bei der Stèle d'Orientation' die drei Wege zusammentrafen, der Treffpunkt der Pilger aber im Ort war. So auch hier: bei der Pilgerstatue vor dem Ort (ganz genau eigentlich in dem kleinen Nest Obaños) vereinigten sich alle Wege nach Santiago de Compostela. Im Städtchen Puente de la R. trafen sich die Jakobspilger aus allen Teilen Europas.
Ab hier gab und gibt es einen gemeinsamen Weg zu einem gemeinsamen Ziel:

Santiago, Ultreia!

147

Arkadengang der Pilgerkirche Eunate bei Puente de la Reina

Deutsche Santiagopilger aus Regensburg mit dem Autor (rechts)

Diese Gemeinsamkeit macht den Reiz der weiteren Reise aus. Nicht, daß es Viele sind, denen man begegnet, sondern daß man mit ihnen etwas gemeinsam hat: dieses 'Estar en el Camino', Auf dem Jakobsweg sein. Man muß es erleben!

Gleich am Eingang der Ortschaft liegt linkerhand die Kirche des Templerordens:

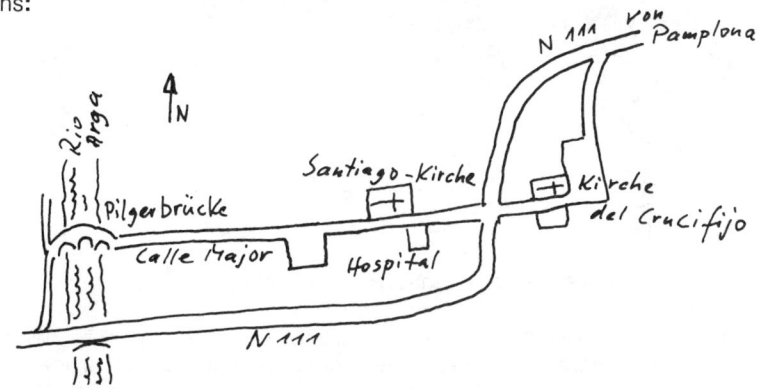

'del Crucifijo' (der Gekreuzigte), welche im Inneren ein ungewöhnliches Kruzifix in Y - Form zeigt, ein Werk eines deutschen Mönches aus dem 14. Jh. Am romanischen Portal der Kirche sind in den reich verzierten Archivolten viele Jakobsmuscheln dargestellt.

Vor dieser Kirche begegnete ich der Pilgergruppe (Foto linke Seite) aus Regensburg, welche den Jakobsweg von Regensburg nach Santiago in vier Etappen, verteilt auf vier Jahre, zu Fuß ging. Erste Etappe: Genf, zweite: Moissac, dritte: Carrion de los Condes (Burgos), vierte: Santiago. In ihren Pilgerbüchlein fanden sich interessante Eintragungen.

Von hier aus geht man zur Stadt, überquert die breite, baumbestandene N 111 und betritt die alte Hauptstraße, die schmale 'Calle Major', mit ihren alten Hausfassaden.
Auf der rechten Seite, schräg gegenüber einem alten Pilgerhospiz, steht man dann vor dem schönen romanischen Portal der Santiago-Kirche.
An der linken Innenwand steht auf einem Sockel und unter einem filigranen, gotischen Baldachin die ergreifend schöne, ebenfalls gotische, bemalte und vergoldete Holzfigur des Hl.Jakobus, mit Pilgerstab und und Pilgermuschel.
Sie ist der eine Höhepunkt von Puente de la Reina.

Der andere eröffnet sich nach einem Torbogen am westlichen Ende der Calle Mayor:
die Pilgerbrücke aus dem 11. Jahrhundert. Sie gab der Stadt ihren Namen Puente de la Reina = Brücke der Königin, denn sie wurde von der Frau des Königs Sancho dem Starken von Navarra für die Pilger erbaut.

Puente de la Reina, Pilgerbrücke (11.Jh.)

Sagte ich von der Brücke bei Cahors, sie sei die schönste Wehrbrücke Europas? Nun gut, dann ist diese hier die schönste Pilgerbrücke Europas und des Jakobsweges.

Ihre alten und authentischen Pflastersteine sind glatt und glänzend getreten von unzähligen Pilgersandalen, und auf ihrer Brüstung lagen die Hände der Jakobsbrüder, welche, in Puente de la Reine frisch gestärkt, die 623 km nach Santiago begonnen haben.

Von Puente de la Reina nach Estella

Die Ausläufer der Pyrenäen liegen schon seit Pamplona hinter uns, und die Landschaft ist im Übergang zu den Hochebenen des oberen Ebrotales. Zwischen niedrigen Bergzügen und flachen Hügelketten liegen weit verstreut kleine Ortschaften, umgeben von großen Feldern mit Getreide und Mais. Wein und Oliven lassen auf mildes Klima schließen.

Bis Estella sind es nur 20 Kilometer.

Fußpilger:

Auf der Strecke von Puente de la Reina bis Estella läßt sich die Autostraße weitgehend vermeiden, entsprechend folgender Skizze:

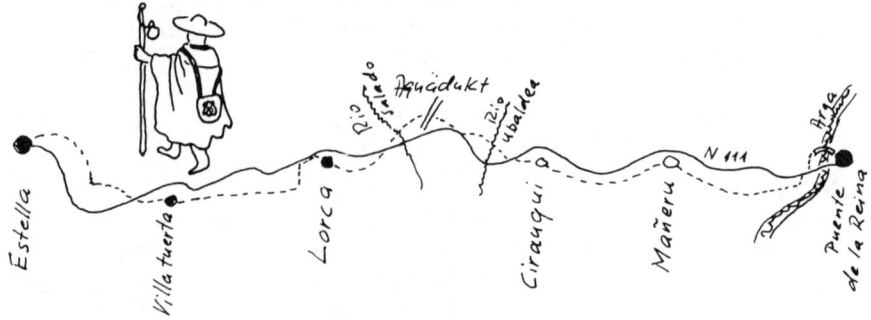

CIRAUQUI

Hier lohnt es sich, vor dem Ort zu parken und zu Fuß durch das Dorf hinauf zur Kirche zu gehen.

Die weißgetünchten Häuser in den schmalen Gassen sind mit Bogenportalen, Gesimsen und Balkonen verziert. Die Kirche San Roman schmückt ein romanisches Portal mit maurischem Zackenbogen.

Auf der anderen Seite des auf einem steilen Hügel gelegenen Dorfes betritt der Pilger die gut erhaltene, römische Straße, die durch das ganze Mittelalter hindurch als Pilgerstraße benützt wurde. Sie senkt sich den Hügel hinab und überquert im Tal mit den Fragmenten einer ebenso alten Brücke den Bach.

Dieses Stück Weg bietet auch dem motorisierten Pilger einmal die Gelegenheit, sich in Ruhe vom obersten Punkt des Hügels die herrliche Landschaft anzusehen. Die rötliche Erde, das frische Grün der Weinstökke, die Getreidefelder und die in der Ferne verschwimmenden Silhouetten der Berge. Und vor allem betritt auch er einmal 'geheiligten Boden', nämlich das ehrwürdige Pflaster des Jakobsweges in freier Natur.

Der, welcher die Natur am meisten bewundert und besungen hat in seinem 'Cantico delle Creature' (Sonnengesang), der zu den Vögeln sprach und Sonne, Mond und Sterne, Feuer und Wasser als seine Brüder und Schwestern pries, ging vor vielen Jahrhunderten auf denselben Steinen: 'Il Poverello', der Ärmste und Bescheidenste, Franz von Assisi.

Für Fußpilger:

Wo der alte Römerweg nach dem Ort wieder auf die Hauptstraße trifft, ist rechts der Straße eine Wasserstelle.

Nach einer kurzen Strecke auf der Hauptstraße biegt man dann rechts ab, wieder ins Gelände.

Nach einem knappen Kilometer überquert man den Rio Urbaldea. Nach einigen Ruinen erreicht man wieder die Hauptstraße, verläßt sie aber gleich wieder nach rechts, Richtung Alloz, nach dem Aquädukt links über den Rio Salado.

Cirauqui

151

ESTELLA

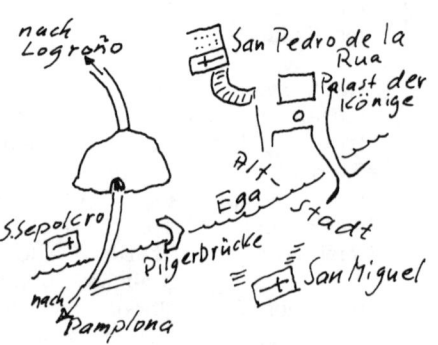

Estella - La Bella

Was sich in der Talsenke zu beiden Seiten der grünen und glasklaren Ega, deren Wasser schon im Liber Sancti Jakobi gerühmt wurde, darbietet, ist wahrhaftig ein schmuckes Städtchen.

Winkelige Straßen mit Palastfassaden, schöne Plätze, die zu längerem Sitzen verführen und eine Reihe stattlicher Kirchen vom Übergang der Romanik zur Gotik, da und dort verziert mit maurischen 'Stilblüten'. Die beiden schönsten Kirchen erheben sich auf steilen Buckeln, ähnlich wie in Le Puy.

Man beginnt den kleinen Rundgang - keine Angst, Estella ist nicht groß - am besten damit, indem man die engen Gäßchen und Treppen hinaufklettert zur Kirche San Miguel. Auch sie ist romanisch-gotisch, überrascht aber an der Nordseite mit einem für uns aus Frankreich kommenden Jakobspilger vertrauten Bild: ein romanisches Portal mit hervorragenden Plastiken an Säulenkapitellen, Archivolten und im Tympanon, auf welchem Christus in der Mandorla thront, umgeben von den vier Symboltieren der Evangelisten, von Engeln und den Königen der Apokalypse.

Ein honigfarbener Stein mit warmen Tönen verleiht dem Ganzen einen besonderen Reiz.

Beim Hinabsteigen wende man sich mehr nach links, um die Ega über die nach altem Vorbild getreu restaurierte und steile Pilgerbrücke zu überqueren.

Danach ein Stück nach rechts, und man steht auf der harmonischen und stimmungsvollen Plaza Mayor, deren Südseite abgeschlossen wird vom einzigen, vollständig erhaltenen Profanbau der Romanik, dem Palast der Könige von Navarra.

an der linken Ecke ist auf dem Kapitell einer hohen Säule der Kampf Rolands mit dem sarazenischen Riesen Ferragut dargestellt.

Estella, Palast der Könige von Navarra

Ihr gegenüber führt eine breite, schöne Freitreppe hinauf zur Kirche
SAN PEDRO DE LA RUA
An ihrem romanisch-gotischen Portal erkennt man die islamischen Einflüsse im Zackenbogen über dem Portal.

Der Kreuzgang hinter der Kirche hat all das, was ich an Kreuzgängen so liebe. Der klare und harmonische Rhythmus aus Säulen und Bögen, das leise Plätschern eines Brunnens, und der Schrei einer Schwalbe betonen die Stille des Ortes, Rosen stehen im Licht der Sonne und heben sich in flammendem Rot von dem Dunkel des Bogens ab.

153

Zwar ist ein Teil des Kreuzganges zerstört worden, aber was übrig blieb, ist schön genug, daß die Phantasie das Fehlende ergänzt.

SAN SEPOLCRO

Die Kirche besitzt eines der schönsten frühgotischen Portale des Jakobsweges. Die tief eingelassenen Gewände und die Vielzahl der Archivolten umrahmen ein reich verziertes Tympanon mit Darstellungen der Leiden Christi. Rechts und links des Portales stehen in zwei Galerien die Statuen der Apostel.

Die Bedeutung Estellas für den Jakobsweg geht aus drei Dingen hervor:
1. Der Liber Sancti Jakobi beschreibt die Stadt in besonderer Ausführlichkeit (siehe Kapitel 'Codex Calixtinus').
2. Estella ist der Sitz der 'Sociedad de los Amigos del Camino de Santiago'.
3. Die Verbindung zu Frankreich: Die Madonna von Le Puy ist die Schutzpatonin der Stadt, und die Jungfrau von Rocamadour wird hier verehrt.

Wer Anfang August nach Estella kommt, hat überdies Gelegenheit, die Basken feiern und tanzen zu sehen. Männer, Frauen und Kinder, Alt und Jung, sind weiß gekleidet. Weiße Hosen bzw. Röcke, weiße Hemden, Socken und Schuhe, rote Halstücher, Baskenmützen und Hüftschärpen. Ihre Tänze sind temperamentvoll und von verspielter Lust und Heiterkeit. Ob es diese Lust am Feiern war, die das 5. Buch des Liber Sancti Jakobi mit 'Glück aller Art' beschrieb? Wie auch immer - in Estella kann man sich wohlfühlen.

Beim Verlassen des Ortes nach Logroño liegt linkerhand die Kirche Nuestra Señora de Rocamador, welcher ehedem ein Pilgerhospiz angeschlossen war.

KLOSTER (MONASTERIO) IRACHE

Etwa 5 km nach Estella, auf dem Weg nach Viana, kann, wer Heimweh nach cluniazensischer Romanik verspüren sollte, im Ort Ayegui einen Abstecher zum Kloster Irache machen.

Zwischendurch nämlich sollten wir uns wieder einmal daran erinnern, daß der Jakobsweg lange Zeit 'Camino frances' hieß, weil vor allem der Cluniazenserorden auf den Weg sowohl in religiöser Erneuerung als auch in architektonischer Gestaltung einen wesentlichen Einfluß ausübte.

VIANA - UND DAS GRAB CESARE BORGIAS

In der Mitte eines baumbestandenen Plätzchens beim Kloster rechts der Einfahrtsstraße in die Stadt blickt mit schönen, klar geschnittenen und edlen Gesichtszügen die Büste Cesare Borgias in das Grün der Blätter. Das Geschlecht der Borgias kam von Valencia nach Rom, wo der Vater Cesares der berüchtigte Papst Alexander VI. wurde, sein Lieblingssohn Cesare Kardinal und Feldherr, seine verführerische Tochter Lukrezia mißbrauchtes Lockmittel für ehrgeizige Pläne.

Nachdem der skrupellose Cesare seinen unersättlichen Hunger nach Macht auch noch mit der Einverleibung Neapels zu stillen versuchte, wurde er dort verhaftet und später nach Spanien abgeschoben, wo er aus erneuter Haft entfloh und dem Königreich Navarra seine Dienste anbot. Wieder einmal konnte er sich verwandtschaftliche Beziehungen zunutze machen. Das wilde Geschlecht der Borgias stammte nämlich ursprünglich aus Navarra und hatte sich erst später nach Valencia und dann nach Rom gewandt.

Als Condottiere zog er gegen den aufsässigen Kommandanten von Viana zu Felde, wobei er in zornigem Übereifer seinem Heer allein voraus ritt, in einen Hinterhalt des Gegners geriet und von der Überzahl der Feinde erstochen wurde. Das geschah an einem stürmischen Märzmorgen des Jahres 1507. Der gefürchtete 'Stier von Rom', der das ganze damalige Europa anektieren wollte, verblutete, seiner Kleidung beraubt, nackt in einem Hohlweg bei Viana, in seinem 32. Lebensjahr.

Zunächst wurde er in der Kirche von Viana neben dem Altar beigesetzt. Spätere Bedenken an der Wahl dieses Begräbnisortes für einen Charakter von der Art Cesares führten dazu, daß man seine Gebeine aus der Kirche entfernte und sie unter der Calle de la Rua, dem Pilgerweg nach Compostela zusammen mit Hundeknochen vor dem Kirchentor verscharrte. Die frommen Pilger sollten die gottlosen Überreste zertreten.

Erst viel später besann man sich darauf, daß er doch immerhin Spanier mit einem, wenn auch nicht guten, so doch großen Namen war. Man holte die Knochen wieder heraus, bestattete sie ordentlich, aber nicht in der Kirche, sondern in respektvoller Entfernung, ca. 5 Meter vor dem Portal unter den Platten des Vorplatzes und legte eine Marmorplatte mit seinem Namen darauf.

Zum Trost (für wen eigentlich?) errichtete ihm die Stadt eben jenes idealisierte Denkmal.

Wenn man den kleinen Ort, der seit 1219 die Südgrenze Navarras verteidigte, längst hinter sich gelassen hat, sieht man ihn immmer noch auf leichter Anhöhe in der weiten, sonnigen Landschaft liegen.

ALTKASTILIEN

DIE RIOJA

Die Weine der Rioja Alta zwischen Logroño und Hero ebroaufwärts und die der Rioja Baja zwischen Logroño und Alfaro ebroabwärts wurden schon im Liber Sancti Jakobi rühmend hervorgehoben. Das will etwas heißen, wenn man andererseits berücksichtigt, daß die Winzer der Rioja zwar alle naturgegebenen Voraussetzungen für einen guten Weinanbau frei Haus geliefert bekamen wie Boden, Klima und Reben, aber die Kunst des Weinausbaues in Faß und Keller nicht in der Perfektion beherrschten wie die Franzosen. Aus diesem Grunde ließen sie sich eines Tages französische Kellermeister als Gastarbeiter kommen und lernten, wie man aus der Verbindung aus Natur und Kunst Hervorragendes zu schaffen vermag. Seitdem haben die Rioja-Weine auch für verwöhnte Gaumen ihr Erfreuliches.

LOGROÑO

Die Kapitale des Riojaweines ist keine häßliche Stadt, aber ein längerer Aufenthalt lohnt sich wohl nicht. Dafür kann Logroño nichts. Eine Vielzahl von Schlachten und Kämpfen, einerseits wegen seiner Grenzlage zwischen Navarra und Kastilien, zum anderen, weil es ein wichtiger Ebro-Übergang war, haben nach und nach das Stadtbild seiner Geschichte beraubt. Es ist wie ein Madrid im Kleinen. Das Alte ist zerstört und dem Neuen fehlt die Patina und der Bezug zur frühen Geschichte, die authentische Substanz.

In der Stadtmitte sieht man hohe Arkaden im Stile Bolognas mit eleganten Geschäften. Eine schöne, alte Brücke führt über den Ebro, die erste, die der Hl.Juan de Ortega für die Pilger erbaute. Die übrige Stadt ist eben 'adrett', geschäftig und gepflegt. Letzteres sagt man auch von der hiesigen Küche und dem Wein.

Der pilgernde Franz von Assisi holte sich hier nach vierzehntägiger Krankheit so viel neue Tatkraft und Energie, daß er im Ort eine Bruderschaft gründete. Der Vater eines Knaben, den er geheilt haben soll, errichtete zum Dank dafür den Bau des Franziskanerklosters.
Wer also auch eine Weile rasten will, um Küche und Keller zu probieren, sollte dann vor der Weiterfahrt über dem Portal der **Santiago-Kirche** (14. Jh.) jene riesige Statue des 'Matamoros' sehen, die im ersten Teil des Buches (Ikonographie des Hl.Jakobus) abgebildet ist: Jakobus auf einem Schlachtroß, zu dessen Füßen sich die niedergemachten Mauren wälzen. Allerdings ist diese Monumentalplastik von Juan de Raôn aus dem Jahre 1662 für den vom Jakobsweg her verwöhnten Betrachter kein umwerfender Kunstgenuß.

SAN BARTOLOMÉ
Ist die sehenswerteste Kirche Logroños (13.- 14. Jh.) - in der Zeit zwischen Romanik und Gotik erbaut. Das Portal zeigt wunderschöne Skulpturen, die zu betrachten man sich Zeit nehmen sollte.

SANTA MARIA LA REDONDA (15. Jh.)
Die große Kirche steht im Zentrum der Stadt auf einem mit Zedern bestandenen Platz. Imposant weisen die beiden hohen Türme im spanischen Barock in den Himmel.

NÁJERA

Einst war Nájera Königsstadt, der glanzvolle Hof der Könige von Navarra und Kastilien und Hauptstadt der Rioja, die man im Jahre 800 den Mauren entrissen hatte, heute verdämmert der kleine Ort im Urnichts provinzieller Bedeutungslosigkeit. Auch das hat seine Reize.
Umso kontrastreicher wirkt in dieser Umgebung das Kloster Santa Maria la Real.
Nach Burgos und Leon ist diese Kirche eines der Erlebnisse schönster Hochgotik auf dem Camino. Besonders beeindruckend ist der spätgotische

Kreuzgang mit den filigranen Arkaden und den steinernen Königsgräbern. Er bildet eine Einheit mit dem senkrechten, roten Fels, an den er gebaut ist.

Das Rot dieses Gesteins bestimmt auch das Bild der Stadt und ihrer Umgebung.

Kirche und Königsgruft dienten als Begräbnisstätte vieler Könige Navarras, Leons und Kastilien, weshalb Najera auch Totenstadt genannt wird.

SAN MILLAN DE LA COGOLLA

Die Klöster Yuso und Suso

Von Nájera nach Santo Domingo de la Calzada sind es auf der Hauptstraße 35 km. Der Umweg nach Süden, über San Millan de la Cogolla beträgt 50 km, also 15 km mehr. Aber diese 15 km lohnen sich wahrhaftig.

Einmal, weil man wieder einmal die Hauptstraße verlassen und in die Ruhe der Landschaft hineinfahren (besser: wandern!) kann, sodann der Klöster wegen.

Die Landschaft ist eine Überraschung, wenn man aus den landwirtschaftlich genutzten Ebenen der Rioja kommt. Ein schmales Sträßchen windet sich in ein Tal, das immer enger wird, und links und rechts ziehen sich tiefe Mischwälder die Berge hinauf. Ziemlich weit hinten liegt in der Talsohle das große Kloster Yuso, welches zwar schon 1053 gegründet, aber zwischen dem 16. und 18.Jh. neu aufgebaut wurde und eine Mischung zwischen Renaissance und Barock darstellt. Wegen seiner großen Bibliothek, des wertvollen Archivs, seiner Säle mit Gemälden und der großzügigen Anlage wird es auch Der Escorial der Rioja genannt.

Das lohnendere Ziel erreicht man über eine enge kurvenreiche Straße durch den Wald hinauf zur EINSIEDELEI SUSO.

Der Eremit Millan, 574 als Hundertjähriger verstorben, war zu seinen Lebzeiten als Wundertäter bekannt und wurde nach seinem Tod als Heiliger verehrt. Er lebte in einer der Kapellen, die zur Zeit der Westgoten in den Fels geschlagen und später zum Bestandteil der von mozarabischen Mönchen erbauten Kirche wurden. In dieser Felsenkapelle befindet sich auch das Grabmal des Heiligen.

Auch von den Jakobspilgern wurde er verehrt, so daß sie den Umweg zur Höhle des Eremiten nicht scheuten, und mancher von ihnen mit letzter Kraft durch die Wildnis der steilen Waldpfade aufstieg und den Rückweg ins Tal nicht mehr erlebte. Schädel, Zähne und andere Gebeine hier verstorbener Jakobsbrüder werden ehrfurchtsvoll in Felsnischen aufbewahrt.

Hier oben in der Einsamkeit der Wälder, im Modergeruch der feuchten Kapellen und unter den mozarabischen Hufeisenbögen, spürt man die Anfänge des Abendlandes.

Das einfache Christentum, gelebt und noch nicht in Gold und Silber gefaßt, im Kampf gegen das Fremde, gegen die Ungläubigen. Aber schon oder gerade in diesen frühen Anfängen die Bereitschaft zur Versöhnung, zum Kompromiß, wie er sich in der Verwendung architektonischer Elemente des 'Feindes' zeigt.

Man sollte ein wenig daran denken, wenn man unter den Arkaden der offenen Loggia steht und hinausblickt in die Wälder, hinunter ins Tal des Cárdenas und das Kloster Yuso.

Santo Domingo DE LA CALZADA

Der 'Hl.Domingo der Straße', ein Einsiedlermönch des 11. Jahrhunderts, dessen Lebenswerk der Bau von Straßen und Brücken für die Jakobspilger war und der in dem Ort, der heute seinen Namen trägt, ein Pilgerhospiz gründete und leitete, welches heute zum Parador Nacional ausgebaut wurde. Eine gelungene Mischung aus modernem Komfort und alter Bausubstanz im Inneren. Ob man dort übernachtet (in der Hauptreisezeit Anmeldung erforderlich) oder nicht - man sollte wenigstens zu Abend essen. Die Küche ist empfehlenswert. Unbedingt aber sollte man seinen Apertif vor bzw. seinen Cognac nach dem Essen in der großen, gotischen Halle trinken. Sie ist die schönste Hotelhalle des ganzen Jakobsweges.

In einem besinnlichen Moment können wir uns hier, bereits ein gutes Stück dem Ziel näher, daran erinnern, daß dieser Ort der Legende des Hühnerwunders in vielen Ländern, vor allem in Deutschland, durch bildliche Darstellungen in Kirchen genau so bekannt war, wie Santiago de Compostela selbst.

Hotelhalle des Parador Nacional

In der Kathedrale neben dem Parador erlebt man daher auch ein Kuriosum besonderer Art.

Da ist zunächst das Grabmal des Hl.Domingo: unten in der Krypta sein Sarkophag, darüber, in der Kirche selbst, das Schaugrab mit der Statue des Heiligen, rechts und links flankiert von Hahn und Henne.

Lebendig, weiß und lauthals existiert diese Spezies Geflügel in einem Käfig über einer Türe gegenüber der Krypta. Des Gockels besonderes Vergnügen besteht in einem lauten Kikeriki, vor allem dann, wenn Gläubige im Gebet versunken in der Kirche knien. Oder, wie ich es einmal erlebte, während der Wandlung inmitten einer Messe seinen kehligen Ruf zu schmettern.

Santo Domingo und die Hühner

Die Geschichte dieser Hühner lese man im Kapitel: 'Jakobsverehrung in Deutschland'. Wegen der unterschiedlichen Darstellungen sei an dieser Stelle eine Variation der Legende hinzugefügt: Ein habgieriger Wirt wollte das Bargeld wohlhabend aussehender Pilger an sich reißen und bediente sich eines hinterlistigen Tricks. Er versteckte im Gepäck des Pilgervaters einen silbernen Becher und schickte den Peregrinos nach deren Fortgang die Polizei nach. Bei der anschließenden Verhandlung erklärte der Sohn, anstelle des Vaters an den Galgen zu treten. Bei der Rückkehr von Santiago, 30 Tage später (!) entdeckten die Pilger, daß der Sohn noch lebte. Das Hühnerwunder ereignete sich in dieser Geschichte nicht beim Richter, sondern bei dem Wirt, wobei auch hier die gebratenen Hühner nach dessen Bemerkung 'der da draußen ist so tot, wie diese Hühner' lebendig aufflogen.

Diese Variation ist zwar etwas unglaublicher, hat aber den befriedigenden Schluß, daß der Wirt anstelle des Knaben aufgehängt wurde.

Der Hochaltar der Kathedrale zeigt den für nordspanische Kirchen typischen Retabel, eine überdimensionale 'Biblia pauperum', Darstellungen des Alten und Neuen Testamentes für die Analphabeten des MA.

'Galgenwunder des Hl.Jakobus', Nürnberger Schule (Öl auf Holz) um 1520, Kronach, Fränkische Galerie.
Diese Tafel ist ein Teil eines Altarwerkes, zu welchem noch drei weitere Darstellungen der Jakobslegende gehören: das Hühnerwunder, die schlafenden Pilger und die Enthauptung Jakobs in Jerusalem.

Das Mittelalter lebt im Stadtbild von Santo Domingo noch in der näheren Umgebung der Kathedrale, hinter welcher man die Häuser und Fassaden eines schönen altspanischen Platzes restauriert hat.
Die im Jahre 1050 gegründete Stadt lebte und lebt vom Jakobsweg und seiner Geschichte.

Der Weg von San Millan hinunter nach Santo Domingo ist abwechslungs-
reich und bietet schöne Ausblicke über's weite Land. Hinter Santo Domingo wird die Gegend ziemlich flach und ohne Akzente. Diese setzte
eine Gruppe junger Franzosen, die per Fahrrad nach Santiago unterwegs
war und sich am Dorfbrunnen erfrischte.
Dem alten Brauch der Jakobsbrüder folgend, ist eine Begegnung auf
dem Camino immer verbunden mit dem Austausch von Erfahrungen, Er-
lebnissen und gegenseitigen Ratschlägen. Mit guten Wünschen zieht Jeder
seines Weges weiter, der doch der gleiche ist.

REDECILLA DEL CAMINO

Am Beispiel Redecillas möchte ich zwischendurch einmal etwas zum
äußeren Erscheinungsbild eines kleinen 'Pueblos' (Dorfes) sagen, was für
viele andere gleichermaßen gilt: der Eindruck des Ärmlichen, Ungepflegten
oder sogar des Verwahrlosten muß vor drei Hintergründen gesehen werden:
da ist zum einen die gemeinsame Eigenschaft aller romanischen Völker,
auf Äußeres und Wohnkomfort geringeren Wert zu legen, als man das
bei uns gewöhnt ist. Die Landflucht der Jüngeren läßt zum anderen so
manches schöne Anwesen verkommen. Die finanziellen Mittel von Gemeinden ohne Industrie reichen zum dritten nicht aus, Straßen, Plätze und
öffentliche Gebäude stets auf Hochglanz zu polieren.
Der Jakobspilger aus dem wohlhabenden Norden möge ein Nachsehen
haben. Er möge vielmehr die positiven Seiten bedenken: lieber eine
mittelalterlich enge Straße, zwar nicht 'autogerecht', aber voller Atmo -
sphäre; lieber eine schöne, alte Fassade, von welcher etwas der Verputz
bröckelt, als die Betonwand einer modernen Sparkasse oder eines Super-
marktes.
Die Hauptstraße von Redecilla und die Bemerkung eines Landsmannes
bei deren Anblick "...wie armselig!" veranlaßten mich zu diesen Zeilen.
Die kleine Dorfkirche birgt in einem Nebenraum eine echte Kostbarkeit: ein wunderschönes, frühromanisches Taufbecken mit dem Relief
der Mauern des himmlischen Jerusalem. Den Schlüssel zur Kirche muß
man beim Custoden holen.

Über Belorado und Tosantos (todos Santos = alle Heiligen) gelangt man
allmählich hinauf in die Oca-Berge nach

VILLAFRANCA DE MONTES DE OCA
mit seinem Pilgerhospiz aus dem 14. Jh. und dem kleinen Pilgerfriedhof.
In der Santiago-Kirche befindet sich die größte, natürliche Pilgermuschel
das Jakobsweges als Weihwasserbecken. Sie stammt von den Philippinen.

Die Gegend hier oben ist ziemlich einsam und unwirtlich, und zu Zeiten
der großen Wallfahrt waren die Oca-Berge wegen der vielen Banditen
und Wegelagerer gefürchtet.
Heute ist sie eine Idylle, an manchen Stellen Wald so weit das Auge
reicht und unberührte Natureinsamkeit. Ein wenig später wird sich dem
Autofahrer die Gelegenheit bieten, ein Stück in die Landschaft zu gehen.

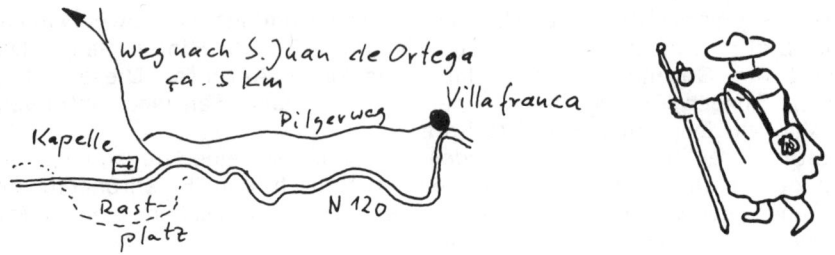

SAN JUAN DE ORTEGA

Beim km - Stein 85 der N 120 hat die Provinzverwaltung links der Straße bei einem Trinkwasserbrunnen viele Picknicktische, -bänke und Grillstellen aus Stein aufgestellt. Die Umgebung ist mit Buschwald, Nadel- und Laubbäumen bewachsen. Auf der anderen Straßenseite steht eine offene, gotische Pilgerkapelle mit drei schönen Skulpturen in der Apsis: die drei Heiligen des Pilgerweges, in der Mitte Jakobus, ihm zu Seiten San Juan de Ortega und Santo Domingo.

Bei dieser Kapelle zweigt der authentische Jakobspfad ab zum Kloster San Juan de Ortega. Diese 5 km zu wandern empfehle ich ganz besonders dem motorisierten Jakobspilger. Zum einen, weil dieses Stück Weg sehr reizvoll ist, zum anderen, damit auch er wenigstens einmal das Gefühl genießt, auf einer Originalstrecke so zu reisen, wie es Pilgerart ist. Wer allein reist, stellt sein Auto besser in San Juan ab: er fährt auf der Hauptstraße bis km-Stein 93,5 und biegt dann rechts ab.

San Juan war wie Santo Domingo einer der großen Wege- und Brücken- bauer des Jakobsweges. Er war Schüler u. Zeitgenosse von Santo Domingo und starb 1160. Hier hat man die Oca-Berge schon hinter sich, das Land wird flach-hügelig, mit Buschwerk, Wald und Kornfeldern durchsetzt. In einem abgelegenen, ruhigen Winkel liegt das Kloster, daneben ein Bau- ernhof und eine Pilgerherberge, die noch in Betrieb ist. In der Krypta der romanischen Kirche steht der Sarkophag des Heiligen Juan, wo ich einen sehr exotischen Jakobspilger, einen Japaner, in asiatischer Hock- stellung die Reliefs des Sarkophages zeichnen sah. Oben in der Kirche mit ihren Alabasterscheiben liegt San Juan als Alabasterskulptur auf ei- nem Schaugrab, so wie sein 'Kollege' Santo Domingo in S.D. de la Calzada.

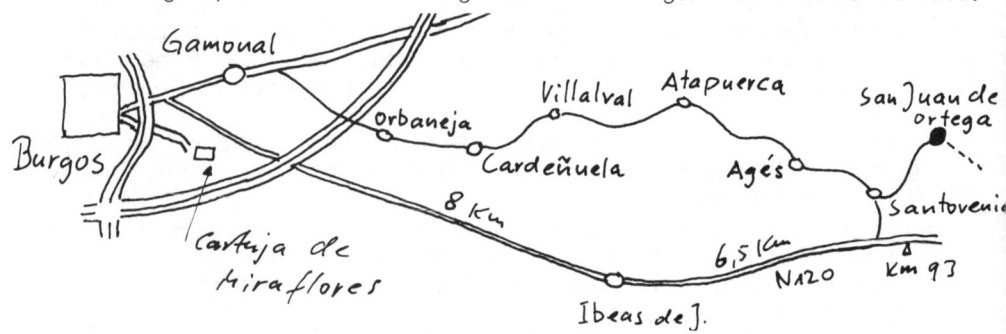

Olmilos de Sasamón

Burgos

Die Peripherie der Stadt bietet das Bild aller modernen Vorstädte: Industrieanlagen und Wohnblocks haben internationalen Standard, beliebig austauschbar zwischen Madrid und München. Daß ich das Negative einer Stadt hier an den Beginn meiner Beschreibung setze, hat einen tieferen Grund: Fußpilger, die besonders schwere Sünden abbüßen wollen, haben hier Gelegenheit dazu. Den anderen empfehle ich für diese öde Strecke den Bus oder ein Taxi.

Die Innenstadt von Burgos entschädigt für alles!
In Pamplona, Burgos, Leon und Santiago de Compostela erlebt der Tourist die Pracht der alten Königsstädte und die Eleganz heutiger Provinzmetropolen. "Kunststück", höre ich Einige sagen, " sie sind ja auch im Krieg nicht zerstört worden". Gottlob, dies und ihre Vergangenheit haben die vier Städte zu solcher Schönheit heranwachsen lassen.

Burgos ist eine gotische Stadt. Nicht nur der Kathedrale wegen, deren Hauptfassade mit ihrem filigranen Maßwerk und ihren Giebeln, Türmen und Portalen, es sei gleich verraten, von dem Kölner Dombaumeister Juan de Colonia, Johannes von Köln, errichtet wurde.

Die vielen Freitreppen auf der Südseite der Kathedrale, die Plaza del Rey S.Fernando und die Plaza Sta.Maria auf der Westseite geben, bedingt durch die Unebenheit des Geländes, der gesamten Anlage zu-

Kreuzgang der Kathedrale

sätzliche Proportionen und Perspektiven und machen sie zu einer der schönsten Spaniens.

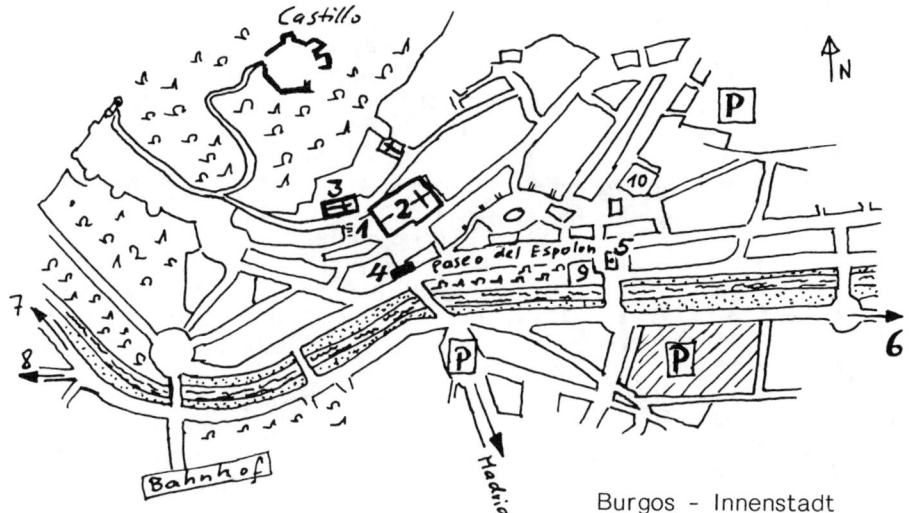

Burgos - Innenstadt

1	Plaza de Santa Maria	6	Straße nach Miraflores
2	Kathedrale	7	Straße nach Hospital del Rey
3	Kirche S.Nicolas de Bari	8	Zum Monasterio de las Huelgas
4	Arco de Santa Maria	9	Touristenbüro
5	Statue 'El Cid'	10	Casa del Cordon

DIE KATHEDRALE

Mit all ihren Anbauten, mit dem Kranz ihrer Kapellen, jede für sich selbst eine ganze Kirche, und mit den Sälen um den großen Kreuzgang herum, hat dieses Bauwerk Dimensionen, im Vergleich zu welchen das Ulmer Münster oder der Dom zu Köln bescheidene Gotteshäuser sind.

Ein Durchgang von ein bis zwei Stunden reicht allenfalls zu einer Art Impression. Wer die Fülle an Kunstschätzen auch nur oberflächlich betrachten will, braucht dazu mindestens einen halben Tag. Und dabei kann es einem durchaus so ergehen wie dem 'Papamoscas', jener Uhrenfigur, welcher zu jeder vollen Stunde der Mund offen bleibt.

Im folgenden gebe ich nur eine kurze Beschreibung der Sehenswürdigkeiten. Eine den Kunstwerken gebührende Würdigung erfordert ein eigenes Buch.

1 Die Fassade

Mit den großen Rosetten und der Galerie der kastilischen Könige, und der Puerta Santa Maria. Die gesamte Fassade mit den mächtigen, dabei aber schlanken Türmen, ist das Werk des Kölner Baumeisters Hans von Köln. Sein Sohn Simon und sein Enkel Francisco, durch Heirat mit Töchtern des Landes und langen Aufenthalt mehr Spanier als Deutsche, führten

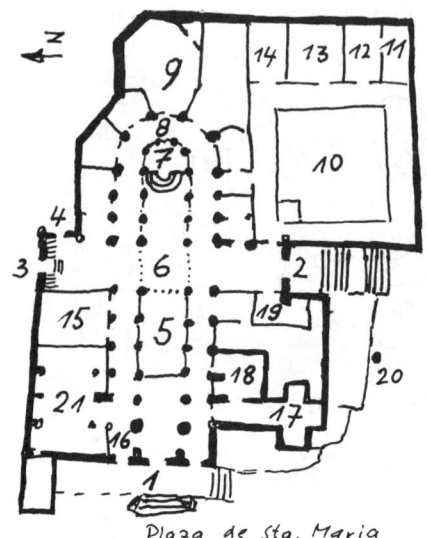

Plaza de Sta. Maria

die Bauarbeiten weiter.

2 Das Portal des Sarmental

Das schönste Portal der Kathedrale erhebt sich über der langen Freitreppe und wird gekrönt von einem Tympanon mit dem lehrenden Christus, den Aposteln und Evangelisten.

3 Portal Coroneria

mit dem richtenden Christus zwischen Maria und Johannes.

4 Portal Pellejeria

Die Pilgerpforte! Sie führt zur alten Pilgerstraße. Im plateresken Stil von Francisco de Colonia geschaffen. Jakobus in einer Muschelnische links neben dem Portal.

5 Chor mit Chorgestühl

mit prachtvollen, gleichzeitig aber auch ausgefallenen Holzschnitzereien aus Nußbaumholz (Foto).

6 Vierung

mit Kuppel (54 Meter hoch) und Grabplatte des El Cid und Gemahlin in der Mitte.

7 Hochaltar

mit Renaissance-Retabel aus dem Jahre 1562.

8 Chorumgang

Christus auf dem Weg nach Golgatha.

9 Kapelle des Contestable

mit Sakristei. Gebaut von Simon de Colonia, gestiftet von Hernandez de Velasco, einem kastilischen Heerführer und Vizekönig. In der Mitte sein und seiner Frau Grabmahl aus Marmor. In der Sakristei hängt ein Leonardo da Vinci: 'Maria Magdalena'.

10 Kreuzgang

11 Kapitelsaal

Brüsseler Wandteppich (15. Jh.), Flügelaltar von van Eyck, Decke im Mudejarstil.

12 Sakristei

Christus in Banden (16. Jh.), An der Wand: Reisekoffer des El Cid.

13 Kapelle Santa Catalina

Kirchenschatz. Viele liturgische Geräte und Gewänder.

14 Saal mit Wandteppichen

15 St.Anna-Kapelle

Das Leben der Heiligen auf gotischem Retabel, vielfach vergoldet.

16 Papamoscas (Fiegenfänger)

die berühmte Uhr mit der Figur, die jede volle Stunde erscheint und den Mund öffnet. Man sagt, vor Staunen über die schöne Kirche, wobei ihm versehentlich eine Fliege in den Mund flog.

17 Kapelle des Heiligen Christus

Die Christusstatue ist mit Büffelhaut überzogen und trägt Menschenhaar, um echt zu wirken. Die Straußeneier zu seinen Füßen symbolisieren die Auferstehung.

18 Kapelle de la Presentacion
mit Grabmal des Bischofs von Lerma.
19 Kapelle de la Visitacion
mit Grabmal des Alonso de Cartagena.
20 Pilgerkreuz
21 Thekla-Kapelle
mit der Darstellung des Jakobus als 'Matamoros' (Maurentöter).

Von der Plaza de Santa Maria steigt man die Freitreppe hinauf zur

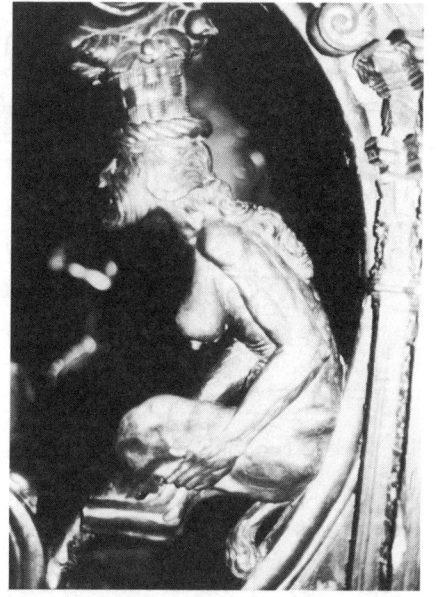

Kirche SAN NICOLAS DE BARI

Die ebenfalls von Hans von Köln erbaute, gotische Kirche, die von außen so schlicht aussieht, beherbergt im Inneren einen Schatz, der den Kunstwerken der Kathedrale nicht nachsteht.

Kathedrale, Chorgestühl

Das riesige Retabel über dem Hauptaltar mit seinen 465 Alabaster- und Holzfiguren ist das großartigste Werk des Francisco de Colonia. Es zeigt eine Fülle von Heiligenlegenden und Szenen des Alten und Neuen Testaments.

Bevor wir die Plaza de Santa Maria verlassen, will ich nicht versäumen, die Küche der Region zu rühmen, von welchen ich ein paar hervorragende Kostproben unter anderem im Restaurante 'EL CID', gegenüber der Fassade der Kathedrale, genossen habe.

Die 'Morcilla de Burgos' bewies, zu welch geschmackvoller Verfeinerung man eine Blutwurst steigern kann. Das anschließende 'Cochinillo Asado', ein Spanferkel aus dem Ofen, erzeugte höchstes Wohlbehagen und der 'Queso de Burgos' entpuppte sich als köstlicher Frischkäse, serviert mit Walnüssen und Honig. Weitere Spezialitäten der Region sind: 'Escalopina Zingara', Kalbsschulter mit Weinsauce, Gurken und Käse, 'Lechazo al horno', Lammbraten vom Ofen, 'Olla podrida', ein Eintopfgericht, und die 'Chanfaina a la Cazuela', Schnecken und Kutteln nach Burgaleser Art. 'Sopa burgalesa' , mit Lammfleisch und Krebsschwänzen.

Die Weine der Gegend sind helle und trockene Rotweine, die einen klaren Kopf bewahren.

ARCO DE SANTA MARIA

Von der Kathedrale bis zum 'Marientor' sind es nur ein paar Schritte, gerade recht als Verdauungsspaziergang.

Arco de Santa Maria

Die Fassade des Stadttores aus dem 14. Jahrhundert wurde im 16. Jh. mit Türmen, Nischen und Figuren von kastilischen Granden verziert.
Der rechte in der mittleren Reihe ist der Cid.

EL CID
Die berühmteste Gestalt aus der Geschichte der Stadt (1026 - 1099). Auf sein eindrucksvolles Denkmal stößt man, wenn man vom Marientor den Paseo del Espolón entlanggeht.

Das Leben und die Taten dieses grandiosen Haudegens sind, oder erscheinen zumindest etwas zwielichtig.

Zunächst diente er als Paladin den kastilischen Königen, zuerst Sancho, dann dessen Bruder Alfons VI., den El Cid im Verdacht hatte, seinen Bruder getötet zu haben. Da er diesen Verdacht laut äußerte, wurde er aus Kastilien verbannt.

Was dann geschah, ist für Manchen unverständlich, für einen Granden aber einleuchtend, der sich nicht schmollend auf ein Landgut zurückziehen, sondern aktiv bleiben will.

Er trat in die Dienste des maurischen Königs von Zaragoza. König ist König. Claro?

Deshalb plagten ihn auch dann keine Zweifel und Bedenken, als Alfons VI. ihm verzieh, er zurückkehrte und anschließend die Mauren bei Valencia zurückschlug und die Stadt besetzte.

El Cid

Bei einem der erneuten Kämpfe gegen die Mauren wurde er schwer verwundet. Bevor er starb befal er, seinen Leichnam auf seinem Pferd festzubinden und dieses bei der Attacke gegen die Mauren vorauszutreiben. Diese, nicht ahnend, daß ihnen ein Toter entgegenritt, waren ob der Tatsache, daß alle Pfeile und Lanzen, die man ihm entgegenschleuderte, wirkungslos blieben, so bestürzt, daß sie flohen.

So erzählt die Legende.

Seine Frau Jimena, die neben ihm in der Vierung der Kathedrale begraben liegt, konnte Valencia noch drei Jahre nach seinem Tod halten, mußte dann aber der maurischen Übermacht weichen und floh nach Kastilien, nicht ohne die Stadt Valencia vorher verbrennen zu lassen.

KLOSTER LAS HUELGAS
1,5 km westlich der Stadt.
Zunächst von den kastilischen Königen als deren Residenz für Mußestunden (= Huelgas) 1187 gebaut, wurde es kurze Zeit später dem Zisterzienserorden als Kloster geschenkt, allerdings mit der Auflage, dem Königshaus als Begräbnisstätte zu dienen.

Drei Stilelemente sind in der gesamten Anlage zu erkennen: die gotische Kirche und ein gotischer Kreuzgang, ein romanischer Kreuzgang und Elemente des Mudejar-Stiles (Kunst der unter Mauren lebenden Christen) in der Santiago-Kirche, in welcher der hölzerne Jakobus mit dem Schwert am beweglichen, rechten Arm, mit welchem er Mitglieder des königlichen Hauses zu Rittern schlug, zu bewundern ist.

CARTUJA DE MIRAFLORES

O.SING

'Kartäuserkloster der Wunderblumen, vor den Toren der Stadt.
Eigentlich müßte ich die Beschreibung des Klosters vor die von Burgos setzen. Man fährt nämlich, von Estella (Osten) kommend fast daran vorbei. Es liegt etwa 5 km außerhalb der Stadt, links der Einfahrtsstraße, die man allerdings fast bis zum Stadtrand fahren muß. Dann zweimal links, um auf einer Parallelstraße wieder nach Osten zurückzufahren. Möglicherweise werden neue Straßen gebaut.

Auch Miraflores war zunächst eine Königsresidenz des Enrique III, der es dann den Kartäusermönchen schenkte. Seit 1442 ist es ein Kloster.
Die Gotik von Miraflores zeigt sich bei näherem Hinsehen als sehr spanisch, genauer gesagt: als isabellinisch. Dieser Stil, benannt nach der Isabella von Kastilien (1477 - 1504), ist gezeichnet von der Angst vor der leeren Fläche.
Jede Wand, jeder Pfeiler und jeder Bogen wurden mit phantasievollen Mustern verziert. Den absoluten Höhepunkt dieses Stiles schuf Gil de Siloe in seinem phantastischen Altar-Retabel in der Kirche. Die reiche Vergoldung dieses Retabels stammt angeblich von der ersten Goldlieferung des Christoph Columbus aus 'Indien'.
Von atemberaubender Schönheit ist auf dem Retabel die Darstellung

des letzten Abendmahles. Jakobus trägt, wie könnte es anders sein, auf dieser bedeutenden Station des Jakobsweges als einziger einen Hut mit Pilgermuschel daran. Er ist noch zweimal in der Kirche zu finden: als große, vergoldete Figur, ebenfalls mit den Insignien des Pilgers, und als Hintergrundfigur beim betenden König Juan II., der neben seiner Frau, Isabella von Portugal, hier verewigt ist, und deren Grabmal in der Mitte der Kirche vor dem Altar aufgebaut ist.

Es handelt sich bei dieser Isabella nicht um die Isabella, die Katholische, deren Grabmal in der Kathedrale von Granada zu finden ist.

Jakobus als Pilger, Abendmahlszene im Altar-Retabel, Miraflores

CASA DEL CORDON

Los Reyes Catolicos, also Isabella und Ferdinand von Aragonien, empfingen hier Columbus nach seiner Rückkehr aus dem neuentdeckten Land. Unter der Herrschaft der Katholischen Könige (Isabella: 1451-1504) wurde die Reconquista erfolgreich und endgültig abgeschlosen, und der spanische Nationalstaat gegründet. Es war das 'Goldene Zeitalter' der spanischen Geschichte in jeder Hinsicht, nicht zuletzt wohl auch wegen des Goldes, welches aus Mittel- und Südamerika kam. Die 'Taten' der Conquistadores dort sind jedoch eine andere Geschichte, die nicht in den Rahmen dieses Buches gehört.

Die Kordel um das Eingangsportal des 'Casa del Cordon' stellt übrigens die Kuttenschnur der Franziskaner dar.

HOSPITAL DEL REY
Beim Verlassen der Stadt in Richtung Leon (Westen), kommt man links des Rio Arlanzón, an dem vorbei, was von der von Alfons VIII. im 12. Jh. gegründeten Herberge für Jakobspilger übriggeblieben ist. Ein paar Mauern, Fassaden und Kirchentüren. Es ist in Restauration und soll angeblich ein Parador Nacional werden. Warten wir's ab.

DER PASEO DEL ESPOLON IN BURGOS
oder: Spanische Spaziergänge
Der Versuch einer Charakteristik zweiter Teil
Eine spanische Stadt kann noch so groß, 'un pueblo de Dios', ein Dorf in der verlassensten Gegend, noch so unscheinbar sein - sie haben ihren Paseo.
Das ist ein Platz oder eine Straße im Zentrum, wo allabendlich, so etwa zwischen 18 und 19 Uhr (je südlicher, desto später) das ganze Dorf oder ein großer Teil der Stadtbevölkerung sich trifft. Genauer gesagt, man bummelt hinauf und hinunter, redet hier, lacht dort über irgendwas, ruft sich etwas zu, geht wieder hinauf, trinkt einen 'café solo', geht hinunter, kaut 'Pipas' (Sonnenblumenkerne) und spuckt die Spelzen aus, ohne die Kerne zu verlieren. Eine Kunst, die man mindestens 10 Jahre geübt haben muß.
Mädchen zu Gruppen, immer über irgend etwas kichernd, vor allem über die Blicke von 'drüben', wo man sich lässig gibt. Getuschel und Gekicher auf der einen, zur Schau getragene Überlegenheit auf der anderen Seite des Paseo sind die Deckel, unter welchen es kocht.
Die Mütter wissen das und passen auf. Auf die Töchter. Der ältere Bruder weiß es und paßt auf die kleine Schwester auf. Die Väter wissen es auch und zucken mit der Schulter. Über die Söhne. Auf die Töchter passen sie auf. Die Alten wissen es und lächeln geheimnisvoll. Der 'Cura' (Pfarrer) weiß es auch und denkt schmunzelnd an die Beichte.

Verlobte gehen Hand in Hand. Verheiratete stehen in Gruppen. Frauen hier, Männer dort. Bei den Frauen stehen die Kinderwagen. Der Advokat hat die Gattin am Arm. Damit man das schwere, goldene Armband besser sieht. Ich höre immer wieder mit neuem Vergnügen zu, wenn die Mütter ihre Kinder rufen, vor allem die Mädchen: Maria del Carmén beispielsweise. Das wird immer ganz ausgesprochen. Ausnahme beim Tadel: 'Nina!', mit sehr langem 'a'. Remedio, Purificación, Inmaculada und andere. Wenn man diese Namen in unsere Sprache übersetzt, erscheinen sie wie gerupfte Paradiesvögel: Abhilfe, Reinmachung, Unbefleckte

Dann, so gegen 19 Uhr, je nach Breitengrad wieder verschieden, verschwindet alles wieder wie ein Spuk.
Die Plaza, der Paseo, die Rambla oder wie immer sie heißen, sind wie leergefegt.
Und was dann kommt, lese man in der Charakteristik drittem Teil: 'Die Calle del Franco in Santiago'.
PS: am 29.Juni ist das Fest St.Peter und Paul in Burgos. Folklore, Corridas, Märkte usw.

EL CASTILLO

Über der Stadt, auf der Anhöhe San Miguel, gibt es einen herrlichen Aussichtspunkt: das alte Kastell, dessen Mauerreste an eine der größten Burgen Spaniens erinnern, die einst Königssitz war. Seit 884 trotzte sie allen Angriffen, bis sie im Jahre 1813 von Franzosen gesprengt wurde. Unzerstörbar aber blieb der schöne Blick über die Türme und Dächer der Stadt bis hinaus zum grünen Miraflores.

Die gotische Kathedrale unterhalb des Burgberges, die seit 1221 immer prachtvoller gestaltet wurde, läßt die Vorstellung kaum zu, daß vorher, ab 1075, an derselben Stelle eine romanische Bischofskirche stand.

Im Westen und Süden lassen sich die Weiten der großen Meseta erahnen, eine eindrucksvolle Gegend, die sich wie eine riesige, flache Schale der kastilischen Sonne preisgibt und in die der Jakobsweg nun führt.

Vorher aber wäre ein Abstecher nach Süden, ca. 60 km, dringend zu empfehlen, zur Abtei

SANTO DOMINGO DE SILOS

Man fährt von Burgos auf der N 1 Richtung Madrid und zweigt beim Wegweiser nach Soria links, im Ort San Clemento rechts ab. Die Straße schlängelt sich durch hügeliges Land und liebliche Täler mit reicher Vegetation. Die Horizonte bilden tafelbergähnliche Höhenzüge.

Schon vor dem neunten Jahrhundert stand hier ein Kloster. Die heutige Benediktinerabtei verdankt ihre Entwicklung dem Hl. Domingo, der um das Jahr 1000 hier lebte, jedoch nicht jener Santo Domingo de la Calzada war, sondern ein kauziger Eremit, der aus Navarra stammte.

Die Klosteranlage liegt inmitten einer großartigen und archaischen Landschaft, welche allein schon den Umweg lohnt. Der größte Teil der Abtei wurde im 18. Jh. restauriert. Original erhalten ist der zweistöckige romanische Kreuzgang aus dem 11. Jh., ein Bild formaler Strenge und vollendeter Harmonie. Am nordwestlichen Eckpfeiler befindet sich die berühmte Darstellung Christi als Pilger, mit Tasche und Pilgermuschel, auf seinem Gang nach Emaus (Abbildung Seite 181).

Je zwei Marmor-Reliefs an den vier Eckpfeilern des Kreuzganges gehören zu den reinsten Arbeiten romanischer Plastik und setzen mit ihren christlichen Motiven einen deutlichen Kontrast zu den 64 Kapitellplastiken an den Säulen zwischen ihnen. Jede aus einem einzigen Block herausgearbeitet, zeigen sie in flachen Reliefs mit scharfen Konturen symetrisch und harmonisch angeordnete und ineinander verflochtene Phantasiegebilde aus der Tier- und Pflanzenwelt mit mozarabischen Stilelementen. Ornamental und symbolisch stellen sie Lebensbäume mit schnäbelnden Vögeln dar, Fabeltiere, halb Greif, halb Löwe, Harpyen, geflügelte Gazellen, Centauren, Hasen und Hirsche, verfolgt von Jägern und umflochten von Akanthien, Weiden und Farnen.

Die Steinmetzarbeiten dieses Kreuzganges zähle ich zu den schönsten Beispielen der Verflechtung christlicher und arabischer Kultur.

Im Museum, früher Krankensaal und Weinkeller, ist das Tympanon der ersten, romanischen Kirche beachtenswert, das man bei Ausgrabungen in der jetzigen, neoklassizistischen Kirche fand.

In der Apotheke (1705) befinden sich neben Töpfen und Gerätschaften rund 400 pharmazeutische Bücher aus dem 16. und 17. Jh.

1 Himmelfahrt
2 Pfingsten, Hl. Geist
3 Grablegung
4 Kreuzabnahme
5 **Emaus**
6 Der ungläubige Thomas
7 Verkündigung
8 Wurzel Jesse
Decke im Kreuzgang:
bunte Mudejar-Malerei

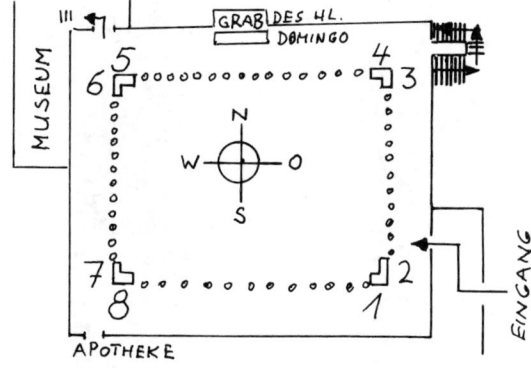

Wer Zeit hat und kastilische Atmosphäre liebt, sollte noch nicht nach Burgos zurück, sondern vorher nach

COVARRUBIAS

Vom Ufer eines klaren Flusses, über den sich eine alte Steinbrücke in mehreren Bögen wölbt, führen verwinkelte Gassen mit Kopfsteinpflaster in ein ruhiges und bezauberndes Städtchen, 'La Cuna de Castilla' (Wiege Kastiliens), auch 'Rahel' (die Schöne) genannt.

Der Pfarrer der Colegiata S. Damian und S. Cosma, Francisco J.Gomez Ona (Autor eines Büchleins über Covarrubias, nur auf spanisch) macht von 10.00 bis 13.00 Uhr und von 16.15 bis 18.40 Uhr Führungen durch Kirche und Museum: u.a. ein romanischer und ein gotischer Jakobus, ein Triptychon aus dem 15. Jh. mit der Anbetung der Hl.Drei Könige, kurioser Anachronismus: der Mohr trägt ein Kreuz auf der Brust.

Im kleinen Park vor der Kirche: das moderne Standbild jener mit 28 Jahren verstorbenen Norwegerprinzessin Kristina, die im 13. Jh. aus politischen Gründen hierher verheiratet wurde, und deren Sarkophag im gotischen Kreuzgang der Kirche steht.

Von hier sind es nur ein paar Schritte zum Festungsturm aus dem 10. Jh., gebaut von Fernán Gonzales, dem 'Vater Kastiliens'. An der Plaza davor stehen schöne alte Fachwerkhäuser wie z.B. das der Dona Sancha.

Diesen Platz verrate ich nur den Aëspañolados, da nur sie die spezielle Atmosphäre des Ortes zu spüren vermögen: in der schläfrigen Stille eines heißen Spätnachmittags unter der hohen Säulenvorhalle des Café Chumi bei einer Copa zu sitzen, während die Schwalben mit kurzen Schreien um den mächtigen Turm kreisen, und aus einer der Gassen sich das ruhige Hufeklappern eines Esels nähert, der zum Brunnen geführt wird.

Von Covarrubias aus kann man das schöne Tal des Rio Arlanza entlang zur Abtei-Ruine SAN PEDRO DE ARLANZA fahren, dann nach LARA DE LOS INFANTES inmitten einer bukolischen Landschaft mit weiten Horizonten. Auf einer schmalen Straße gelangt man zum Juwel der westgotischen Kunst, zur ERMITA DE QUINTANILLA DE LAS VINAS aus dem 7. Jahrhundert.

Olmilos de Sasamón, eine Burg wie aus einem spanischen Sagenbuch

VON BURGOS NACH LEON

Ich teile die Beschreibung dieser Strecke in 3 Etappen auf:
Burgos - Frómista; Frómista - Sahagun; Sahagun - León
BURGOS - FROMISTA
Für den Autofahrer bedeutet diese Strecke alles andere als eine Schnellstraße, und wer sie im Hochsommer durchwandert, mache sich auf die
heißeste Gegend Nordspaniens gefaßt: die Meseta. Hier beginnt eine
der Kornkammern Spaniens mit unendlichen Horizonten, riesigen Feldern,
wenig Flüsse und keine Wälder, nur ab und zu eine dunkelgrüne Eiche.
Der Pilger passiert u.a. die Ortschaft Hornillos de la Calzada. Hornillos
bedeutet Feuerstelle. Der Name wurzelt in den Rechten der mittelalterlichen Pilger, rechts und links des Weges Feuer machen zu dürfen.

Olmilos de Sasamón

Eine gut erhaltene, gotische Burg hebt sich mit hellockerfarbenen
Mauern von der rötlichen Erde gegen den tiefblauen Himmel ab. Zur
Verblüffung des Besuchers ertönt zur vollen Stunde vom Kirchturm eine
Glockenmelodie, die niemand in dieser entlegenen Ecke Spaniens ver-
mutet.

Castrojeriz

Sasamón

Dieser kleine, verträumte Ort mit einigen römischen Mauerresten hat eine 'Plaza mayor', deren Ausmaße ihrem Namen spotten. Aber schön ist die Plaza, ihre Arkadengänge und weltabgeschiedene Stille.

Die Kirche Santa Maria Real (13. Jh.) besitzt ein prächtiges, gotisches Portal mit sehr menschlichen Figuren.

Es ist von besonderer kunsthistorischer Bedeutung, denn mit diesen Skulpturen versuchte zum erstenmal ein spanischer Bildhauer, dem französisch-gotischen Stil nachzueifern. Zum Vorbild nahm er sich das Sarmental-Portal der Kathedrale von Burgos. Wie vortrefflich ihm sein Werk gelungen ist, beweisen nicht nur die zauberhaften Damen aus Stein, welche das Gewände rechts und links zieren.

CASTROJERIZ

Umgeben von endlosen Kornfeldern, die sich über flache Hügel mit roter Erde und durch weite Täler erstrecken, liegt der Ort in der Sonnenglut der Meseta.

Wenn im August die Felder gemäht sind, ziehen Schafherden über die Ebenen und Hügel, und in der rötlichen Staubwolke, die sie begleitet, schimmert groß und rot die tieferstehende Sonne des Abends hindurch.

Der Hirte hebt sich als einzige senkrechte Linie vor den endlosen Horizonten ab wie das Urbild aller Hirten durch die Jahrtausende.

Alles ist Hitze hier im Sommer ... und gleißendes Licht.

Die Häuser, oft noch aus Lehm gebaut, passen sich in ihrer Farbe und bröckelnden Trockenheit dem Boden an, aus dem sie gewachsen scheinen.

Trotz allem, oder gerade deswegen, besitzt die Meseta ihre individuelle Faszination.
Der Fußpilger hat hier ausreichend Gelegenheit, über die Peregrinatio zu meditieren. Per aspera ad astra. Durch die Plagen des Irdischen zu den Gefilden des Himmels. Der Himmel ist in der Meseta sehr nahe. Tiefblau und violett hängt er über dem leuchtenden Gold der Kornfelder und in der Mittagszeit läßt sein Licht die Luft über dem Horizont flirren.
Auch der Autopilger sollte für eine Weile und ein paar Schritte in die Landschaft hineingehen.

Schon von weitem sieht man die Templerburg von Castrojeriz sich über dem höchsten, gelben Hügel erheben.
Castrojeriz, das römische Castrum Caesaris, war zur Zeit der großen Wallfahrt ein bedeutender Treffpunkt, wovon seine vier Kirchen und die Reste von ehemals acht Pilgerherbergen heute noch zeugen.
Kirche Santa Maria de Manzano:
'Maria vom Apfelbaum' (1214), mit einer sitzenden Madonna aus dem 13. Jh., und einer Jakobsstatue mit breitkrempigem Pilgerhut und echten Pilgermuscheln besetzt.
Kirche Santo Domingo:
aus dem 16. Jh., mit einer Sammlung flämischer Teppiche.
Kirche San Juan:
mit romanischem Turm, romanisch-gotischem Kreuzgang und barockem Altar-Retabel.
Außerhalb der Stadt stehen noch die Ruinen eines Klosters, dessen Gründung Franz von Assisi zugesprochen wird.

Bei Itero del Castillo
überquert eine mittelalterliche Brücke mit acht Bögen den Rio Pisuerga, über die heute noch Schwerlastwagen fahren. Gute. alte Wertarbeit. In der Landschaft und den Orten, wie beispielsweise in
BOADILLO DEL CAMINO, fallen runde oder sechseckige Türme auf: 'Palomares', Taubentürme sind das.

FROMISTA
So abgelegen und geruhsam der Ort, der einmal eine belebte Pilgerstation war, auch erscheinen mag - die Kirche San Martín, eines der schönsten Kunstwerke der spanischen Frühromanik, ist auch heute noch das Ziel aller Pilger und Kunstverständigen. Seit seiner Restauration im Jahre 1893 ist es ein 'monumento nacional'. Wer Patina liebt, muß Verständnis haben, daß diese bei der Reinigung verloren ging.
So rätselhaft und ernst die Figurengruppen an den Säulenkapitellen des Inneren sind, so skurril, humorvoll, erschreckend und gleichwohl rätselhaft sind die über 300 Skulpturen an den Sparrenenden der Dächer (Fernglas und Teleobjektiv notwendig!). An ihnen sind Menschen- und Tierköpfe

Kastilianische Landschaften bei Castrojeriz

Fromista, San Martin

und verschiedene Ornamente dargestellt. Ein Bilderbuch des Mittelalters. Gegründet wurde die Kirche von derselben Königin, der wir auch die Puente de la Reina verdanken, Uracca.

Im Inneren ist die Kirche arm an Plastiken. Arm allerdings nur an der Zahl, nicht am künstlerischen Wert, denn die drei Figuren in der Apsis sind von vollendeter Schönheit: der gekreuzigte Christus in der Mitte, rechts und links von ihm der 'Heilige' und der 'Pilger'. Sonst nichts, aber gerade deswegen kommen sie erst recht zur gebührenden Bedeutung.

Im Kirchenschiff zieren eine Reihe von Kapitellplastiken die Säulen. Im Ort steht noch das alte 'Palmeros'-Hospiz.

Von Frómista nach Sahagún

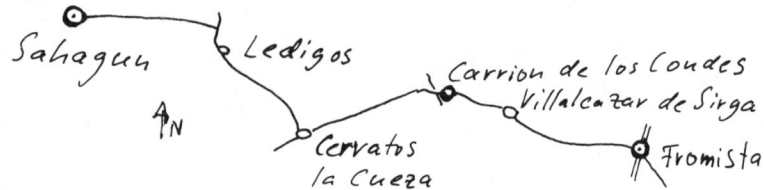

VILLALCAZAR DE SIRGA

Welch ein Kontrast tut sich schon beim Herannahen auf: aus aufgeschichteten Strohballen, Scheunen, Lehmhütten und niedrigen Bauernhäusern erhebt sich wuchtig und wehrhaft wie eine Trutzburg die Templerkirche Santa Maria la Blanca mit ihrem hohen Portal. Eine Wehrburg Gottes. Hier erkennt man wieder einmal, welche hervorragende Bedeutung

Villalcazar de Sirga, Santa Maria la Blanca

der Jakobsweg hatte.

Das Portal der Kirche ist ein gewaltiges 'gloria in excelis deo'. Ganz oben Christus mit den Symbolen der Evangelisten. In der Mitte die Madonna mit Königen und Aposteln, darunter ein mit vielen Figuren verzierter Bogen.

Das Innere ist ein gotisches 'Tedeum' aus nacktem Stein, überwältigende, kompromißlose Verehrung. Der Stein wird zum Gebet.
Erstaunlich, was der Mensch aus der Materie zu schaffen vermag.

Auch hier darf selbstverständlich eine Jakobskapelle mit der Figur des Heiligen und Szenen aus seinem Leben nicht fehlen.

Ein Sarkophag liegt in der Kirche; begraben sind darin der Infant Don Felipe, der Sohn des Königs Ferdinand, und seine Frau, Doña Leonor, deren Kinn mit den Bändern der Haube verbunden ist. Wohl, damit sie ein für allemal den Mund hält.

Eine neue Pilgerherberge, ein Gasthaus gegenüber der Kirche, ist seit einiger Zeit wieder Treffpunkt der Pilger unserer Tage. Eine gemütliche Einkehr. Man kann dort durchaus 'Seinesgleichen' treffen und bei einem guten Glas Rotwein über den Jakobsweg plaudern.

CARRION DE LOS CONDES

Die Legende erzählt eine schauerliche Begebenheit von diesem Ort. Zwei Grafen von Carrión hatten es als Mitgiftjäger auf die Töchter des reichen El Cid abgesehen. Nach erfolgter Hochzeit in Valencia prügelten die Noblen ihre Bräute auf die Straße, wohl um ein Exempel zu statuieren, worauf die Ritter des Cid ihrerseits ein Exempel statuierten und sie vor die Klinge nahmen.

Carrión ist als Stadt reizvoller als Frómista, gehört aber gleichermaßen zu den Orten des Jakobsweges, die von ihrer großen Vergangenheit träumen. Und ich kann nicht umhin, mich zu wiederholen: die alten Träume der großen Wallfahrt werden für den Jakobspilger von heute wieder ein wenig lebendig, wenngleich unter anderen Vorzeichen. Oder?

Die Vergangenheit ist nicht endgültig tot, solange sie von künftigen Generationen verehrt und nachempfunden wird.

Die Zeiten ändern sich, die Umstände ändern sich, selbst Motive mögen andere sein - eine Idee ist unsterblich, solange sie Wahrheiten enthält und Werte vermittelt.

Kirche SANTA MARIA DEL CAMINO

Das romanische Portal zeigt oben Christus mit den Evangelistensymbolen: Löwe, Stier, Engel und Adler. Die Archivolten erzählen die Geschichte von der Errettung der christlichen Jungfrauen, die einem maurischen König geopfert werden sollten, durch zwei Stiere.

Das besser erhaltene und reicher ausgeschmückte Portal ist an der

SANTIAGO - KIRCHE

Über dem rein romanischen Portal zieht sich ein Figurenfries über die ganze Breite der Fassade. Auch hier Christus als zentrale Figur, ein Herrscher mit menschlichen Zügen, flankiert von den Evangelistensymbolen und den Aposteln.

Der Jakobspilger ist bis hierher schon einiges gewöhnt an Darstellungen von Engeln, Teufeln, Heiligen und Bösewichtern, Auserwählten und Verdammten. Die Archivolten dieses Portals überraschen durch eine einmalige Besonderheit: die 22 Figuren zeigen ganz einfach den Menschen. Wie er leibt und lebt. Musizierend, arbeitend oder einfach einen Salto schlagend, und diesen oder jenen Beruf ausübend.

KLOSTER SAN ZOILO

Das Kloster aus dem 10. Jh. wurde zur Zeit der Gotik umgebaut und ist heute ein Priesterseminar.

Der Aufwand, eine Erlaubnis einzuholen, um in das ansonsten für Besichtigungen geschlossene Anwesen zu gelangen, ist nicht dringend zu empfehlen.

Santo Domingo de Silos, Christus als Pilger nach Emaus

SAHAGÚN

Eine großartige Über-
raschung auf dem Cami-
no ist Sahagún mit den
schönen, strengen Kir-
chen im maurischen
Stil.

Französische Pilger
auf dem Weg zur
Virgen Peregrino.
Sie wanderten von
Burgos nach San-
tiago de Composte-
la zu Fuß.

San Lorenzo

O. SINC

Die Landschaft zwischen Carrión und León ist von faszinierender Monotonie. Kornfelder so weit das Auge reicht, aber mit Dimensionen, die einem Nordländer den Atem nehmen.

Der Fußpilger kann sich auf Wegen, die meist in der Nähe der nicht sehr befahrenen Autostraße verlaufen, manchmal auch auf diesen, ganz dem Rhythmus des Gehens hingeben. Der Autofahrer sollte mit dem Gaspedal sparsam umgehen, zum einen der Fußpilger wegen, andererseits der unebenen Fahrbahn wegen (bis km 223).

Inmitten dieser weiten Ebenen tauchen plötzlich wie eine Fata Morgana die Türme von

SAHAGUN

auf. Mächtige, viereckige Türme, von Mönchen erbaut, die aus Cordoba geflohen waren, aber ihre maurischen Eindrücke deshalb nicht vergessen hatten und sie in den Kirchen von Sahagún in Stein formten.

Die Kirchen SAN LORENZO und SAN TIRSO (11.-13. Jh.) sprechen die deutliche Sprache des Mudejar-Stiles: Romanik mit maurischen Stilelementen. Die wuchtigen Türme werden zierlich aufgelockert durch ihre drei- oder vierstöckigen Arkaden, und das Backsteingemäuer ist reich an romanisch-maurischen Verzierungen und Blendarkaden.

KLOSTER SAN BENITO

Eine Ausstrahlung besonderer Art geht von diesem Kloster aus, beziehungsweise von dem, was von ihm übrig blieb. Bis auf das prächtige Portal sind es nur noch Ruinen, die aber trotzdem oder vielleicht gerade deswegen, den Geist des ehemaligen Cluniazenser-Zentrums und späteren Benediktinerklosters atmen.

Auf der Strecke von Burgos bis hierher habe ich nicht viele Pilger gesehen. Woher sie nur alle kamen, die ich in Sahagún traf? Franzosen zumeist. Jugendgruppen mit großen Rucksäcken, die den Weg von Pamplona bis Santiago zu Fuß marschierten.

Ein schmächtiges Mädchen mit bandagierten Knien konnte nur noch mühsam den anderen hinterher hinken. Meinen Vorschlag, sie ein Stück mitzunehmen, wies es entrüstet zurück. Ein Autofahrer sei kein Pilger, kein 'Frère Pélérin'. Recht hatte sie. Au revoir in Santiago. Ein Schild stand auf der anderen Straßenseite: Camino de Santiago. Von hier sind es noch 335 km, und das mit diesen Knien!

Eine Gruppe von fünf reiferen Damen, ebenfalls aus Frankreich, ebenfalls mit großen Rucksäcken, die ich auf der Anhöhe oben, beim

Sahagún, S.Benito

SANTUARIO DE LA VIRGEN PEREGRINO

traf, verpaßten mir die zweite, kalte Dusche: "Sie mit ihrem Auto dürfen in Santiago de Compostela nicht mit der Vergebung ihrer Sünden rechnen". Sie sagten es lachend. Diese Kirche ist geschlossen, den Wächter mit den Schlüsseln, Senor Evenzio San Martin trifft man meistens in der Kirche San Tirso zwischen 10 und 12 Uhr und 14 bis 20 Uhr. Im Inneren des Santuario sind nämlich schöne Mudejar-Stuck-arbeiten zu sehen.

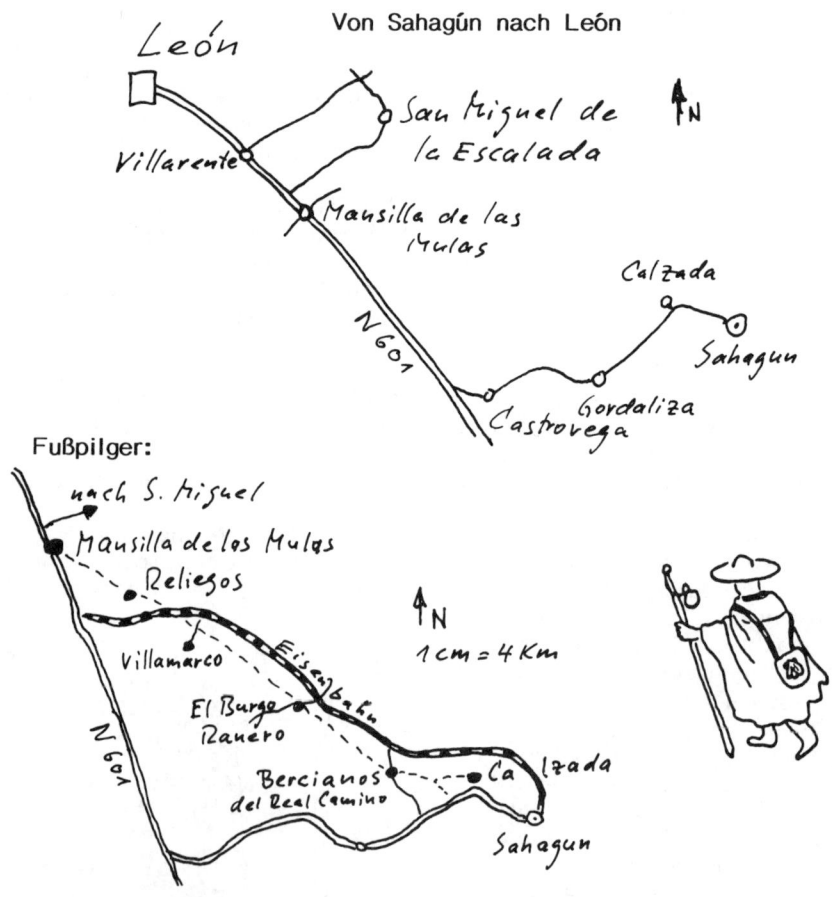

Von Sahagún nach Mansilla de las Mulas: in Calzada de Coto beim Fußballplatz links nach Bercianos, am Ende des Dorfes bei der Quelle nach rechts, nach Burgo Ranero. Immer geradeaus, Villamarco links liegen lassen, nach Reliegos, dort rechts halten (Südwest) nach Mansilla.
  Die Gegend nach Sahagún wird fast wüstenhaft eintönig, die Hitze prallt senkrecht auf die Erde und wird flirrend reflektiert. Aber es ist eine trockene Hitze und deshalb gut verträglich.

Die Hochebene senkt sich etwas, ein Fluß und ein Dorf mit römischen Wehrmauern umgürtet taucht auf:

Mansilla de las Mulas

Innerhalb der Mauern entlang des Rio Esla liegt ein Ort, wo die Zeit stehenblieb. Zumindest bis in die jüngere Vergangenheit. Inzwischen gibt es auch hier Fernsehantennen. Die Festungswälle mit den dekorativen Zinnen aus dem 11. Jh. sind erhalten geblieben.

Einen guten Kilometer nach Mansilla de las Mulas biegt eine schmale Landstraße ab nach:

SAN MIGUEL DE ESCALADA

H. SING

Nach der Dürre der Meseta und der Hochebene von Sahagún wirkt der Weg nach San Miguel de Escalada wie ein Paradies. Bäche mit Wasser, Wiesen, Obstgärten, Wein, Blumen, Buschwerk und Bäume.

Aus dem grünen Tal steigt das Sträßlein hinauf auf einen Hügel, wo einsam und weit über's Land schauend das Kloster San Miguel de Escalada rund 1000 Jahre Geschichte überdauert hat.

Ein harmonischer Dreiklang geistiger Bewegungen klingt hier auf: westgotisches Gemäuer im klotzigen Turm, romanische Rundbögen und in den Arkaden die zierlichen Hufeisenbögen islamischer Prägung.

Ähnlich wie in Sahagún wurde auch dieses Kloster auf den Resten einer westgotischen Kirche von Mönchen aus Cordoba im mozarabischen Stil erbaut.

Hier begriff ich wieder einmal das "Grenzenlose" des Jakobskultes, nicht nur im Bauwerk eines Klosters, sondern auch in der kleinen Gesellschaft, die sich in dieser Weltabgeschiedenheit bald zusammenfand: zwei Franzosen aus Chartres mit dem unvermeidlichen 'Guide Michelin' in der Hand, welcher das Kloster als das besterhaltene der mozarabischen Architektur rühmt. Recht hat er.

Ein junger Professore aus Rom zauberte aus dem Gepäckswirrwarr eine Flasche Wein, Tomaten, Käse und Brot hervor und ließ sich mit seiner Gefährtin erst mal zu einer genüßlichen Mahlzeit ins gelblich schimmernde Gras nieder. Peregrinos nach Santiago. An die warmen Steine einer Mauer gelehnt, vernahm ich das unermüdliche Zirpen der Zikaden, ein vertrautes Geräusch des Südens.

Kurz vor meiner Weiterreise tauchte noch eine Gruppe von Kölnern auf, die schon in Santiago waren und sich auf der Rückreise befanden. Den berühmten Regen von Santiago hätten sie nicht erlebt, berichteten sie mit Bedauern. Ich habe ihn in jenem Sommer übrigens auch nicht kennengelernt.

León kommt nicht von 'leo' (=Löwe), obwohl die Stadt den Wüstenkönig als Wappentier hat, sondern von 'legio' (=Legion), weil hier der Sitz der 7. römischen Legion des Augustus war, wovon noch Mauerreste im Osten und in westlichen Teilen der Stadt zeugen.

Die Geschichte der Stadt erfordert, wenn man den Namen des ersten leonesischen Königs Ordono II. nennt, der im Chorumgang der Kathedrale begraben liegt, einen ganz anderen Rückblick, als nur auf die Römer.

Sozusagen auf Urspanien, wo ursprünglich die Iberer zuhause waren. Nomaden, Hirten und einfache Bauern. Und so, wie in das Urgriechenland die Dorer aus dem Norden, in das Uritalien die Etrusker aus dem Osten, so drangen hier die Westgoten ein, der Germanenstamm aus dem Norden. So gesehen ist also im Blut der Spanier neben dem romanischen auch ein gut Teil germanisches Blut. Den Ur-Romanen hat es also nie gegeben, auch nicht in Italien. Der Typus des romanischen Menschen ist das Produkt einer rund zweitausendjährigen Geschichte.

Warum ich diesen Teil der Geschichte Spaniens nicht früher, sondern erst hier in aller notwendigen Kürze erwähne, hat zwei Gründe:

zum einen waren die ersten Könige von León und Kastilien Westgoten, und zwar bis nach 711, als bei Arcos de la Frôntera, einem sehr schönen andalusischen Städtchen bei Jerez de la Frôntera, der Westgotenkönig

Roderich im Kampf gegen die Mauren erschlagen wurde. Zum zweiten, weil die Reconquista, die Rückeroberung Spaniens, ihre siegreichen Anfänge im Tal von Covadonga nahm, nordöstlich der Picos de Europa, den höchsten Erhebungen des Kantabrischen Gebirges. Der Westgotenkönig Pelayo hatte dort im Jahre 722 den Mauren kräftig das Fell gegerbt.

Kein Wunder also, daß Covadonga nordöstlich von León heute das spanische Nationalheiligtum ist.

Nebenbei sei's hier gesagt: die maurischen Kulturdenkmäler von Granada, Cordoba, Sevilla und andere werden vom spanischen Staat zwar

León, Plaza del Mercado (Kornmarkt)

bestens gepflegt und hergezeigt. Aber man wird keinen Spanier mit Stolz und Freude im Herzen von ihnen erzählen hören. Wie gesagt, sie waren eben eine unerwünschte Besatzungsmacht.

Eigenartigerweise wurden und werden die Westgoten nicht in diesem Licht gesehen. Parallelen zu Italien drängen sich auf: die Etrusker waren zwar auch 'Zugereiste', aber die ersten römischen Könige waren Etrusker.

Die Altstadt von León kann man in zwei Rundgängen erwandern: den norwestlichen Teil mit den Attraktionen Kathedrale, San Isidoro und Römermauern, und den südöstlichen Bereich um die Plaza Mayor und den Kornmarkt.

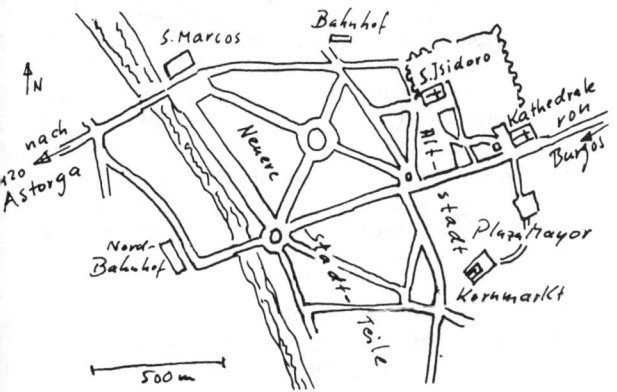

Für einen Rundgang im malerischen Altstadt-Teil mit seinen verwinkelten Gassen, Backsteinfassaden und Holzarkaden empfehle ich als erstes die Plaza Mayor. Ein großer, ringsum geschlossener Platz mit Arkaden und Cafés, der stark an die Plazas Mayores von Madrid und Salamanca erinnert. Der Salon der Stadt.

Eine völlig andere Atmosphäre liegt über der Plaza de Mercado (alter Kornmarkt). Kleiner, intimer, nicht streng rechteckig, sondern von harmonischer Unregelmäßigkeit, mit altem Kopfsteinpflaster, Bäume um einen schönen Brunnen in der Mitte und das alte Pilgerkirchlein zwischen Häusern mit Holzarkaden.

DIE KATHEDRALE

Sie zählt neben den Kathedralen von Chartres und Reims zu den drei schönsten Werken französischer Gotik.

Wenn man in der Kathedrale von Burgos zum 'papamoscas' wird, das heißt, daß einem der Mund offen bleibt vor Staunen, so wird man es beim Eintritt in diesen Dom wegen der Farbenpracht seiner Fenster.

1200 Quadratmeter Buntglas in 125 Fenstern, 57 Fensterrosen und drei riesigen Rosetten zaubern in unendlicher Variation farbige Lichtspiele und Reflexe in die hohe gotische Halle.

Ein einmaliges und unvergleichliches Schauspiel, vor allem, wenn man es zu unterschiedlichen Tageszeiten erlebt, wenn immer neue Fenster und Rosetten zu glühen beginnen und kaleidoskopartige Farbspiele in die Kirche projizieren.

Die ältesten Fensterrosen sind in der Westfassade und der mittleren Chorkapelle, die Renaissance zeigt sich in den Fenstern der Santiago-Kapelle.

Die Kathedrale (13.-14. Jh.) bietet noch ein zweites, nicht minder schönes, optisches Erlebnis in ihrem Kreuzgang.

Ich vergleiche ein zweites Mal die gotische Kirche von León mit der von Burgos. Letztere ist ein Ineinander und Nebeneinander von vielen Kirchen und Nebenräumen, Kapellen und Verbindungen, und irgendwo rechts hinten ist der Kreuzgang. Hier in León herrscht Klarheit. Da ist 'die Kirche' und 'der Kreuzgang', welcher an das Seitenschiff anschließt und den Blick auf die Kirche öffnet. Auf die Rosetten des Querhauses, auf Streben, Galerien und Giebel, Türme Bögen und Balustraden. Ein Kreuzgang, vor dem der Stein der Kirche aufgeschlagen steht wie das offene Gebetbuch bei der Hohen Messe.

Immer wieder, auch vor der Hauptfassade dieser Kirche, habe ich Vergleiche mit Burgos angestellt, und als ich bei einem Glas Riojawein vor dem Café an der Plaza saß, fiel mir jene Anekdote von dem Kritiker ein, der die undankbare Aufgabe hatte, die Skulpturenausstellung seines Freundes zu begutachten. Er ging von einem Werk zum anderen und gab ständig Superlative zum besten: großartig, wundervoll, phantastisch, hervorragend, genial. In der Ecke des Raumes stand eine kleine Terrakottafigur. Der Kritiker blieb vor ihr stehen, sah sie lange an und sagte dann: "Das da, das ist gut".

Gegründet wurde die Kirche von dem Westgotenkönig Ordoño II. (914-924), von den Mauren zerstört, und in ihrer jetzigen Gestalt 1303 eingeweiht. Ihre frühe Gotik zeigt starken französischen Einfluß. Man sagt

León, Kathedrale

sogar, für die jeweils drei Schiffe des Lang- und Querhauses habe Reims als Vorbild gedient.

Die drei Portale des Portikus an der Westfassade sind reich mit Figuren versehen. Das Tympanon des Mittelportals zeigt Christus als Richter der Welt, der Fries darunter den Engel mit der Waage der Gerchtigkeit, zu seinen Seiten die Auserwählten und die Verdammten. Auch hier wieder scheußliche, übergroße Teufelsköpfe mit den Leibern der Sünder zwischen den Zähnen. Zwei große Kochtöpfe stehen bereit... .

Unter den Figuren des linken Gewändes im Mittelportal steht als zweiter von rechts Jakobus mit Stab und Pilgerhut. An der Mittelsäule thront 'Santa Maria la Blanca', allerdings als Replik. Die Originalstatue steht in einer der Apsidialkapellen. Das linke Portal zeigt Szenen aus der Kindheit Christi. Im rechten Portal kommt überraschenderweise eine Figur zur Geltung, die ebenfalls eng mit dem Jakobsweg verbunden war: der Hl.Franz von Assisi, einst selbst ein Pilger nach Santiago.

Die in Spanien häufig anzutreffende Gepflogenheit, den Chor mitten in das Langhaus der Kathedrale zu stellen (siehe auch Burgos), hat den Nachteil, daß der Raum des Mittelschiffes unterteilt wird und somit in seinen wahren Dimensionen und Perspektiven geschmälert wird.

In der südöstlichen Ecke des Kreuzganges befindet sich die Capilla de Santiago, auch Capilla de la Virgen del Camino genannt. In der Capilla del Dado, dem Raum zwischen Kirche und Kreuzgang, begegnen wir im schönen Portalgewände 'Puerta del Dado' noch einmal unserem Wegbegleiter und -beschützer Santiago.

Unter den Sehenswürdigkeiten müssen noch erwähnt werden: das Dom-Museum mit einer mozarabischen Bibel mit Buchmalereien, und das Südportal, ebenfalls ein dreigliedriger Portikus und überreich mit Figuren verziert.

Wenn man sich von der Westfassade aus zur Kirche San Isidoro begibt, kommt man am Touristenbüro vorbei.

Durch ein paar schmale Gassen, die sich auf eine breite Straße öffnen, und man erblickt rechts oben:

SAN ISIDORO

Hier sind wir wieder auf den Spuren schönster Romanik. Diese 1063 erbaute Kirche sollte als würdiger Rahmen für die Reliquien des Hl.Isidoro und als Begräbnisstätte der leonesischen Könige dienen.

Auf das große und schlichte Südportal, der 'Puerta del Cordero' (das Lamm Gottes im Tympanon) wurde später allerdings einiges aus Gotik und Renaissance gesetzt, so daß die Klarheit der Romanik etwas gestört wird. Links neben dem Bogen des Cordero-Portales steht S.Isidoro, rechts des Bogens der Hl.Pelayo, beide hervorragende Skulpturen der Romanik. Rechts vom Cordero-Portal schließt sich die rein romanische Fassade des Querhauses an, mit der 'Puerta del Perdon' (Tor der Vergebung).

Noch weiter rechts hat man auf die frühere Apsis einen unförmigen, in seinen Proportionen nicht zum Kirchenschiff passenden, gotischen Chor gesetzt.

Eine vollkommene Harmonie in Architektur, Skulptur und Malerei umfängt den Besucher im 'PANTEON DE LOS REYES' der westgotisch- leonesisch- kastilischen Könige.

Ursprünglich als Narthex zur Kirche gebaut, wurde er später zum Mausoleum von 12 Königen und Königinnen, sowie einer Vielzahl von Prinzen und Adeligen.

Hier ist das Eldorado für Kunstkenner und -liebhaber romanischer Kunst in León, weshalb man diese Art von Touristen hier auch eher findet als in der Kathedrale. Schade, daß man den Panteon nur mit

San Marcos, Elfenbein-Christus

Führer und in Gruppen besichtigen kann. Trotzdem: die Kapitelle sind die schönsten und frühesten Meisterwerke der spanischen Romanik. Teils mit Pflanzen- und Tiersymbolen, teils figürlich ausgeschmückt. Die besondere Kostbarkeit aber sind die Wand- und Deckengemälde, die unter Ferdinand II. geschaffen wurden (2. Hälfte des 12. Jh.). Die Schönheit der Zeichnung und Frische der Farben gaben deshalb dem Panteon den Namen 'Sixtinische Kapelle der Romanik'.

In Gewölben, Zwickeln und auf Gurtbögen einander zugeordnet erscheint in der Mitte Christus im Glorienschein, umgeben von den Evangelisten mit den für sie symbolischen Tierköpfen auf menschlichen Körpern. Des weiteren: Jagd- und Hirtenszenen, Abendmahl und Apokalypse, der Kindermord zu Bethlehem und die Verkündigung, die Flucht nach Ägypten und das Lamm Gottes.

Besonders eindrucksvoll ist der landwirtschaftliche Kalender in einem der Jochbögen (siehe Überschrift: León).

Über eine Treppe gelangt man in das Museum von San Isidoro, wo ich nur den Schrein des Heiligen mit den getriebenen Silberplatten, und den Achatkelch, den Dona Urraca, Tochter Ferdinands I., der Kirche schenkte, erwähne.

Man verläßt León nicht, ohne einen Besuch gemacht zu haben beim

SAN MARCOS
Es liegt sowieso an der Ausfahrt nach Astorga.
Im 12. Jh. stand hier ein Kloster und eines der bekanntesten Pilgerhospize des Jakobsweges, wovon noch ein Teil rechts hinter der Kirche zu sehen ist!
Im 16. Jh. ließ Ferdinand das Kloster abreißen und als Großmeister der Ordensritter von Santiago das heutige Gebäude als Hochburg des Ordens erstellen. Es ist mit seiner prachtvollen Fassade eines der schönsten Beispiele spanischer Frührenaissance.
Heute beherbergt es eines der prunkvollsten Hotels Spaniens. Für eine Übernachtung dort kann man freilich keine Jugendherbergspreise zum Maßstab nehmen.
Der zweistöckige Kreuzgang im Inneren und das ARCHÄOLOGISCHE MUSEUM können besichtigt werden.
In einer Glasvitrine des ersten Saales, erreichbar über den Kreuzgang, befindet sich der berühmte Cruzifixus von Carrizo, eine nur 33,5 cm hohe Elfenbeinschnitzerei früher Romanik (11. Jh. mit byzantinischem Einfluß). Rührende Schlichtheit unverbildeten Glaubens.

An der langen Außenfassade von San Marcos und der Kirche erinnern uns zwei Dinge daran, daß wir auf dem Weg nach Santiago sind: der 'Matamoros' über dem Eingangsportal zum Kloster (Hotel), in der Mitte der Fassade, und die zahlreichen Muscheln an der Fassade der Kirche.
280 km sind es noch bis Santiago de Compostela.

* * *

VON LEON NACH PONFERRADA

Für den Autoreisenden gibt es keine Möglichkeit, sich zu verfahren. Er folgt der Hauptstraße N 120 nach Astorga.

Der Fußpilger hat bis Hospital del Orbigo denselben Weg, kann dort aber die restlichen 20 km nach Astorga rechts der Straße über Villares del Orbigo, Santibañez und San Román nach Astorga wandern. Etwa 6 km westlich von León liegt das moderne Heiligtum der

SANTA MARIA DEL CAMINO

Ist etwas von 1961 noch modern? Vor einer Fassade mit Buntglas in Beton stehen die expressionistischen Bronzefiguren der 12 Apostel, in der Mitte die Jungfrau. Der zweite zu ihrer Rechten ist nach längerem Hinsehen als Jakobus erkennbar. Er sieht aus wie ein Konglomerat aus Fels, Tang und Muscheln, wie man es an den Küsten des Atlantik in natura antrifft.

HOSPITAL DEL ORBIGO

Eine mittelalterliche Brücke überquert mit 18 Bögen das Tal und die Wasser des Rio Orbigo. Man fährt erst von Puente del Orbigo am Ostufer auf einer neuen Brücke an das andere Ufer, Hospital del Orbigo, biegt rechts ab und erreicht die alte Brücke, die den Beinamen 'Paso honroso' hat (ehrenhafter Waffengang).

Was sich auf dieser Brücke im Jahre 1434 zugetragen hat, wird in verschiedenen Variationen erzählt, die zumindest im Anfang eines gemeinsam haben: ein spanischer Ritter namens Suero de Quiñones und seine Spießgesellen haben die Brücke belagert und mit berittenen Pilgern, Ritter also ebenfalls, eine längere Partie geschlagen, die sich über einige Tage hinzog. Ich verwende diesen Ausdruck aus der Sprache der alten Burschenherrlichkeit, weil es kein bewaffneter Überfall, kein Raubritterstück oder gar ein Krieg im kleinen war, sondern eine Sache zwischen Rittern. Die Variationen beginnen bei den Motiven. Was nämlich wollten Suero und seine 8 Getreuen?

Puente del Orbigo

Da ist zum einen die Rede von einem Waffengang zu Ehren Santiagos. Man runzelt die Stirne. Eine Frau sei im Spiel gewesen, sagen die anderen. Der Caballero habe von jedem Ankommenden mit Waffengewalt die Zustimmung erzwungen, daß seine angebetete Dame die Schönste sei. Erneutes Stirnrunzeln. Immerhin, Cervantes rühmt die Geschichte in seinem 'Don Quijote' , in höchsten Tönen.

Die dritte Version erscheint plausibler: der Grande war knapp bei Kasse und erhob auf diese Weise Brückenzoll.

Eine Spur dieses 'Brückenhelden' findet sich noch in der Kathedrale in Santiago in Form eines Colliers um den Hals von Jakobus dem Jüngeren.

Die Brücke ist inzwischen zum Nationaldenkmal ernannt worden.

ASTORGA

Astorga, Römermauer, Bischofspalast und Kathedrale

Die 'kleine Hauptstadt' der Maragatería, so heißt die Landschaft drumherum, ehedem eine römische Siedlung, war zur Zeit der großen Wallfahrt, also zwischen dem 11. und 15. Jh., eines der wichtigsten Pilgerzentren des Jakobsweges.

Ritterliche, klösterliche und Laienbruderschaften unterhielten hier ein gutes Dutzend von Herbergen und Krankenhäusern, die ausschließlich der Betreuung der Pilger dienten.

Man versuche sich einmal vorzustellen, was sich damals in einem vergleichsweise kleinen Städtchen zugetragen haben muß, wo täglich neue Pilger aus dem Osten kamen, Freude, Neugier und Hoffnung, aber auch die Zeichen von Entbehrung und Strapazen von 1500 und mehr Kilometern

auf den Gesichtern. Hier, 238 km vor ihrem Ziel. Auf den Pilgerfried-
höfen von Astorga endete, wie so mancherorts entlang des langen Weges,
für viele die Wallfahrt.

Die anderen rüsteten sich zur Überquerung der zwei großen Pässe,
die es nun zu überwinden galt, um Galicien zu erreichen. Aus alten
Chroniken geht hervor, daß in Pilgerzentren wie hier die Schuhmacher,
eine der wichtigsten Handwerkszünfte am Camino, sogar am Sonntag
arbeiten 'durften', armen Teufeln wurden die Schuhe gar umsonst ge-
flickt.

An den abendlichen Kaminfeuern der Herbergen berichteten die aus
Santiago zurückkehrenden Pilger mit glänzenden Augen den kommenden
von der heiligen Stadt Jakobs. Aber auch sie hatten erneut Wochen und
Monate voll Mühsal, Gefahr, Krankheit und Launen des Wetters zu ertragen.

Eng beieinander und mit einem Blick überschaubar stehen in Astorga
die zeitlich weit auseinander liegenden Zeugnisse dreier Epochen vor
dem Betrachter:
die Mauer, ein Rest des Bollwerks der römischen Stadt Asturica Au-
gusta, die Kathedrale aus dem 16. Jh. und der Bischofspalast vom Anfang
unseres Jahrhunderts, wenngleich er auf den ersten Blick nicht den An-
schein erweckt.

DER PALACIO EPISCOPAL
wurde 1910 von keinem Geringeren als Gaudi gebaut. Der Architekt
des spanischen Jugendstils, oder sagen wir besser der Zeit, in welcher
der Jugendstil 'Mode' war, hat hier mit spielerischer Phantasie eine
Mischung aus Palast, Burg und Kirche geschaffen, die gemeinhin als
'neogotisch' bezeichnet wird. Ich halte den Ausdruck für unpassend und
würde es so nennen: Gaudi hat mit der Gotik gespielt. Und wie es sich
für Spielzeuge gehört: es ist lustig.

Im Inneren ist ein für Jakobspilger wichtiges Museum untergebracht:
MUSEO DE LOS CAMINOS: Jakobsfiguren verschiedener Stilrichtungen,
Chroniken, Herbergsbücher, Pilgergegenstände wie Taschen, Muscheln
und Trachten.

DIE KATHEDRALE
gleich neben Gaudis skurrilem Gemäuer stammt aus dem 16.Jh., zeigt
aber vier verschiedene Stilepochen: das Schiff mit seinem mächtigen
Chor ist späte Gotik, Altäre teilweise Barock, die Türme Renaissance
und die Fassade plateresk.

Manzanal- und Rabanalpaß

Von Astorga nach Ponferrada
Der Autofahrer kann die neu ausgebaute Hauptstraße über den Manzanal-
Paß wählen und ist nach 60 km und einer knappen Stunde in Ponferrada.
Der Weg über diesen 1200 Meter hohen Paß wurde teilweise auch von
den 'alten' Pilgern benutzt, aber die heutige Strecke ist ereignislos, aus-
ser der Aussicht. Auf den schmalen, allerdings weniger 'autogerechten'

194

Rabanal-Paß, Cruz de Ferro

Wegen über den Rabanalpaß (1500 m) folgt man den eindrucksvollen Spuren des Camino.

Durch die Maragatería, zuerst ziemlich eben, dann zunehmend hügelig und bergig, kommt man zuerst durch CASTRILLO DE LOS POLVAZARES, einem Dorf, das wegen seiner Ursprünglichkeit zum 'Monumento Regional' erklärt wurde, über SANTA CATALINA DE SOMOZA und EL GANSO hinauf nach RABANAL DEL CAMINO.El Ganso ist ein Keltendorf.

In dieser urwüchsigen Landschaft der Maragatería hat sich bis heute ein eigenartiger Menschenschlag bewahrt. In über 30 Dörfern, verstreut zwischen Heidekraut und Ginster, leben die Nachfahren von Berbern, die sich da und dort ein wenig mit westgotischem und keltischem Blut vermischt haben und in ihren Trachten, in der Art, ihre Feste zu feiern und viel sonstigem Brauchtum ihre Eigenheiten durch rund 1000 Jahre bewahrt haben. Die Maragatería-Hochzeiten von Castrillo sind weit und breit bekannt, und der beliebte Tanz der Gegend heißt 'Santiagomillas'.

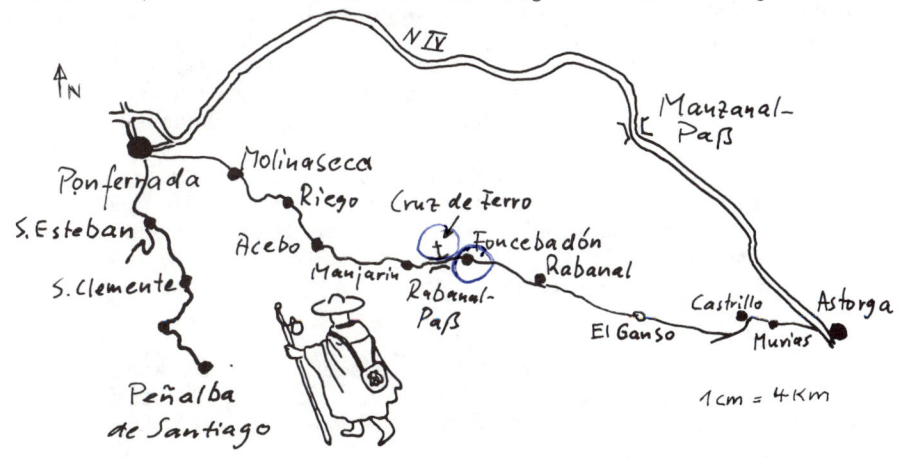

Rabanal del Camino

ist ein Straßendorf, und die Straße ist der Camino Antiguo.
Ein Mädchen mit großen, schwarzen Augen steht in einer Türe. Blut aus Nordafrika. Adios, Guapa, Santiago ruft.

Die gewaltigen Bergrücken der Sierra del Teleno rücken näher, dann, hinter FONCEBADON, mit den Resten eines Pilgerhospizes am Ortsende, klettert die Straße hinauf auf 1500 Meter Höhe in eine einsame Berglandschaft, karg bewachsen mit Heidekraut und hartem Gras. Rechts oberhalb der Straße erhebt sich das seltsame

Cruz de Ferro

vor der Unendlichkeit des Himmels und der Horizonte. Es ist wohl das einfachste und schlichteste Wegkreuz der Welt. Reste des alten Pilgerweges führen daran vorbei, und um die hohe, krumme Holzstange mit dem eisernen Kreuz darauf türmt sich der Hügel der Steine, die von den Pilgern der Jahrhunderte hierher gelegt wurden, folgend einem uralten Brauch. Viele brachten den Stein sogar aus der Heimat mit.
Die Luft ist klar und frisch hier oben, und doch streift mit dem Wind der Duft südlicher Kräuter über die Hänge. Der Blick schweift ungetrübt über die fernen Konturen der leonesischen Berge, zu den fast 2000 m hohen Montes Aquilianos, und zur Silhouette des Bierzo, der Gegend zwischen dieser und der nächsten Paßhöhe.

Auf der Höhe entlang geht es weiter nach MANJARIN, einem Dorf mit vielen leerstehenden Häusern, die aber nach und nach wieder restauriert und bezogen werden. Allmählich senkt sich dann die Straße, über Buckel und an Schluchten vorbei, hinunter nach ACEBO. (Roman. Jakobus).
Die enge Durchfahrt zwängt sich zwischen alten Hausmauern, weit vorspringenden Dächern und blumengeschmückten Balkonen hindurch.

Die schöne Landschaft des BIERZO tut sich nach und nach auf.
Karge Höhenzüge mit spärlichem Bewuchs, durchschnitten von grünen Tälern und tiefen Schluchten, in welchen klare Bäche gurgeln. Die Paßhöhe ist überwunden, Felder breiten sich seitlich des Weges aus, und das helle Grün von Weinstöcken hebt sich ab vor dem Dunkel eines Tales.
MOLINASECA
taucht auf. Der Camino ist wieder die Hauptstraße, flankiert von Bauernhäusern und mittelalterlichen Fassaden, die einmal bessere Zeiten gesehen haben, und wovon die schönen Portale zeugen. Die spanische

Königin Urraca soll hier Station gemacht haben, jene, die den Achatkelch der Kirche San Isidoro in León schenkte. Wir befinden uns hier schließlich auf dem authentischen Jakobsweg. Kein Wunder, wenn an den Schaf- und den Rinderställen vor uns schon gekrönte Häupter vorbei zogen. In einem Hang steht graziös das Santuario de la Virgen de las Augustias. Mit seinen zierlichen Säulen in der offenen Loggia weckt es Erinnerungen an Italien.

Maronenbäume säumen nun den Weg, und es ist nicht mehr weit nach:

PONFERRADA

Ponferrada, Templerordensburg

Die Hauptstadt der 'Bierzo' genannten Gegend, einer weiten, fruchtbaren Talebene zwischen dem Hochgebirge der Sierra Cabrera im Süden, den Montes de León mit dem Rabanalpaß im Osten und den Cordilleras Cantabricas im Norden und Westen mit dem Cebreiropaß.

Bis auf geringfügige Unterschiede könnte diese Landschaft auch in der Schweiz liegen. Die heißen Sommer wie in der Meseta zwischen Burgos und León gibt es hier nicht. Das Klima ist ausgeglichener, es regnet häufiger, wovon die grünen Wiesen und Wälder zeugen. Einer der Unterschiede zur Schweiz sind beispielsweise die ausgedehnten Weinfelder, sofern man diesen Unterschied geringfügig nennen will.

In dieser gastlichen Gegend bauten die Römer ihr Interamnium Flavium, und auf den antiken Mauern entstand um das Jahr 1000 Ponferrada.

Heute hat die Stadt ein wenig Industrie und Bergbau, moderne Stadt-
viertel und ein recht reizvolles Zentrum, in welchem eines der bedeutendsten Bauwerke spanisch-mittelalterlicher Wehrarchitektur steht: El
Castillo de la Orden Militar del Temple (Burg des Templerordens). Eine
gotische Burg wie aus einem Märchenbuch. Und wie bei den Templern
üblich, war sie Kloster, Burg und Palast zugleich, und diente vor allem
dem Schutz der Pilger und der Sicherung des Jakobsweges, dessen letzter
Abschnitt hier beginnt.

Peñalba de Santiago

Nur 22 km (einfach) sind es zu diesem
Bergnest südlich von Ponferrada.

An der 'Herrería de los Frailes' (Schmiede der Mönche) vorbei führt eine zuerst
gute, aber schmale Straße, deren steiles
und schlechtes letztes Stück ausgebaut
wird, durch das wildromantische 'Valle
del Silencio (Tal des Schweigens) hinauf
nach Peñalba de Santiago.

Der kleine Ort mit seinen aus roh behauenen Bruchsteinen gebauten und mit groben
Schieferplatten gedeckten Häusern scheint
aus dem Hang und seinem Felsen heraus-
gewachsen. Die Holzbalkone sind typisch für das Bierzo. Die Santiago-
Kirche ist neben San Miguel de Escalada das reinste Beispiel mozara-
bischer Architektur. Gebaut wurde auch sie von Mönchen aus Cordoba
im Jahre 931.

So wuchtig und klobig die Kirche von außen erscheint, ausgenommen
das Portal, so leicht und elegant zeigt sich ihr Inneres durch die Hufeisenbögen.

Zurück nach Ponferrada, dann 20 km auf der Hauptstraße N IV, und
man erreicht das an den Ausläufern der Cordilleras Cantabricas und
am grünen Ufer des Rio Burbia gelegene

VILLAFRANCA DEL BIERZO

Dem Jakobsfahrer empfehle ich, weil er ja immer auf der Suche
nach Spuren des Camino ist, und um ihm unnötige Wege zu ersparen,
oberhalb der Stadt, kurz bevor die Straße in einer Linkskurve das alte,
mächtige Schloß der Grafen von Villafranca umfährt, rechts abzubiegen,
wo ihn am Ende der Straße wieder einmal ein Höhepunkt des Camino
erwartet. Die Santiago-Kirche, eher eine große Kapelle.

Über der Böschung eines Feldweges, umwachsen von Disteln, hohen
trockenen Halmen und Buschwerk erheben sich Mauern, die im Laufe
von 800 Jahren selbst zur Landschaft wurden. Die Steine haben die Farbe
des Bodens angenommen, aus welchem sich Moose und Flechten durch
die Spalten und Ritzen des Gemäuers hinaufgezogen haben.

198

Pilger, die es aus gesundheitlichen Gründen nicht mehr bis Santiago schafften, der Cebreiro liegt als hoher Paß zwischen dem Bierzo und Galicien, erhielten hier, am linken Seitenportal der Kirche, an der Puerta del Pardon, der Türe der Vergebung, den vollen Nachlaß ihrer Sünden. Für viele war der 'Ablaß' der Hauptgrund ihrer mühseligen Pilgerschaft, und dieser wurde, außer in Santiago, nur in dieser einsamen Wegkirche erteilt.

Neben dem Jakobsweg, im wuchernden Gras, über dem sich Schmetterlinge und Bienen tummeln, sind die alten Pilgergräber längst versunken. Die Vögel jubilieren ihr Credo in den blauen Himmel. Die Todmüden vieler Jahrhunderte ruhen hier gut.

Wer diese schöne romanische Kirche von innen sehen möchte, wende sich

dem weißen Haus mit der messingbeschlagenen Türe neben der Kirche zu. Ein kleines Mädchen mit dem schönen Namen Agida Arias del Real verwahrt den alten Schlüssel, an dem eine große Jakobsmuschel hängt. Ich nahm dieses Motiv als Titelbild zu meinem Buch.

Früher war ihre Schwester Puri (Purificacion) die Schlüsselgewaltige. Agida erklärt in klarem Hochkastillano, daß die Kirche aus dem 11. Jahrhundert ("..es del ciglo once"), der gotische Christus aus dem 14. und die barocke Seitenkapelle aus dem 18. Jh. sei. Sie freut sich natürlich über ein kleines Trinkgeld, aber ebenso über eine Ansichtspostkarte, die sie nämlich sammelt. Sie erhielt schon viele aus der ganzen Welt.

Oberes Foto: Puerta del Perdon, Jakobskirche
Unteres Foto: die kleine Agida mit dem Schlüssel

Villafranca ist, mehr als Ponferrada, die für das Bierzo typische Stadt, was man besonders deutlich in der Calle del Agua sieht. Sie gilt als die schönste Straße der Provinz León. Sagt man in Villafranca. Sie ist in der Tat eine Straße aus einer Zeit, wo Straßen zum Bewohnen, nicht zum Befahren und Beparken angelegt wurden. Zu beiden Seiten reihen sich stattliche Häuser mit alten Portalen, schmiedeeisernen Balkonen und weit vorspringenden Dächern. An mancher Fassade prangt ein Wappen.

Vom Zentrum des Städtchens, der Plaza Mayor mit sieben Banken, Geschäften und Bars, gelangt man über einige Treppen zum

CONVENTO SAN FRANCISCO

mit seinem schönen, rein romanischen Portal. Im Inneren sind einige mozarabische Stilelemente zu erkennen. Die Gründung des Konvents wird dem Hl. Fransiskus persönlich zugesprochen. Von der Terrasse vor der Kirche hat man einen weiten Blick über die Dächer der Stadt und hinauf zu den sich auftürmenden Bergen des Pedrafita-Passes, hinter welchem Galicien beginnt.

Steigt man die Treppen wieder hinab und überquert die Plaza Mayor, erreicht man den kleinen, blumengeschmückten Stadtpark. Kurz vorher präsentiert sich rechterhand die nicht gerade bescheidene Fassade der

JESUITENKIRCHE SAN NICOLAS

die sich eher wie eine weltliche Residenz vor dem Betrachter erhebt. Kein Wunder, hier residierte im 17. Jh. ein Jesuitenkolleg.

Villafranca zählt nicht einmal 10.000 Einwohner, besitzt aber große Konvente und Kirchen. Auch das ist nicht verwunderlich, wenn man bedenkt, daß es sich hier - wie so oft am Camino - um eine Gründung des französischen Cluniazenserordens handelt, der im 12. Jh. auch die

NUESTRA SRA. DE CLUNIACO   (Pfarrkirche = Colegiata)

errichtete, die aber bis zum 18. Jh. ständig verändert wurde und zu ihren heutigen Ausmaßen ausgebaut wurde.

CONVENTO DE LA ANUNCIADA

Am oberen Ende der Calle de agua, 100 Meter rechts. Der Marques de Villafranca, dessen Geschlecht noch immer das Schloß mit den wuchtigen Rundtürmen am Eingang der Stadt bewohnt, stand nicht zurück und gründete seinerseits im 17. Jh. dieses Konvent mit seinem Renaissance-Portal und feudaler Familiengrabstätte.

Aus unerfindlichen Gründen sind die Kirchen dieser Stadt ständig so fest verschlossen wie die Safes der sieben Banken an der Plaza Mayor.

Ein empfehlenswerter Ausflug von Villafranca aus:
CORULLON

Unmittelbar vor dem Tunnel der Schnellstraße führt eine Straße leicht bergauf, und nach einer Rechtskurve taucht aus Bäumen und Gebüsch ein Kleinod romanischer Kirchenbaukunst auf. In ihren Ausmaßen eher eine Kapelle, aber mit einem wunderschönen Portal. Romantisch, die Burg.

Für Fußpilger: nach dem Tunnel bei Villafranca sind Pilgerweg und Schnellstraße leider auf eine Strecke von 15 km identisch. Der Pfarrer von Cebreiro ist dabei, einen Fußweg abseits dieser Straße zu erkunden und zu kennzeichnen.

GALICIEN

Die nordwestliche Ecke Spaniens, im Altertum und im frühen Mittelalter das Ende der Welt (Finis Terrae), ist eine Landschaft von unverwechselbarem Charakter und ganz besonderem Reiz.

Im Westen und Norden vom Atlantik umspült, im Osten gegen das übrige Spanien durch hohe Berge abgegrenzt, nach Süden zu offen mit einer Grenze, die eigentlich ein Zufall ist: der zu Portugal. Denn die Galegos und die Nordportugiesen haben vieles gemeinsam: Sprache, Klima, Temperament und Brauchtum. So viel, daß Galicien eigentlich zu Portugal gehören sollte.

Aber was sagen schon politische Grenzen in Europa? Sind die Elsäßer Deutsche oder Franzosen? Sind die Basken Franzosen oder Spanier? Sind die Galegos Spanier oder Portugiesen? Diese Fragen sind im Erleben von Menschen, Landschaft und Kultur so unwichtig wie der Wurmfortsatz am Blinddarm.

Das Grün der galicischen Landschaft ist ein subtropisches Grün, denn hier gedeihen Pflanzen und Bäume, die in nördlicheren Grünzonen nicht vorkommen: Eßkastanien, Eukalyptus, Pinien, gelegentlich sogar Olivenbäume, Wein und mediterrane Blumen.

Das Klima kann generell als sehr angenehm im Sommer bezeichnet werden, wenngleich es gelegentlich regnet.

Ein Bad in den Rias Bajas der westlichen Küste bei Pontevedra ist erfrischend kühl, aber durchaus möglich.

Küche und Keller Galiciens

Auch die Cocina galega hat ihre Besonderheiten, wobei die 'Empanadas', Pasteten oder Teigrollen auf galicische Art, das typischste sind. Es gibt sie in vielen Variationen mit Fleisch, Fisch, Geflügel, kalt u. warm. Gemüseeintöpfe und Suppen, 'Caldo galego' mit einer Krautart, die nur in Galicien auf hohen Stauden wächst und einen herzhaften und unverwechselbaren Geschmack hat.

Eintöpfe mit Fleisch und Gemüse (Lacón con grelos), Schweinebraten (Cerdo Asado).

Ein wesentlicher Bestandteil der Küche sind natürlich wegen der Nähe des Atlantiks Seefische und Schalentiere (mariscos), die hier besonders frisch aus den klaren Fluten der Rias Bajas und Rias Altas (westl.und nördl.Küste) gefangen werden. Die Königin unter ihnen ist die Vieira, die Jakobsmuschel!

Der Wein Galiciens ist der Ribeiro: trocken, weiß und herb. Man serviert ihn in vielen Tavernen in weißen, henkellosen Porzellanschalen.

Cebreiro, Keltische Bauernhäuser

CEBREIRO

Aus der luftigen Höhe von rund 1300 Metern blickt der Pilger endlich und zum erstenmal hinein ins gelobte Land, nach Galicien.

Auf einer kahlen Bergkuppe ducken sich eliptische, keltische Bauern-häuser in den Hang, ihre Mauern aus klotzigen Quadern erheben sich nur mannshoch vom Boden, und unmittelbar darauf ruhen schwere Kegel-dächer aus Stroh und Heidekraut. Diese 'pallozas' sind heute nicht mehr bewohnt. Einige dienen als Viehställe, einer ist als Bauernmuseum einge-richtet und zu besichtigen. Das Dorf steht heute unter Denkmalschutz.

Aus der Mitte der locker verstreuten Siedlung von Gehöften ragt weder stolz noch dominierend, sondern dazugehörig und erdverbunden die prä-romanische Kirche hervor, in welcher im 14. Jh. das Gralswunder geschah. Ein Mönch aus Aurillac, der die Messe las, verspottete einen Bauern wegen des weiten Weges 'nur wegen einer Messe'. Bei der Wand-lung wurde aus dem Wein Blut und aus der Hostie Fleisch. In der rechten Apsiskapelle, der Kapelle des Wunders, sind Kelch und Hostienteller zu sehen. Rechts daneben, an der Wand der Kapelle, liegen die Gräber des Mönches und des Bauern.

Die linke Apsiskapelle ist dem Hl. Benedikt geweiht.

Auffallend in der Taufkapelle links des Einganges ist das große Tauf-becken, in dem bis zum 13. Jh. durch völliges Eintauchen getauft wurde.

Die schweren Mauern aus Granit, seit dem 9. Jh. das unerschütter-liche Domus Dei, vermitteln eine Ahnung von der 'vita aeterna': diese Mauern stehen noch weitere 1000 Jahre und dem Pilger wird bewußt, daß sein Leben angesichts dieser Beständigkeit nur mit der Umlauf-

bahn eines Mondes vergleichbar ist. Zu Gedanken dieser Art hat man zwischen Normaluhr und Terminkalender keine Zeit. Man muß auf dem Camino sein, um ab und zu erkennen zu können, daß manches nicht so wichtig ist, wie man oft meint.

Sind das nun 'Lapalisses', Binsenwahrheiten ? Meinetwegen.

Das alte Pilgerhospiz:

Neben der Kirche öffnen sich einladend die Pforten zu einem sehr irdischen Genuß. In ebenso alten und dicken Mauern mit kleinen Fenstern und Holzbalkendecken sitzt sich's gemütlich an langen Holztischen.

Die Speisekarte des Wirts ist einfach und originell. Er fragt den Gast nur: "Carne o pescado?" (Fleisch oder Fisch). Den Rest bestimmt er. Aber man kann sich darauf verlassen und freuen. Das Publikum ist immer eine Mischung aus Spaniern, wenigen 'allgemeinen Touristen' und überwiegend Jakobspilgern von und nach Santiago.

Ein Ort der Begegnung von Menschen, Weltanschauungen und Ideen. Die Idee der christlichen Wallfahrt verbunden mit dem Spaß am Erlebnis und der Freude an weltlichen Genüssen. Genauso, wie die Gruppe von spanischen Laien und Priestern am Nebentisch: durchaus nicht frömmelnd und nur von geistiger Nahrung lebend, sondern sehr lebendig und temperamentvoll, lustig und den Genüssen aus Küche und Keller kräftig zugetan.

Jakobsbrüder, wie ich sie liebe. Auf dem Weg zum Heiligen, dabei aber eine schöne Seezunge mit einem trockenen Weißen nicht verschmähend.

Das Wunder Christi, Wasser in Wein zu verwandeln, ist zweifellos der Kunst mancher Weinhändler vorzuziehen, die das Gegenteil tun.

Das Verwandlungswunder in der Cebreiro-Kirche war ein Ereignis, dessen Kunde von den Pilgerscharen wie ein Lauffeuer durch ganz Europa getragen wurde. Es machte, gestützt durch höchstkirchliche Dokumente, den Cebreiro weit und breit berühmt. Später verwendete Richard Wagner das Motiv für seine Oper Parcifal.

Ferdinand II. und Isabella pilgerten daraufhin hierher und stifteten das Reliquiar, in dem sich Kelch und Hostienteller befinden und das neben einer frühromanischen, sitzenden Madonna, als Kirchenschatz gezeigt wird. Bald entstand eine Verbindung zwischen dem Kelchwunder und der Geschichte vom heiligen Gral. Welch glänzende Mystik um ein schlichtes, altes Keltendorf.

Durch den mittelalterlichen Jakobsweg wurde eine Reihe unsterblicher Legenden verbreitet und überliefert. Zahlreiche Orte, durch ihre Legenden mystifiziert, wurden zu gesuchten Pilgerzielen, von Frankreich bis Santiago de Compostela.

VOM CEBREIRO-PASS NACH SANTIAGO

Rund 150 km sind es noch bis Santiago.

Die Strecke vom Cebreiro hinunter nach Sarria zählt zu den schönsten des gesamten Jakobsweges .
Schattige, kühle Wälder, auf den Wiesen saftiges Grün, am Wegesrand Farne und Blumen, klare Bäche im Grund der Täler mit alten, zum Teil verfallenen Mühlen und alten Brücken. Bauernhäuser und Weiler liegen unterhalb der Straße und ihre Dächer, bedeckt mit roh zugehauenen Schieferplatten, glänzen silbern im Licht der Sonne wie die Schuppen einer Forelle, die aus dem Wasser springt.

TRIACASTELA

Hinter einigen hohen Malven am Wegesrand ragt aus dem Grün der Pappeln der moosüberwachsene Kirchturm der Jakobskirche von Triacastela. Aus seinem steinernen Turmhelm wächst wildes Gebüsch und das Gemäuer hat längst die Farben des Bodens angenommen. Neben der Kirche steht mit schiefen Mauern und hölzernem Balkon ein altes Pilgerhospiz, das unter dem Namen 'Hospital de la Condesa' einst eine bekannte Einrichtung des Camino war. Der Ort ist sehr klein und träumt am Ufer des Oribio von den großen Zeiten der Wallfahrt. In der Ortsdurchfahrt fristen die kleinste Bank Spaniens mit dem großen Namen 'Banco Español' und das kleinste Postamt ein bescheidenes Dasein.

Am Ortsausgang steht neben einer Fichte auf spitzem, kleinem Felsen mit dem Kreuz des Santiago-Ritterordens Jakobus der Pilger.

Rechtes Bild:
Galicische
Schieferdächer

Bild unten:
Jakobsstatue
in Triakastela

In einem Seitental zur Linken gleißen vor dem dunkelgrünen Hintergrund des Waldes die Schieferplatten einer verfallenen Mühle im Licht der Spätnachmittagssonne. Ein paar Dorfkinder baden im klaren Wasser des Oribio, und eine alte Frau mit schwarzem Kopftuch sitzt daneben und paßt ein wenig auf.

Die Straße führt über eine alte Brücke und windet sich in vielen Kurven nach Samos.

SAMOS

Aus einer Linkskurve vor dem Ort sieht man unter sich, aus dem üppigen Baumbestand des Tales kaum noch hervorlugend, die flachen Dächer des Klosters Samos.

Die prächtige Renaissance-Fassade zeigt, daß sie größere Tage erlebt hat. Ein König, Alfons I., verbrachte im 8. Jh. hier seine Jugendjahre. Die Stille und Schönheit des Ortes im engen Talgrund mögen ja bestens geeignet sein, im Alter ein kontemplatives Leben zu verbringen. Die Jugend aber? Armer Alfons.

Um das Jahr 650 gründeten Benediktiner das erste Kloster San Julian. Von dem ersten Bau ist nur noch die Capilla San Salvador aus dem 10. Jh. erhalten. Der heutige 'Neubau' mit seiner schönen Fassade ist ein Werk des 17. und 18. Jh.

Kloster Samos
Renaissance-Fassade

Er ist einer der ganz wenigen Bauwerke dieses Stils am Camino. Innerhalb seiner Mauern verbirgt sich ein schöner Kreuzgang aus dem Jahre 1582, und ein zweiter, neuzeitlicher mit gewaltigen Monumentalfresken.

Wenn wir gerade von Renaissance sprechen: eine Reihe Berichte in Zeitschriften und Fernsehen, in Verbindung mit dem zunehmenden Wunsch nach individuellem Erlebnis- und Kultur-Urlaub, haben dazu beigetragen, daß auch der Jakobsweg eine Art Renaissance erfährt.

Deshalb möchte ich an dieser Stelle meinem dringendsten Wunsch Raum geben: daß alle künftigen Jakobsbrüder dazu beitragen, daß der Camino das bleibt, was er ist. Ein Pilgerweg durch herrliche Landschaften, schöne Städte und stille Orte. Über Pässe und alte Brücken, durch weite Felder und schattige Wälder und vorbei an klaren Gewässern. Daß sich nicht eine Spur von Plastikmüll, Flaschen und Konservendosen durch Frankreich und Nordspanien zieht. Und daß man die Bräuche eines Landes respektiert. Ich habe oft genug in Griechenland erlebt, wie die Bewohner kleiner Dörfer belustigt oder entrüstet zusehen mußten, wie sich 'turistas' am Dorfbrunnen die Zähne putzten und ihre weitere 'Körperpflege' dort verrichteten. Noch ist das Waldtal unberührt und führt hinaus nach

Sarría

In der Stadt führt links eine Straße bergauf zum Convento de los Mercedarios (auch: C. de la Magdalena). Die Pilgerkirche aus dem 13. Jh. bekam später eine Renaissance-Fassade. Zum Klosterkomplex gehört ein noch erhaltenes, altes Pilgerhospiz.

Kloster Barbadelo

Der Fußpilger kommt direkt an dem Kloster mit seiner stilreinen und wunderschönen romanischen Kirche (9.JH.) vorbei.

PUERTOMARIN

Das alte Dorf, das früher am Ufer des Minho lag, wurde wegen eines geplanten Stausees auf den Berg verlegt. Bei niedrigem Wasserstand kann man die Mauerreste der alten Pilgerbrücke aus dem Jahre 1120 sehen.

Das Juwel Puertomarins, die romanische Wehrkirche des Santiagoritterordens aus dem 12. Jh., hat man Stein für Stein abgebaut, nummeriert und auf der Höhe wieder errichtet.
Die Portalskulpturen sind ein schönes Zeugnis romanischer Kunst. Auf den Steinen der

Fassade kann man vielfach lesen: 835, 836 usw. Den neuen Ort hat man mit bemerkenswert gutem Geschmack gebaut und gestaltet, vor allem die Hauptstraße mit den Arkadengängen aus Granitgestein, die sich von weißen Häusern abheben. Ein Parador Nacional steht für Gäste bereit. In seiner Nähe befindet sich die kleine San Pedro Pilgerkirche am Camino antiguo mit romanischen Portalskulpturen von 1182. Die Palacios de los Condes de la Maza und Berbetoros existieren noch.
Schon bei der Anfahrt über die neue Brücke des Minho sieht man oberhalb der Häuser, die sich den Hang hinaufziehen, das schöne, zierliche Bauwerk der Wehrkirche San Juan, die auf antiken Tempelmauern steht.
4 - 5 km nach Marco zweigt eine kleine, holperige Nebenstraße rechts ab zum Kloster:
Vilar de Donas (Abb. links)

207

VILAR DE DONAS

Vom ehemaligen Hauptkloster des Santiago-Ritterordens, 1134 zum Schutze der Pilger erbaut, ist hauptsächlich nur noch die Santiagokirche erhalten, die mit ihrem von reichverzierten Archivolten überwölbten Portal den kleinen Umweg wahrhaftig wert ist. Früher war hier das Mausoleum für die galicischen Ritter, die im Kampf gegen die Mauren gefallen waren. Vor dem Portal ist ein nach oben offener Narthex, der den Blick in die Naturwildnis freiläßt, im Inneren sind die berühmtesten Freskenmalereien von Galicien, darunter die Stifter der romanischen Kirche: die Familie der Donas.

PALAS DE REY

ist die letzte Station, die der Codex Calixtinus erwähnt. Die Pfarrkirche San Tirso hat wie Vilar de Donas ein bewundernswertes, romanisches Portal. Beide tragen die Patina der Jahrhunderte deutlich sichtbar und sind dadurch so eindrucksvoll.

MELLID

Die kleine romanische Kirche Santa Maria bildet den letzten, markanten Punkt des Camino. In schlichter Schönheit liegt sie am Rande des Dorfes neben einem Friedhof und unter einigen hohen Zypressen.

Die Bauersfrau vom benachbarten Hof hat den Schlüssel und zeigt einem gern die Fresken im Inneren, die zu den schönsten und ältesten Galiciens zählen.

Nun also, Bruder Pilger, sind es nur noch 55 km nach Santiago.

Die Kirche Santa Maria, am westlichen Ortsende von Mellid, links des Camino, etwa 200 Meter.

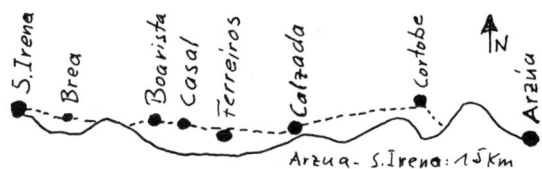

Arzúa - S.Irena : 15 Km

Außer der Strecke von Arzúa bis Santa Irena sind die Autostraße und der Camino antiguo meist identisch.

Horreo

Bei Bauernhäusern, unter Eukalyptusbäumen und in den Orten sieht man häufig die 'Horreos', diese für Galicien wie auch für Nordportugal typischen Getreide- und Maisspeicher, aus Granit gebaut und auf Säulen stehend, die unterhalb des eigentlichen Speichers mit großen, flachen Platten abschließen, um die keine Maus herumkommt.

Die Giebel der Horreos sind meist an der einen Seite mit dem Symbol des Christentums, mit einem Kreuz, auf der anderen Seite mit Symbolen der heidnischen Vorzeit verziert.

Etwa 4,5 km nach LABACOLLA, in dessen Nähe heute der Flugplatz liegt, erhebt sich links der Straße der Monte del Gozo, der Berg der Freude (lat. mons gaudii).

Die historische Überlieferung berichtet von einem Ritual, welches sich dort in immer gleichem Ablauf vollzog: nachdem sich die Pilger im Bach bei Labacolla den Staub von den Füßen gewaschen hatten, stiegen sie auf den Berg, von wo aus sie zum erstenmal die Silhouette des 'Westlichen Jerusalem', das lang ersehnte Ziel ihrer Wallfahrt erblickten. Wer die Türme von Santiago de Compostela jeweils als erster sah, wurde zum Pilgerkönig ernannt, worauf heute noch Namen wie Roi oder Leroi zurückgehen.

Die Einheimischen nennen den Monte Gozo auch Montjoie, denn hier waren die Pilger auf die Knie gesunken, die Erleichterung, endlich angekommen zu sein, erfüllte ihre Herzen mit immer größerer Freude, und mit dem Ruf "Mon joie, mon joie!" (Welche Freude) fiel die Erinnerung an die erlittenen Strapazen allmählich von ihnen ab.

Gegen Abend zogen sie geschlossen in Santiago de Compostela ein, das letzte

"Ultreya!"

ihres langen Weges singend.

* * *

SANTIAGO und UMGEBUNG - Übersichtsplan:

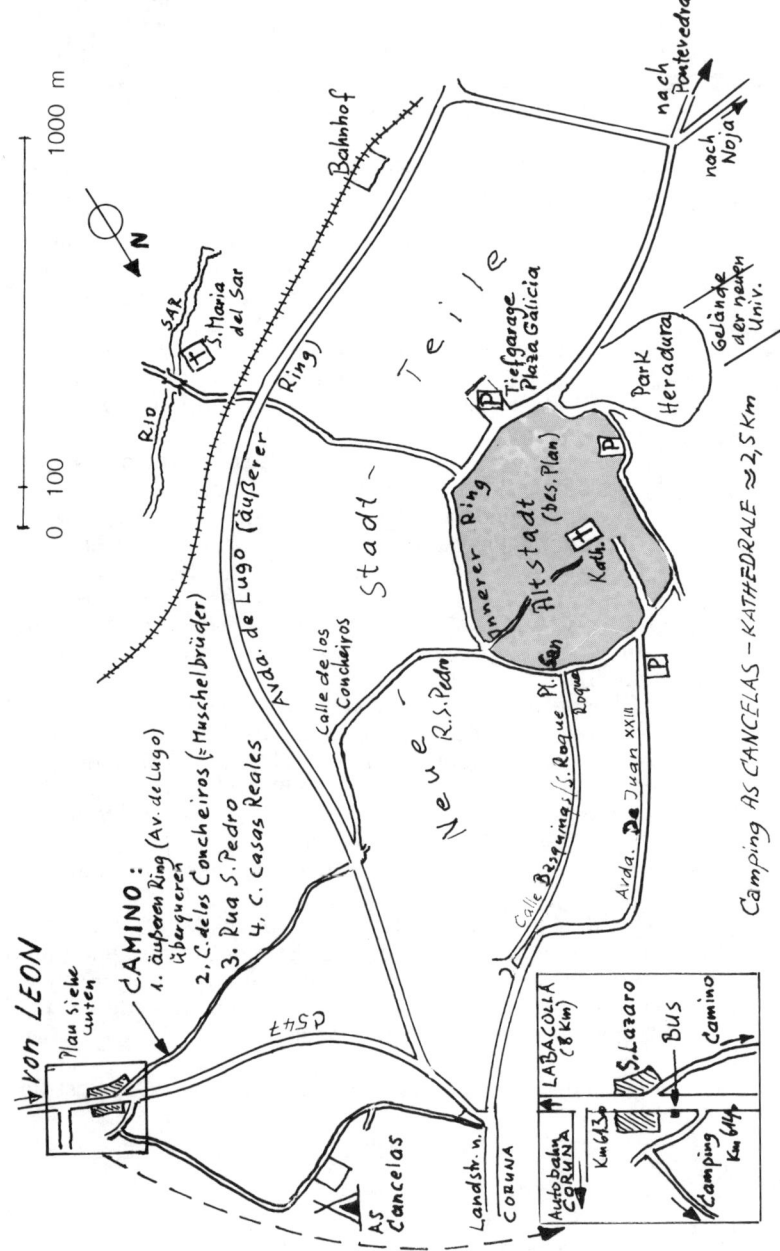

SANTIAGO DE COMPOSTELA

Mit welchen Augen man Santiago de Compostela auch immer sehen mag - es ist eine außergewöhnlich schöne und faszinierende Stadt.

Für den Jakobspilger des Mittelalters war es das Ziel seiner langen Reise, die Erfüllung einer mit unvorstellbaren Mühen und Gefahren verbundenen Pilgerfahrt, folgend dem Ruf: "Wer mir folgen will, der nehme sein Kreuz auf sich!"
Das freiwillige Verlassen der Heimat und Ertragen des 'elends', der Fremde, das Erdulden körperlicher Erschöpfung. Diese ganze Mystik der 'peregrinatio religiosa', die ihren Lohn und Höhepunkt im Anblick des Apostelgrabes gefunden hat.

Den chronisch Skeptischen und Lästerern sei's nebenbei gesagt: niemand betet hier einen Stein oder einen Knochen an. Das ist Nebensache.
Hinter alldem steckt eine große Idee.
Die Idee des Weges und des Ankommens.
Steckt diese Idee nicht irgendwo in allen Religionen, Ideen und sogar im Grunde mancher Ideologien?
Auch der Name der Stadt entspringt einer Idee: Campus stellae - Stern über dem Feld. Da ist etwas über der Stadt, was mehr zählt als das, was in ihr ist, und wohin die Türme der Kathedrale zeigen.
Die letzte Frage in unserem Dasein: wohin gehen wir?
Selbst der abgebrühteste Materialist rühmt diesen oder jenen Toten. Ist nicht schon das eine Art Weiterleben?

Ich will mit diesem Buch ein wenig den Versuch wagen, die Wallfahrt als übergeordnete Idee dieser großen Frage in unser Bewußtsein zurückrufen. Das Glaubensbekenntnis im Register des Standesamtes oder auf

Santiago, Rua del Vilar   *Olly Sing*

der Lohnsteuerkarte spielt hierbei keine Rolle.

Gleichzeitig ist dieses Buch aber auch ein Reiseführer zu Kunst, Kultur und Landschaft. Und selbst wer auf alle Ideen pfeifen sollte, findet in Santiago noch etwas Besonderes: ein altes Stadtbild von außergewöhnlicher Harmonie und Homogenität. Fast alles ist aus einem leicht rosa schimmernden Granit gebaut: die Mauern der Häuser, ihre Arkadenbögen und Säulen, Kirchen, Paläste und Klöster. Selbst die Straßen sind mit Platten dieses Gesteins belegt. Aus den Fugen der Mauern wachsen überall lilafarbene Blumen.

Bei alledem ist Santiago keine museale Stätte, sondern eine sehr lebendige Stadt. Sie hat zwar nicht die lichte Heiterkeit des mediterranen Südens - wie sollte sie auch, in Galicien, in der Nähe der rauhen Klippen des Finisterre - sie ist andererseits aber auch nicht mit nordischen Städten vergleichbar wie manche meinen.

In allen Büchern über die Stadt wird unermüdlich und krampfhaft das Bild von Santiago heraufbeschworen, das nur dann zu sich selbst finde "...wenn in Santiago der Regen fällt". Es mag durchaus galicischer sein, wenn ein feiner Regen dem Granit eine andere Farbe verleiht und man unter den dunklen Arkaden in die Geborgenheit einer Taverne flieht.

Für mich ist Santiago bei Sonnenschein genau so faszinierend, wenn die Fenster über den dunklen Gassen glitzern, die Blumen in den Mauerritzen ihr violettes Leuchten bekommen, und die Türme der Kathedrale wie hellockerfarbene Flammen vor dem blauen Himmel stehen.

Santiago ist nicht nur

Pilgerstätte und eine überaus schöne Stadt. Sie ist der Sitz einer alten Universität, deren Studenten neben dem üblichen Studentenleben eine originelle Tradition bewahren. Ähnlich wie ihre Kommilitonen aus Salamanca ziehen sie abends in Gruppen, mit schwarzer Mantilla, bunten Bändern und weißer Halskrause, geschlitzten Samt-Hosen und breiten Hüten, über die Plätze, durch Straßen und in die Tavernen und singen mit Lauten und Gitarren alte und neue Lieder.

Die Innenstadt (Altstadt)
von Santiago:

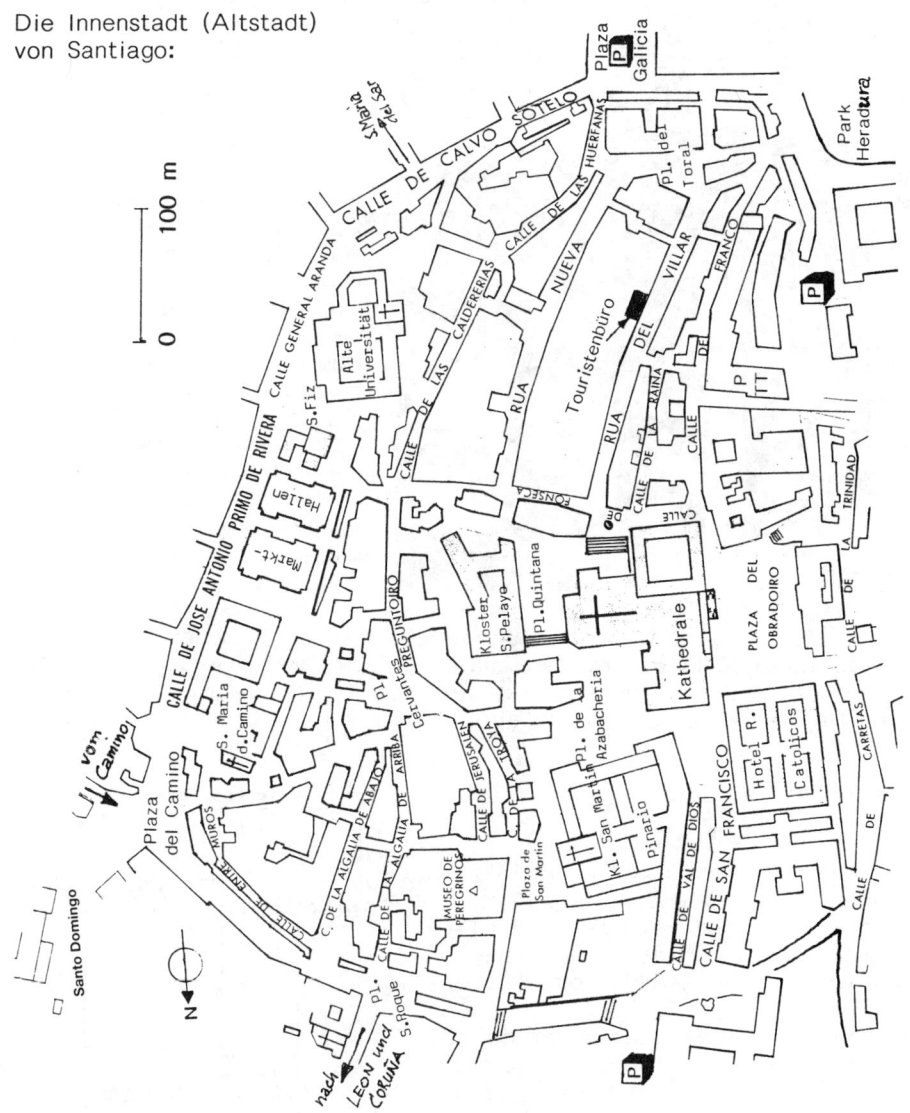

DIE KATHEDRALE

- ihre Portale und Plätze

Da hat man nun rund 2000 km hinter sich und entlang des 'Chemin St. Jacques' und des 'Camino de Santiago' Kirchen und Kathedralen der schönsten Romanik und Gotik gesehen und steht jetzt vor einer barocken Fassade, die kein Ende nimmt.

Ein Orgelwerk aus Stein, wo ein Register nach dem anderen gezogen wird und ein Akkord auf den anderen folgt bis in schwindelnde Höhen. Und wo die Fassade aufhört, übernehmen die Türme das Crescendo und jubeln es bis in den Himmel hinauf.
Man müßte gänzlich unmusikalisch sein, um dieses aus Stein geformte Jubellied nicht zu hören.

Die größte Überraschung jedoch erwartet den Besucher unmittelbar nach dem Eintritt in die Kirche. Hinter der barocken 'Obradoiro'-Fassade (Obradoiro = goldenes Meisterwerk) steht er in der größten, romanischen Kathedrale der Welt, die in makelloser Unversehrtheit erhalten geblieben ist.

DIE PORTALE der Kathedrale

Der Portico de la Gloria

An diesem romanischen Portal, von dem man zu Recht sagt, es sei das schönste Spaniens, hat der große Meister Mateo 20 Jahre gearbeitet und es 1188 vollendet.

Wir müssen uns an dieser Stelle, am Ende des Jakobsweges, erinnern an die Tympana von Autun, Conques

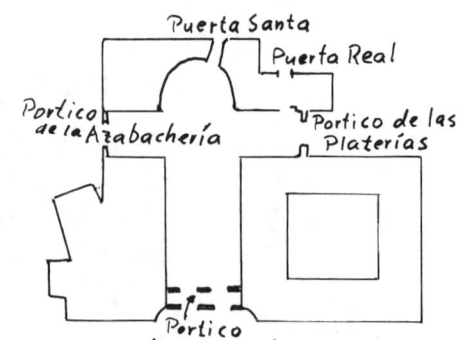

und Moissac, wo 'gerichtet' wurde, wo die Spreu vom Weizen gesondert wurde, wo auf der Waage der Gerechtigkeit die Bösen ausgewogen und von gräßlichen Teufeln ergriffen und mißhandelt wurden.

Hier ist das alles überstanden. Der Pilger wird im Tympanon über dem mittleren Portal von Christus dem Erlöser erwartet und von Santiago begrüßt.

Zwar liefern auf den Archivolten des rechten Portalbogens noch ein paar Ungeheuer ein Scheingefecht, aber das zählt hier nicht mehr.

Auf der Mittelsäule des mittleren Portals, unter dem Türsturz des Bogenfeldes, sitzt Jakobus Mayor, und der begnadete Mateo hat es verstanden, seinem Gesicht den Ausdruck der größtmöglichen Würde des menschlichen Antlitzes zu verleihen.

Das ist keine frömmelnde Heiligenstatue mit verzückt gen Himmel verdrehten Augen. Es ist das Gesicht eines Menschen, der viel weiß und deshalb viel versteht und verzeiht. In der darstellenden Kunst Europas habe ich bisher nur zweimal ein Gesicht mit diesem Ausdruck gesehen: dies hier und das Madonnengesicht im Dom von Arezzo.

Er ist der Mittler zwischen Gott und Menschen, nicht nur ideell, sondern hier im wahrsten Sinne des Wortes greifbar. Über ihm thront Christus, nicht als Weltenrichter, sondern als Erlöser. Umgeben von den Engeln mit den Symbolen der Evangelisten und der Leidensgeschichte. Umrahmt von den musizierenden Königen der Apokalypse in den Archivolten. An der Säule, auf welcher Jakobus sitzt und die den Baum Jesse verkörpert, haben sich im Laufe der tausendjährigen Wallfahrt fünf Vertiefungen in den Stein gegraben: hier hinein legten und legen die Pilger ihre fünf Finger, um die Erlösung zu 'begreifen'.

Genau auf der anderen Seite dieser Mittelsäule, dem Altar zugewandt, befindet sich die originelle Skulptur des 'Santo dos croques', der 'Heilige der Kopfnüsse', weil man einem alten Glauben zufolge etwas vom Geist Mateos, dem Schöpfer des Porticos, abbekommt, wenn man seine Stirne an die des Heiligen stößt, der angeblich den Meister Mateo selbst verkörpert.

Auf den Säulen des rechten Mittelportalpfeilers stehen, von innen nach außen: Petrus, Paulus, Jakobus der Ältere, Johannes. Auf denen des linken Pfeilers, ebenfalls von innen nach außen: Moses, Isaias, Daniel, Jeremias. Auf den Säulen des rechten Seitenportals: rechts und links je ein Apostelpaar. Linkes Portal: rechts und links je ein Prophetenpaar.

Die Archivolten des linken Portals zeigen im mittleren Bogen Christus und kämpfende Juden, im inneren Bogen : Adam, Abraham, Isaak, Jakob, Juda, Moses, Eva, Aaron, David und Salomon.

Auf den Archivolten des rechten Portals ist Christus bei Heiden und Monstern dargestellt.

Portico de las Platerías

Die Südfassade mit dem Doppelportal ist die authentisch-romanische aus dem Jahre 1103.

Die Tympana der beiden Portale zeigen zwar nicht die systematische

Gliederung derer von Frankreich oder dem des Portico de la Gloria. Auch behandeln sie nicht ein bestimmtes Thema wie etwa die Pfingstbotschaft (Vézelay), das Jüngste Gericht (Autun, Conques u.a.) oder die Verheißung (P. de la Gloria).

Das Besondere ist vielmehr in der Tatsache zu sehen, daß Jakobus eine Stelle einnimmt, die ihm eigentlich nicht zusteht, nämlich direkt neben Christus.

Hiermit wird die Absicht des Bischofs Gelmirez deutlich, die

Plaza de las Platerîas

Apostelstadt mindestens gleichbedeutend neben Rom zu stellen. Bei allem scheinbar wahllosen Durcheinander an Figuren und Themen, zum Beispiel Szenen aus dem Leben Jesu auf dem rechten Tympanon, entbehren sie aber nicht im geringsten der Meisterschaft der Darstellung. So wie der David mit seiner Geige oder die oft zitierte Ehebrecherin mit dem Schädel ihres Geliebten im Schoß.

Es ist nicht nur das Portal - die Fassade und der ganze dazugehörige Platz 'Plaza de las Platerîas' ist eine der schönsten und harmonischsten Perspektiven der Stadt.

In den Geschäften sind seit jeher die Gold- und Silberschmiede (= plateros) mit der Herstellung und dem Verkauf von sehr geschmackvollen Arbeiten und Andenken aus verschiedenen Materialien beschäftigt. Schöne Muscheln aus Gold und Silber, aber auch die berühmten Azabachos, welche aber ursprünglich auf der anderen Seite der Kathedrale hergestellt wurden, wohin wir noch gelangen.

Auf dem Weg dorthin kommt man aber zunächst zu einem weiteren, nicht minder schönen Platz, zur PLAZA DE LA QUINTANA DE LOS MUERTOS, wie er mit vollem Namen heißt, weil an seiner Stelle früher ein Friedhof lag. Und an der dem Platz zugewandten Fassade, der Quintana-Fassade, stehen wir vor dem dritten Portal der Kathedrale, der

Puerta Santa

Rechts und links dieses im Jahre 1611 im Renaissance-Stil umgearbeiteten Portals hat man die 24 sitzenden Granitskulpturen (Apostel und Propheten) des Meisters Mateo angebracht.

Über dem Portal heißt St.Jakobus, mit Muscheln an Hut und Mantel, die Pilger willkommen, flankiert von seinen Gehilfen. Dieses Tor wird nur in den heiligen Jahren geöffnet, wenn der Jakobstag auf einen Sonntag fällt.

Von der Plaza Quintana aus erreicht man dann den Platz, auf dem die Pilger des Westens früher ankamen; die Plaza de la Azabachería mit dem Nordportal, dem

Portico de la Azabachería

ehedem auch Porta francigena genannt, zu Zeiten, als der Camino noch Camino frances hieß. Hier endete der lange Weg der Wallfahrt, weshalb der Platz auch 'Paraiso' (Paradies) genannt wurde.

Hier waren die Werkstätten der Azabacheros, welche aus Lignit (Kohlenstein) jene kleinen, schwarzglänzenden Figuren schufen, die schon im MA als beliebte Reiseandenken verkauft wurden und in allen Teilen Europas anzutreffen waren.

Die Zunft der Azabacheros war eine der größten und angesehensten Handwerksinnungen

Puerta Santa, Jakobus begrüßt die Pilger

der mittelalterlichen Stadt. Der alte Portico de la Azabachería wurde im Jahre 1117 zerstört. Von wem ist unklar. Das heutige Portal ist das jüngste der Kathedrale und stammt aus dem 18. Jh.

Nach diesem Rundgang um die Kathedrale , der einem Rundgang durch einen ganzen Stadtteil gleichkommt, treten wir durch den Portico de la Gloria in

das Innere der Kathedrale

Sie ist nicht nur eine der ältesten und schönsten, sondern auch eine der größten Kathedralen der Welt. Den Verfechtern der 'sophrosyne' sei gesagt: sie ist so schön, daß sie gar nicht groß genug sein kann.

Die umlaufenden Galerien unter den romanischen Bögen dienten zu Zeiten der großen Wallfahrt immer auch als Schlafstätte für arme Pilger.

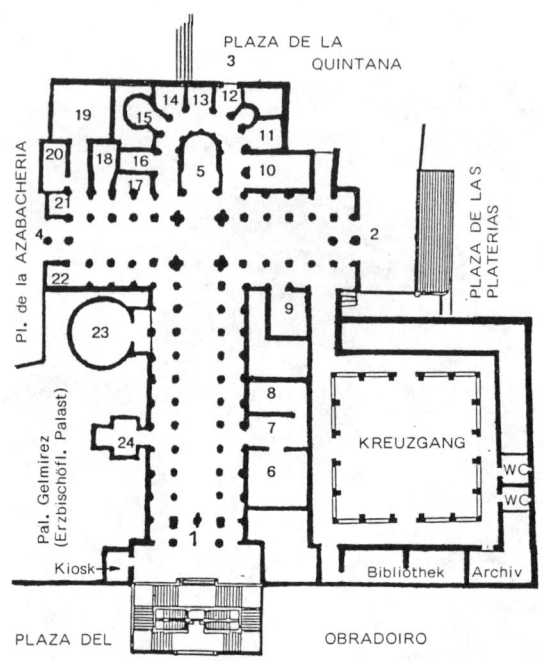

1 Portico de la Gloria
2 Portico de las Platerías
3 Puerta Santa
4 Portico de la Aza-
bacheria

Um das Dach der Kathe-
drale führt ein Umgang,
und beim Chordach steht
das berühmte 'Cruz de
Farapos', das Lumpenkreuz,
in dessen Nähe in einem
steinernen Becken die Lum-
pen, d.h. die abgetragenen
Kleider der armen Pilger
verbrannt wurden. Die
Stadt kleidete sie neu ein,
und zwar unentgeltlich.

Genug der 'Umschweife',
begeben wir uns im Inneren
der Kirche direkt zur

5 Capilla Mayor

im Chor der Kirche. Im Lichtgeflimmer barocker Formen und Farben
thront über dem Altar die Statue des Heiligen Jakobus.
Eine Holzstatue aus dem 13. Jh., im 17. Jh. mit Silberplatten und
Edelsteinen verziert. Ziel der 'Peregrinatio carnalis' und Erfüllung der
'Peregrinatio religiosa'. Wer die Wallfahrt als Idee verstanden hat, kann
ruhig ein wenig lächeln über das, was sich hinter dem Altar abspielt.
Ein schmales Treppchen führt auf ein Podest unmittelbar hinter der
Figur. Ein Kuß auf die Schulter oder ein Handauflegen, ein Moment
der Besinnung, ein Obulus für den Wächter am kleinen Tischchen da-
hinter, wenn's gefällig ist, ein Heiligenbildchen, auf der anderen Seite
wieder hinunter. Bitte weitergehen!
Lächeln, nicht lachen! Die Materie ist nichts, der Geist ist alles.
Unter dem Altar: die Krypta mit dem Reliquienschrein des Jakobus.
Wieviele Millionen von Menschen haben, verführt von der oder jener
Ideologie, andere Millionen von Menschen umgebracht. Die Millionen,
die hierher kamen, haben niemand umgebracht. Deswegen bitte ich, nicht
zu lachen.

Die weiteren Kapellen der Kathedrale (Nummern siehe Planskizze):
6 Capilla de las Reliquias
mit vielen Reliquien, u.a.: Kopfreliquiar des Jakobus des Jüngeren mit
dem Halsband des 'Brückenritters' Suero von Hospital del Orbigo. Ein
Zahn des Hl.Jakobus, das Grabmal der schönen Berenguela, Gattin Alfons
VII. Und vor allem: Grab des Theodomirus, des Entdeckers des Jakobs-
grabes (gestorben 847).

7 Vorraum mit Jakobus als Reiter, Zugang zu 6 + 8.

8 C. de San Fernando
In der gotischen Kapelle ist der Kirchenschatz aufbewahrt, u.a. die 'Custodia-Monstranz' von Hans von Harff, mit Reliefs aus der Jakobslegende.

9 Sakristei
mit schöner Plateresken-Türe.

10 C. Del Pilar
Galicischer Frühbarock.

11 C. de Mondragon
mit herrlicher, gotischer Decke.

12 Durchgang zur Puerta Santa. (nur im Hl. Jahr offen).
Zwischen zwei romanischen Figuren, deren linke ein Spruchband in der Hand hält 'veniant o̅s (omnes) gentes' (kommt ihr Völker alle), führt die heilige Türe zur Plaza de la Quintana.

13 C. del Salvador
Direkt hinter der C. Mayor, der Chorkapelle. Auch Kapelle der französischen Könige genannt, weil sie von Karl V. von Valois gestiftet wurde.

Capilla Mayor (Chorkap.), Jakobus M.

Zu den hohen Zeiten der Wallfahrt waren hier die Beichtstühle, wo ausländische Pilger in ihrer Sprache beichten konnten. Hier wurden auch die Bestätigungen der Wallfahrt ausgestellt (siehe Kap. Wallfahrt+Recht).

14 C. de Nuestra Sra. de la Blanca, gotisch

15 C. de San Juan, romanisch

16 C. de San Bartolomé, romanisch, Renaissance-Grabmal eines Bischofs

17 C. de la Concepción, Grabmal eines Kanonikers

18 C. de la Soledad, Grabmäler von Kardinälen und Bischöfen

19 Corticela - Kirche
War ursprünglich eine eigene Kirche. Hier vollzog sich früher die Ankunft der Pilger, da sie von dieser Seite zur Kathedrale kamen. Das Tympanon mit der Anbetung Mariens ist ein Kleinod romanischer Plastik.

20 C. de San Andrés

21 C. de San Antonio, der Jungfrau von Fatima gewidmet

22 C. de Santa Catalina, der Jungfrau von Lourdes gewidmet

23 C. de la Comunión, 18. Jh., neoklassizistisch

24 C. del Santo Cristo de Burgos

Öffnungszeiten der Kapellen **6** und **8** : 10.00 bis 13.30, 16.00 bis 17.30 Uhr
Kreuzgang und Bibliothek: ähnliche Zeiten, geringe Änderungen möglich.

Kreuzgang und Bibliothek

Der Kreuzgang ist gewaltig. Spätgotisch gewaltig; und gewaltig schön. Durch ihn gelangt man zum Museum der Kathedrale. In Bibliothek und Archiv sind vor allem zwei Gegenstände nennenswert: der Codex Calixtinus von 1139 (siehe S.46) und der 'Botafumeiro', jenes riesige Weihrauchfaß, das bei großen Messen an einem Flaschenzug unter die Vierungskuppel gezogen und von 6 - 8 Männern an einem langen Seil durch das ganze Querschiff geschwungen wird und dabei einen rauchenden und funkensprühenden Halbkreis beschreibt. Es ist ein unvergleichlicher Eindruck, wenn die Orgeltöne das mächtige Kirchenschiff füllen und der Botafumeiro sich langsam und wuchtig bis hoch in die Gewölbe der Querhäuser schwingt.

Plaza del Obradoiro

Verläßt man die Kathedrale wieder durch den Portico de la Gloria und tritt auf die Terrasse vor der Treppe, überblickt man den Platz in seiner Gänze. Deswegen erwähne ich ihn auch erst hier.

Zur Rechten liegt das Hostal de los Reyes Catolicos. Die Katholischen Könige hatten dieses Hospital Real, so sein ursprünglicher Name, ab 1500 zur Beherbergung der Pilger erbauen lassen. Hinter dem Portal mit seinem typisch plateresken Rahmen stehen heute allerdings die Portiers eines luxuriösen Hotels mit 5 Sternen. Wer sich den Luxus und das wahre Vergnügen einer Übernachtung dort gönnen will, sollte telefonisch oder schriftlich vorher reservieren. Vor allem zu den Hauptreisezeiten ist es chronisch 'completo'.

Gegenüber der Kathedrale erhebt sich die neoklassizistische Fassade des Palacio Rajoy, ehedem Bischofspalast, heute Rathaus. Unter seinen Arkaden spielen oft spät abends die Studentenkapellen Folkloristisches, Satirisches und Lustiges.

Auf der linken Seite erhalten die Liebhaber der klaren Linien reiner Romanik wieder ein Schmankerl: das Portal (der Rest ist 15. Jh.) des alten Colegio de San Jerónimo.

WEITERE SEHENSWÜRDIGKEITEN DER STADT

Wer alles bis hierher Beschriebene einigermaßen in Ruhe betrachten möchte, hat ein volles Zweitagesprogrammm zu erfüllen. Bei längerem Aufenthalt bietet die Stadt noch einiges mehr, wovon ich nur eine Auswahl nenne.

Herradura - Park

Unbedingt für den Abend und vor Sonnenuntergang zu empfehlen: ein Spaziergang zum Park Herradura, westlich des Stadtkerns. Es ist ein unvergeßlicher Anblick, wenn der Granit der Fassaden von Kirchen und Palästen zu einem wahren 'Alpenglühen' im Licht der untergehenden Sonne erstrahlt.

Innenstadt

Die zwei schönsten Arkadenstraßen im Zentrum sind die Rúa Nueva und parallel dazu die Rúa del Villar (über die Calle del Franco folgt ein eigenes Kapitel), wo auch das Touristenbüro ist. Dort gibt es übrigens schöne Stadtpläne.

Viele Straßen der Innenstadt sind inzwischen für den Verkehr gesperrt. Die berittenen Pilger des MA stiegen übrigens am Stadtrand auch ab und gingen den Rest zu Fuß. Aus Ehrfurcht allerdings, nicht aus Furcht vor einem Strafzettel.

San Martin Pinario

Das Kloster 'St. Martin zu den Pinien' an der Plaza de la Azabacheria wurde von Bischof Gelmirez zwar im 12. Jh. gegründet, zeigt aber viel galicisch Barockes: die Fassade, der Brunnen, das Altar-Retabel.

Kloster San Francisco de Valdedios

Der Santiagopilger Franz von Assisi gründete hier ein Kloster, nur 5 Fußminuten von der Kathedrale entfernt, am Ende der Calle de S.Francisco, wo sich die medizinische Fakultät befindet, und wo vor der Kirche sein Denkmal steht.

Kloster Santo Domingo de Bonaval und Puerta del Camino

Ein besonders schöner Spaziergang beginnt an der Plaza de la Azabacheria, folgt dem Weg der Pilger stadtauswärts, über die Plaza Cervantes, durch die schöne Calle de las Casas Reales (der königlichen Häuser) und zur Puerta del Camino, wo das alte Pilgerkreuz steht. Nicht weit davon entfernt ist das KLOSTER SANTO DOMINGO DE BONAVAL, ein Dominikanerkloster, wo heute das MUSEO DE POBO GALEGO (M. des galicischen Volkes) eine interessante Sammlung galicischer Kultur zeigt: Trachten, Landwirtschaft und Handwerk, Wohnung und Architektur, Kunst, Musik und regionales Brauchtum. Skurrile Wendeltreppe zum Aussichtsbalkon 'Mirador'!

Der letzte (eigentlich vorletzte) Punkt meiner Auswahl:

Kloster Santa Maria la Real del Sar

3 km südöstlich der Stadt, jenseits des 'äußeren Ringes' und der Eisenbahnlinie, liegt im grünen Tal des Rio Sarela ein Kleinod der Romanik. Ein Klösterchen, dessen Kirche jene eigenartig schiefen Säulen hat, von welchen man heute noch nicht genau weiß, ob sie eine Laune des Architekten oder eine Laune des Untergrundes waren.

Sagte ich vom Kreuzgang der Kathedrale, er sei gewaltig schön? Nun, der Kreuzgang von Santa Maria la Real del Sar ist nur schön.

Still, schlicht und schön.

Das sind die Orte, wo man mich findet, falls man mich suchen sollte. Oder in einer der Tavernen der Calle de Franco, womit wir beim letzten Kapitel von Santiago de Compostela angekommen wären:

DIE CALLE DE FRANCO IN SANTIAGO DE COMPOSTELA
oder: Spanische Kneipen
Der Versuch einer Charakterisik dritter Teil

Wen das Wort Kneipe stört, kann auch Taverne sagen, oder einfach wie die Spanier: Bar. 'Straße der hundert Kneipen' wird die Calle de Franco genannt. Es sind keine hundert, aber gewiß genügend, in der schmalen Straße, die sich von der Plaza del Obradoiro bis zur Puerta Faguera hinzieht.

Kein Land hat eine so hoch entwickelte Kneipenkultur wie Spanien. Man kann diese Art der Gastronomie weder mit unserer Stehbier-Eck-Kneipe, noch mit der Bar Frankreichs oder Italiens vergleichen.

Die spanische Bar hat wenig oder keine Sitz-
gelegenheiten. Das ist noch nichts Außergewöhn-
liches. Sie hat eine lange, meist hölzerne Theke.
Auch das ist nichts Besonderes. Das fängt bei
den 'TAPAS' an. Auf der breiten Theke stehen
viele Wannen, Schalen, Behälter und Tabletts,
woraus die Kleinigkeiten, die Tapas geholt werden.
Auf kleinen, oft sogar winzigen Tellerchen,
bekommt man zwischen zwei
'cervezas' (Bier) eine Kleinigkeit, gerade einen Mund voll.
Angefangen von einigen Oliven,
etwas Käse, 2-3 Wurstscheiben,
ein paar Bratenstückchen,
Mariscos (Meeresgetier), bis
zu Minispießchen, d.h. etwas
Fleisch und Gemüse auf einem
Zahnstocher.
Damit verbringt man aber
nicht den Abend. Und schon
gar nicht in nur einer Bar.
Ein Bierchen da, eine Tappa
dort, ein 'café solo' (ähnlich dem italienischen Espresso) gegenüber, überall trifft man Bekannte und Freunde, hört Neuigkeiten bei einem Glas
Weißen hier und erzählt sie dort bei einem Roten weiter. Hinter der
Theke ein emsiges Treiben. Die Rufe der Kellner lassen Gläser tanzen
und Teller klappern, und zwischendurch ertönt der Ruf 'Bote' - das Trinkgeld wird für al-
le gemeinsam in
eine Büchse hin-
ter der Theke ge-
worfen. Wie beim
Roulettetisch.
Danke für die An-
gestellten.
Vor der Theke
sammeln sich Pa-
pierservietten, Zi-
garettenkippen u.
Muschelschalen in
den Sägespänen am
Boden. Auch das
gehört dazu. Man
begehe als Frem-
der nicht den
Fauxpas, einen
Aschenbecher zu
verlangen.
Das Ganze spielt

Stand mit Stockfischen auf dem Markt

sich ab zwischen Paseo und Nachtruhe. In Santiago nennt man das 'den Kreuzweg gehen'. Una copa mas (noch ein Gläschen)? Si, hombre, aber in der nächsten Bar. Der Spanier bleibt nicht lange in derselben Bar. Besonders auffallend, oder eigentlich gerade nicht auffallend, ist bei diesem abendlichen Kneipenbummmel des Spaniers: man sieht keine Betrunkenen. Auch dies ist eine gemeinsame Eigenschaft der Romanen. So sehr dieser Paseo von Bar zu Bar, in Verbindung mit der Kommunikationsfreudigkeit des mediterranen Menschen zum täglichen Bestandteil des Lebens gehört - man betrinkt sich nicht dabei. Und um bei einem Fest in Stimmung zu kommen, braucht man erst recht keinen Alkohol. Der Spanier ist immer in Stimmung. Er ist kein Kostverächter. Man kann sogar sagen, der Spanier trinkt gern und nicht wenig. Er säuft nicht. Eso es, das ist es.

In diesem Sinne schlage ich als - würdigen Abschluß und als Abschied von Santiago de Compostela vor: in einem der Restaurants in der Calle del Franco oder Rua del Villar eine 'Vieira', eine Jakobsmuschel auf galicische Art, zu essen und dazu einen Ribeiro blanco zu trinken. Das ist der Weißwein Galiciens, der an den flachen Hängen einer der vom Golfstrom begünstigten Rias Bajas gedeiht, trocken und leicht ist, aber 'es in sich hat'. Man trinkt ihn aus den traditionellen 'tazas' (auch: tazitas), jenen weißen, henkellosen und flachen Porzellanschalen. In der Calle del Franco gibt es ein paar Tavernen, wo man, an langen Theken stehend oder auf einfachen Holzbänken sitzend, ihn direkt aus dem Faß ausgeschenkt bekommt. So schmeckt er am besten.

La Fiesta del Apóstolo

Am 25. Juli feiert man in ganz Spanien, in Santiago de Compostela natürlich besonders ausgeprägt, das Fest des Apostels Jakobus, des 'Patrón de España' (Nationalheiligen).

In Santiago dauert dieses Fest zwei bis drei Wochen. Während etwa zwei Wochen vor dem Fest ziehen die 'Grupos de gaiteiros' durch die Straßen der Stadt. Das sind galicische Trachten- und Musikgruppen, die in den malerischen Kostümen der galicischen Provinzen Volksmusik und Volkstänze spielen und tanzen. Die klassischen Musikinstrumente dabei sind Dudelsack, Trommeln und Tamburin. Die großen, öffentlichen Auftritte dieser Gruppen finden auf der Plaza de la Quintana statt. Die Veranstaltungstermine, sowie eine Vielzahl von Rahmenveranstaltungen sind den Programmen zu entnehmen, die beim Touristenbüro in der Rua del Villar zu erhalten sind.

Am 24. Juli tanzen um 12.00 Uhr, bei Böllerschüssen und Glockengeläute und begleitet von Dudelsackmusik, die 'Cabezudos' (Schwellköpfe). Zwischen 13.00 und 14.00 Uhr ziehen die 'Xigantes' (Giganten) durch die Rua Nueva und Rua del Villar zur Plaza de las Platerías. Diese etwa fünf Meter hohen Figuren symbolisieren, jeweils paarweise, Pilger aus verschiedenen Erdteilen: zwei Türken (Asien), zwei Mohren (Afrika) zwei Europäer und zwei Einheimische (einfache Leute aus dem Volk).

Abends von 23.00 bis 24.00 Uhr findet auf der Plaza del Obradoiro ein spektakuläres Feuerwerk statt. Die großkalibrigen Feuerwerkskörper werden dabei in einem abgesteckten Teil des Platzes, inmitten von einigen tausend Menschen, unter ohrenbetäubendem Krachen gezündet, und es kann schon mal vorkommen, daß sich Zuschauer glühende Fetzen aus den Haaren schütteln. Pulverdampfschwaden ziehen über den Platz, und alles starrt voller Erwartung auf die Kathedrale, vor deren Fassade eine zirka 20 Meter hohe Gerüstfassade eines maurischen Palastes aufgebaut ist, die über und über mit Feuerwerkskörpern bestückt wurde. Mit dem Glockenschlag der Mitternacht steht in Sekundenschnelle die ganze Fläche in einem farbigen Flammenmeer, dessen Rauch die Kathedrale gespenstisch verhüllt.

Wer der Meinung ist, dieses Schauspiel sei nichts als riesiger Touristenrummel, ist falsch informiert. Die Feierlichkeit hat Tradition und symbolisiert den Sieg des Christentums gegen die Mauren. Wer auf der Seite des Rathauses noch einen guten Stehplatz haben möchte, sollte möglichst vor 22.00 Uhr schon da sein.

Am 25. Juli wird in der Kathedrale um 10.15 Uhr die große Messe zelebriert. 10.30 Uhr: Einzug der hohen Ehrengäste, einschließlich des Königs, beziehungsweise der Vertreter des Königshauses. 10.45 Uhr: der Botafumeiro. Das riesige Weihrauchfaß, fast mannshoch, von sechs bis acht Männern an starken Seilen gezogen und an einem armdicken Seil von der Kuppel herabhängend, schwingt in wachsenden Halbkreisen über die Köpfe der Menge hinweg bis über die Lichtgaden der Seitenschiffe hinauf und zieht einen Schweif von Weihrauch und Funken hinter sich her. Spötter sagen, man habe früher dieses gigantische Gerät deshalb eingesetzt, um den Schweißgeruch der vielen Pilger zu bekämpfen.

Um 19.00 Uhr zieht die 'Procesión del Patronato', die Reliquien des Apostels in Begleitung hoher kirchlicher und weltlicher Würdenträger, feierlich durch die Stadt. Ihr Verlauf: Plaza de la Quintana, Rua Nueva, Plaza de Toral, Rua del Villar, Plaza del Obradoiro, Kathedrale.

Überflüssig zu sagen, daß an diesen Tagen in allen Kneipen bis in die frühen Morgenstunden Hochbetrieb herrscht.

Ein großes Fest zu Ehren eines großen Heiligen, gefeiert auf spanische Art. Mit großem Pomp, mit geistigen Aspekten und menschlichen Zügen. Mit ernster Feierlichkeit und lachenden Mienen. Kniescheiben, die fromm auf die Steinplatten der Kathedrale schlagen und durstige Kehlen, die sich an lange Theken drängen. Gebet und Begegnung, Kontemplation und Fröhlichkeit. Ein Fest, das man sein Leben lang nicht mehr vergißt.

Bevor man Santiago verläßt, sollte man noch einmal zum Herradura-Park gehen und in diesen hinein, durch die prächtige Palmenallee, zur Treppenterrasse, unter der sich das blumengeschmückte Gelände der neuen Universität ausbreitet. Zurückgekehrt zum Eingang des Parkes, umfaßt ein letzter Blick die Kathedrale und die Silhouette der Stadt des Jakobus und seiner Pilger.

*   *   *

DIE KÜSTEN GALICIENS

Wer sich von Santiago de Compostela 30 km westwärts wendet, um zum Atlantik zu gelangen, folgt damit dem Beispiel vieler Jakobspilger des Mittelalters, für die erst der Anblick des Meeres und der Küste, wo der Leichnam Santiagos an Land trieb, den Abschluß ihrer Wallfahrt bedeutete.

RIAS:
fjordähnliche, tief ins Land ein-
schneidende Buchten, in welche
jeweils ein Fluß ('rio') mündet.

Die Rias von Galicien - eine Welt für sich, in der man verweilen sollte, um ihre Mannigfaltigkeit und Schönheit näher kennenzulernen!

Meine Beschreibung der drei Küstenabschnitte konzentriert sich im wesentlichen auf die RIAS BAJAS, dies aus zwei Gründen:
zum einen, weil sie in ihrer Vielfalt besonders reizvoll sind, zum anderen, weil hier die Santiagofahrer, vor allem Familien mit Kindern, auf dem kürzesten Wege die Möglichkeit zu einem Badeurlaub finden und diesen mit dem Besuch der beiden letzten, großen Pilgerstationen verbinden können: PADRON, Stadt der Landung der Barke mit dem Apostelleichnam, und KAP FINISTERRE, Endpunkt der Mystifikation um die Jakobslegende.

DIE RIAS BAJAS

Sie unterscheiden sich von den RIAS GALEGAS und RIAS ALTAS im wesentlichen durch vier charakteristische Merkmale:
- sie reichen am weitesten in das Land hinein (bis zu 40 km) und bieten in ihren weit verzweigten Ufern und kleineren Buchten Aspekte von Binnengewässern, die gelegentlich an oberitalienische Seen erinnern.
- ihre Vegetation ist üppig und hat durchaus mediterranen Charakter. Riesige Eukalyptus- und Kiefernwälder, Maronen- und Pinienhaine, Palmen in Gärten und an den Straßen, Mimosen, Kamelien und viele andere Blumen. Dies ist dem Einfluß des Golfstromes zu verdanken, der die oberen Rias nicht erreicht.
- das Klima ist, zumindest in den Monaten Juli und August, ziemlich beständig. Nach eigenen Erfahrungen und nach Gesprächen mit Bauern und Hirten heißt das: überwiegend warm und sonnig, gelegentlich aber

auch einmal bedeckt, neblig und kühl, selten ein kurzer Schauer.
- die Wassertemperatur liegt um diese Zeit bei durchschnittlich 19 bis 20 Grad Celsius und damit etwa ein Grad über der in den oberen Rias.

Ria de Muros und Kap Finisterre

Von Santiago aus führt die Straße durch NOYA, einer Stadt aus der Römerzeit, mit Parks, Adelshäusern und alten Kirchen, von denen S. Martin mit seinem Figurenportal und seiner reich verzierten Rosette (Schule des Meisters Mateo), oder Sta. Maria Nova mit altem Friedhof (Cruzeiros 13. Jh.), besonders zu erwähnen sind.

Das malerische, lebhafte MUROS hat viele Gäßchen und alte Arkaden, eine lange Hafenmole, deren abendliche Beleuchtung zu einem geruhsamen Bummel oder eher noch zu einem Besuch in einem der Restaurants anregt, in denen man vorzügliche Fisch- und Mariscospezialitäten bekommt.

Dicht am Meer entlang erreicht man nach wenigen Kilometern LOURO.

Vor dem Ort liegt ein angenehmer Campingplatz direkt am Meer, der als Standquartier für einige Ruhetage und den Ausflug zum Kap Finisterre gut geeignet ist. Angrenzend daran der schöne, von Kiefern und Palmen gesäumte Sandstrand von Louro. In der Ortsmitte weist ein Schild zur 'Residencia de San Franzisko', einem Klösterchen inmitten hoher Eukalyptusbäume mit einem bezaubernden Kreuzgang. Gastfreundliche Mönche vermieten dort liebevoll ausgestatte Zimmer. Etwas für Romantiker oder Klaustrophile.

An der Strecke nach LARIÑA: weite Sandstrände, Dünen und Lagunen. Zwischen Horreos, niedrigen Natursteinmauern und hochstämmigen Krautköpfen weiden dunkle, zottige Schafe. In CARNOTA (parken am Hauptplatz, ca. 200 m links hinunter) steht der längste Horreo Galiciens, 200 Jahre alt, ca. 50 m, unter Denkmalschutz. Hinter Carnota weisen zwei Schilder zu besonders schönen und langen Sandstränden (Praia do Canal und Praia Boca do Rio) mit abgeflachten Granitfelsen, die wie graue Elefantenrücken aus dem hellen Sand ragen. (B. do Rio: ein Paradies.)

Wieder ändert sich das Bild: QUILMAS, felsige Küste mit kleinen Buchten, EZARO mit 600 Meter Sandbucht. Die auf- und absteigende Straße taucht in dunkle Wälder. CEE: Industriehafen, CORCUBION: Fischereihafen und hübsche, blumengeschmückte Stadt mit weißen, galicischen Glasveranden und einem kleinen Campingplatz am Ortsende. In einem hohen Kiefernwald hinter ESTORDE liegt ein großer Campingplatz mit einer schönen Badebucht. Die Straße windet sich nun an hohen, bewaldeten Hängen entlang und eröffnet immer weitere Blicke über die Küste und das offene Meer bis zum Kap Finisterre. Die Harmonie der Landschaft überrascht jeden, der sich das legendäre Ende der Welt unwirtlich und abweisend vorgestellt hat.

Hinter dem schlichten Fischerdorf FINISTERRE, an der ansteigenden, neu ausgebauten Straße zum Kap Finisterre, steht der letzte 'Cruzeiro' und wartet die letzte Station der Andacht: die alte Pilgerkirche Santa Maria Serena. Die ständige Anwesenheit von Besuchern beim Leuchtturm und Kap lassen nur schwer die Vorstellung zu, daß diese Gegend früher von so grenzenloser Einsamkeit war, daß sich der Sage nach römische Legionäre wie Lemminge über die Klippen ins Meer gestürzt haben sollen. An klaren Tagen hat man eindrucksvolle Blicke auf die Küsten der Rias Bajas und die schimmernde Unendlichkeit des Atlantik.

Zurück nach NOYA. Dann entweder das Südufer der Ria entlang, durch die Muschelbucht Agueira, zu den keltischen Ausgrabungen in BARANO und, am Übergang zur Ria de Arousa, zum Dünen-Sandstrand von Carreira, oder direkt nach Padron.

Ria de Arousa
Die Abkürzungsstrecke über Vilacoba führt durch unberührte Natur, durch urwaldartige Eukalyptuswälder mit mannshohen Farnen, nach
PADRON (römisch: Iria Flavia)
Von Noya her stößt man auf die alte Brücke über den Rio Sar und ist damit schon am wichtigsten Punkt für den Jakobspilger. Unter dem Altar der Kirche, unmittelbar nach der Brücke, befindet sich der Stein (Padrón = steinernes Mal), an dem die Barke mit dem Leichnam des Apostels festgemacht wurde, der noch an seiner ursprünglichen Stelle steht, und über dem die Kirche erbaut wurde. Auf der Anhöhe gegenüber erhebt sich die klassizistische Fassade von Sta. Maria del Carmen. Für uns interessanter aber ist das schöne Brunnenhaus an der Kreuzung unterhalb der mächtigen Kirchenterrasse: es zeigt in einem Granitrelief die 'Translatio'. Etwa 50 Meter rechts davon führen viele Treppen hinauf zum Brunnenheiligtum, zur Römerzeit vermutlich ein Nympheion. Über dem Portal der kleinen Kapelle daneben stellt ein Relief den mit einer Muschel taufenden Jakobus dar. Welch liebenswerter Anachronismus.

In der schönen Waldlichtung, umgeben von hohen Eukalyptusbäumen, steht auf den Granitblöcken einer ehemaligen keltischen Opferstätte die Statue des hl. Jakobus, welcher hier seine erste Predigt in Europa gehalten haben soll. Archäologische Grabungen in der Nähe verfolgen weiter die Spur der keltischen und römischen Vergangenheit.

An den nördlichen Ufern dieser Ria wächst jener leichte, trockene Weißwein, der die Gegend von RIBEIRO bekannt gemacht hat.

Die südlichen Ufer (Abzweigung in PONTECESURE) sind dicht besiedelt mit hübschen Orten und Feriendomizilen. CARRIL: Muscheln und Austern und die dazugehörigen Kneipen. VILLAGARCIA DE AROUSA: größerer Hafenort, Palacio Vista Alegre, ehemaliger Palast der Erzbischöfe von Santiago, weshalb der Strand nahebei Playa Compostela heißt. CAMBADOS: stattliche Paläste, ein Parador Nacional und die, idyllisch im Friedhof gelegene Kirchenruine Sta. Marina de Gozo (1530, ein Monumento Nacional). Vor EL GROVE, einem Ort mit tradionellen Fischspezialitäten, führt eine Brücke hinüber zu dem 'Juwel Galiciens', der grünen Insel LA TOJA (A TOXA): 5-Sterne-Hotel mit Spielcasino, und Kiefernwälder, welche die Insel überziehen.

An der schmalen Stelle vor der Halbinsel El Grove, Übergang zur

Ria de Pontevedra

erstrecken sich die langen Sandstrände 'Playas de la Lanzada' am offenen Atlantik. An der Straße zum belebten Badeort SANGENJO (Sanxenxo) liegen viele Campingplätze. Der hintere Teil der Bucht erinnert mit bewaldeten Höhenzügen, Uferpartien und malerischen Orten, Blumen und Palmen ein wenig an das Tessin. Charakteristisch sind die vielen Muschel- und Austernbänke.

COMBARRO

Einmalig das Gemisch aus schmalen Gassen, Treppen, Häusern und Horreos direkt am Wasser. Hühner und Schafe in kleinen Gärten zwischen den Pfosten der Horreos, eine Kneipe an der kleinen Mole, Tische und Stühle vor der Türe und Bratroste mit Fischen. Die Altstadt wurde wegen der für Maler so reizvollen Strukturen zum künstlerischen Monument erklärt. Die vielen Horreos stehen unter Denkmalschutz.

PONTEVEDRA

Kunsthistorische Stadt griechischen Ursprungs. Prächtig die Basilika Sta. Maria Mayor (16. Jh.), das Portal königlich flankiert von Karl V. und seiner Gemahlin. Schlicht die große Kirche San Francisco (14. Jh., mit Holzdecke im Mittelschiff) über einer Freitreppe an der Plaza La Herrería. Originell die barocke Kirche La Peregrina mit muschelförmigem Grundriss. Grün überwachsen und mitten im Stadtgewühle, die Ruine der Kirche Santo Domingo (1282) mit gotischer Apsis. Altgalicisch die Plaza de la Lena, umstanden von hübschen Häusern mit Säulengängen und Holzveranden. Nobel der Parador Nacional 'Casa de Barón'. Problematisch die Parkplatzsuche.

Am Südufer der Ria findet man zwischen MARIN und BUEU Badestrände: 'Playa de Loira'! und 'Playa Lapamán'. In der Bucht von ALDAN, kurz vor dem Ausgang der Ria, gibt es einige schöne Strände, in HIO steht der berühmte Cruceiro mit der Kreuzabnahme Christi, der schönste Galiciens. Am Ende der Ria, kurz hinter DONON, beim Kap Home: die bezaubernde 'Playa de Nerga'.

Ria de Vigo

Die abwechslungsreiche, stark besiedelte Küste der landschaftlich sehr schönen Bucht führt zur bedeutenden Hafenstadt VIGO mit dem reizvollen, alten Hafenviertel Berbés. In der kleinen RIA DE BAYONA ist der beliebte, weite Sandstrand 'Playa America'. In der gegenüberliegenden Stadt Bayona ankerte 1493 die 'Pindar', mit der ersten Kunde vom neu entdeckten Kontinent. In der Zinnenburg über dem Meer: ein Parador!

Ein Abstecher zur Südgrenze der galicischen Küste: der Berg Tecla bei LA GUARDIA; an dessen dicht bewaldeten Hängen sich die 'Citanias', keltische Rundhütten-Siedlungen, hinaufziehen. Vom Gipfel herrliche Aussicht bis Portugal.

DIE RIAS GALEGAS UND RIAS ALTAS

Allgemeine Charakterisik: stark zerklüftete Küste mit vielen kleinen Buchten, die teilweise schwer zugänglich sind. Die Landschaft erinnert gelegentlich an Schottland oder Bretagne, überrascht andererseits aber auch mit herrlichen Wäldern und unberührten Tälern mit klaren Bächen. In allen Hafenstädten gibt es Fischgerichte, Schalen- und Krustentiere.

DIE RIAS GALEGAS werden noch heute Küste der Toten (Costas de los muertes) genannt.

Vom Kap Finisterre bis La Coruña verläuft die Hauptstrecke über Vimianzo und Carballo landeinwärts. Stichstraßen zweigen zu den Fischerorten und Badebuchten ab. Bei LIRES: die besonders schöne 'Praia do Rostro' (3 km Sand und hohe Dünen), sowie den 'Praias Lires' und 'Nemiña'. MUGIA: Fischereihafen mit romanischer Kirche 'Nuestra Señora de la Barca' und dem berühmten, bizarren Stein 'pedra de Abalar'. Die Jungfrau soll hier an Land gegangen sein, um Santiago in seinem Missioneifer zu stärken. Galicisch-buntes Wallfahrtsfest am 8.September.

CAMARIÑAS: alte Klöppelspitzentradition, liegt nur vier Kilometer vom wilden Kap Vilano entfernt. Nicht zuletzt diesem Kap mit seiner oft so stürmischen und von den Fischern gefürchteten See verdankt die Küste ihren düsteren Beinamen. Von Touristen geschätzt: die herrliche Aussicht.

Auf der Hauptstrecke: VIMIANZO mit der romantischen Festung Altamira in einem Park mit Blumen und Palmen. An der stillen Nebenstraße zwischen BAIO und LAXE: die 5000 Jahre alten Dolmen von DOMBATE. Bei PONTE SECO (ein paar km nördl.): die hübsche 'Praia Balarés', flacher Sandstrand vor Nadelwald. Über BUÑO (Keramik) nach MALPICA: alter Fischereihafen und Klöppelspitzen, und zurück über Carballo auf die Hauptstraße nach

LA CORUÑA

Trotz des 'hohen Nordens' hat diese schöne Stadt mit den Palmen und Parks und ihrem bunten Hafen eher südliches Gepräge. Immerhin liegt sie auf dem Breitengrad von Nizza. Typisch und einmalig jedoch sind die Fassaden der weißen Häuser, die teilweise oder ganz mit verglasten Balkonen verziert sind. Die langen Häuserreihen an der Avenida La Marina entlang des Hafens glänzen im Sonnenlicht wie eine riesige Spiegelfläche, weshalb La Coruña auch 'Die Kristallene' genannt wird.

Am Ende der La Marina gelangt man in die Altstadt mit ihren stillen Plätzen und schönen Kirchen, wie die romanische Santiagokirche an der plaza del Gral. Azcarrago, oder die ebenfalls romanische Santa Maria del Campo (Abb.), deren Fassade wahre Streicheleinheiten für den sind, der ein Bedürfnis nach Harmonie hat.

In der Nähe: das idyllische Plätzchen Santa Barbara mit einem alten Relief über dem Klostertor: Jakobus und Pilger. Im Norden der Stadt gelangt man zum Herkulesturm, dem einzigen Leuchtturm römischen Ursprungs, der heute noch in Betrieb ist.

Dringend empfehle ich meinen Lesern die regionale Küche mit ihrer Vielfalt an Fischgerichten, die überwiegend in irdenen Töpfen

H. SING

und mit hervorragenden Saucen zubereitet werden, wie der Merluza (See-hecht) a la cazuela (Kasserolle), oder der Rapé en salsa verde (Seeteufel in grüner Sauce). Köstlich auch hier die Vieira (Jakobsmuschel).

Die RIAS ALTAS beginnen hinter EL FERROL. Die Anfahrten sind lang, die Buchten nicht immer leicht zu erreichen. Die Rückfahrt nach Deutschland über die Nordküste ist zeitraubend und anstrengend. Emp-fehlenswerter: über BETANZOS, origineller Jägersarkophag auf Eber- und Bärenrücken in der Kirche San Francisco, nach LUGO, 2,2 km röm. Mauerring mit vielen Türmen und Toren, u.a. die Puerta Santiago (Jakobs-tor mit Matamoro-Standbild) und die großartige Kathedrale, die seit 1129 der von Santiago de C. nacheifert; berühmt: die Statue der Ma-donna de los ojos grandes (großen Augen). Schnellstraße bis ASTORGA, ab dort zwei Möglichkeiten: über die schönen Städte SALAMANCA, AVILA, SEGOVIA, MADRID, ZARAGOZA; Rest Autobahn bis Deutschland, oder den Jakobsweg rückwärts, ab Puente la Reina den Arles - Weg über den Somport - Paß.

DER ARLES-WEG

Bei Puente la Reina: an der Eunate-Kirche vorbei, nach 14 km ein Stück auf der N 121, Autobahn überqueren, auf der N 240 bis zur Abzweigung nach Sanguesa. Vorher, bei km 37, links die Reste der alten Pilgerbrücke über den Rio Irati, (Teufelsbrücke) b. Eingang zur Schlucht Foz de Lumbier.

SANGUESA

Das berühmte Südportal der Santa Maria la Real ist ein wegen seines Figurenreichtums überwältigendes Werk romanischer Kunst. Im Portal-gewände: je drei Statuen vor den Säulen, links die drei Marien, ganz rechts der erhängte Judas. Im Tympanon: Christus und das Jüngste Ge-richt. In den Archivolten: biblische Gestalten auf der einen, Berufe wie Metzger und Schmied auf der anderen Seite. In den Zwickelfeldern beider-seits der Archivolten: viele kleine, meist unzusammenhängende Reliefs, ganz rechts oben: Siegfried der Drachentöter. In den Blendarkaden über dem Portal: Christus mit den Evangelistensymbolen und den 12 Aposteln. Welch ein Bilderbuch der Romanik!

Ein schlichter, aber nicht weniger schöner Gegensatz dazu: die Kirche Santiago. Im Tympanon als einzige Skulptur eine Jakobsstatue mit zwei gemalten, knienden Pilgern.

Im Stadtbild: stattliche Fassaden und Portale mit Muschelemblemen. Palacio de Valle-Santoro: an den Tragbalken des weit vorspringenden Daches hängen als Holzschnitzereien groteske, lebensgroße Figuren: Fabel-wesen mit Bocksfüßen, weibliche Gestalten mit mächtigen Brüsten u.a.

Auf dem Weg nach Leyre: JAVIER-BURG, vollständig erhaltene Burgan-lage, 16. Jh., Geburtshaus des hl. Franz Xaver, im Oratorium: Toten-tanzfresken aus dem 15. Jh., die einzigen Spaniens.

LEYRE

Vorgelagert den Hängen der Sierra de Leyre steht hoch über dem weiten Land, mit Blick auf den Yesa-See und ferne Bergketten, in herr-licher Landschaft, das groß angelegte Kloster und Königspantheon Leyre. Auffahrtsstraße beim Ort Yesa. Gegründet 848, war es Zufluchtsort und

Grabstätte navarresischer Könige während der Reconquista. Krypta 1067 von Sancho dem Großen erbaut: mächtige Gewölbe, Gurtbögen und Kapitelle auf sehr kurzen Säulen (Abb.). Das Westportal ist ein Schmuckstück romanischer Portalplastik.

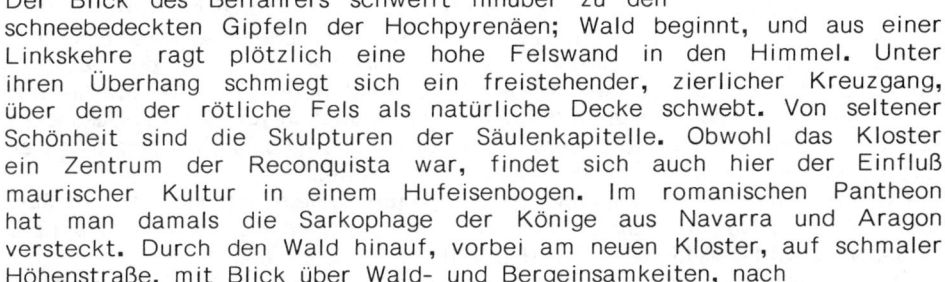

Die Straße folgt nun den einsamen Ufern des schön gelegenen Yesa-Stausees (Camping unterhalb dem Bergstädtchen Tiermes), schlängelt sich durch das breite Tal des Rio Aragón und überquert diesen bei PUENTE LA REINA DE JACA (Camping Pirineos im Osten). Nach 10 km: Abzweigung rechts hinauf nach

SAN JUAN DE LA PENA

Die kurvenreiche, schmale Straße zieht sich an steilen Hängen mit wildem Lavendel hinauf. Der Blick des Beifahrers schweift hinüber zu den schneebedeckten Gipfeln der Hochpyrenäen; Wald beginnt, und aus einer Linkskehre ragt plötzlich eine hohe Felswand in den Himmel. Unter ihren Überhang schmiegt sich ein freistehender, zierlicher Kreuzgang, über dem der rötliche Fels als natürliche Decke schwebt. Von seltener Schönheit sind die Skulpturen der Säulenkapitelle. Obwohl das Kloster ein Zentrum der Reconquista war, findet sich auch hier der Einfluß maurischer Kultur in einem Hufeisenbogen. Im romanischen Pantheon hat man damals die Sarkophage der Könige aus Navarra und Aragon versteckt. Durch den Wald hinauf, vorbei am neuen Kloster, auf schmaler Höhenstraße, mit Blick über Wald- und Bergeinsamkeiten, nach

JACA

Erste, romanische Kathedrale Spaniens (1076), mit gotischen Umbauten (Decke). Original erhalten: bunte Säulenbemalung im Chorumgang. Rein romanisch: großer, offener Narthex zum Schutz der Pilger, mit altem Christusmonogramm über dem Hauptportal. Zwei alte Pilgerbrücken über den Aragón: unterhalb von Jaca (Puente de S. Miguel) und bei Canfranc.

Mit mäßigen Steigungen und durch steinige Almwiesen zum **SOMPORT-PASS** (1632 m), in steilen Spitzkehren hinunter ins Felsental der Aspe.

OLORON-SAINTE-MARIE

Portal der Kirche Ste. Marie (alte Oberstadt):Juwel romanischer Kunst. Drei Tympana: oben Kreuzabnahme, unten: siegende und verfolgte Kirche. Zwei gefesselte Sarazenen am Mittelpfeiler zeugen von Kämpfen gegen die Mauren. Über PAU nach

SAINT-BERTRAND-DE-COMMINGES (Lugdunum Convenarum, 60000 EW)

Auf dem Waldhügel erhebt sich aus den Dächern des kleinen Ortes die Kathedrale wie eine hohe Burg. Meisterwerke: Chorgestühl, Orgel (16.Jh.), Reiliquienschrein des hl. Bertrand, 1073 hier Bischof. Im zauberhaften, kopfsteingepflasterten Kreuzgang (nach einer Seite offen zur Schlucht) die berühmten Säulenskulpturen der vier Evangelisten. In der Ebene merowingische, westgotische und römische Ausgrabungen. Röm. Friedhof bei der romanischen Kirche St.Just de Valcabrère (11.Jh.) Figurenportal ein Kleinod (12.Jh.). Erster Bau (4.Jh.) aus antiken Steinen, vielleicht aus denen des Domizils des von Caligula hierher verbannten Herodes und dessen Frau Herodias. Welch schöner Alterssitz für pensionierte Könige mit schlechtem Gewissen (Enthauptung Joh. des Täufers).

ST. BERTRAND DE COMMINGES — ST. JUST DE VALCABRÈRE

TOULOUSE

Im ehemals römischen Tolosa wurde zur Zeit der Jakobswallfahrt die nach Cluny größte romanische Kirche Frankreichs, die BASILIKA SAINT-CERNIN, über dem Grab des hl. Saturnin, Apostels des Languedoc, erbaut. Außer den imposanten Dimensionen in den fünf Schiffen des Langhauses und der Apsis beeindruckt sie durch ihren Vierungsturm, dessen drei Rundbogengeschosse aus dem 12., die zwei Spitzbogengeschosse aus dem 13. Jh. stammen. Das Ziel der Pilger des MA war das Grab des Saturnin, das heute in der Mitte der Apsis steht, und wohl auch die Statue des hl. Jakobus an der Porte Miègeville am südlichen Langhaus. Besonders schön sind sieben Marmorreliefs im Chorumgang (12. Jh.), Christus, vier Evangelistensymbole und zwei Propheten darstellend.

Für Liebhaber der Romanik ist in Toulouse ein Besuch des MUSÉE DES AUGUSTINS mit seiner Sammlung romanischer Kapitelle unerläßlich.

SAINT-GUILHEM-LE-DESERT (Hl. Wilhelm in der Wüste)

Das mittelalterliche, im Grunde eines karg bewachsenen, unwirtlichen Tales gelegene und von der Ruine einer Burg überragte Straßendorf geht auf eine Klostergründung des Guilhem, Enkels Karl Martels, zurück, der dort einen Splitter vom wahren Kreuz Christi als Reliquie bewahrte. Vom Kloster sind nur noch Teile des Kreuzganges und die Kirche erhalten.

SAINT-GILLES

Die besondere Sehenswürdigkeit dieses kleinen Camargue-Städtchens und eine wahre Augenweide ist die Abteikirche St. Gilles mit ihrer einmaligen, romanischen Fassade (um 1200), deren drei Portale reich mit herrlichen Skulpturen aus dem Leben Christi geschmückt sind.

ARLES

Als Zentrum der Camargue, des Mündungsgebietes der Rhône, besitzt diese uralte Stadt, einst griechische und römische Siedlung, eine besonders typische Atmosphäre, deren Zauber, wie auch der ihrer Umgebung, in vielen Bildern von Van Gogh verewigt wurde.

Aus der Zeit der Römer stammt die gut erhaltene Arena, wo im Sommer Stierkämpfe stattfinden, das Amphitheater und ein Friedhof (Alyscamps).

Kathedrale SAINT TROPHIME: eine der berühmtesten romanischen Kirchen Südfrankreichs, die eine weitere Variation innerhalb dieser Stilepoche, die der Provence, repräsentiert. Von ihrem Reichtum an Steinplastiken an der Fassade und im Kreuzgang, einem der schönsten des Abendlandes, seien nur erwähnt: Jakobus neben dem Portal und an einem Mittelpfeiler der Nordgalerie des Kreuzganges. Interessant sind die Muscheln am Hut der Emauspilger am zweiten Mittelpfeiler der Nordgalerie.

PARIS-WEG

und VEZELAY-WEG

DER SÜDWESTEN FRANKREICHS: AQUITANIEN

Der Begriff Aquitanien muß unter zwei Gesichtspunkten betrachtet werden: einem historischen und einem gegenwärtigen, da sich hieraus nämlich zwei unterschiedliche Landschaften ergeben.

Das Herzogtum Aquitanien des 12. Jahrhunderts hatte, grob skizziert, folgende Grenzen: Atlantik im Westen, Loire im Norden, Garonne im Süden und das Herzogtum Burgund im Osten. Mit anderen Worten, die Landschaften nördlich von Bordeaux: das Poitou um Poitiers, das Berry um Bourges, das Limousin um Limoges und das Périgord um Perigueux herum.

Das heutige Aquitanien liegt südlich von Bordeaux mit den Landschaften Guyenne und Gascogne.

Verwirrend in Frankreich sind die unterschiedlichen Bezeichnungen der Gegenden. Da gibt es zum einen Begriffe, die sich von den jeweiligen Volksstämmen ableiten, wie zum Beispiel die Gascogne von 'Vaskonien', Land der Basken, andere, die nach ihren Städten heißen wie Périgord und Limousin. Seit der napoleonischen Verwaltungsreform werden die Departements meist nach ihren Flüssen benannt; so zerfällt beispielsweise das Elsaß in Haut-Rhin und Bas-Rhin (Hoch- und Niederrhein). Nach dieser Nomenklatur setzt sich Aquitanien aus fünf Departements zusammen: Dordogne, Gironde, Lot et Garonne, Landes und Pyrénées-Atlantique. Da dies jedoch reine Verwaltungsgrenzen sind, verzichte ich im Verlauf des weiteren Kapitels auf sie, betrachte das ganze Land zwischen Loire und Pyrenäen als Aquitanien und beschreibe die zwei Jakobswege unter Verwendung gebräuchlicher Gebietsbezeichnungen (jeweils von Norden nach Süden):

Paris-Weg: POITOU (um Poitiers), GUYENNE (Bordeaux), GASCOGNE.

Vézelay-Weg: BURGUND (Vézelay), BERRY (Bourges), LIMOUSIN (Limoges), PERIGORD (Perigueux), GASCOGNE.

Das Wort Aquitanien leitet sich vom lateinischen 'aqua' (Wasser) ab, ebenso wie in den auf -ac endenden Ortsnamen, Cognac, Bergerac, Souillac und vielen anderen, der Hinweis auf Gewässer liegt. Wasser spielt tatsächlich eine große Rolle in diesem Land, und das von drei Seiten: reichliche Niederschläge von oben, der Atlantik im Westen und viele Bäche und Flüsse, Teiche und Seen im Landesinneren.

So wasserreich Aquitanien also ist, muß aber dennoch niemand seinen Durst damit stillen, denn von dort stammen so edle Tropfen wie die weltbekannten Weine des Bordelais (Bordeaux), der Cognac und der Armagnac.

In Aquitanien befindet sich das 'Pay de l'Homme' (Land d. Menschen), wo sich in unzähligen Höhlen die prähistorischen Malereien und Skulpturen des Mittel-Paläolithikums (Steinzeit) zwischen 150.000 und 40.000 Jahre v. Chr., des Neandertalermenschen also, und des Jung-Paläolithikums zwischen 40.000 und 10.000 Jahre v. Chr., der Zeit des Homo Sapiens (Cro-Magnon-Mensch), erhalten haben.

Im 11. und 12. Jh. erreichte die Kunst der Troubadoure in Aquitanien ihre hohe Blütezeit. Im allgemeinen waren Troubadoure fahrende Sänger, die lyrische Verse dichteten, diese vertonten und an den Höfen von Herzögen und Königen zur Ehre und Verherrlichung edler Damen zur Laute vortrugen. Sie lebten meist eine Zeit lang an einem Hof, bevor sie zum nächsten weiterzogen. Das Ziel ihrer Verehrung war immer eine verheiratete, schöne und tugendsame Frau, zwischen deren gesellschaftlicher Stellung und der des Troubadours undurchdringliche Schranken bestanden. Sagt man.

Durch Aquitanien zogen vom 10. bis zum 15. Jh. Millionen von Jakobsbrüdern, Jacquaires genannt, auf ihrem langen und mühsamen Weg nach Santiago de Compostela, und zur Zeit der Romanik entstanden entlang der Jakobswege oder in ihrer unmittelbaren Nähe wunderschöne Kirchen, Kapellen und Kathedralen dieser Kunstepoche.

Ein wenig Geschichte

Aus der bewegten Geschichte Aquitaniens, die immerhin auch ganz Europa entscheidend beinflußt hat, greife ich nur einige markante Geschehnisse, Zahlen und Persönlichkeiten in stichwortartiger Kürze heraus.

Der fränkisch-merowingische Karl Martel stoppte im Jahre 732 in der Schlacht bei Moussais-la-Bataille (bei Poitiers) den Ansturm der Mauren nach Mitteleuropa. Zur Überraschung und Betrübnis der aquitanischen Herzöge blieben aber die Franken nach ihrem glorreichen Sieg in Aquitanien, und unter dem Sohn von Karl Martel, Pipin dem Jüngeren (dem Kurzen), unterschieden sich die Franken als Befreier und Besatzungsmacht kaum von den besiegten Mauren, was häufige und heftige Kriege zwischen Franken und Aquitanien zur Folge hatte. Im Jahre 781 setzte der Sohn Pipins, Karl der Große, seinen Sohn Ludwig (der Fromme) als König von Aquitanien ein.

Von etwa 830 bis 855 erschienen die Normannen mit ihren flinken Booten, fuhren mordend, plündernd und zerstörend die Flüsse hinauf und verschwanden wieder ebenso schnell und überraschend, wie sie gekommen waren. Diese Blitzaktionen wiederholten sie mehrmals. Die Drachen an ihrem Schiffsbug wurden in der Kunst der Romanik zum Symbol des Bösen. Später wurden die Normannen in der Normandie seßhaft.

Im 12. Jh. wird Eleonore (Aliénor) von Aquitanien zur herausragenden Gestalt der aquitanischen Geschichte, die weit über die Grenzen des Landes hinaus die Entwicklung Frankreichs und Englands bestimmte. Faßt man alle Beschreibungen dieser Frau zusammen, ergeben sich drei hervorragende Eigenschaften: schön, klug und von unbeugsamem Herrscherwillen für sich und ihre Söhne. Einer ihrer Vorfahren, Guillaume IX., ihr Großvater, ging als Troubadour in die Geschichte ein, eine Besonderheit insofern, da er ja kein fahrender Sänger war. 1137 heiratete sie, 15-jährig, den französischen König Louis VII.; nach 15 Jahren wird die Ehe wegen angeblicher Blutsverwandtschaft geschieden, und sie heiratete Henry von Anjou-Plantagenet, der 1154 als Henry II. König von England wird.

Damit entstand das Angevinische Großreich, das von Schottland bis zu den Pyrenäen reichte. Angevinisch kommt von Angers, während der Beiname Plantagenet von der Vorliebe des Geoffroy, Graf von Angers und Vater Henrys II., für die Ginsterblüte stammt (lat.: planta genista).

Die in der Folge unglückliche Ehe (Seitensprünge seinerseits sind Geschichte, ihrerseits Legende), ein viele Jahre währender 'Hausarrest' in England und ihre Liebe zu ihren Söhnen verlagerten ihre Sympathien und Interessen von England nach Aquitanien. Die Wurzeln der Feindschaft zwischen Frankreich und England liegen hier. Sie kehrt nach Aquitanien zurück, doch erfüllen ihre Söhne, unter anderen Johann-ohne-Land (Jean-sans-Terre) und Richard Löwenherz, Idealbild christlichen Rittertums, die in sie gesetzten Erwartungen nicht. Im 80. Lebensjahr stirbt sie nach einem überaus aktiven Leben in der Abtei Fontevrault(Grabmal).

Die Engländer besetzten große Teile Aquitaniens und wurden erst 1455, nach dem Hundertjährigen Krieg, aus dem Land vertrieben. Heutzutage parken des öfteren Autos mit GB-Kennzeichen neben der Straße hoch über der Dordogne, und man kann gelegentlich erleben, wie ein Engländer mit ausholender Gebärde über den Fluß und das liebliche Tal weist und seiner Begleiterin erklärt: "Look, darling, all this was British territory".

DIE JAKOBSWEGE IN AQUITANIEN

Zwei 'Chemins de St.-Jacques' ziehen sich durch Aquitaniens Landschaften:

DER PARIS-WEG über das Poitou (Poitiers) und die Guyenne (Bordeaux)
DER VEZELAY-WEG über das Berry (Bourges), Limousin (Limoges), Périgord (Perigueux).

In der Gascogne, die auf den Seiten 126 ff. bereits beschrieben wurde, vereinigen sich die beiden Wege mit dem LE PUY-WEG.

Ich werde oft gefragt, welchem der beiden Wege durch Aquitanien der Vorzug zu geben sei. Zunächst möchte ich sagen: es ist schade um jeden, den man versäumt! Aus dem Gefühl heraus möchte ich sodann den Vézelay-Weg empfehlen. Zwar findet der Kunstliebhaber auf dem Paris-Weg noch mehr bemerkenswerte Schmuckstücke der Romanik als auf dem Vézelay-Weg, doch bietet letzterer mehr landschaftliche Reize und kulinarische Genüsse.

Die abwechslungsreichen Wald- und Flußlandschaften des Limousin und Périgord in Verbindung mit ihren Gaumenfreuden aus Küche und Keller erwecken in mir stets angenehmste Erinnerungen.

Besonders authentische Berührungspunkte mit der Jakobswallfahrt findet man am Paris-Weg in Parthenay und Pons. Unvergeßliche Begegnungen mit der Kunst der Romanik ermöglicht der Paris-Weg in Poitiers, Chauvigny, St. Savin, Aulnay und Dax; der Vézelay-Weg in Neuvy-St.-Sepulchre, Gargilesse-Dampierre und Perigueux.

DIE JAKOBSWEGE IN FRANKREICH

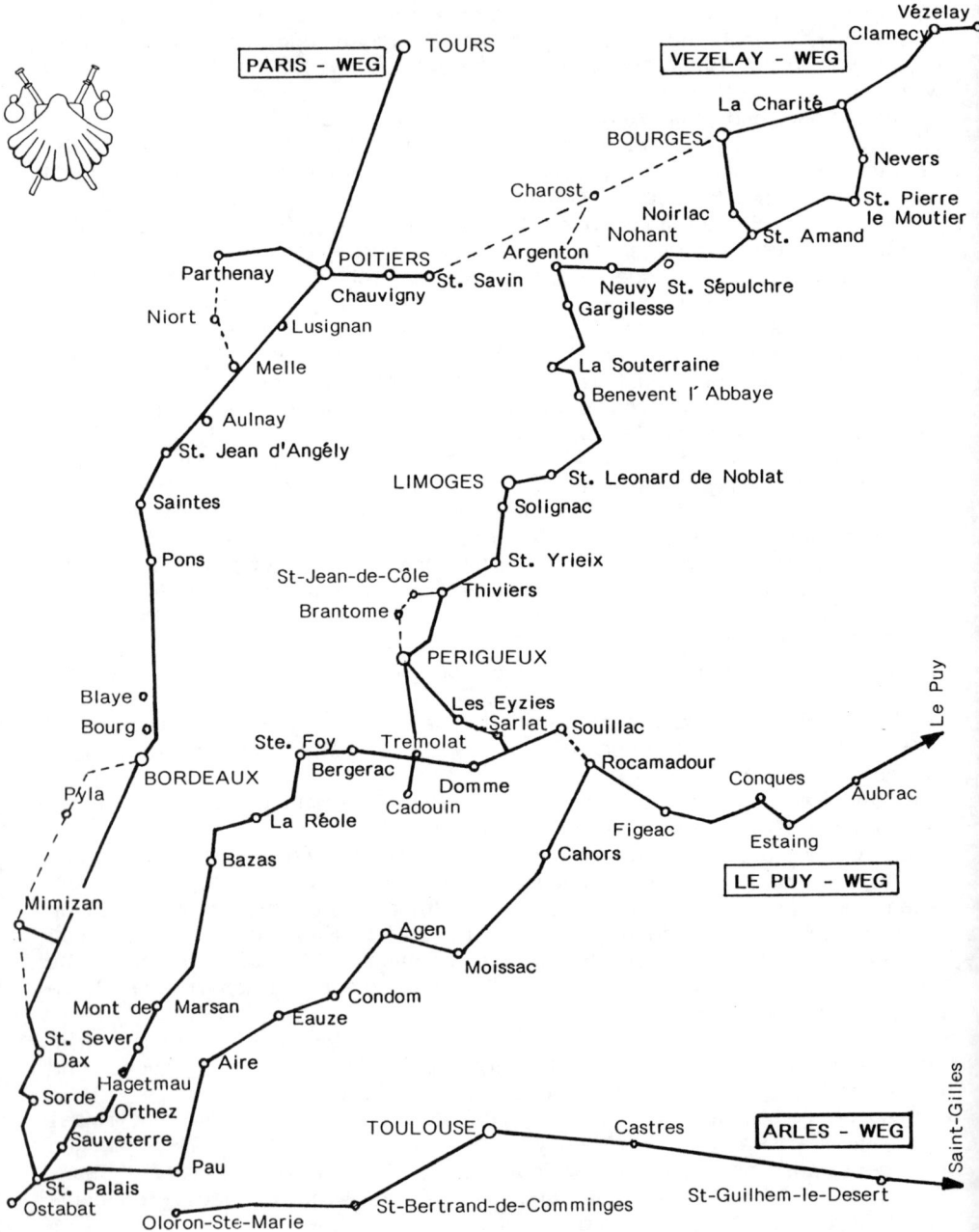

TOURS

PARIS - WEG

VEZELAY - WEG

Vézelay
Clamecy

La Charité

BOURGES

Nevers

Charost

St. Pierre
le Moutier

Noirlac
Nohant

Argenton

St. Amand

Parthenay

POITIERS

Neuvy St. Sépulchre

Niort

Chauvigny

St. Savin

Gargilesse

Lusignan

Melle

La Souterraine

Benevent l´ Abbaye

Aulnay

St. Jean d'Angély

LIMOGES

St. Leonard de Noblat

Saintes

Solignac

Pons

St. Yrieix

St-Jean-de-Côle

Thiviers

Brantome

PERIGUEUX

Blaye

Les Eyzies
Sarlat

Le Puy

Bourg

Souillac

Ste. Foy

Tremolat

Rocamadour

Pyla

Bergerac

Conques

BORDEAUX

Domme

Figeac

Estaing

Aubrac

La Réole

Cadouin

Bazas

Cahors

LE PUY - WEG

Mimizan

Agen

Moissac

Mont de Marsan

Condom

St. Sever

Eauze

Dax

Aire

Sorde

Hagetmau

Orthez

Sauveterre

Pau

TOULOUSE

Castres

ARLES - WEG

St. Palais

St-Guilhem-le-Desert

Ostabat

St-Bertrand-de-Comminges

Oloron-Ste-Marie

Saint-Gilles

DER PARIS-WEG

Zur 'Via Turonensis', die über Tours führt - vielfach auch 'La Grande Route' genannt - sammelten sich die Pilger im nördlich von Paris gelegenen Saint-Denis (berühmte Kathedrale mit Königsgrabmälern), zogen über die Ile-de-la-Cité und die Rue-Saint-Jacques durch Paris und verließen es über Montlhéry, Arpajon, Etampes, Angerville, Toury, Artenay. Bei ORLEANS erreichten sie die Loire und folgten ihr über Cléry-Saint-André, Beaugency, BLOIS, Chaumont-sur-Loire, AMBOISE bis nach

TOURS

Die Kathedrale des heiligen Martin ist nach mehrmaliger Zerstörung durch Normannen und Hugenotten erst 1890 - 1920 wieder aufgebaut worden. Da Tours die Stadt des heiligen Martin ist, und deshalb von den Pilgern des MA eifrig besucht wurde, möchte ich wenigstens zwei Begriffe aus der Legende des 'Apostels Galliens' (gestorben 397) in Kürze erwähnen. Die Martinsgans: als der wundertätige Heilige erfuhr, daß er zum Bischof von Tours ernannt werden sollte, versteckte er sich in einem Gänsestall, wo ihn das Geschnatter der Gänse jedoch verriet. Der Ursprung des Begriffes 'Kapelle': überall, wo die merowingischen Könige den Mantel (= cappa) des Heiligen nach seinem Tode aufbewahrten, errichteten sie um diese Reliquie einen Raum der Andacht und des Gebetes, der 'capella' genannt wurde.

Zwar sind die oben erwähnten, bekannten Städte, die Schlösser und die zauberhafte Uferlandschaft der Loire für den, der Zeit hat, überaus sehenswert, doch lag meine Intention beim Schreiben dieses Buches primär bei zwei Dingen: erhaltene Spuren des Jakobsweges und besonders schöne Zeugnisse romanischer Kunst entlang des Weges.

Über Montbazon und Chatellerault führt nun der Weg nach der herrlichen, alten Pilgerstadt Poitiers, mit der ich die ausführlicheren Schilderungen dieser Route beginne.

DAS POITOU

Land der Romanik wird die Landschaft um Poitiers auch genannt. Wer auf den Spuren des Jakobsweges im Poitou angelangt ist, steht zunächst vor einer Vielfalt sogenannter 'Abstecher'. Da verläuft zum einen die 'Grande Route' ziemlich gerade von Tours im Nordosten über Poitiers nach Saintes im Südwesten. Andererseits liegen Orte wie PARTHENAY (50 km westlich von Poitiers), CHAUVIGNY (23 km östlich) und SAINT-SAVIN (42 km östlich), die nachgewiesenermaßen von vielen Jakobspilgern des MA aufgesucht wurden, auf einer Achse, die genau quer zum Paris-Weg liegt. Wahrscheinlich wählten die Jakobspilger hier jeweils die sicherste Wegstrecke. Fest steht jedoch, daß die Santiago-Wallfahrer, die von der Küste her aus nordischen Ländern kamen, zuerst nach Parthenay gelangten. Diejenigen, die von Tours herkamen, waren durch die häufigen Kriegswirren oft gezwungen bei Poitiers einen Umweg über Chauvigny oder St.-Savin zu machen, der zu Fuß mehrere Tage in Anspruch nahm, für den modernen Autotouristen jedoch nur den Bruchteil einer Stunde erfordert. Und da nun einmal die Kirchen von Chauvigny und Saint-Savin Juwelen der Romanik sind, und man in Parhenay auf authentischen Pilgerwegen schreiten kann, empfehle ich deren Besuch dringend.

POITIERS

Aus der gallo-romanischen Siedlung Limonum wurde schon im vierten Jahrhundert ein Bischofssitz mit dem ersten Bischof Hilarius. Nach dem Sieg über die Mauren (732) erwählten die fränkischen Karolinger sie zu einem ihrer Regierungssitze. Im 12. und 13. Jh. war sie Hauptstadt des Herzogtums Aquitanien, der bevorzugte Aufenthaltsort Königin Eleonores, die hier glänzenden Hof hielt, während der französische Königshof der Capetinger auf der Ile-de-la-Cité in Paris, von wo ihr erster Gemahl kam, noch eine enge, düstere Behausung war. 1432 machte Karl VII. Poitiers zur bedeutenden Universitätsstadt, was sie heute noch ist.

Die Kirche SAINT-HILAIRE-LE-GRAND

Der Hauptanziehungspunkt für die Jacquaires war die Kirche des heiligen Hilarius, neben St. Martin ein verehrter Apostel Galliens. Zunächst ein verheirateter Bürger der Stadt (etwa Mitte des 4. Jh.), trennte er sich, nachdem der Eifer um die reine Lehre Christi ihn erfaßt hatte, von seiner Frau und seiner Tochter, lebte zuerst in asketischer Einsiedelei und wurde später zum Bischof der Stadt ernannt. Sein Grabmal befindet sich in der Krypta unter dem Chor der Kirche.

Obwohl die Kirche in späteren Jahrhunderten einige Um- und Anbauten erfuhr (z.B. die obere Turmhälfte), ist sie in ihrer Gesamtheit romanisch geblieben. Dekorative und figürliche Plastiken zieren die Säulenkapitelle im Schiff und in der Vierung, wo eine der Szenen den Tod des heiligen Hilarius darstellt.

NOTRE-DAME-LA-GRANDE

Da nun einmal die Romanik der bevorzugte Baustil entlang der Jakobswege ist, und da sich in Frankreich einige Variationen innerhalb dieses Stiles entwickelten, möchte ich an dieser Stelle einmal drei Spielarten der französischen Romanik in ihren Grundzügen gegenüberstellen.

Ich erinnere meine Leser zunächst an die burgundische Romanik im cluniazensischen Geist am Beispiel von Autun (S. 86/87) oder Paray-le-Monial (S. 88 ff.).

In Aquitanien begegnen wir zwei weiteren Varianten: der perigordinischen und der poitevinischen Romanik.

Während die perigordinische Romanik mit ihren von drei bis vier Kuppeln überwölbten, einschiffigen Hallenkirchen deutlich byzantinischen Einfluß verrät und damit eher den Eindruck repräsentativer Eleganz vermittelt, atmen die Kirchen der poitevinischen Romanik die Erdverbundenheit frühen romanischen Geistes. Die Seitenschiffe sind fast ebenso hoch wie das Hauptschiff und nur sie verfügen über Fenster, die aber so schmal sind, daß der gesamte Innenraum in mystischem Dunkel liegt. Betritt man, vom Licht des hellen Tages kommend, diese Kirchen, benötigt man eine längere Zeit der Adaptation (die Gewöhnung des Auges von Hell nach Dunkel dauert bekanntlich länger, als umgekehrt), um die Harmonie der Bögen, Pfeiler, Joche und Arkaden zu erkennen. Zum weiteren Erkennungszeichen der poitevinischen Romanik gehört die soge-

Poitiers: Fassade der Notre-Dame-la-Grande

nannte Schauseite der Kirchen, für deren Anlage und Gliederung die Fassade von Notre-Dame-la-Grande beispielhaft ist (Foto oben).
Flankiert wird die Fassade von zwei 'Tourelles', den typisch poitevinischen Türmchen: auf einem hohen Bündel von Säulen sitzt die offene Laterne, diese schließt ein fischschuppenartig bedeckter Kegel ab. Das untere Geschoß der Fassade ist gegliedert in zwei Scheinportale und das von vier Archivolten überwölbte Mittelportal. Unmittelbar über dem linken Scheinportal zeigt ein Figurenfries von links nach rechts folgende Szenen: Adam und Eva und der Sündenfall; Nebukadnezar; die Propheten Daniel, Jeremias, Isaias und Moses; die Verkündigung; der Baum Jesse. Die Szenen über dem rechten Scheinportal: Heimsuchung Mariä; Geburt Christi; Taufe Christi; Joseph mit drei Symbolfiguren: Friede und Gerechtigkeit umarmen sich und vertreiben das Böse.
Das zweite Geschoß der Fassade ist gegliedert in ein großes Mittelfenster und zwei Reihen von Arkaden, deren untere acht Apostelstatuen beinhalten. In je zwei Bögen rechts und links des Fensters stehen vier weitere Apostel, während rechts und links außen die beiden Apostel Galliens, Hilarius und Martin, dargestellt sind. Im Giebel der Fassade thront in einer großen Mandorla Christus, umgeben von den vier Evangelistensymbolen.
Im Inneren der Kirche mit ihren Tonnengewölben und den hohen, schmalen Seitenschiffen erweckt vor allem der Chor mit seinen wuchtigen Säulen und schweren Gurtbögen den Eindruck der reinen und mystischen Frühromanik. Die Fresken im Schiff stammen aus dem 18. oder 19. Jh.

und könnten ruhig übertüncht werden, während die nur schwach sichtbaren Wandmalereien im Chorgewölbe und an den Säulen im 12. und 13. Jh. angebracht wurden.

Verehrt wird in der Kirche vor allem die "Schlüssel-Jungfrau" in Form einer Holzstatue aus dem 16. Jh. in der Mitte des Altarraumes. Die Legende vom Schlüsselwunder von Poitiers erzählt, daß die Stadtschlüssel, die von einem bestochenen Beamten (1102) an die Engländer ausgehändigt werden sollten, plötzlich verschwunden waren und sodann auf wunderbare Weise bei der Marienstatue gefunden wurden, wodurch Poitiers von den Engländern verschont blieb.

Der gemütliche Platz bei der Fassade und rechts der Kirche (links neben der Kirche ist ein großer, günstig gelegener Parkplatz) ist mit seinem Blumenmarkt und sonstigen, bunten Markttreiben für die Poiteviner das Herzstück ihrer Stadt.

In unmittelbarer Nähe, hinter der Chorseite der N.D.de-la-Grande, führt die enge Rue-de-Cathedrale zur

KATHEDRALE SAINT-PIERRE

Die Fassade der gotischen Kathedrale - von ihrem Baubeginn 1166 zeugt nur noch ein romanisches Seitenportal des Langhauses - zeigt in den Tympana ihrer drei Portale folgende Szenen: über dem linken Portal Tod und Krönung Mariens, über dem Mittelportal das Jüngste Gericht, über dem rechten Portal Szenen aus dem Leben des hl. Thomas. Im rechten Querschiff befindet sich eine schöne Gruppe von sieben Aposteln, einer davon ist Jakobus als Pilger mit Hut und Muschel.

Einen Steinwurf weit hinter der Kathedrale stößt man auf die

TAUFKAPELLE ST.JOHANNES (Baptistère St. Jean)

Im 4. Jh. erbaut ist sie die älteste Taufkapelle Frankreichs. Einem frühchristlichen Ritus zufolge mußten Ungläubige außerhalb der Kirche in einer besonderen Kapelle und unter Übergießen, beziehungsweise Untertauchen des gesamten Körpers getauft werden, wovon eine Vertiefung in der Mitte der Kapelle zeugt, in welche mittels einer Wasserleitung aus römischer Zeit das Wasser floß. Die Kapelle dient heute überwiegend als Museum, wo merowingische Sarkophage aus dem 5. bis 7. Jh. aufgestellt sind, die in der Umgebung von Poitiers gefunden wurden. An den Wänden des Baptisteriums befinden sich schöne romanische Fresken, darunter eine Gruppe von vier Aposteln und der heilige Maurizius, flankiert von Pfau und Drachen.

SAINTE-RADEGONDE

Über dem Grab der heiligen Radegundis errichtete man eine Kirche, von der nur noch Chor und Turm romanisch sind; das Schiff zeigt die Merkmale gotischen Plantagenet-Stiles. Radegundis, eine thüringische Prinzessin, flüchtete wegen Familienfehden nach Poitiers und gründete dort ein Kloster.

Die mittelalterliche und größtenteils gut erhaltene Altstadt von Poitiers liegt auf einem Hügel, der vom Clain halbkreisförmig umflossen wird. Wer sich der Stadt von Osten her nähert, hat vom Plateau-des-Dunes bei der Ecole Militaire (Verlängerung der Pont Neuf und Boulevard Coligny) einen umfassenden Blick auf Alt-Poitiers mit seinen vielen Türmen. Ein großartiger Anblick!

SAINT-SAVIN

Wer von Deutschland aus direkt den Paris-Weg bei Poitiers ansteuern möchte, fährt auf der Autobahn Mulhouse - Beaune, sodann über Autun, Nevers, Bourges, den kleinen Pilgerort Charost, Châteauroux, und erreicht in St. Savin den Einstieg in den Parisweg.

Nähert man sich von Osten dem Städtchen, sieht man, wie sich über einer alten Bogenbrücke der mächtige, romanische Baukörper der Abteikirche mit ihrem spitzen, gotischen Turm in der Gartempe spiegelt.

Auf dem großen Platz vor der Kirche kann man nicht nur das Auto parken, sondern auch im Schatten großer Bäume auf festem, natürlichem Boden ein geruhsames Boule spielen. Das Souveniergeschäft vor dem Portal ist gut sortiert mit Informationsmaterial (auch auf deutsch).

Die Kirche von St. Savin ist berühmt für ihre romanische Freskenmalerei, die als die schönste Frankreichs gilt. Mehr noch, die Architektur der Kirche wurde bewußt für die Unterbringung der Bilderzyklen im Tonnengewölbe des 60 Meter langen und 15 Meter hohen Mittelschiffs konzipiert. Bei dieser Höhe fällt es dem Auge nicht leicht, alle köstlichen Details im einzelnen zu erfassen. Man tut also gut daran, sich im Laden zunächst ein Büchlein zu kaufen (Edition Weber), in aller Ruhe die Bilder zu vergleichen, die auf der linken Seite (Blickrichtung zum Chor) Szenen aus der Genesis darstellen: Sündenfall, Kain und Abel, die Geschichte Noahs (oben), und Moses und die Durchquerung des Roten Meeres (unten). Rechts, obere Reihe: Fortsetzung der Geschichte Noahs. die Geschichte Abrahams und Lots; untere Reihe: Fortsetzung der Geschichte Abrahams und die Josephsgeschichte. Originell die Arche Noah li.o.

In der Krypta unter dem Chor erzählen Fresken die Leidensgeschichten der Heiligen Savinus (nach dem die Kirche benannt ist) und Cyprianus.

CHAUVIGNY

Vom Osten (St. Savin) kommend, sollte man zuerst auf die Aussichtsterrasse gehen, von der aus man über ein Tal hinweg und über diesem sich steil erhebend, die alte Oberstadt mit ihren Mauern, den vier Festungsburganlagen und dem Turm der Kirche Saint-Pierre bewundern kann. Fährt man sodann von der neuen Unterstadt hinauf in die malerische Oberstadt, erwischt man mit etwas Glück noch einen Parkplatz am Ortseingang neben altem Burggemäuer.

SAINT-PIERRE

Welch ein Kontrast zu Saint-Savin! Dort die frommen Bildergeschichten des Alten Testaments zur Belehrung und Erbauung des Betrachters. Hier, in den Kapitellskulpturen des Chorumganges, die Begegnung mit der Romanik in ihrer urtümlichsten und elementarsten Form; der Übergang von der Urzeit zum Christentum (s.S. 25 u.26), archaischer Expressionismus, Frechheit und Furcht, Derbheit und subtile Phantasie, ein Stelldichein von Masken, Grimassen, Fratzen,

Ungeheuern und Fabelwesen, ein Fressen und Gefressenwerden, die Babylonische Hure, und zwischen alldem, wieder naiv-fromm und gläubig ohne Sentimentalität: die Jungfrau mit dem Kind, angebetet von den drei Weisen, darüber ein Spruchband 'Gofridus me fecit' (Gofridus hat mich gemacht); erinnern wir uns an Autun: 'Gislebertus hoc fecit', auch hier einer der ganz wenigen Fälle, wo sich ein Künstler der Romanik verewigt hat. Die kleine Wassernixe links vor dem Chor stellt vermutlich jene Melusine dar, deren Sagen man sich in der Gegend um Melle erzählt, wohin uns der Jakobsweg noch führen wird.

Die Szenen auf den Kapitellen des Chorumganges:

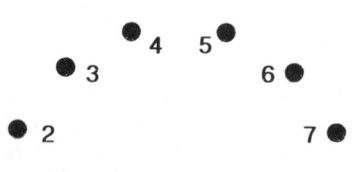

1 Teufel   2 Sphinx
3 Drachen, Löwen, Tänzer, Sirenen
4 Löwe
5 Verkündigung, die drei Weisen, Jesus im Tempel, Christi Versuchung
6 Drachen
7 Babylonische Hure, Seelenwaage, Zerstörung Babylons, Verkündigung an die Hirten
8 Vögel und Menschen

An der Außenfront der Kirche sieht man an den Sparren von Schiff und Chor einen heiteren Bilderreigen unzähliger, skurriler und übermütiger Skulpturen.

Melusine

PARTHENAY

Im Städtchen über dem Fluß Thouet umweht einen der Geist der Pilgerfahrt nach Santiago wie sonst nirgends entlang der Grande Route.

Zum einen stammte von hier jener Aymery Picaud, der den Pilgerführer schrieb, dessen Inhalt auf den Seiten 49 ff vorgestellt wurde. Zum anderen kann man hier, ähnlich wie in Conques ein Wegstück in Gedanken gemeinsam mit den Pilgern des Mittelalters gehen. Mit großer Feierlichkeit, in formellem Zug, kamen sie über die uralte Steinbrücke St. Jacques, die sich über den träge fließenden Thouet spannt, in dem sich heute noch die Seerosen wiegen, durchschritten die Porte St.-Jacques mit ihren beiden mächtigen Türmen und begaben sich durch die enge Rue-de-la-Vau-St.-Jacques hinauf zu den Pilgerkirchen der Oberstadt.

Man geht auf demselben alten Pflaster wie die Jacquaires, sieht dieselben Häusermauern mit ihrem Fachwerk und riecht denselben modrigen Geruch, der aus den Kellerfenstern emporsteigt. Im ersten Drittel der Rue-de-la-Vau-St.-Jacques biegt eine Straße rechts ab und führt hinauf zu Mauern und Türmen der Stadtbefestigung, die der Sohn der Eleonore von Aquitanien, Johann-ohne-Land, 1202 anlegen ließ. Auf dem Weg zur Oberstadt stehen linkerhand die Reste der Notre-Dame-de-la-Couldre, bestehend aus einem Teil der Fassade mit verwitterten Skulpturen. Ein Stück weiter oben ruhen im Chor der Kirche Sainte-Croix die sterblichen Reste des Guillaume VII., einem Mitglied aus der Linie der Troubadour-Herzöge Aquitaniens (14. Jh.). Die Straße öffnet sich zu einem großen Platz mit Wehrgängen der Stadtmauern, und durch die Porte-de-la-Cita-delle (1202) mit dem Uhrturm (Tour d'Horloge, 15. Jh.) gelangt man sodann in den alten Stadtteil, der 1472 von den Hugenotten zerstört wurde, aber trotzdem über Straßen und Plätze mit mittelalterlichem Gepräge verfügt.

Etwa 1,5 km außerhalb der Stadt, rund 300 Meter neben der Straße nach Niort, liegt die Kirche ST.-PIERRE-DE-PARTHENAY-LE-VIEUX. Die Abtei gleichen Namens ist nicht mehr vorhanden. Das Kircheninnere ist in Restauration, doch allein die Fassade lohnt den Abstecher, da sie ein weiteres Beispiel poitevinischer Romanik ist. Die Archivolten der Portale sind reich mit Figuren verziert. Im Tympanon des linken Scheinportals gibt ein Ritter mit Falke und einer am Boden liegenden Gestalt Rätsel auf: Karl der Große als Kämpfer gegen die Mauren, einer der Guillaumes auf der Jagd, oder einfach ein Ritter Christi? Rätselhaft sind auch die über 30 Frauengestalten in den Badezubern auf den Archivolten.

Es mag sein, daß auch hier auf die Sage der Melusine (Burgherrin von Lusignan und Landesfürstin), die sich wegen ihres jeden Samstag erscheinenden Fischunterleibes in einem Badezimmer versteckte, angespielt wurde. Von Parthenay aus kann man nun nach Melle über NIORT fahren, einer Stadt, die zur Zeit der mittelalterlichen Wallfahrt ein Knotenpunkt der Pilgerwege war, heute aber kaum noch Spuren davon zeigt, dafür eine schöne Zinnenburg aus dem 12. Jh., oder nach Poitiers zurück, über LIGUGÉ, wo der heilige Martin die erste Abtei Frankreichs gründete, von der bei der Pfarrkirche noch Reste zu sehen sind, dann über die Gegend um LUSIGNAN, dem Land der Melusinen-Sage, nach

MELLE

Von der Bedeutung der Stadt für die Grande Route zeugen drei romanische Kirchen. Unterhalb der auf einem Hügel gelegenen Stadt versteckt sich hinter hohen Bäumen die Kirche SAINT-HILAIRE. In einer Nische über dem Seitenportal des Langhauses steht, ähnlich wie in St.-Pierre-de-Parthenay-le-Vieux eine Reiterstatue mit fast gleichem Symbolgehalt. Das Undeutbare und ganz und gar Unheroische dieses geheimnisvollen Reiters ist von bezwingender Mystik durchdrungen, die Komposition des Kunstwerkes ist außerordentlich schön. Die Archivolten des Portals tragen einen romanisch-bunten Figurenschmuck, und die Säulenkapitelle im Kirchenschiff zeigen interessante Szenen wie zum Beispiel eine Wildschweinjagd.

Fährt man von St.-Hilaire zur Stadt hinauf, erhebt sich auf einer Terrasse links der Straße die Kirche SAINT-SAVINIEN: in die einschiffige Hallenkirche war während der Revolution eine Decke eingezogen, damit man sie als ein für Männer und Frauen getrenntes Gefängnis benützen konnte. Ein Kapitell in der Vierung zeigt die Enthauptung des heiligen Savinus. In der Kirche werden heute Konzerte veranstaltet. Wer den Skulpturenreichtum der Romanik einmal von seiner deftigsten und natürlichsten Seite kennenlernen möchte, kann dies am Beispiel eines realistisch dargestellten Liebesaktes an der Fassade betrachten. Pornographie des 11. Jahrhunderts? Nein, die Menschen der Romanik hatten ganz einfach einen unverdorbenen und ungezwungenen Sinn für Humor und Sinnenfreude. Sie waren fromm, aber nicht prüde.

Am Südende der Stadt liegt, ebenfalls auf einer baumbestandenen Terrasse, die Kirche SAINT-PIERRE mit schlicht-schönem Inneren und zahlreichen figürlichen Szenen an den Kapitellen.

AULNAY

Ein Höhepunkt des Paris-Weges!
Aus der Stadt führt eine baumbestandene Alle hinaus in ländliche Stille und zur Kirche
SAINT-PIERRE-DE-LA-TOUR
in einem großen, verwilderten Friedhof, wo zwischen Zypressen alte Grabplatten wie Sarkophagdeckel in malerischer Unordnung schief,

verwittert und überwuchert im Gras liegen. Die Kirche ist ein wahres Bilderbuch der Romanik und erfordert längeres Verweilen.

Die Westfassade ist poitevinisch gegliedert in Mittel- und seitliche Scheinportale. Im Tympanon des linken Portals ist die Kreuzigung Petri dargestellt. Die innerste Archivolte des Mittelportals trägt das Lamm Gottes. Im zweiten Bogen reihen sich, lateinisch beschriftet, die Tugenden aneinander, zu ihren Füßen jeweils die entsprechende Untugend. Links unten beginnend: Zorn und Geduld, Unzucht und Keuschheit, Hochmut und Demut, Freigebigkeit und Habsucht, Glaube und Götzendienst, Eintracht und Zwietracht.Im dritten Bogen stehen die klugen Jungfrauen links, die törichten rechts. Die Tierkreiszeichen und Monatsbilder auf dem äußeren Bogen sind zum Teil stark beschädigt. Das Tympanon des rechten Portals zeigt die Glorifizierung Petri.

Das schönste Portal ist ohne Zweifel das des südlichen Querschiffes mit ebenfalls vier Bogenläufen, deren innerster mit den Tier- und Pflanzenornamenten mehr dekorativen Charakter hat, während die Figuren des folgenden Bogens vermutlich Apostel und Propheten darstellen, und die 31 Statuen des dritten die apokalyptischen Könige versinnbildlichen. Der äußerste Bogen allein ist die Reise nach Aulnay wert. Hier zeigt sich die Romanik in ihrer üppigsten Phantasie, in den Symbolen ihrer heidnischen Vergangenheit, in den Schreckgestalten alten Aberglaubens, in unbegreiflichen Fabelwesen, halb Tier, halb Mensch, aber auch schon in ihrem Sinn für Ironie und humorvolle Selbstdarstellung: Zentauren als Bogenschützen, Greifvögel mit Löwenpranken, Löwen mit Greifenklauen, gefiederte Drachen, fischschwänzige Sirenen und Nymphen, Hirsche, die auf den Hinterläufen tänzeln und Esel, die Gebetbücher vor die lange Nase halten oder die Laute schlagen, Vögel mit Menschengesicht und Menschen mit Vogelfüßen.

Auf einem Tisch im anschließenden Querschiff liegt Informationsmaterial zum Selbstbedienen (Kasse an der Wand). Die Kapitelle im Inneren sind sowohl ornamental als auch figürlich gestaltet (u.a. Elefanten).

Eleonore von Aquitanien ließ die Kirche für die Jakobspilger und zur Ehre der großen Wallfahrt errichten. Die nördliche Apsiskapelle diente als Übernachtungsmöglichkeit für die Pilger. Die Stadt Aulnay hat für den Pélérin der Gegenwart auch einige Annehmlichkeiten geschaffen: ein Parkplatz mit 'Boulodrom', Wasserstelle und Toiletten.

FENIOUX

In der Nähe eines schmalen Départementsträßleins, 6 km südlich von St.-Jean-d'Angély, liegt in ländlicher Abgeschiedenheit und am Hang eines kleinen Tales der Weiler mit seiner berühmten 'Lanterne des Morts' (Totenlaterne). Im Stil der poitevinischen Tourelles besteht dieser etwa 8 Meter hohe Turm, inmitten der Wiesen hinter den paar Häusern, aus einem Bündel von 12 Säulen, auf deren Kapitellen die von einer geschuppten Haube bedeckte, offene Laterne ruht. Eine schmale und dunkle Wendeltreppe führt hinauf in die Laterne. Neben dem Turm hat man einige Gräber freigelegt, woraus die Vermutung abgeleitet wird, daß an ihm Lichter befestigt wurden, und er eine Art ewiges Licht für die Toten darstellte. Das Portal der romanischen Dorfkirche von Fenioux ist zwar reich skulptiert, aber leider auch schon stark verwittert. Die Totenlaterne gab die Anregung zum Brauchtum des Allerheiligenlichtes.

SAINTES

Die Fassade der ABBAYE-AUX-DAMES (zuweilen von Damen hohen Standes geleitet), ziert ein schönes, romanisches Portal mit reicher Gliederung und zahlreichen Skulpuren. Auch hier tummelt sich in den äußeren Archivolten ein ähnlich buntes Bestiarium wie in Aulnay, wenngleich nicht mit demselben Reichtum an Phantasie.

SAINT-EUTROPE: die Kirche selbst besitzt, von einigen schönen Kapitellen und den Apsiskapellen abgesehen, nur noch einige Reste ihrer romanischen Vergangenheit und wäre an sich keinen Umweg wert, würde sich nicht unter ihrem Chor die Perle von Saintes befinden: die Krypta. Die niedrigen, aber klaren Proportionen ihrer frühen Romanik machen glaubhaft, daß sie das älteste Gotteshaus der Saintonge ist. Die Krypta, in deren Mitte ein Sarkophag aus dem 4. Jh. mit den Gebeinen des hl. Eutropius steht, war das Ziel aller Jakobspilger, die über Saintes zogen.

Saintes besitzt außerdem zwei Bauwerke aus römischer Zeit: den gut erhaltenen Triumphbogen des Germanicus (Museum in unmittelbarer Nähe) und die Reste einer Arena.

Wer Zeit und Lust hat, fährt nach PONS nicht direkt, sondern über

COGNAC

wo es außer dem weltbekannten Getränk eine respektable Porte-Saint-Jacques mit mächtigen Rundtürmen gibt.

PONS

Bei dem vom Hospitaliterorden 1190 gegründeten Pilgerzentrum, zugleich Herberge, Krankenhaus, Kirche und Friedhof, spürt man noch, ähnlich wie in Parthenay, die Atmosphäre der großen Pilgerfahrt, vor allem dann, wenn man es wie ich an einem grauen, stürmischen Regentag erlebt. Über der Straße, die im MA der Pilgerweg nach Bordeaux war, erhebt sich der mächtige Durchlaß. Über die, dem Körper nachgeformten Mulden in den Sockeln gibt es verschiedene Mutmaßungen. Dienten sie zur Aufnahme verstorbener Pilger? Da große Pilgerhospitäler stets über einen Friedhof verfügten ('blib uf Sant Jakobs stras'), ist dies wenig glaubhaft. Realistischer erscheint mir der im MA übliche Brauch, uneheliche Kinder nachts vor Klosterpforten zu legen, um sie der Obhut barmherziger Schwestern anzuvertrauen. In der Mitte der Passage führen zwei romanische Portale mit verzierten Archivolten zu den ehemaligen Herbergen und Spitälern. In die Wände der Durchfahrt haben die Pilger Zeichen und Symbole - Hufeisen zumeist - eingeritzt, die noch gut zu erkennen sind.

Der Pilgerweg verläuft nun über BLAYE (von der Zitadelle vor dem Ort Aussicht über die breite Gironde) und BOURG (bei der Kirche Terrasse mit senkrecht abfallenden Mauern und Felsen hoch über den Gassen und der weiten Mündungslandschaft der Dordogne) zum Weingebiet des BORDELAIS.

In der reizvollen, aber sehr verkehrsreichen Großstadt BORDEAUX sind die Spuren des Jakobsweges längst verwischt. Man umfährt sie auf dem Autobahnring und erlebt nach einer Fahrt durch dichte Wälder mit mannshohen Farnen zwischen den Stämmen, aus denen Harz gewonnen wird, endlich die faszinierende Konfrontation mit dem freien Atlantik, nachdem man die gigantische Höhe der Düne von PYLA, mit 115 Metern die höchste Europas, erklommen hat. Der Weg dorthin ist gut beschildert. Gelber Sand - blaue Weite - eine willkommene Abwechslung nach dem steinernen Grau der Romanik und Gotik. Nach der Weiterfahrt durch die Pinienwälder der LANDES, die vor der Aufforstung im letzten Jahrhundert für die Jacquaires des MA gefährliches Sumpfgebiet waren, wartet einer der letzten Kunstgenüsse des Paris-Weges in

MIMIZAN

Am Ortsausgang Richtung Mimizan-Plage (Strand) steht rechts der Straße der Turm der ehemaligen Abtei, dessen unterer Teil die Vorhalle zur nicht mehr vorhandenen Kirche bildete. In seinem Inneren überrascht ein wunderschönes, romanisches Portal, durch das man früher die Kirche betrat. Unter den großen Apostelstatuen an der linken Wand ist Jakobus als Pilger dargestellt. Der Skulpturenreichtum des Portals mit seinen zarten Farbresten (Szenen der Jahreszeiten, das himmlische Jerusalem, Tierkreiszeichen) hinterläßt einen großen Eindruck.

DAX

Kurz vor dem Thermalkurort Dax biegt man, bevor sich die Straße talwärts senkt, rechts ab zur Kirche Saint-Paul-les-Dax. Die außerordentlich schönen Reliefs an der Außenwand des Chores sind für längere Zeit in Restauration, und man erwägt, sie im Inneren der Kirche oder in einem Museum unterzubringen. Besondere Beachtung verdient die Abendmahlszene, wobei die vielen, unter der Tischdecke hervorlugenden und parallel nach unten gerichteten Füße etwas Rührend-Heiteres haben. Ergreifend sind die Szenen aus der Leidensgeschichte; unbegreiflich, rätselhaft und beängstigend die Bestien mit Schlangenschwänzen und Menschenköpfen.

SORDE L'ABBAYE

Über PEYREHORADE gelangt man zu dem schmucken, kleinen Ort, idyllisch und still am Ufer der Gave d'Oloron gelegen, mit einem großen Komplex aus Kirche und Resten der ehemaligen Benediktinerabtei.

Vor dem 'Haus des Abtes' (12. Jh.) hat man die Grundmauern einer römischen Villa ausgegraben, deren schöne Mosaikböden im Haus besichtigt werden können. Die Skelette innerhalb der Mosaike zeigen, daß in nachrömischer Zeit (merowingisch?) Tote hier in Unkenntnis der römischen Kunstwerke begraben wurden.

Zwei große Puppen im Habitus der Jakobspilger im Haus des Abtes erinnern daran, daß diese hier einst den Fluß überquerten. Für die Besichtigung der interessanten Klosteranlage mit ihrer schönen Terrasse über dem Fluß und der großen Wehranlage, sowie ihrem originellen 'Lieferanteneingang', wende man sich an das Haus neben dem Café an der Hauptstraße. Diese Besichtigung ist sehr zu empfehlen!

Von Sorde l'Abbaye braucht man noch eine gemächliche Autostunde (über Bidache), um kurz nach SAINT-PALAIS auf die 'Stele d'Orientation' (Gibraltar-Stein) zu stoßen (s. Seite 131), von wo aus man mit der Aussicht auf die Pyrenäenkette den spanischen Jakobsweg erahnen kann, und wo die drei französischen Wege sich treffen: der Le Puy-Weg (1.Teil des Buches), der Paris-Weg und der Vézelay-Weg, dessen Beschreibung im nächsten Kapitel folgt.

DER VÉZELAY-WEG

Charité sur Loire

Dordogne, Schloß Beynac

Die Gänse des Perigord

Bourdeille bei Perigueux

Die 'Via Limosina', auch 'Via Lemovicensis', ist landschaftlich noch schöner als der Paris-Weg, vor allem im Limousin und im Perigord, und auch der Liebhaber romanischer Kunst erlebt Sternstunden in Neuvy-

Saint-Sepulchre, Nohant-Vic oder Gargilesse-Dampierre. Über authentische Stätten der Begegnung mit der Geschichte der Wallfahrt, wie Herbergen, Hospitäler oder erhaltene Wege verfügt diese Route nicht in der Art, wie man es am Le Puy-Weg in Aubrac und Conques, oder am Paris-Weg in Parthenay und Pons erlebt. Der Ausgangsort dieses Weges, der berühmteste aller Pilgertreffpunkte, VEZELAY, ist auf den Seiten 78 und folgende beschrieben.

CHARITE SUR LOIRE
Wie das Foto links zeigt, wölbt sich eine alte Steinbrücke in vielen Bögen über die Loire und führt zu einer hübschen Altstadt, deren schiefergedeckte Dächer im Sonnenlicht silbrig-blau glänzen.

NOTRE-DAME: der von Cluny gegründeten Abtei erging es ähnlich wie dem Stammhaus; nur noch spärliche Reste sind erhalten, und auch die Kirche, neben Cluny einst eine der größten Frankreichs, ist nur noch ein Torso, jedoch ein schönes Bauwerk der Romanik. Kurz nach der Brücke steht man vor dem Rest der Fassade mit dem Mittelportal, dem erhaltenen linken und den Grundmauern des rechten Turmes. Der größte Teil des Schiffes wurde zerstört (Religionskriege) und ist heute ein Platz (Cour Ste. Croix), dessen Wohnhäuser in das ehemalige linke Seitenschiff des Langhauses einbezogen wurden. Der Rest des Langhauses besteht nur noch aus vier Jochen, während das riesige Querschiff und die Apsis in ihrer ursprünglichen, romanischen Pracht beeindrucken. Die szenisch geschmückten Kapitelle ruhen auf so hohen Säulen, daß sie ohne Fernglas nur schwer erkennbar sind. An der Wand des rechten Querschiffes befindet sich das überaus schöne Tympanon (11. Jh.) vom Portal des zerstörten Fassadenturms. In den äußeren Nischen des Vierungsturmes stehen zahlreiche Statuen: Apostel und Propheten. Die Abtei war für die Pilger des MA eine vielbesuchte Station.

NEVERS
Freunde der Romanik beginnen bei der Kirche SAINT -ETIENNE. Sie ist bemerkenswert schmucklos; keine Tympana, keine Darstellungen auf den Kapitellen, lediglich ein paar Ornamente im Chor. Ihr Baukörper jedoch besticht durch seine klare und reine Romanik.

Die Kathedrale ST.-CYR-ET-SAINTE-JULIETTE: die Rarität der Kirche, zwei Apsiden zu haben, beruht auf der Tatsache, daß man an die romanische Apsis eine gotische Kathedrale mit imposanten Ausmaßen einfach angebaut hat. Ungewöhnlich ist auch eine etwa 7 Meter hohe Standuhr auf der Kanzelseite.

Das Kloster SAINT-GILDARD: Hier lebte die heilige Bernadette Soubirous von Lourdes von 1867 bis 1879. Ihr angeblich unverwester Leichnam liegt in einem Sarkophag mit gläsernem Deckel und ist das Ziel vieler Pilger . Direkt oder über St.-Pierre-le-MOUTIER (wertvolles Kirchlein) nach

BOURGES
Den Ruf, eine der schönsten Kathedralen Frankreichs zu sein, verdankt SAINT-ETIENNE vor allem ihrer atemberaubend schönen Fassade mit ihren fünf überreich mit Skulpturen verzierten Portalen. Fanatische Protestanten haben leider viele davon beschädigt. Die Portale von links nach rechts: Portail St. Guillaume (16. Jh.), einem Erzbischof der Stadt gewidmet; Portail de la Vierge (13. Jh.), mit Szenen aus dem Leben Mariä.

Bourges: Kathedrale St.-Etienne

Portail du Jugement Dernier (13.Jh.): das Tympanon des großen Mittelportals stellt Christus als Weltenrichter und das Jüngste Gericht dar. Im rechten Teil des mittleren Frieses führen gräßliche Teufel mit Fratzen an Gesäß und Bauch und anstelle von Brüsten, mit Schlangenschwänzen und satanischem Grinsen dem Betrachter vor Augen, wie sie mit verstockten Sündern verfahren. Portail St.-Etienne (Stephansportal, 13. Jh.): dem hl. Stephan ist die Kirche geweiht. Portail Saint-Ursin (13.Jh.): Ursinus war der erste Bischof von Bourges und Apostel des Berry.

Die zwei schönen, romanischen Portale (12. Jh.) an der Südseite des Langhauses zeigen, daß hier schon zur Zeit der Romanik eine erste Kirche stand. Im Inneren: schöne Glasfenster (13. - 16.Jh.).

St.-Etienne: mittleres Portal

DER PALAST DES JACQUES COEUR: im Herzen der Altstadt verrät dieses imponierende Gebäude (1443), daß sein Erbauer ein reicher Finanzier war. Über die Fassade zieht sich ein skulptiertes Band mit Herzen und Muscheln. Entweder war einer aus der Familie ein Pilger nach Santiago, oder nahm der Hausherr die Jakobsmuschel als Symbol seines Vornamens und das Herz (= coeur) als das des Nachnamens.

Als ich im Sommer 1987 der Place Gordaine in der reizvollen Altstadt zustrebte mit der Absicht, in einem Restaurant zu speisen, wo ich vor etwa 15 Jahren erfreulich gute französische Küche genoß, las ich auf der Speisekarte: 'steak frites', 'entrecôte frites' etc.; beim Restaurant daneben gab es Hamburger in acht Variationen. Enttäuscht bog ich in die inzwischen zur Fußgängerzone erklärte Rue Mirabeau mit ihren Fachwerkshäusern, wo eine grelle Neonschrift mit einem Cowboygesicht in aufdringlichen Farben verkündete: 'Lucky Luke Burger'.

Gewiß, es gibt auch in Bourges noch Restaurants, wo das Essen Freude macht, doch ergreife ich diese Gelegenheit, um anhand einiger für Frankreich allgemeingültiger Bemerkungen meinen Lesern Enttäuschungen zu ersparen. 25 Jahre Reisen kreuz und quer durch Frankreich ergeben folgendes Résumée: von den Restaurants mit einem bis drei Michelinsternen abgesehen, nimmt die Zahl der Lokale mit abnehmender Qualität und gleichzeitig steigenden Preisen eher noch zu. Das Klischee 'Je mehr Franzosen in einem Restaurant, desto besser die Küche', das immer noch beharrlich in fast allen Reiseführern steht, ist veraltet und stimmt nicht mehr. Viele Franzosen, vor allem die der jüngeren Generation, kaufen im Hypermarché den tiefgekühlten oder in Dosen verpackten, internationalen Standard und sind auch im Restaurant keine kritischen Esser mehr. Häufig ist die Vorspeise eine Großhandels-Pastete, die 'steak-frites' kann man bestenfalls als Nahrungsaufnahme bezeichnen, und das Sorbet kommt als Fabrikware aus der Tiefkühltruhe.

Eine Freude für Auge und Gaumen sind nach wie vor die Lebensmittelmärkte, und ich ziehe es immer häufiger vor, dort einzukaufen und am Waldrand ein Picknick zu machen. Der Guide Michelin ist für die Wahl eines Restaurants ein aktueller, meist zuverlässiger Ratgeber. Die Zahl der Wirte, die durch 'fast food' leicht und schnell zu Geld kommen wollen und auf den Stern von Untertürckheim mehr Wert legen als auf den Stern von Michelin, nimmt zu. Mit 'fast food' meine ich noch nicht die unverblümte Endstufe à la 'Burger-Snack', sondern die versteckte, und gerade deswegen ärgerliche Methode in Form von Büchsenbohnen, Fließbandpommes und Minutenfraß aus dem Mikrowellenherd. Ich erinnere meine Leser an die Ratschläge auf Seite 61, und tröste sie mit der Versicherung, daß es immer noch viele Restaurants gibt, wo das Essen in angenehmer Erinnerung bleibt.

Man verläßt Bourges in genau südlicher Richtung auf der schnurgeraden N 144 und befindet sich nach 36 km in BRUÈRE-ALLICHAMPS beim geographischen Mittelpunkt Frankreichs, an der fahnengeschmückten Säule in der Straßenmitte erkennbar. Auf halbem Weg nach St. Amand liegt in den Wiesen und Auen des Chèr-Tales die Zisterzienserabtei

NOIRLAC

Schlicht und schmucklos, aber bestechend in ihren klaren Linien, so ganz also im Sinne des heiligen Bernhard von Clairvaux und im Geiste der Brüder vom Stammhaus in Citeaux, ein wenig an die burgundische Abtei Fontenay (S. 74) erinnernd, wurde die Abtei um 1150 gegründet. Der rosengeschmückte, gotische Kreuzgang stammt aus dem 14. Jh. Besichtigungen nur mit Führung und in Gruppen.

SAINT-AMAND

Hier stoßen wir wieder auf die Hauptpilgerstraße von Nevers nach La Châtre. In St.-Amand gibt es die romanische Kirche gleichen Namens. Der Doppel-Zackenbogen über dem Portal verrät maurischen Einfluß. An den ersten Säulen im Inneren dienen zwei riesige, echte Muscheln als Weihwasserbecken. Die gotischen Seitenkapellen stören etwas die Harmonie der Romanik.

Über LE CHATELET und THEVET-ST.-JULIEN, wo man die Reste der Kirche St. Martin mit einigen verblaßten Fesken in einem Bauernhof über eine Leiter erreicht, kommt man nach LA CHÂTRE, einem Provinzstädtchen mit dem Denkmal der Dichterin George Sand. 6 km nördlich liegt der Weiler NOHANT, wo man im historischen Schlößchen die unveränderten Räume der Dichterin besuchen kann. Hier empfing sie ihre beiden Geliebten Musset und Chopin, sowie Liszt, Balzac, Delacroix und andere Größen ihrer Zeit, die sich in der reizvollen Landschaft des Berry, im schönen Park des Anwesens, am gastlichen Tisch und vielleicht auch am mütterlich-sozialen Busen der Hausherrin erholten. "Sie war eine glühende Sozialistin", erklärte die Führerin. Wie gerne wäre auch ich ein Sozialist nach Gutsherrenart mit diesen feudalen Dimensionen.

Für Musik- und Literaturfreunde ist das Schlößchen Nohant ein Leckerbissen - für die Santiago-Pilger liegt das lohnende Ziel nur 2 km weiter:

NOHANT-VIC

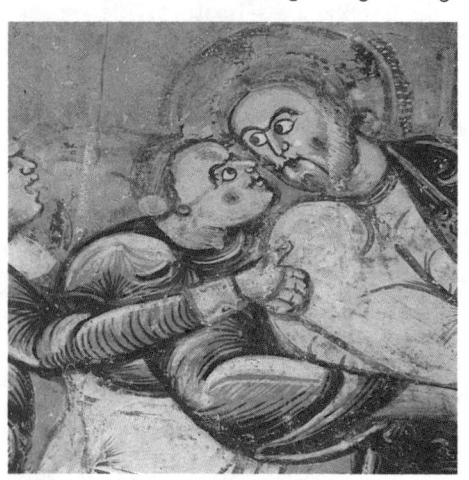

Vic: der Judaskuss

Die äußerlich schlichte Dorf-Pilgerkirche besitzt im Inneren in überreichem Maße wunderschöne, romanische Fresken (frühes 12.Jh.) in einem vom Üblichen abweichenden Stil. An der Wand zwischen Schiff und Chor: Christus mit Aposteln, Verkündigung, Anbetung der drei Weisen, Jesus im Tempel, Kreuzabnahme. Im Chor: Abendmahlszene, Fußwaschung Petri, ein ausdrucksstarker Judaskuss und anderes.

NEUVY-ST.-SEPULCHRE

Die Rundkirche (der gotische Chor kam später dazu) ist einerseits eine Seltenheit der romanischen Kirchenbaukunst, gleichzeitig aber auch ein erlesen schönes Werk dieser Epoche. Im runden Kuppelbau trägt ein Umgang mit mächtigen Säulen eine zweite, etwas niedrigere Säulengalerie. Die katzenartigen Ungeheuer in den Kapitellen lassen wieder einmal, wie so oft in romanischen Kirchen, die Frage nach dem Sinn und Zweck dieser ganz und gar unheiligen Fratzen und archaisch-scheußlichen Grimassen in einem Domus Dei auftauchen, einem Ort also, wo der Mensch - und hier vor allem der Pilger des MA (Neuvy war eine bedeutende Station am Jakobsweg) - zu Andacht und innerer Einkehr verweilte. Ich habe viel darüber nachgedacht und bin zu keiner anderen Erklärung gekommen, als der: alle diese Chimären und Unholde, diese furchterregenden Mißgestalten aus Mensch und Tier, die menschenfressenden Bestien und Teufel, wie wir sie hier, in Chauvigny und Aulnay am Paris-Weg und in vielen anderen Kirchen der Romanik sehen, sollten in ihrer Gesamtheit den heilsuchenden Menschen des MA sagen: "Dies ist das Chaos des Verderbens, das vor Christus die Welt beherrschte und das auch weiterhin bedrohlich existiert und um dessen Vernichtung willen Gott den Erlöser, seinen fleischgewordenen Sohn, auf die Erde sandte, um denen das Licht der Verheißung zu bringen, die an ihn, an die Ordnung des Guten, zu glauben gewillt sind." Eine Art 'Kontrastprogramm' also, eine Gegenüberstellung von Chaos und Ordnung, Dämonie der Urzeit und Geborgenheit im Glauben.

ARGENTON-SUR-CREUSE

Über den schiefergedeckten Häusern der kleinen Stadt an der Creuse erhebt sich auf einem Hügel über der Wallfahrtskapelle Notre-Dame-des-Bancs die vergoldete Statue der heiligen Jungfrau von Argenton. Kurz nach Argenton verlassen wir das Berry und der Chemin de Saint-Jacques biegt nach Süden ab in die Landschaft des Limousin. Man fährt dabei nicht auf der N 20, sondern sehr romantisch an der Creuse entlang.

GARGILESSE-DAMPIERRE

Gargilesse Dampierre

Über dem idyllischen Tal der kurvenreichen Creuse, inmitten einer üppig bewaldeten, ruhigen Landschaft, liegt der malerische, kleine Ort, und auf einem zum Tal steil abfallenden Felsen steht als ein echtes Kleinod die Kirche Notre-Dame-du-Pin. Die szenischen Darstellungen auf den Kapitellen im Schiff, im Chor und in der Krypta lassen das Herz des Romanik-Liebhabers wieder einmal höher schlagen: 'Dalila schneidet Samson die Haare ab' - eine der schönsten Plastiken der Romanik, die ich auf den vier französischen Jakobswegen bewundert habe. Der selig schlummernde Samson und die überschlanken Beine der Dalila bilden eine dynamische Diagonale durch das Kapitell. Mit anmutig gekrümmtem Rücken wölbt sich der Oberkörper des Mädchens über das im Schlaf lächelnde Gesicht Samsons, dessen Stärke Gegenstand einer weiteren Szene ist. Eindrucksvoll sind auch die farbigen Freskomalereien in der Krypta (13. und 14. Jh.): das Jüngste Gericht, Christus mit einem Messer zwischen den Zähnen, Bilder aus dem AT und NT, Heilige wie Franz von Assisi und andere.

Kurz vor Gargilesse liegt am Flußufer unter hohen Bäumen ein schöner Campingplatz. Einige Kilometer südlich von Gargilesse erweitert sich die Creuse zum Lac de Chambon; wir halten uns sodann südwestlich nach AZERABLES, wo die schief nach oben auseinander laufenden Säulen in der Dorfkirche überraschen, und erreichen nach etwa 12 km

LA SOUTERRAINE

In das Innere des Städtchens führen sechs Tore, von denen zwei noch gut erhalten sind, vor allem die Porte de la Prison mit ihrem wuchtigen Turm, die im 13. Jh. gebaut wurde und bis 1860 als Gefängnis diente. Eine Rue und Place St.-Jacques erinnern an die Zeiten, als La Souterraine eine Pilgerstation des MA war. Die maurischen Zackenbögen über dem Portal der Kirche Notre-Dame-de-l'Assomption sind ein weiteres Zeugnis der Wallfahrt nach und von Santiago. Das Innere der Kirche, teils romanisch, teils gotisch, beherbergt noch einige schöne Kapitelle im Chor. sowie eine Unterkirche aus dem Jahre 1020.

BÉNÉVENT L'ABBAYE

Die Kirche aus dem 11. Jh. wurde wegen einer Reliquie, dem Arm des heiligen Bartholomäus aus Benevent (Italien) viel besucht. Die Kapitelle einiger Säulen des Chores tragen Tier- und Pflanzenornamente.

SAINT-LEONARD-DE-NOBLAT

Zur Erinnerung: das primäre Motiv der mittelalterlichen Wallfahrt war die Heilssuche, die persönliche Begegnung und, wo immer möglich, sogar die Berührung oder Betrachtung der Reliquien verehrter Heiliger.

St.-Léonard-de-Noblat war demzufolge nicht allein wegen der romanischen Kirche und der Schönheit ihres Turmes ein ersehntes Ziel langer Wanderschaft, sondern vor allem wegen der Reliquien eines damals vom Volk hochverehrten Heiligen, des Leonhard von Noblat.

Eines der unvergeßlichen Bilder meiner Kindheit am schönen Schliersee ist der Leonhardi-Ritt, die Prozession am 6. November zur Leonhardi-Kirche am anderen Seeufer, mit den herrlich geschmückten Pferden und Leiterwagen, auf denen die Frauen mit den blumenverzierten Miedern der Schlierseer Tracht saßen. Bei der Kirche dann wurden Menschen, Land und Vieh gesegnet. Der 'Geistliche Rat', der uns Religionsunterricht gab und uns stets mit seinem überdimensionalen Schnupftuch beeindruckte, erzählte uns vorher viel über den heiligen Leonhard. Über den Irrtum aber, über welchen der Heilige zum Schutzpatron des Nutzviehs, der Kühe und Pferde vor allem, wurde, hat er uns nichts erzählt.

Als Eremit (erste Hälfte des 6. Jh.) widmete er sich der Pflege Bedürftiger und Kranker, seine bevorzugten Pflegefälle waren mißhandelte Kerkerhäftlinge. Nachdem er der Gemahlin eines Merowingerkönigs, für die man eine lebensbedrohende Entbindung befürchtete, durch seine Gebete zu einem gesunden Knaben verhalf, schenkte der König ihm ausgedehnte Ländereien und das Recht, Gefangene frei zu bitten. Dies also ist der Sinn der Ketten über seinem Grabmal in einer Nische der Kirche: Befreiung aus Kerkerketten, nicht Kuhketten, wozu sie später aus Unwissenheit deklariert wurden; wenngleich er als Heiler für Mensch und Tier gleichermaßen aufgesucht wurde. Seine Bemühungen um die Ärmsten der Armen waren es, die sein Grab zum Ziel der Verehrung durch die Jakobspilger machten.

Die Kirche des St. Léonard, ursprünglich rein romanisch, erfuhr eine Reihe von Umbauten (Chor aus dem 16. Jh.) und bietet deshalb ein uneinheitliches Bild. Der Turm jedoch ist eines der schönsten Beispiele der Limousin-Romanik. Im gotischen Chorgestühl verdienen einige Holzschnitzereien an den Misericordien, jenen Steißbeinstützen unausgeschlafener Mönche, Beachtung: der Zorn als verzerrte Fratze und als ein sich in den Schwanz beißendes Ungeheuer; die Wollust bietet sich sehr zahm als Kuss-Szene dar.

St.-Léonard-de-Noblat ist ein verschlafenes, aber reizvolles Provinznest mit schönen Fachwerkhäusern.

LIMOGES

Zwei mittelalterliche Brücken, die gotische St.-Etienne (13. Jh.), und die romanische St.-Martial (12. Jh.), führen über die Vienne in die Altstadt von Limoges. Über diese Brücken zogen auch die Jacquaires in die Stadt ein, um die Kathedrale SAINT-ETIENNE aufzusuchen.

Von der 1013 erbauten, romanischen Kirche sind nur noch die Krypta und der untere Teil des Turmes erhalten. In ihrer Gesamtheit vermittelt die Kathedrale ein Bild klarer und wohlproportionierter Gotik, vor allem in ihrem Inneren. Südlich neben der Kathedrale beherbergt das STADTMUSEUM im ehemaligen Bischofspalast (18. Jh.) über 300 Exponate der für das Limousin typischen Handwerkskunst, der Emaillemalerei, ferner eine ägyptische und gallo-romanische Abteilung.

Das NATIONALMUSEUM (Musée Nat. Adrien Dubouché) zeigt neben dem Museum von Sèvres die reichste Porzellansammlung Frankreichs.

Wer die Altstadt von Limoges noch ein wenig durchstreifen möchte, vor allem das mittelalterliche Metzgerviertel, die Boucherie, sollte dies auf jeden Fall zu Fuß tun.

Man verläßt Limoges auf der N 20 nach Süden (Richtung Tulle) und biegt nach einigen Kilometern rechts ab nach

SOLIGNAC

Ort und Abtei liegen zwar durchaus noch im Limousin, doch stehen wir in der interessanten Abteikirche bereits vor einem typischen Beispiel der perigordinischen Kuppelromanik. In der einschiffigen, von drei mächtigen Kuppeln überwölbten Hallenkirche verdient das Chorgestühl mit seinen skurrilen Holzschnitzereien besondere Beachtung. Das Kloster war die Keimzelle limousinischer Emaillekunst.

Auf der D 704 fahren wir in genau südlicher Richtung nach

SAINT-YRIEIX-LA-PERCHE (sprich: irié)

Ein Glasfenster im Chor der sehenswerten Kirche (an der Hauptstraße) zeigt Jakobus als Pilger und erinnert zwischendurch, daß wir auf seinem Weg sind. Seit dem Jahre 591 existierte hier ein Kloster, das Obdach bot.

THIVIERS

In der romanischen Kirche wurden die perigordinischen Kuppeln leider durch gotische Gewölbe ersetzt. Die reichlich vorhandenen und typisch romanischen Kapitellskulpturen sind zwar gut erhalten, wegen ihrer Höhe und der Dunkelheit im Kircheninneren jedoch nur schwer zu erkennen.

In Thiviers befinden wir uns bereits mitten im

PÉRIGORD

Diese alte, aber heute noch gebräuchliche Landschaftsbezeichnung ist in etwa gleichzusetzen mit dem offizielleren Namen 'Département Dordogne'.

Wollte ich versuchen, das Périgord allgemein und mit wenigen Worten zu skizzieren, würde ich sagen: Landschaftsbilder mit Wäldern und Flußtälern, die so lieblich und harmonisch sind, daß die Seele durchatmen kann; Genüsse des Gaumens - Gänseleber, Mastenten, Walnüsse, Trüffeln in vielen Zubereitungsarten - daß der Magen durchhängt; unzählige Schlösser, die malerisch über den Tälern liegen; Juwele romanischer Kirchenbaukunst und die Wiege menschlicher Kunst und Kultur: die zahlreichen Höhlen der Jungsteinzeitmenschen mit ihren reichen Wandmalereien.

Und wie nennt sich das Périgord selbst? 'Pay de l'homme' und 'Terre des Gastronomes'.

DIE 'CUISINE PERIGOURDINE':
Grundlage zu vielen Gerichten sind die Früchte und Tiere des Landes: Walnüsse in vielen Erscheinungsarten, als Öl, als Likör, als Kuchen, im Salat, im Käse usw., Trüffeln als Zutat zu vielen Pasteten, unter anderem

zur Foie Gras, der Gänseleberpastete. Gewiß - das Dilemma ist vorhanden! Gänseleber ist nun einmal die Freude jeden Gourmets. Die Methode andererseits, mit welcher die Gänse gestopft werden, bringt jeden Tierfreund auf die Barrikade. Die Tatsache, daß die fabrikmäßige Masttierhaltung in deutschen und anderen Landen auch nicht immer die tierfreundlichste ist, vermag zwar nicht zu trösten, könnte aber vielleicht, beim Anblick der im Périgord in freier Natur herumstolzierenden Gänseherden, den nackten, auf die Gänsestopfer gerichteten Zeigefinger etwas weniger bedrohlich erscheinen lassen. Die périgourdinische Küche ist nicht raffiniert-verfeinert, eher bäuerlich einfach, bodenständig und würzt mit Kräutern und Knoblauch.

Einige Spezialitäten: Salade périgourdine: richtig angemacht, enthält er eigentlich fast alles, was die Gegend hergibt: Walnüsse und Walnußöl, Gänseleber, Enten- und/oder Gänsefleisch, Kräuter und diverse Salatarten. Foie Gras: die Gänseleber wird meist in der Terrine (irdene Schüssel) serviert, wobei die Leber zerkleinert und mit Kräutern, Gewürzen und etwas Fett gekocht wird. Confit d'Oie oder Confit de Canard: Gänse und Enten werden im Périgord weniger im Ganzen gebraten wie bei uns, sondern in Stücke zerlegt, gekocht und im eigenen Fett eingemacht. Beides, Confit d'Oie/de Canard und Foie Gras werden überall auch in Dosen angeboten. An Geflügel ist das Périgord reich: Pintade (Perlhuhn), Caneton (Junge Ente), Pigeonneaux (Junge Tauben), Cailles (Wachteln), Perdreaux (Rebhühner) und Faisan (Fasan). Das Alicot ist ein Ragout aus Gänse- oder Entenklein; der Lièvre à la Royale ist ein Hase mit einer Füllung aus Kalbfleisch, Speck und Schweinefleisch und wird in einer eisernen Kasserolle mit Wein geschmort. Eine einfache, aber gute Beilage sind die Pommes Sarladaises: rohe Kartoffelscheiben werden mit etwas Knoblauch in Gänsefett gebraten, und die Sauce Périgueux besteht aus - wie könnte es auch anders sein - Gänseschmalz, Wein und Trüffeln.

DAS PÉRIGORD IN SEINEN ZWEI REGIONEN

Das Périgord Vert (grünes P.) ist der nordwestliche Teil um Perigueux, seiner Hauptstadt, und um Thiviers, das sich selbst 'Capitale du Foie Gras' nennt (Hauptstadt der Gänseleber).

Das Périgord Noir ist das Gebiet südöstlich, um Sarlat - die engere Umgebung der Stadt heißt Sarladais und umschreibt die Täler der Dordogne und Vézère.

Der Südwesten des Périgord geht bereits über in die Weinanbaugebiete des Bordelais.

Wir Jakobspilger und -fahrer müssen aber im Périgord nicht in Gewissensnöte geraten, wenn wir ab Perigueux nicht gleich den direkten Jakobsweg über Tremolat und Parnat nach Bergerac fahren. Folgende Gründe sprechen für einen lohnenden Umweg über das Sarladais und das Tal der Dordogne:

erstens lernt man eine der schönsten Landschaften Europas kennen,

zweitens der Gaumenfreuden wegen,

zum dritten, um ein Mekka der Romanikliebhaber anzusteuern: Souillac,

viertens bietet sich die Gelegenheit, die prähistorischen Höhlen des Vézèretales zu besuchen und fünftens - aber da sind wir schon wieder

auf Jakobus' Spuren: von Souillac sind es nur noch 35 km nach Rocamadour (S. 118 ff), dem vielbesuchten Anschluß-Wallfahrtsort des Le Puy-
Weges.

Das Périgord Noir (schwarzes P.) hat seinen Namen von dem Laub
der vielen Eichen; das Périgord Vert (grünes P.) von den vielen Wiesen
und dem helleren Laub seiner Bäume.

Zurück nach Thiviers: wir halten uns nun nach Westen und erreichen
nach wenigen Kilometern

SAINT-JEAN-DE-CÔLE

Die Idylle dieses Dorfes ist fast überirdisch: ein weites, grünes Tal,
ein klarer Bach mit alten, buckligen Steinbrücken, Mühlen und mittelalterlichen Häusern, zum großen Teil gut restauriert, und ein malerisches
Zentrum: Park und Schloß der Familie Marthonie, davor ein großer Platz
mit natürlichem Boden, zwei Restaurants und links davon die Kirche
St.-Jean-Baptiste mit der angebauten, offenen Markthalle, unter deren
alter Holzbalkendecke die Pilger früher übernachteten.

Die Kirche ist ein Uni-
kum: sie besteht nur aus
einem Chor mit drei Ka-
pellen. Das Schiff wurde
nie fertig gebaut. Der
Chor war ursprünglich
von einer großen Kuppel
überwölbt, die zweimal
einstürzte, weshalb man
ihn kurzerhand mit einer
flachen Holzdecke ab-
schloß. Die Innenausstat-
tung entspricht nicht in
jedem Fall der Romanik,
die sich an der Außenseite
in drei schönen Kapitellplastiken präsentiert. Die leicht verwitterten
Szenen zeigen: Noah unter dem Weinstock, die Erschaffung des Menschen
und Daniel in der Löwengrube. Unvergeßlich bleibt uns ein blutroter
Sonnenuntergang an einem warmen Sommerabend . Wir saßen beim Wein,
bis die Nacht sich über den stillen Platz senkte, und der Vollmond ihn
in mildes Licht tauchte.

BRANTOME

Venedig des Périgord nennt man dieses malerische Städtchen auf einer
Insel in der Dronne. Die von Karl dem Großen 769 gegründete Abtei,
am Fluß und teilweise in den Fels gebaut, wurde von Pierre-de-Bourdeille,
einem sinnenfreudigen Abt, in fürstlich-feudalem Stil erweitert. Der Kam-
panile blieb unverändert in reiner Romanik erhalten. Ein Kuriosum stellt
das riesige, in eine Höhle unter der überhängenden Felswand gehauene
Relief mit dem Jüngsten Gericht aus dem 14. Jh. dar.

Die gesamte Anlage, die stattliche Abtei vor dem dunkelgrünen Hintergrund des Berghanges, die sich mit ihren Uferballustraden im klaren
Wasser der Dronne spiegelt, die alte Bogenbrücke, die über eine Wehranlage und an einer zu einem Restaurant umgewandelten Mühle vorbei zu

der symetrisch angelegten Parkterrasse führt, vermittelt den Eindruck einer fürstbischöflichen Residenz. Ein Abstecher in dieser stillen und zauberhaften Gegend entlang der Dronne führt nach BOURDEILLE, dem Stammsitz des Abtes von Brantome und Verfassers des freizügigen Buches 'Les Dames Galantes'. (Ein Landschaftsfoto auf S. 148.)

PERIGUEUX

Eine Stadt mit viel Atmosphäre, für die man sich etwas mehr Zeit nehmen sollte. Von der großen Brücke St.-George über die Isle bietet sich ein prächtiges Bild dar: über einigen Altstadthäusern hebt sich die gewaltige Silhouette der KATHEDRALE SAINT-FRONT mit ihren Kuppeln, Laternen und mächtigem Turm gegen den Himmel ab und spiegelt sich gleichzeitig im Wasser des Flusses.

Wer sich bei diesem Anblick an Bilder von Istanbul erinnert, liegt mit dieser Assoziation gar nicht so weit daneben. Die périgordinische Kuppelromanik, hier am prachtvollsten vertreten - sie ist überdies die größte Kuppelkirche Frankreichs - , hat durchaus byzantinische Einflüsse, und der Eindruck verstärkt sich, wenn man die imposanten Dimensionen der einschiffigen Hallenkirche in Form eines griechischen Kreuzes von innen betrachtet. Da die vier kuppelüberwölbten Hallen frei von jeglichem Zierrat und Schmuck sind, treten die klaren Linien ihrer großartigen Architektur deutlicher zutage.

Da die Kathedrale durch die Hugenotten stark beschädigt wurde, hat sie der Architekt der Sacre-Coeur von Paris, Abadie, der sich dort offenbar von der Périgord-Romanik inspirieren ließ, restauriert, wobei er allerdings etwas zu weit ging: nicht so sehr durch die Laternen, mit denen er die Kuppeln abschloß - die frühere Kathedrale von Perigueux, SAINT-ETIENNE-DE-LA-CITE, besitzt eine in Originalausführung - sondern durch die 12 dazugesetzten Türmchen. Im romanisch-gotischen Kreuzgang neben der Kathedrale stehen einige merowingische Sarkophage.

Unmittelbar an St.-Front grenzt das Altstadtviertel 'Cité-Puy-St.-Front', wo in schmalen Straßen - Rue Limogeanne, Rue de la Constitution und Rue du Plantier - stattliche, mittelalterliche Bürgerhäuser mit schönen Portalen im Flamboyant-Stil und Paläste zu sehen sind.

SAINT-ETIENNE-DE-LA-CITE war die erste Kathedrale von Perigueux und mußte, nachdem die Hälfte des Schiffes - ebenfalls von den Hugenotten - zerstört wurde, den Rang der Kathedrale an St.-Front abgeben. Obwohl nur noch der Chor und der Rest des Schiffes von je einer Kuppel bedeckt sind, strahlt diese Kirche eher den Geist der périgordinischen Romanik aus als St.-Front, da sie vom Zugriff jenes neoromanisch gesinnten Restaurators verschont blieb.

DIE TÄLER VON VÉZÈRE UND DORDOGNE

Der nun folgende Umweg von Perigueux über das Périgord Noir (Sarladais) hat wie gesagt mit dem Jakobsweg nichts zu tun. Aus den im Kapitel 'Périgord' dargelegten Gründen ist er jedoch sehr zu empfehlen, wobei ich mich in der Beschreibung der Städte kurz halte und als Romanik-Süchtiger nur in Souillac ausführlicher werde.

Wir verlassen Perigueux auf der N 89 südöstlich und biegen nach sieben km rechts ab auf die D 710, nach 13 km auf die D 45 nach

LES EYZIES

'Capitale de la préhistoire', Haupstadt der Frühgeschichte des Menschen. Zwischen dem Ort an der Vézère und dem großen Abri (Halbhöhle mit überhängendem Felsdach) befindet sich das Museum (Musée de la Préhistoire) mit einer gut sortierten und reichen Sammlung prähistorischer Funde. Davor steht die riesige weiße Skulptur eines Urmenschen.

In der Nähe von Les Eyzies befinden sich eine Reihe von Höhlen mit Wandmalereien aus der Zeit zwischen 15.000 und 25.000 Jahren v. Chr.: Font-de-Gaume, Grotte-de-Combarelles und andere, wo ein- oder mehrfarbig Stiere, Wildpferde, Mammuts, Bisons, Löwen und Bären dargestellt sind. Man weiß inzwischen, daß die Menschen der Steinzeit, der Cro-Magnon-Mensch, der Neandertaler und andere, die Höhlen nicht bewohnten, sondern als Kultstätten benützten, weshalb man auch die Höhle von Lascaux (25 km Vézère aufwärts) die Sixtinische Kapelle der Prähistorie nennt. Sind wir also doch wieder bei Kirchen gelandet? Als Wohnung dienten vielmehr die Abris.

SARLAT

Die Hauptstadt des Périgord Noir, oder Sarladais, wie die Gegend auch genannt wird, ist ein hübsches Städtchen mit viel mittelalterlicher Bausubstanz wie aus dem Bilderbuch. Nachdem vieles gut restauriert wurde, erinnert die Stadt und die wachsende Besucherzahl - Franzosen überwiegend - ein wenig an Rothenburg ob der Tauber. Eine nicht wieder gut zu machende Sünde im Bild der Stadt ist die brutal durch sie hindurchgeschlagene Schneise der 'Travèrse'. Östlich dieser Durchfahrtsstraße liegt der eigentliche Altstadtkern mit der Kathedrale (viele Stilepochen) und dem schmucken 'Maison de la Boetie' schräg gegenüber ihrer Fassade. Hinter der Kathedrale steht der etwas eigenartige Turm, den man 'lanterne des morts' nennt und der vermutlich als Friedhofskapelle diente. Man schlendert ein wenig durch die schmalen Gassen zum Marktplatz bei der Kirche Ste.-Marie und genießt in einem der Restaurants die Küche der Gegend und das Fluidum der zauberhaften Stadt.

SOUILLAC

Der Ort selbst bietet außer seiner Lage an der Dordogne nichts besonderes, dafür ist die Abteikirche SAINTE-MARIE für jeden, der die Romanik liebt, ein unvergeßlicher Höhepunkt dieses Kunst-Erlebens.

Nach der Zerstörung der Kirche durch die Protestanten im Jahre 1573 - sie wurde später wieder restauriert - hat man das, was von den Skulpturen des Portals übrig war, ins Innere gebracht. Es war einerseits nicht viel, was übrig geblieben war: die Figur des Jesaia aus dem Portalge-

Der Jesaia von Souillac

wände und der Trumeau, der Mittelpfeiler des Portals, andererseits ist dies Wenige aber von so vollendeter Schönheit und Vielfalt im Detail, daß Ste.-Marie neben Conques, Autun, Vézelay, Moissac, Chauvigny und Aulnay zum Erlesensten gehört, was uns die Romanik geschenkt hat.

Der 'Tanzende Jesaia', wie er häufig genannt wird, symbolisiert mit seinem tänzerisch anmutigen Schreiten die Verkündigung einer frohen Botschaft. Von seinen gewellten, langen Haaren, der leicht extatischen, doch beileibe nicht exaltierten Haltung des Körpers, dem Faltenwurf der Gewänder und der scheinbaren Schwerelosigkeit der langen Beine strahlt soviel Zuversicht und Freude aus, daß ich mir gut vorstellen kann, wie der schleppende Schritt der Jacquaires, die bis hierher schon gewaltige Entfernungen bewältigt haben auf ihrer Suche nach dem Heil, von hier aus für eine gute Strecke wieder um vieles leichter wurde.

Der Trumeau rechts neben Jesaia wird häufig, wenngleich nicht ganz zutreffend, die Bestiensäule genannt.

Was zunächst etwas chaotisch wirken mag, entwirrt sich bei längerer Betrachtung als drei ineinander fest verschlungene

Motive. Auf der linken Seite erkennen wir das Opfer Abrahams, der Isaak an den Haaren festhält, während seine rechte Hand das (nicht mehr vorhandene) Messer erhebt. Senkrecht von oben, vom Himmel also, stürzt ein Engel herab, hält mit der Rechten Abrahams messerbewehrte Hand und in der Linken den Widder, der das Menschenopfer ersetzen soll. Die Vorderseite des Trumeaus zeigt romanisch-gewohntes in vollendeter Form: Löwen und Greifvögel verschlingen die verdammten Seelen. Es ist wahrhaft einmalig, wie auf dieser schmalen Vertikalen ein solches Getümmel von ineinander verschlungenen Menschen und Tieren zum meisterhaften Ornament gestaltet wurde.

Vergegenwärtigen wir uns zwischendurch wieder, daß der Mensch und Pilger des MA Analphabet war und nur die Sprache der Bilder zu lesen verstand. Und so sind auch diese Bilder zu verstehen: sie sollten den Menschen zwar erschrecken und ihn zur Besinnung und Besserung anregen, doch war dies nicht die alleinige Absicht dieser Kunst. So, wie im klassischen Griechenland jeder Tragödie eine Komödie folgte, damit die Zuschauer nicht allzu deprimiert nach Hause gehen mußten, zeigten auch die Künstler der Romanik Heiteres, Schönes und Erbauliches, wie wir es auf der rechten Seite der Säule sehen: drei Menschenpaare umarmen sich in Liebe und Brüderlichkeit und zeigen somit den Sieg der Zärtlichkeit über die Bestialität.

In Souillac fiel mir ein wichtiger Hinweis für meine Leser ein: wer nur den Le Puy-Weg bereist, kann von Rocamadour aus in etwa 35 km Souillac erreichen und dann auf der N 20 in Cahors wieder auf den Weg stoßen. Andererseits aber besteht auch die Möglichkeit, in Souillac den Vezelay-Weg zu verlassen, und auf dem Le Puy-Weg die Reise nach Santiago fortzusetzen, und um ein weiteres Juwel der Romanik in Moissac zu erleben (Seite 122). Oder man fährt den Fluß entlang wieder zurück.

Gemächlich wie der Lauf der DORDOGNE in ihren vielen Windungen, sollte das Reisetempo des Touristen sein. Die Straße führt überwiegend an ruhigen, bewaldeten Ufern entlang. Das Tal der Dordogne ist nur von kleinen und malerischen Dörfern besiedelt und hat viel von ursprünglicher Schönheit bewahrt.

Auf irgendeiner Café-Terrasse sitzen, der trägen Bewegung des Wassers zusehen, das Grün der Wiesen und Flußauen betrachten, das sich im Wasser spiegelt, und ein Gläschen Wein trinken - das ist mehr als sechs Wochen Kuraufenthalt. Die Nerven bekommen ihre Streicheleinheiten, und die Seele baumelt, wie Tucholsky einmal so schön sagte, mit den Beinen. Ein besonders schönes Teilstück ist beim einsamen Felsenschloß Montfort.

Nach DOMME sollte man unbedingt hinauffahren: 'un des plus belles villages de la France', eines der schönsten Dörfer Frankreichs. Der Blick von der Aussichtsterrasse ist unvergleichlich: tief unter einem beschreibt die Dordogne eine große Schleife, an deren linkem Ende man

LA ROQUE GAGEAC
erblickt, was sogar einmal den Titel des schönsten Dorfes von Frankreich erhielt. Selbst ein Felsabbruch, dem einige Häuser zum Opfer fielen, konnten die Schönheit des Ortsbildes nicht schmälern (Foto S.262).

Tal der Dordogne mit La Roque Gageac

Unmittelbar danach erheben sich auf hohen Steilfelsen über dem sich erweiternden Tal die Burgen CASTELNAUD und BEYNAC, um die sich im hundertjährigen Krieg Engländer und Franzosen heftig stritten, und die sich in Sichtweite gegenüber liegen.

In TREMOLAT, wo wir wieder auf den Vézelay-Weg stoßen, kurz nach der Einmündung der Vézère in die Dordogne, können wir von der périgordinischen Kuppelromanik Abschied nehmen, der Fluß macht eine letzte, große Schleife, und wir können nun entweder auf direktem Weg nach Bergerac gelangen, oder einen kurzen Umweg, südlich der Dordogne, zur sehenswerten Zisterzienserabtei CADOUIN (1115) machen. Ein Leichentuch Christi, dessen Identität später bezweifelt wurde, veranlaßte viele Pilger und berühmte Personen wie Eleonore von Aquitanien, Richard Löwenherz, König Ludwig der Heilige, Karl V., Blanca von Kastilien u.a. zum Besuch des Klosters. Im Kreuzgang befinden sich originelle Reliefs, die der heilige Bernhard als zu würdelos kritisierte (vor allem die Prozession der Mönche). Uns erscheinen ihre Gesichter verschmitzt und sympathisch.

In BERGERAC hat man dem wegen seiner großen Nase verspotteten Cyrano (Roman von Ed. Rostand) ein Denkmal gesetzt, obwohl er nicht von hier war. Über SAINTE-FOY-LA-GRANDE, einer ehemaligen Bastide mit Befestigungswällen, Arkadenplatz und Templerturm zogen die Santiago-Pilger nach LA REOLE und BAZAS, wo ein übergroßer, dreieckiger, von Laubengängen umgebener Platz überrascht, an dessen oberen Ende die imponierende Kathedrale steht. Von Bazas bis MONT-DE-MARSAN durchquert man die Wälder der flachen 'Landes', die im Westen bis zum Atlantik reichen (Paris-Weg S. 247).

SAINT-SEVER

Das Innere der Benediktinerabtei (1008) an der Place de Verdun wurde nach wiederholter Zerstörung im 17. Jh. wieder romanisch restauriert, nur die Seitenschiffe sind gotisch. Bemerkenswert, weil selten, sind die bunt bemalten (Blau und Gold) Kapitellplastiken des rechten Querschiffes. Auch die Kapitelle des Langhauses tragen figürliche Darstellungen. Die Abtei 'des Jacobins' ist verwahrlost und halb verfallen.

HAGETMAU

Vermutlich sind hier schon einige Pilger des Le Puy-Weges, von Aire-sur-l'Adour kommend, auf den Vézelay-Weg gestoßen. Der Ort selbst ist alltäglich, aber an der westlichen Umgehungsstraße nach Orthez liegt in einem kleinen Hain, verborgen hinter einigen Palmen, die Krypta Saint-Gironds, wo in der Gruft des Missionars dieser Gegend an den wuchtigen Säulen herrliche Szenen aus dem Stein gehauen sind: die Versuchung Christi durch den Teufel, der ungläubige Thomas, Lazarus und der Reiche, Löwen, Vögel und dekorative Ornamente. Die leichte Erkältung, die mir mein stundenlanges Verweilen und Fotografieren dort einbrachte, kurierte ich erfolgreich mit Cognac.

Über ORTHEZ und SAUVETERRE-DE-BEARN erreichen wir in SAINT-PALAIS des Ende des Vézelay-Weges und befinden uns wieder beim Gibraltar-Stein.

Die Jakobspilger des MA hatten sich zwar alle in den zahlreichen Herbergen von Ostabat getroffen und ihre Erfahrungen ausgetauscht, doch die 'Stèle d'Orientation' (ein Teilstück des alten Weges ist dort noch zu sehen) ist das Symbol der Vereinigung der vier Wege.

Und wenn ich meinen Lesern auf die Frage, welchen Weg sie wählen sollen, aufgrund meiner Erfahrungen einen Rat geben soll, so empfehle ich für die erste Begegnung mit dem Jakobsweg die Hauptroute dieses Buches: die Verbindung von Vézelay nach Le Puy und den Le Puy-Weg.

Fröhliche Fußpilger in Roncesvalles

WANDERKARTEN DURCH NORDSPANIEN

1. ZEICHENERKLÄRUNG

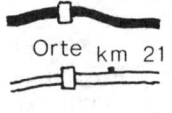 **Authentischer Pilgerweg** (Camino Antiguo), oft Feldwege

 **Autostraße**

 Pilgerweg und Autostraße **identisch**

 **Fluß** (Brücke)

Ⓡ **Refugio** (Pilgerherberge)

⛺ Camping

2. WEGMARKIERUNGEN: Siehe Seiten **56** und **57** .

3. DER JAKOBSWANDERWEG IN FRANKREICH: siehe Seite 56 und 57.
Wanderkarten sind inzwischen beim Buchhandel erhältlich.

4. REFUGIOS: siehe Seite 137. Adressen in den größeren Städten:
Santo Domingo de la Calzada: Cofradía del Santo in der Nähe der Kathedrale
Burgos: Erzbischofspalast (Arzobispado), Calle Martinez del Campo 18
León: im Kloster San Isidro
Astorga: im Haus der "Los Hermanos Hollandeses"
Ponferrada: im Pfarramt der Kathedrale
Santiago de C.: im Pfarramt der Kathedrale
In der Hauptreisezeit ist manchmal kein Platz mehr frei. Die Frage nach einem
Refugio (sprich: 'refuchio'): "Donde esta el refugio para los peregrinos?"

5. STADTPLÄNE: Pläne der größeren Städte siehe jeweilige Buchseite.

6. AUSRÜSTUNG: zu den zwei wichtigsten Gegenständen gehören:
a) Stabile und bequeme Wanderschuhe waren schon im Mittelalter das Tagesge-
   spräch der Pilger.
b) Regenbekleidung und Schutz gegen die Sonne. In Navarra und Galicien kann
   es gelegentlich regnen, und mit der Sonne über der Meseta ist nicht zu
   spaßen.

7. HINWEISE sonstiger Art: Siehe auch Seiten **139, 142, 206, 210.**

8. Eine kleine (wie ich die Jakobsbrüder bisher kenne: überflüssige) **Bitte:**
In Spanien gibt es (noch) nicht so viele Abfalleimer wie bei uns. An
nicht immer guten Beispielen sollte man sich aber nicht orientieren.
Daß der Camino bleiben möge, was er immer war: der Sternenweg.

So wünsche ich meinen Lesern viel Freude auf dem Camino und grüße
sie mit dem Ruf der mittelalterlichen Jakobsbrüder:

SANTIAGO ULTREYA

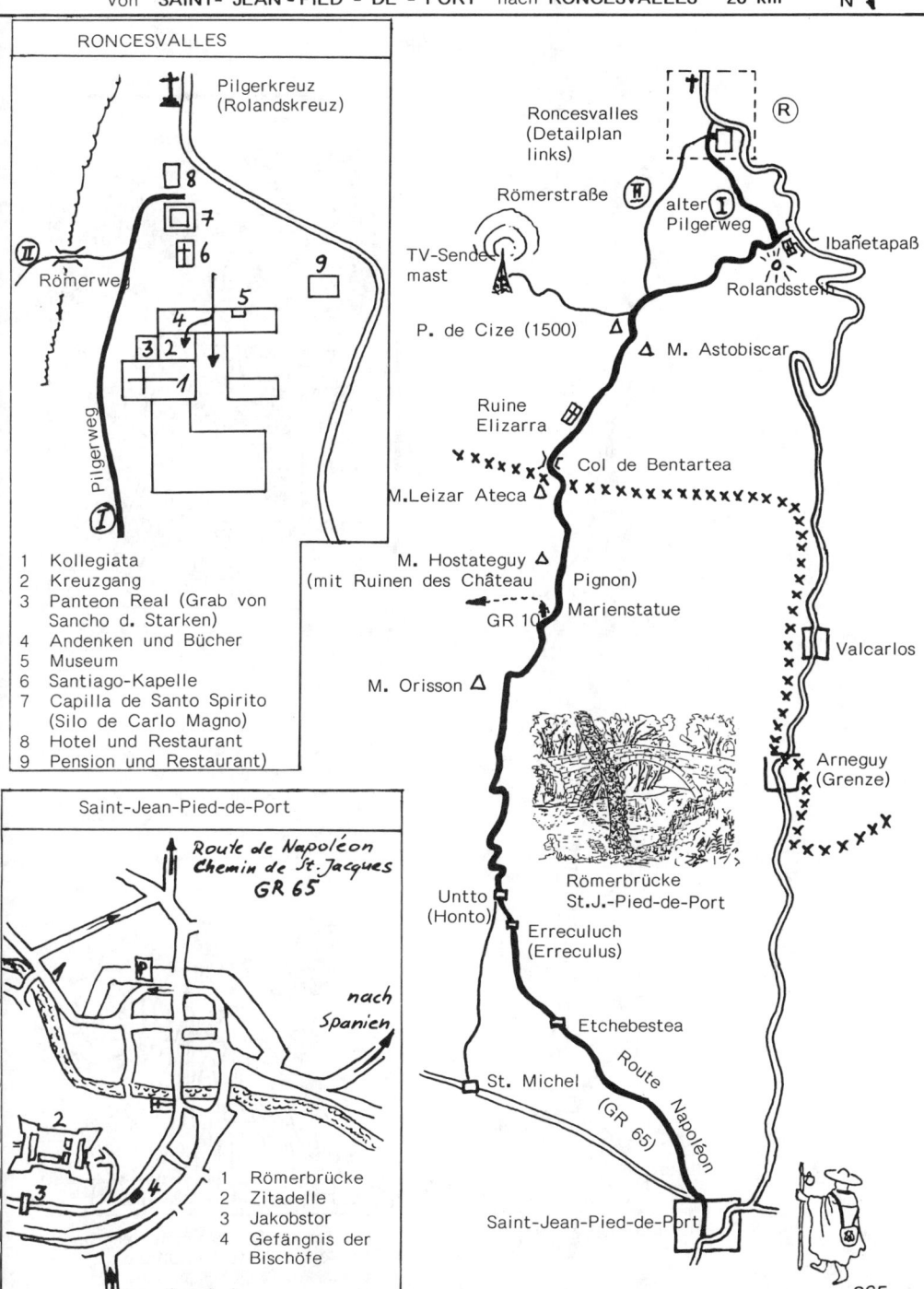

RONCESVALLES

Pilgerkreuz
(Rolandskreuz)

Ⅱ
Römerweg

Pilgerweg

Ⅰ

1 Kollegiata
2 Kreuzgang
3 Panteon Real (Grab von
  Sancho d. Starken)
4 Andenken und Bücher
5 Museum
6 Santiago-Kapelle
7 Capilla de Santo Spirito
  (Silo de Carlo Magno)
8 Hotel und Restaurant
9 Pension und Restaurant)

Saint-Jean-Pied-de-Port

Route de Napoléon
Chemin de St. Jacques
GR 65

P

nach
Spanien

1 Römerbrücke
2 Zitadelle
3 Jakobstor
4 Gefängnis der
  Bischöfe

von Ostabat

Roncesvalles
(Detailplan
links)

Ⓡ

Römerstraße Ⓗ

alter Ⓘ
Pilgerweg

Ibañetapaß

Rolandsstein

TV-Sende
mast

P. de Cize (1500) Δ

Δ M. Astobiscar

Ruine
Elizarra

Col de Bentartea

M. Leizar Ateca Δ

M. Hostateguy Δ
(mit Ruinen des Château Pignon)

Marienstatue

GR 10

Valcarlos

M. Orisson Δ

Arneguy
(Grenze)

Römerbrücke
St.J.-Pied-de-Port

Untto
(Honto)

Erreculuch
(Erreculus)

Etchebestea

St. Michel

Route Napoléon
(GR 65)

Saint-Jean-Pied-de-Port

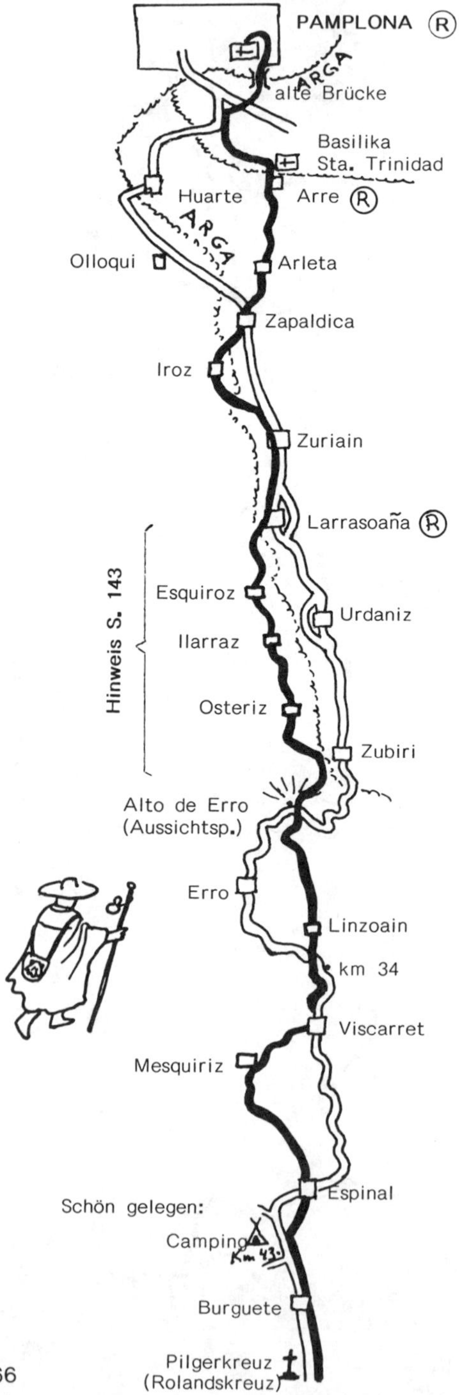

PAMPLONA ⓡ (IRUÑA)

ARGA

alte Brücke

Basilika
Sta. Trinidad

Huarte   Arre ⓡ

ARGA

Olloqui   Arleta

Zapaldica

Iroz

Zuriain

Larrasoaña ⓡ

Esquiroz   Urdaniz

Ilarraz

Hinweis S. 143

Osteriz

Zubiri

Alto de Erro
(Aussichtsp.)

Erro

Linzoain

km 34

Viscarret

Mesquiriz

Espinal

Schön gelegen:

Camping
Km 43

Burguete

Pilgerkreuz
(Rolandskreuz)

Der hl. Gerson (1363 - 1429 Rektor
der Univ. Paris) auf dem Weg nach
Santiago de Compostela

Ohne gebirgig Schroffes senken
sich Straße und Fußweg, durch
unberührte Waldwildnis an- und
absteigend, allmählich die Süd-
hänge der Pyrenäen hinab.

Karl der Große vernimmt den Ruf
von Rolands Hifthorn Olifant
(aus: Heidelberger Handschrift)

266

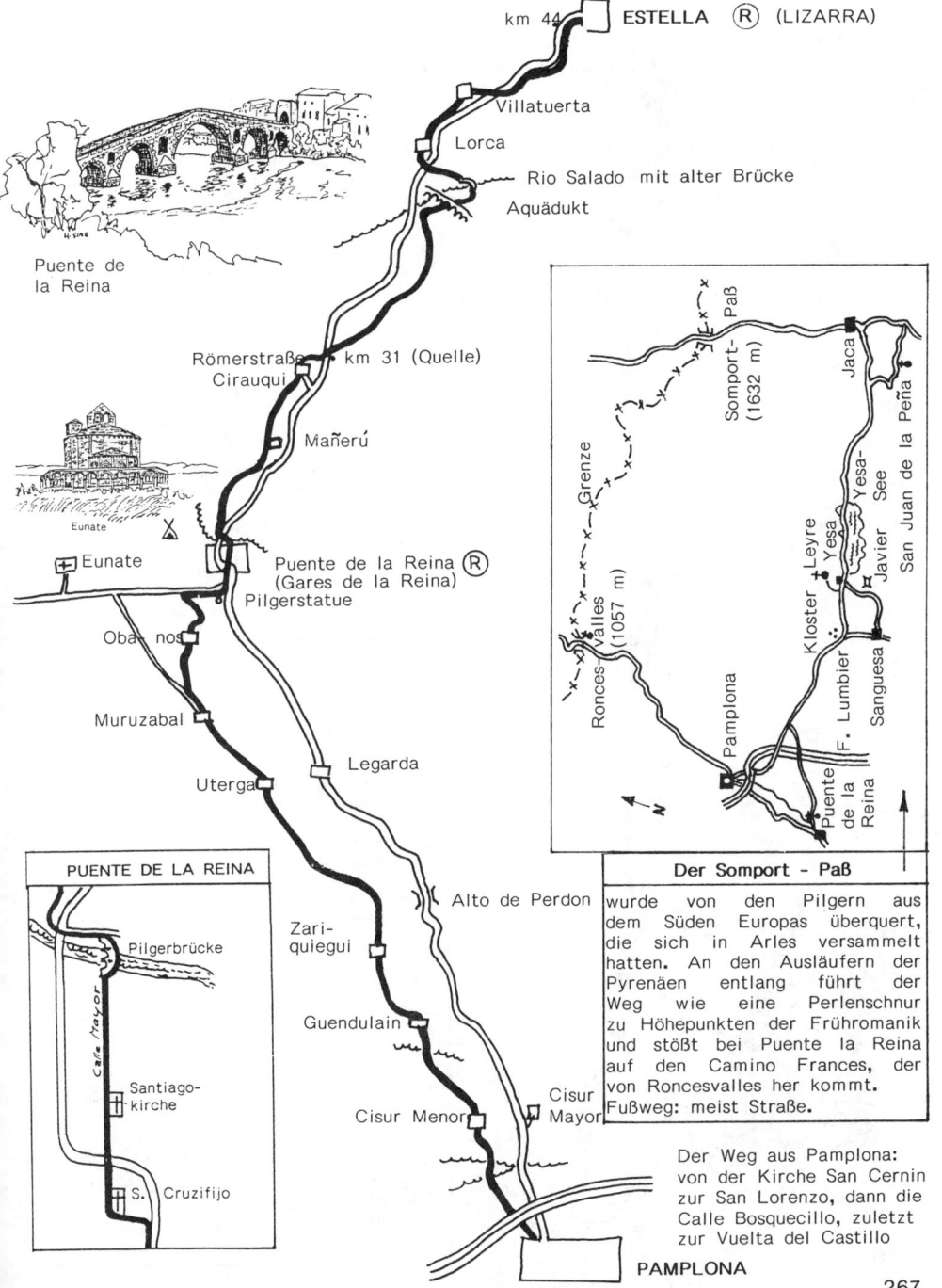

km 44 ESTELLA Ⓡ (LIZARRA)

Villatuerta

Lorca

Rio Salado mit alter Brücke

Aquädukt

Puente de
la Reina

Römerstraße km 31 (Quelle)
Cirauqui

Mañerú

Eunate

✚ Eunate

Puente de la Reina Ⓡ
(Gares de la Reina)
Pilgerstatue

Oba nos

Muruzabal

Legarda

Uterga

Somport- Paß
Somport-
(1632 m)

Jaca

San Juan de la Peña

Grenze

Yesa-
See

Leyre

Kloster Yesa

Javier

Ronces valles
(1057 m)

Pamplona

F. Lumbier

Sanguesa

Puente
de la
Reina

S↗

PUENTE DE LA REINA

Pilgerbrücke

Calle Mayor

Santiago-
kirche

S. Cruzifijo

Zari-
quiegui

Alto de Perdon

Guendulain

Cisur Menor

Cisur
Mayor

Der Somport - Paß

wurde von den Pilgern aus dem Süden Europas überquert, die sich in Arles versammelt hatten. An den Ausläufern der Pyrenäen entlang führt der Weg wie eine Perlenschnur zu Höhepunkten der Frühromanik und stößt bei Puente la Reina auf den Camino Frances, der von Roncesvalles her kommt. Fußweg: meist Straße.

Der Weg aus Pamplona:
von der Kirche San Cernin zur San Lorenzo, dann die Calle Bosquecillo, zuletzt zur Vuelta del Castillo

PAMPLONA

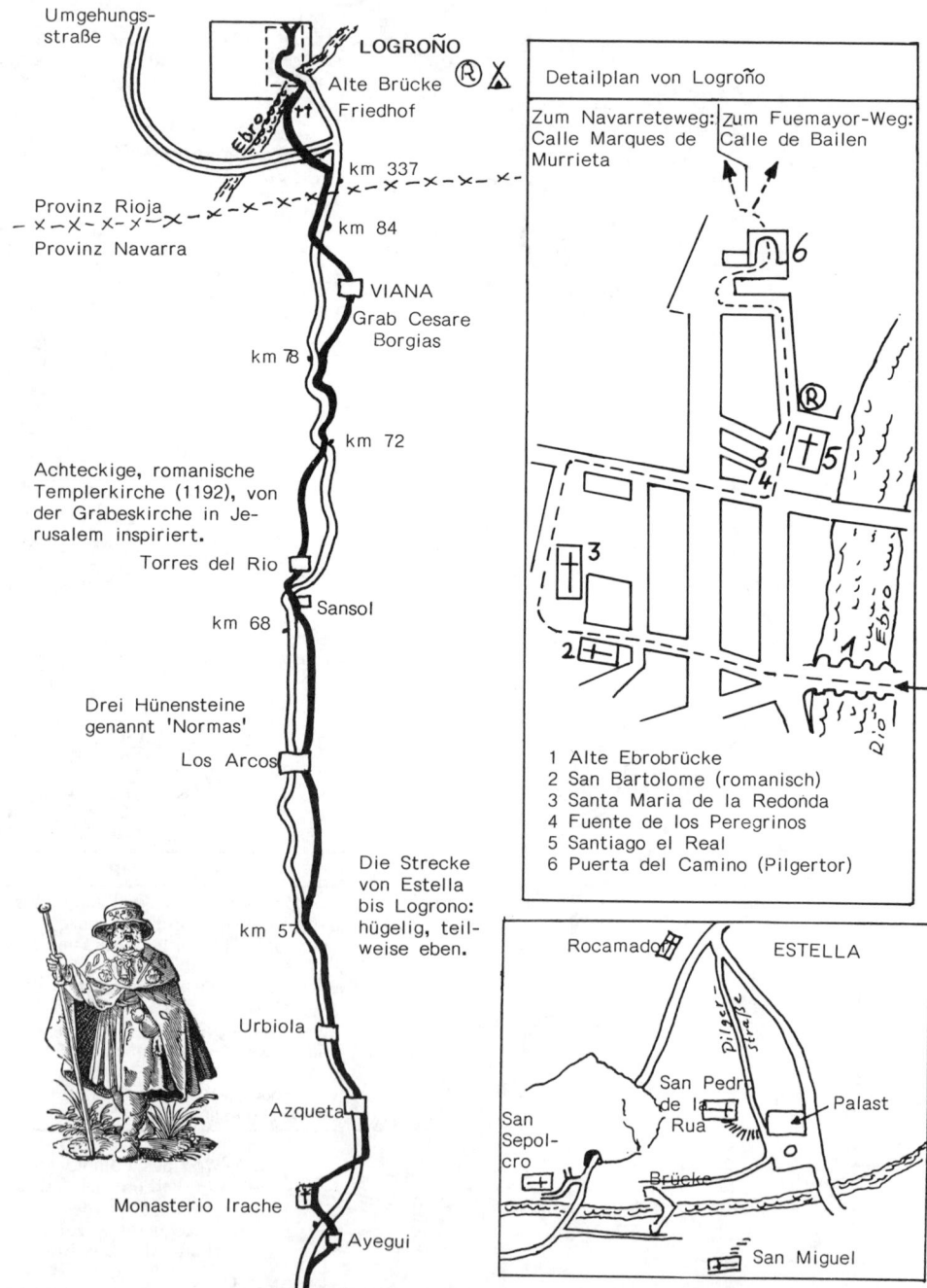

Umgehungs-
straße

LOGROÑO
Alte Brücke Ⓡ 𝕏
Friedhof

Ebro

km 337

Provinz Rioja
—×—×—×—×—×—×—×—×—×—×—
Provinz Navarra

km 84

VIANA
Grab Cesare
Borgias

km 78

km 72

Achteckige, romanische
Templerkirche (1192), von
der Grabeskirche in Je-
rusalem inspiriert.

Torres del Rio

Sansol

km 68

Drei Hünensteine
genannt 'Normas'

Los Arcos

Die Strecke
von Estella
bis Logrono:
hügelig, teil-
weise eben.

km 57

Urbiola

Azqueta

Monasterio Irache

Ayegui

ESTELLA

Detailplan von Logroño

Zum Navarreteweg: | Zum Fuemayor-Weg:
Calle Marques de | Calle de Bailen
Murrieta

6

Ⓡ

✝ 5

4

✝ 3

Ebro

2 ✝

Rio

1 Alte Ebrobrücke
2 San Bartolome (romanisch)
3 Santa Maria de la Redonda
4 Fuente de los Peregrinos
5 Santiago el Real
6 Puerta del Camino (Pilgertor)

Rocamador   ESTELLA

Pilgerstraße

San Pedro
de la Rua

San
Sepol-
cro

Palast

Brücke

San Miguel

268

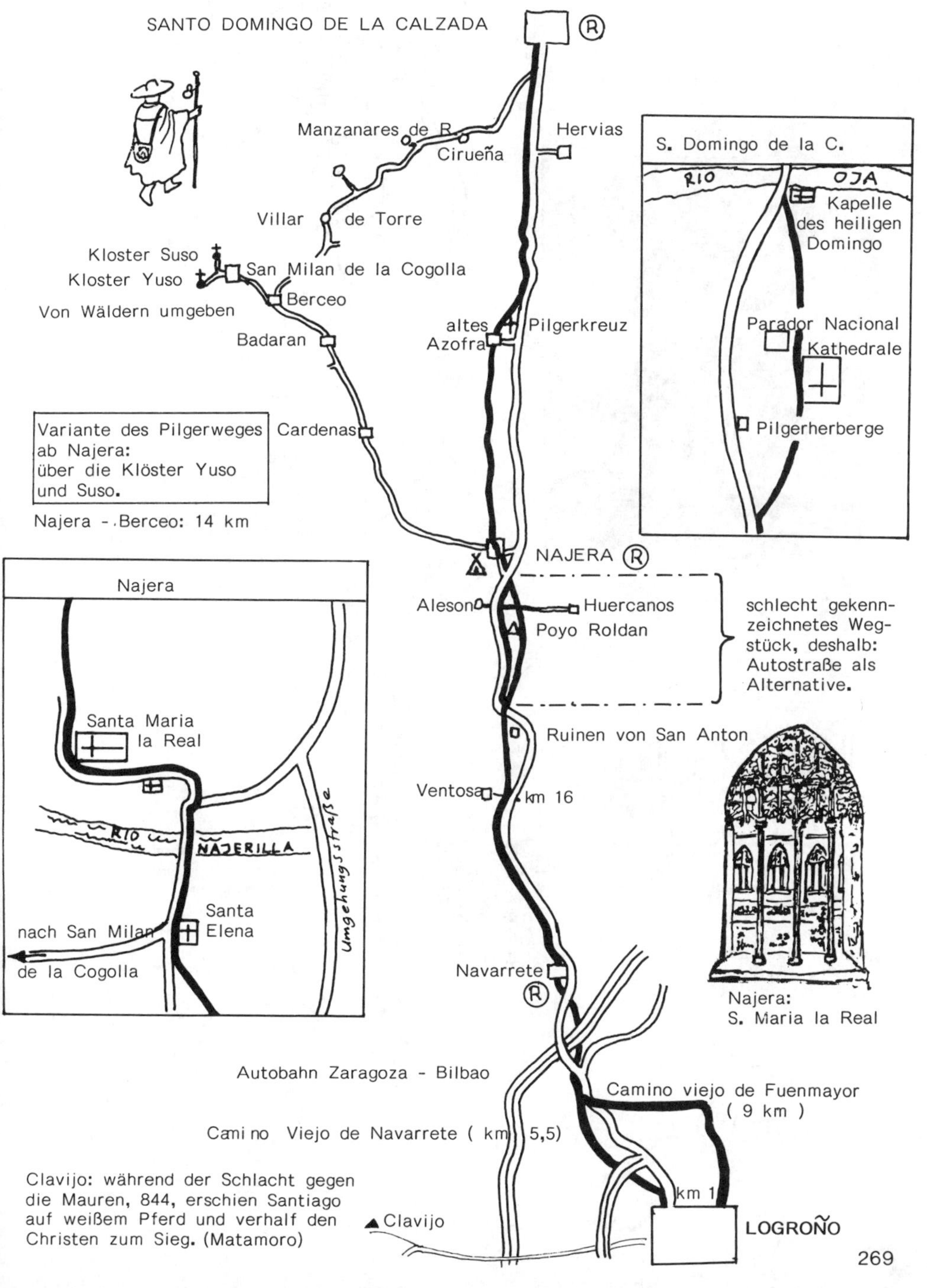

SANTO DOMINGO DE LA CALZADA   ®

Manzanares de R.   Hervias
Cirueña

Villar   de Torre

Kloster Suso
Kloster Yuso   San Milan de la Cogolla
Von Wäldern umgeben   Berceo
Badaran   altes   Pilgerkreuz
Azofra

S. Domingo de la C.

RIO   OJA
Kapelle
des heiligen
Domingo

Parador Nacional
Kathedrale

Pilgerherberge

Variante des Pilgerweges   Cardenas
ab Najera:
über die Klöster Yuso
und Suso.

Najera - Berceo: 14 km

Najera

Santa Maria
la Real

RIO   NAJERILLA

nach San Milan   Santa
de la Cogolla   Elena

Umgehungsstraße

△   NAJERA ®
Aleson   Huercanos
Poyo Roldan

schlecht gekenn-
zeichnetes Weg-
stück, deshalb:
Autostraße als
Alternative.

Ruinen von San Anton

Ventosa   km 16

Navarrete
®

Najera:
S. Maria la Real

Autobahn Zaragoza - Bilbao

Camino viejo de Fuenmayor
(9 km)

Camino Viejo de Navarrete (km 5,5)

Clavijo: während der Schlacht gegen
die Mauren, 844, erschien Santiago
auf weißem Pferd und verhalf den
Christen zum Sieg. (Matamoro)   ▲ Clavijo

km 1

LOGROÑO

269

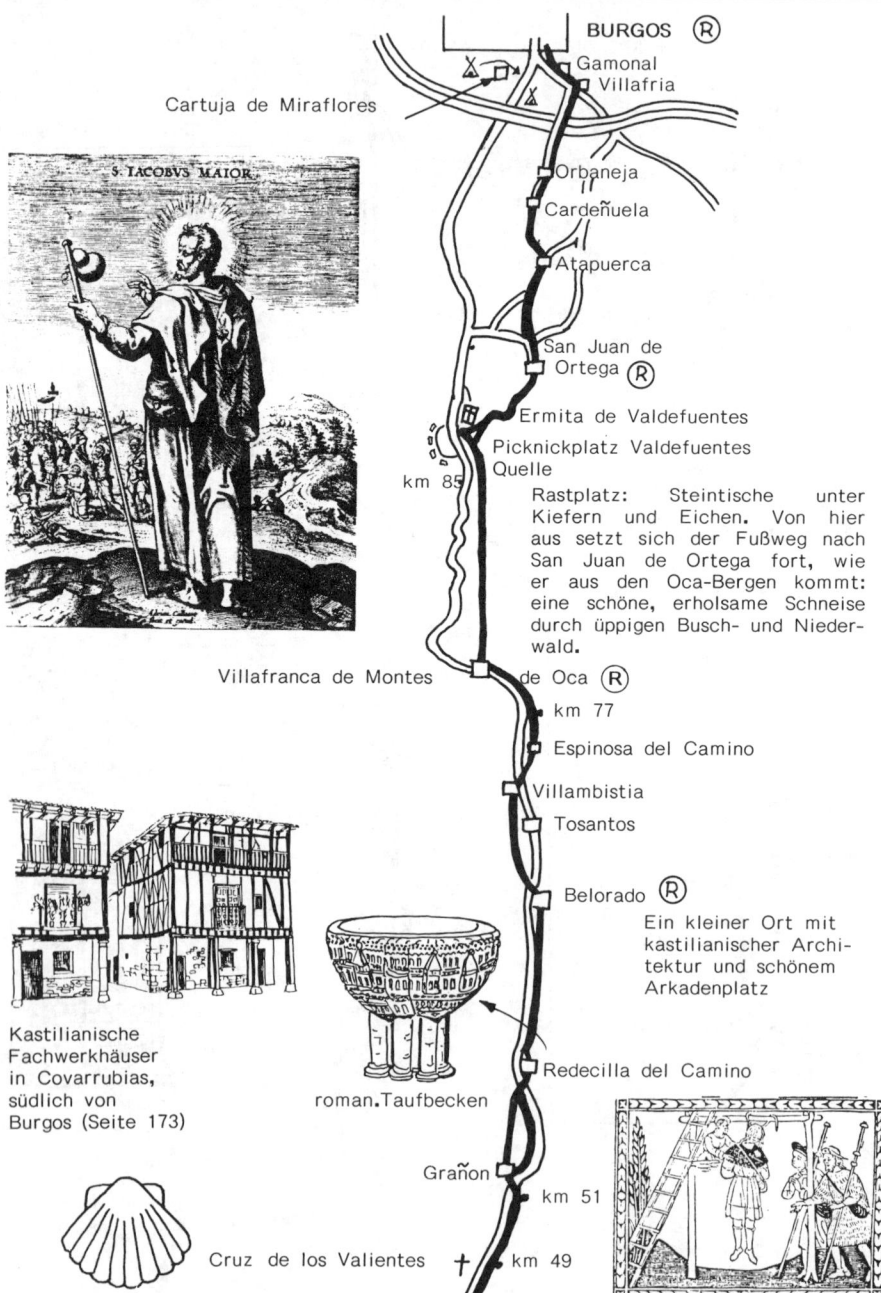

BURGOS ®

Gamonal
Villafria

Cartuja de Miraflores

S. IACOBVS MAIOR

Orbaneja

Cardeñuela

Atapuerca

San Juan de
Ortega ®

Ermita de Valdefuentes

Picknickplatz Valdefuentes
Quelle

km 85

Rastplatz: Steintische unter
Kiefern und Eichen. Von hier
aus setzt sich der Fußweg nach
San Juan de Ortega fort, wie
er aus den Oca-Bergen kommt:
eine schöne, erholsame Schneise
durch üppigen Busch- und Nieder-
wald.

Villafranca de Montes de Oca ®

km 77

Espinosa del Camino

Villambistia

Tosantos

Belorado ®

Ein kleiner Ort mit
kastilianischer Archi-
tektur und schönem
Arkadenplatz

Kastilianische
Fachwerkhäuser
in Covarrubias,
südlich von
Burgos (Seite 173)

roman.Taufbecken

Redecilla del Camino

Grañon

km 51

Cruz de los Valientes ✝ km 49

SANTO DOMINGO DE LA CALZADA

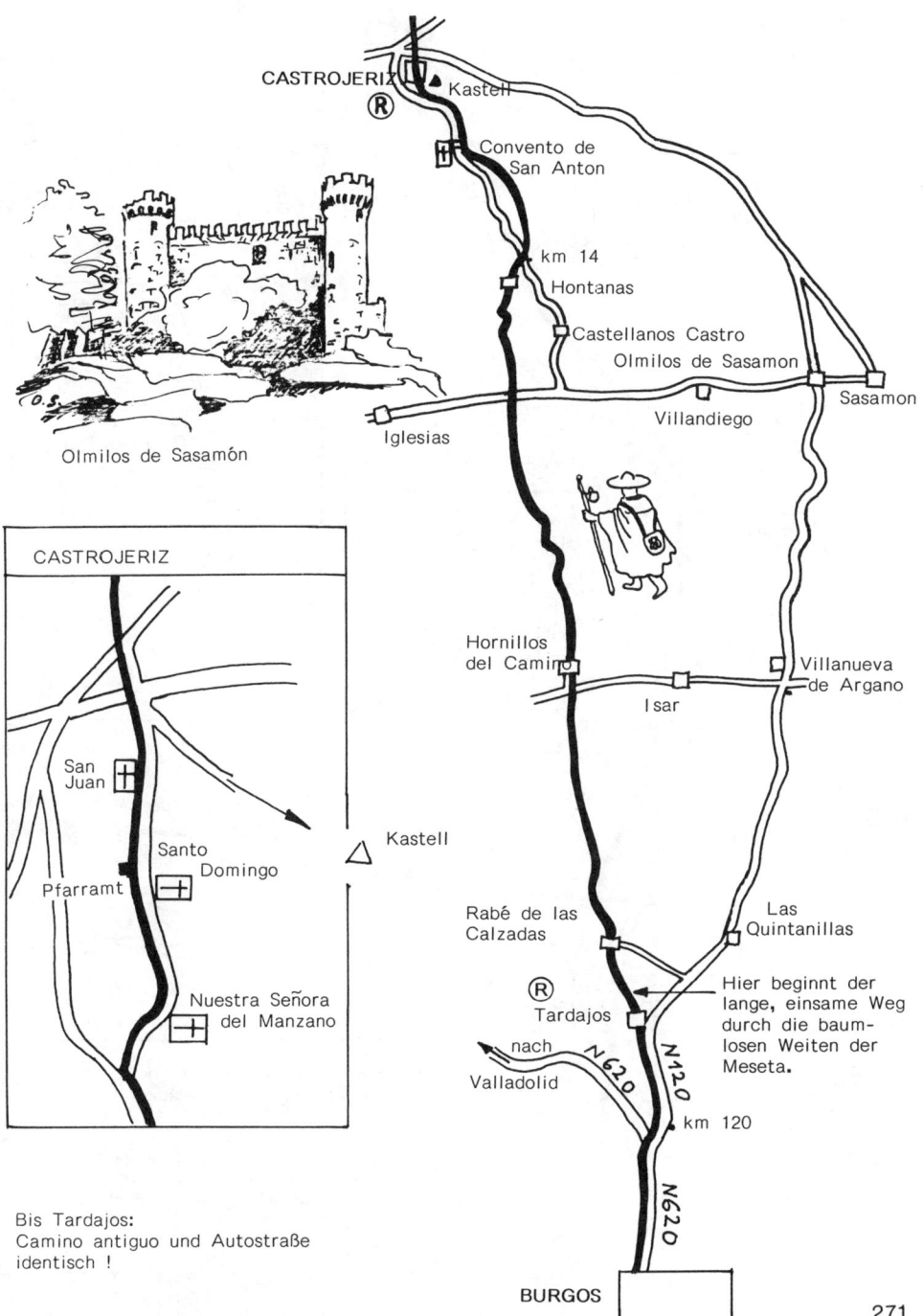

CASTROJERIZ ▲ Kastell

Convento de
San Anton

km 14
Hontanas

Castellanos Castro
Olmilos de Sasamon

Sasamon

Iglesias

Villandiego

Olmilos de Sasamón

CASTROJERIZ

San
Juan

Santo
Domingo

Pfarramt

Kastell

Nuestra Señora
del Manzano

Hornillos
del Camino

Villanueva
de Argano

Isar

Rabé de las
Calzadas

Las
Quintanillas

Tardajos

Hier beginnt der
lange, einsame Weg
durch die baum-
losen Weiten der
Meseta.

nach
Valladolid

N 620

N 120

km 120

Bis Tardajos:
Camino antiguo und Autostraße
identisch !

BURGOS

N 620

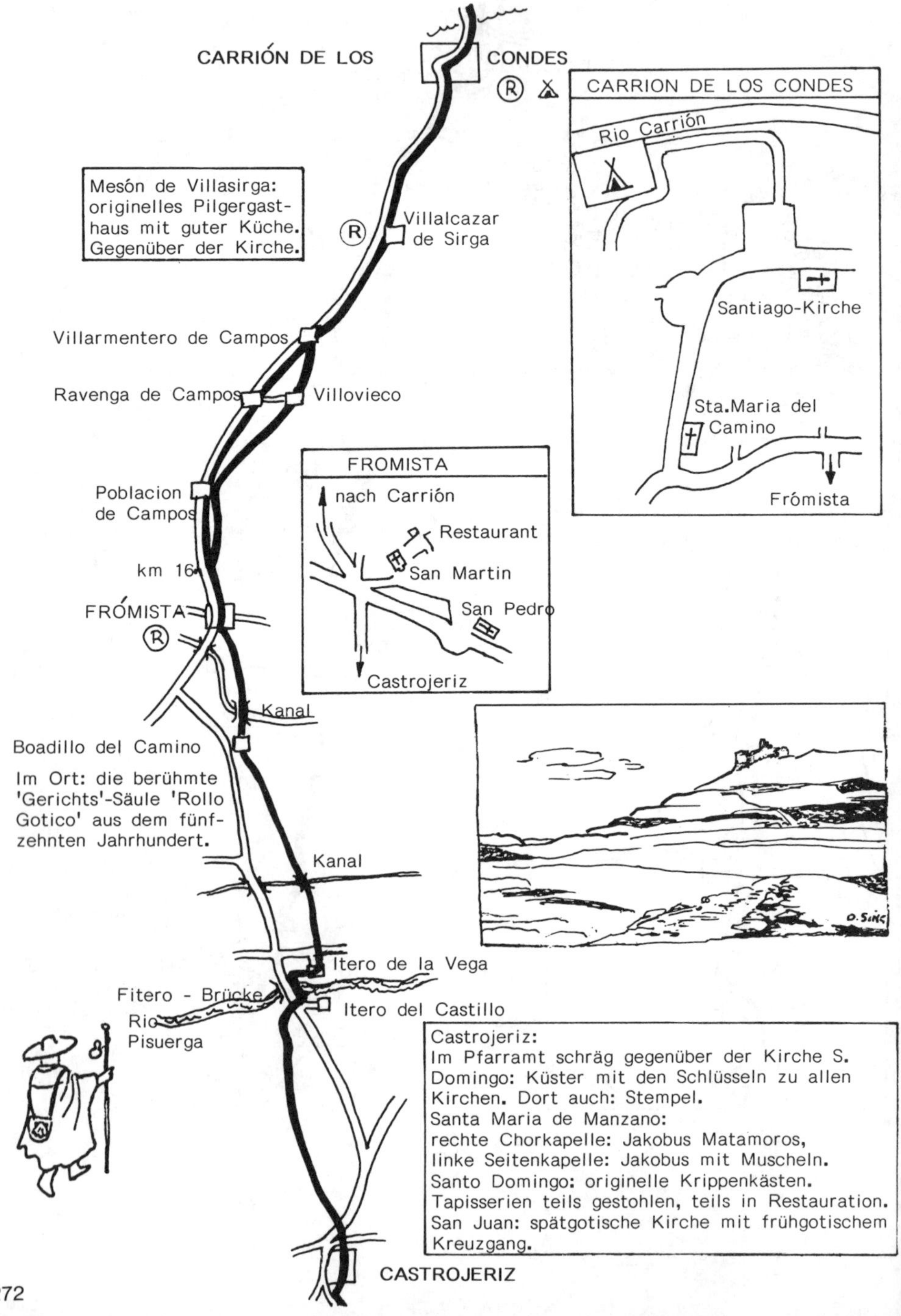

CARRIÓN DE LOS   CONDES

Ⓡ ⚔

CARRION DE LOS CONDES

Rio Carrión

Santiago-Kirche

Sta.Maria del Camino

Frómista

Mesón de Villasirga:
originelles Pilgergast-
haus mit guter Küche.
Gegenüber der Kirche.

Ⓡ Villalcazar
de Sirga

Villarmentero de Campos

Ravenga de Campos   Villovieco

Poblacion
de Campos

km 16

FRÓMISTA
Ⓡ

FROMISTA

↑ nach Carrión

Restaurant

San Martin

San Pedro

Castrojeriz

Kanal

Boadillo del Camino

Im Ort: die berühmte
'Gerichts'-Säule 'Rollo
Gotico' aus dem fünf-
zehnten Jahrhundert.

Kanal

Itero de la Vega

Fitero - Brücke
Rio
Pisuerga

Itero del Castillo

Castrojeriz:
Im Pfarramt schräg gegenüber der Kirche S.
Domingo: Küster mit den Schlüsseln zu allen
Kirchen. Dort auch: Stempel.
Santa Maria de Manzano:
rechte Chorkapelle: Jakobus Matamoros,
linke Seitenkapelle: Jakobus mit Muscheln.
Santo Domingo: originelle Krippenkästen.
Tapisserien teils gestohlen, teils in Restauration.
San Juan: spätgotische Kirche mit frühgotischem
Kreuzgang.

O. SING

CASTROJERIZ

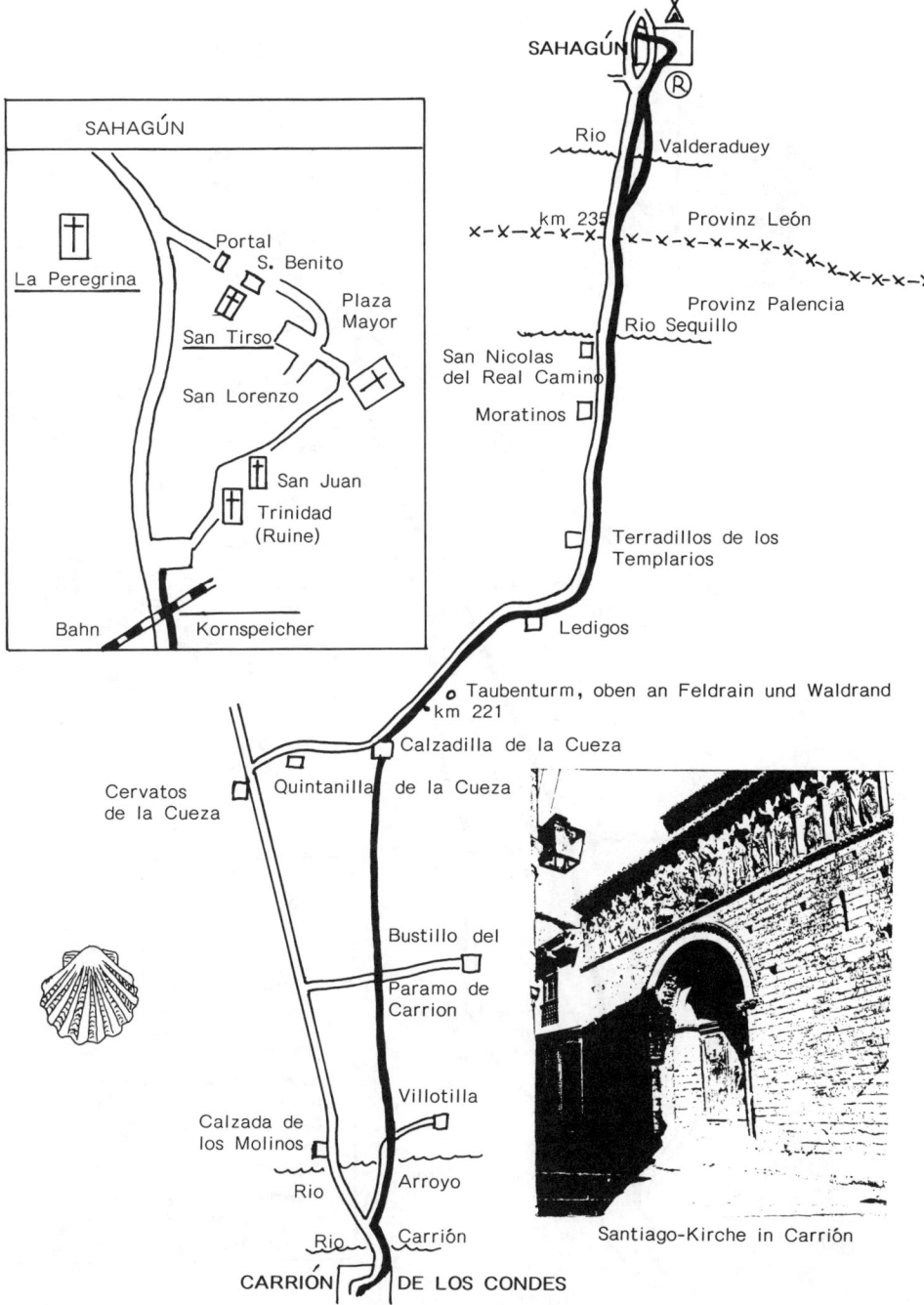

SAHAGÚN

La Peregrina

Portal
S. Benito

Plaza
Mayor

San Tirso

San Lorenzo

San Juan

Trinidad
(Ruine)

Bahn   Kornspeicher

SAHAGÚN ®

Rio   Valderaduey

km 235   Provinz León

Provinz Palencia

Rio Sequillo

San Nicolas
del Real Camino

Moratinos

Terradillos de los
Templarios

Ledigos

Taubenturm, oben an Feldrain und Waldrand
km 221

Calzadilla de la Cueza

Cervatos
de la Cueza

Quintanilla   de la Cueza

Bustillo del

Paramo de
Carrion

Villotilla

Calzada de
los Molinos

Rio   Arroyo

Rio   Carrión

CARRIÓN DE LOS CONDES

Santiago-Kirche in Carrión

273

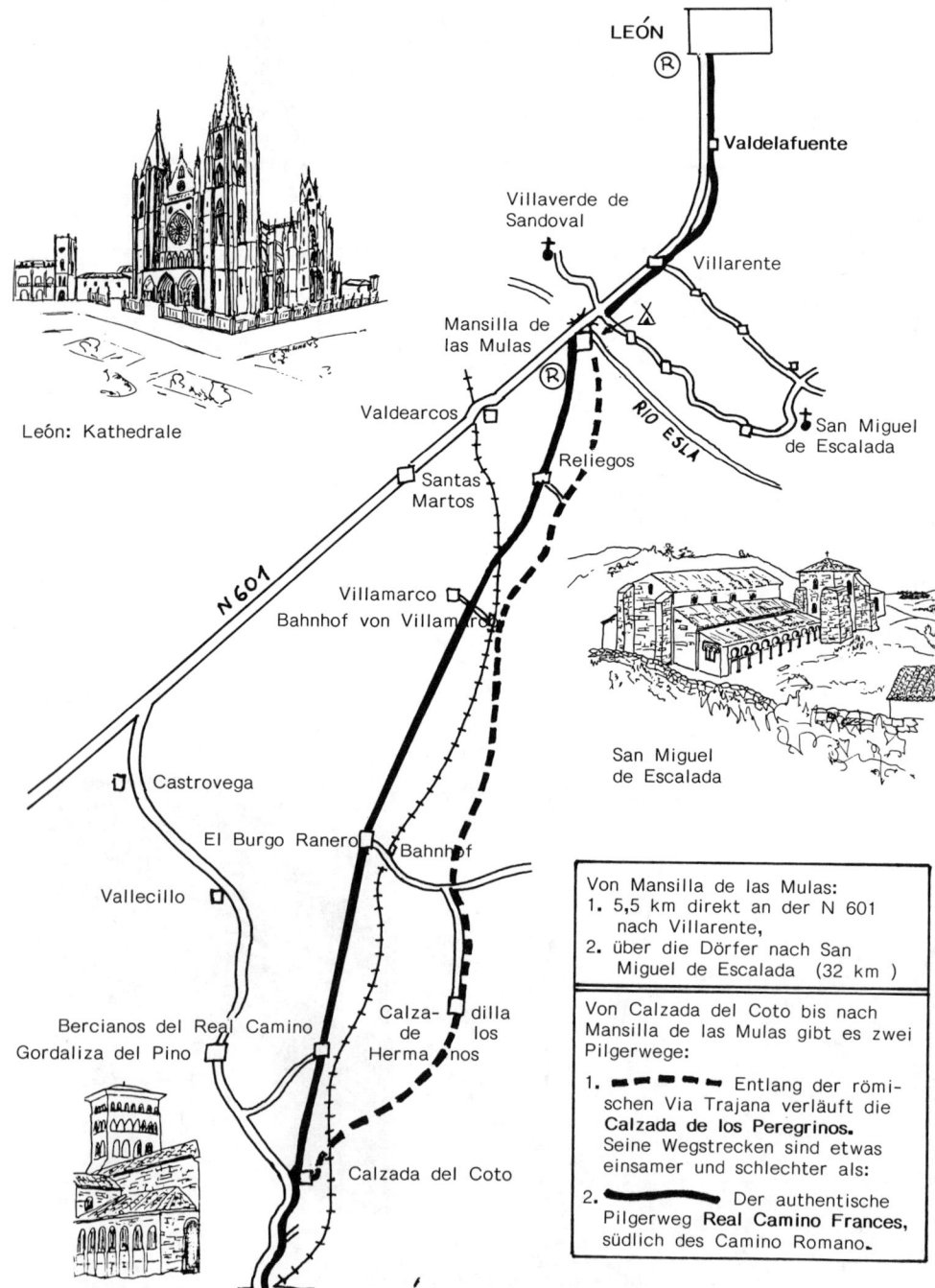

LEÓN

ⓡ

Valdelafuente

Villarente

Villaverde de Sandoval

Mansilla de las Mulas

ⓡ

RIO ESLA

San Miguel de Escalada

Valdearcos

Santas Martos

Reliegos

León: Kathedrale

N 601

Villamarco
Bahnhof von Villamarco

San Miguel de Escalada

Castrovega

El Burgo Ranero Bahnhof

Vallecillo

Bercianos del Real Camino
Gordaliza del Pino

Calza- dilla
de los
Herma nos

Calzada del Coto

SAHAGÚN

Von Mansilla de las Mulas:
1. 5,5 km direkt an der N 601 nach Villarente,
2. über die Dörfer nach San Miguel de Escalada (32 km)

Von Calzada del Coto bis nach Mansilla de las Mulas gibt es zwei Pilgerwege:

1. ▬ ▬ ▬ Entlang der römischen Via Trajana verläuft die **Calzada de los Peregrinos.** Seine Wegstrecken sind etwas einsamer und schlechter als:

2. ▬▬▬ Der authentische Pilgerweg **Real Camino Frances,** südlich des Camino Romano.

Hier beginnt der besonders schöne Teil des Jakobsweges. Auf ruhigen Straßen und Wegen über den großartigen, weltabgeschiedenen Rabanalpaß, durch die grünen Täler des Bierzo, hinauf auf die weiten Höhen des Cebreiro und hinein in die herrliche Landschaft Galiciens.

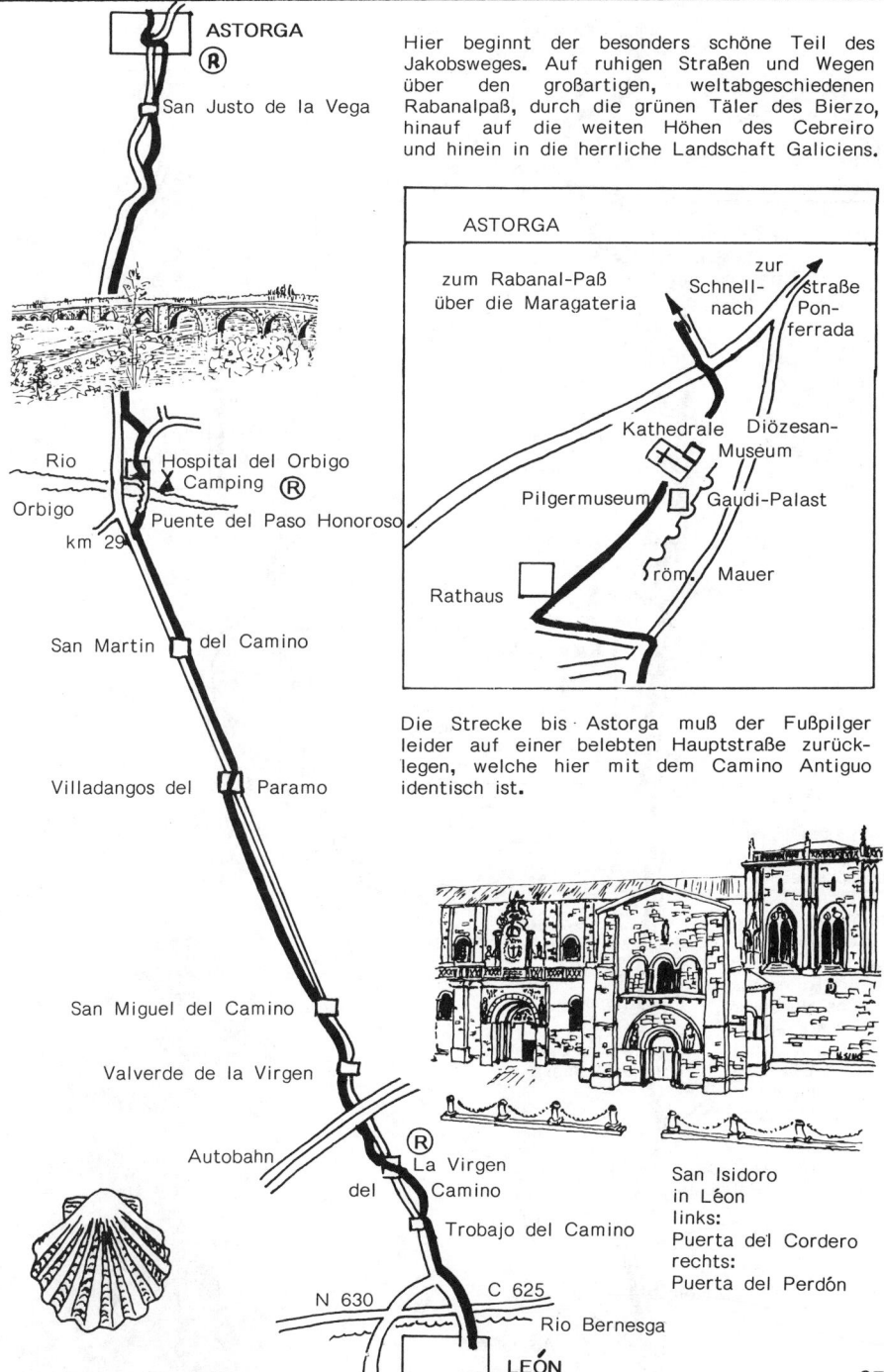

ASTORGA
ⓡ
San Justo de la Vega

ASTORGA

zum Rabanal-Paß
über die Maragateria

zur
Schnell-   Straße
nach   Pon-
             ferrada

Kathedrale Diözesan-
            Museum

Pilgermuseum Gaudi-Palast

röm. Mauer

Rathaus

Rio
Orbigo
km 29

Hospital del Orbigo
Camping ⓡ
Puente del Paso Honoroso

San Martin del Camino

Villadangos del Paramo

Die Strecke bis Astorga muß der Fußpilger leider auf einer belebten Hauptstraße zurücklegen, welche hier mit dem Camino Antiguo identisch ist.

San Miguel del Camino

Valverde de la Virgen

Autobahn

La Virgen
del Camino
ⓡ

Trobajo del Camino

N 630   C 625

Rio Bernesga

LEÓN

San Isidoro
in Léon
links:
Puerta del Cordero
rechts:
Puerta del Perdón

275

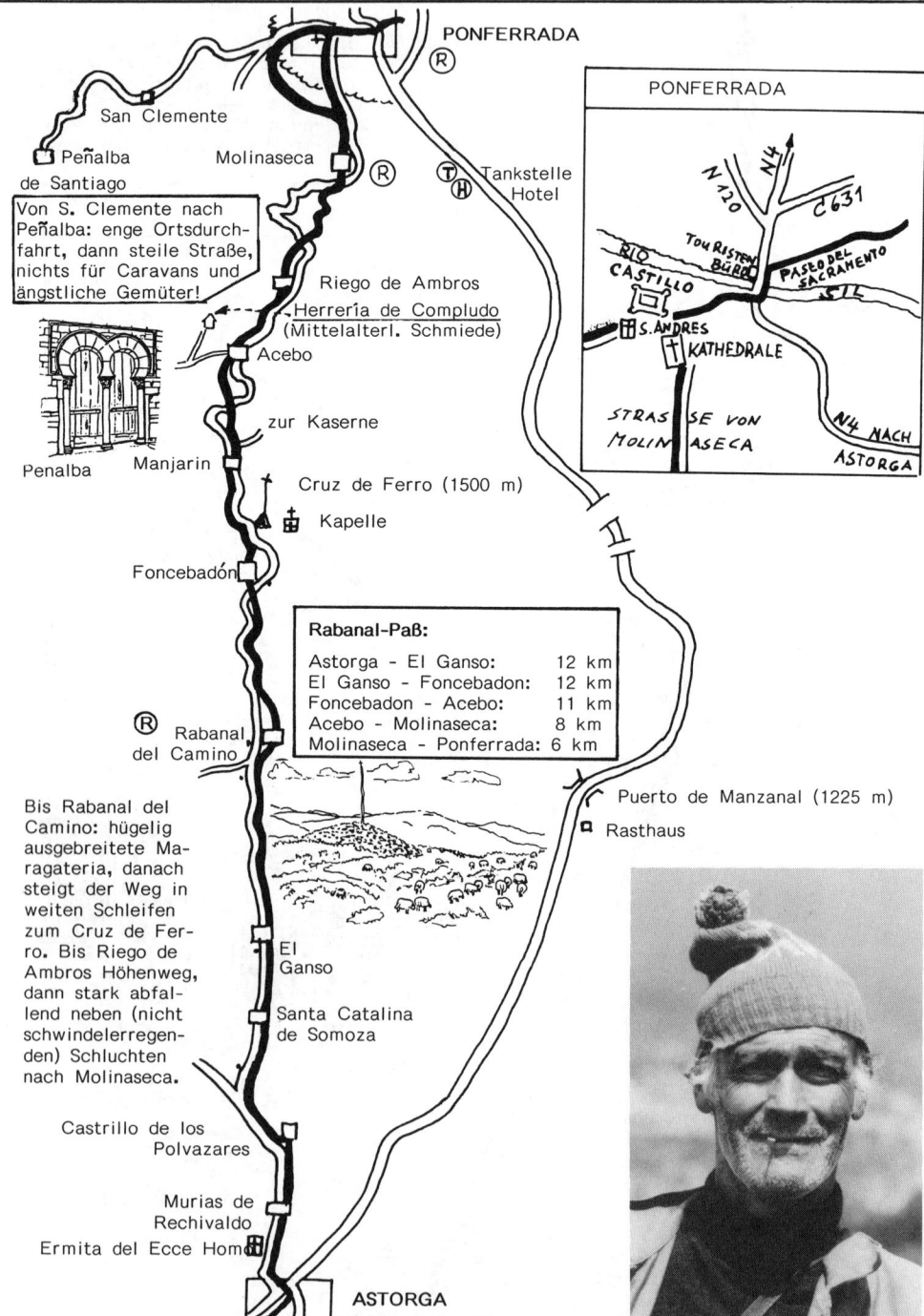

PONFERRADA

San Clemente

Peñalba
de Santiago

Molinaseca

®

Peñalba

ⓉⒽ Tankstelle
Hotel

Von S. Clemente nach
Peñalba: enge Ortsdurch-
fahrt, dann steile Straße,
nichts für Caravans und
ängstliche Gemüter!

Riego de Ambros

Herrería de Compludo
(Mittelalterl. Schmiede)

Acebo

Penalba

Manjarin

zur Kaserne

Cruz de Ferro (1500 m)

✠ Kapelle

Foncebadón

Rabanal-Paß:

Astorga - El Ganso: 12 km
El Ganso - Foncebadon: 12 km
Foncebadon - Acebo: 11 km
Acebo - Molinaseca: 8 km
Molinaseca - Ponferrada: 6 km

® Rabanal
del Camino

Puerto de Manzanal (1225 m)

Rasthaus

Bis Rabanal del
Camino: hügelig
ausgebreitete Ma-
ragateria, danach
steigt der Weg in
weiten Schleifen
zum Cruz de Fer-
ro. Bis Riego de
Ambros Höhenweg,
dann stark abfal-
lend neben (nicht
schwindelerregen-
den) Schluchten
nach Molinaseca.

El
Ganso

Santa Catalina
de Somoza

Castrillo de los
Polvazares

Murias de
Rechivaldo

Ermita del Ecce Homo

ASTORGA
(siehe Seite 57)

PONFERRADA

N 120   N 4
C 631

RIO
CASTILLO

TOURISTEN
BÜRO   PASEO DEL
SACRAMENTO

SIL

ⓈⒶ S. ANDRES
✝ KATHEDRALE

STRASSE VON
MOLINASECA

N 4 NACH
ASTORGA

El Cebreiro ⓡ
x–x–x–x–x–x–x–x ⟩⟨ **Pedrafita-Pass** x–x–x–x–x–x–x–x–x–x
Laguna de C.   GALICIA (Provinz Lugo) x–x–x–x–x–x–x–x–x–x–x–x
La Faba   El   Castro
                                                CASTILIA (Provinz Leon)

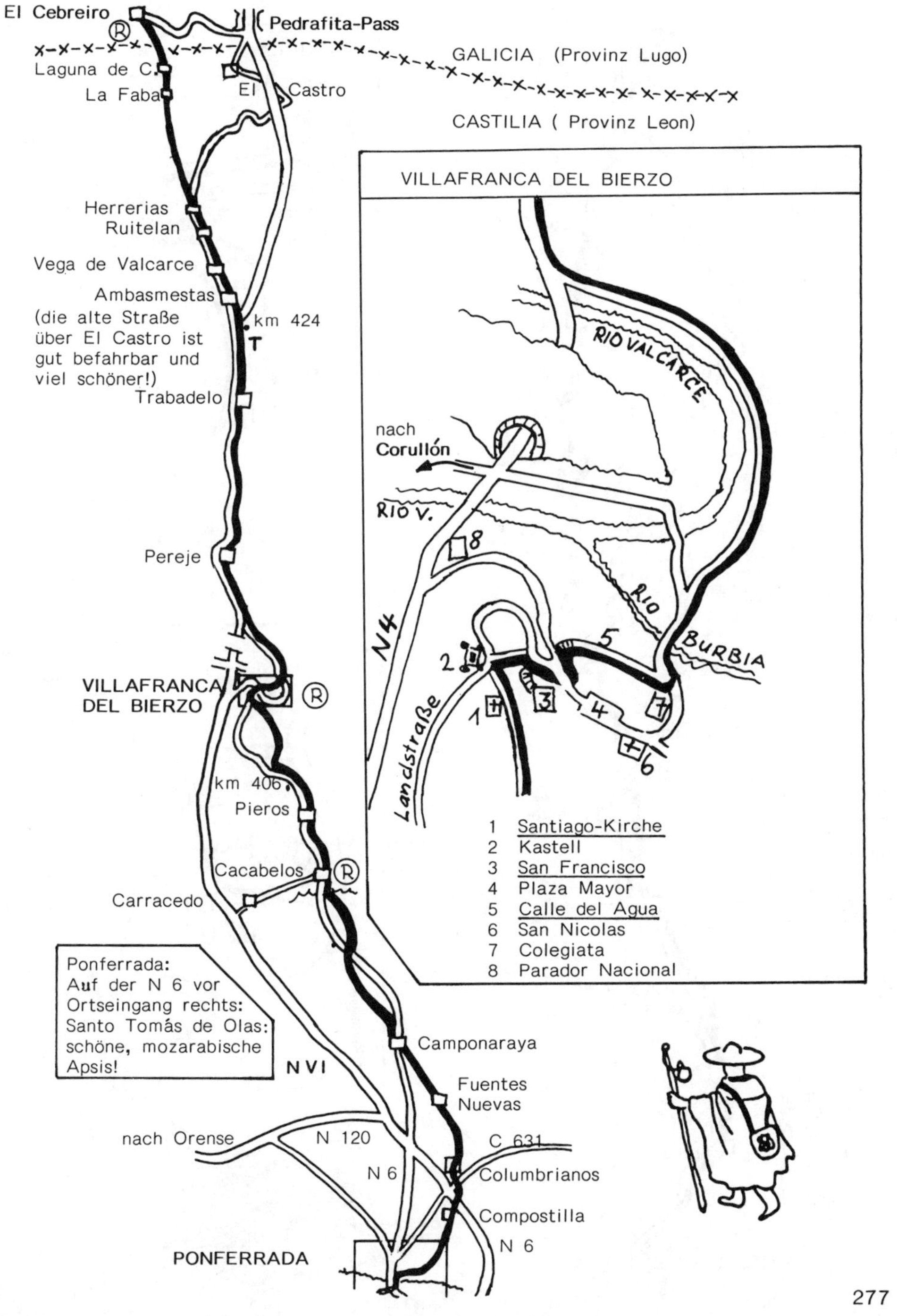

Herrerias
Ruitelan

Vega de Valcarce

Ambasmestas
(die alte Straße   km 424
über El Castro ist   T
gut befahrbar und
viel schöner!)
Trabadelo

Pereje

VILLAFRANCA
DEL BIERZO ⓡ

km 406
Pieros

Cacabelos ⓡ

Carracedo

Ponferrada:
Auf der N 6 vor
Ortseingang rechts:
Santo Tomás de Olas:
schöne, mozarabische
Apsis!   **N VI**

nach Orense   N 120

Camponaraya

Fuentes
Nuevas

C 631
N 6   Columbrianos

Compostilla
N 6

PONFERRADA

VILLAFRANCA DEL BIERZO

RIO VALCARCE

nach
Corullón

RIO V.

RIO BURBIA

N4

Landstraße

1 Santiago-Kirche
2 Kastell
3 San Francisco
4 Plaza Mayor
5 Calle del Agua
6 San Nicolas
7 Colegiata
8 Parador Nacional

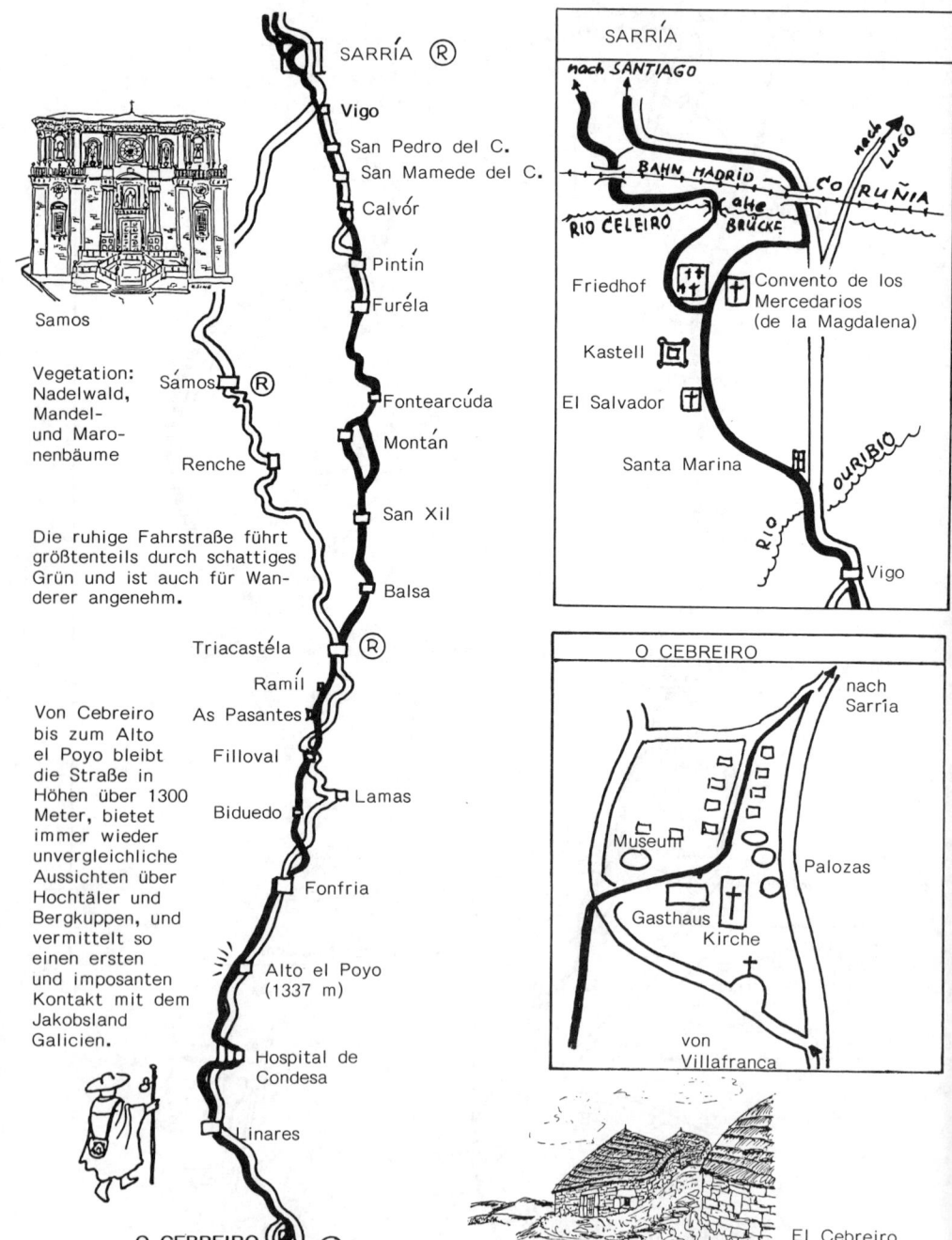

SARRÍA Ⓡ

Vigo

San Pedro del C.
San Mamede del C.

Calvór

Pintín

Furéla

Samos

Vegetation:
Nadelwald,
Mandel-
und Maro-
nenbäume

Sámos Ⓡ

Renche

Fontearcúda

Montán

San Xil

Die ruhige Fahrstraße führt
größtenteils durch schattiges
Grün und ist auch für Wanderer angenehm.

Balsa

Triacastéla Ⓡ

Ramíl

Von Cebreiro   As Pasantes
bis zum Alto
el Poyo bleibt   Filloval
die Straße in
Höhen über 1300
Meter, bietet
immer wieder   Biduedo
unvergleichliche
Aussichten über
Hochtäler und
Bergkuppen, und   Fonfria
vermittelt so
einen ersten
und imposanten   Alto el Poyo
Kontakt mit dem   (1337 m)
Jakobsland
Galicien.

Lamas

Hospital de
Condesa

Linares

O CEBREIRO Ⓡ

SARRÍA

nach SANTIAGO

nach LUGO

BAHN MADRID CORUÑIA

RIO CELEIRO   alte BRÜCKE

Friedhof   Convento de los
Mercedarios
(de la Magdalena)

Kastell

El Salvador

Santa Marina

RIO OURIBIO

Vigo

O CEBREIRO

nach
Sarría

Museum

Palozas

Gasthaus   Kirche

von
Villafranca

El Cebreiro

PALAS DE REY ®

Lamelas
Brea
Lestedo
Portos

Vilar de Donas

Eirexe
Ligonde

Marco

Vilar de Donas

Lameiros

C547

Prebisa
Ventas de
Naron

N540

N640

Hospital

Guntín

Castromayor
Gonzar

C535

Toxibo

Portomarin ®

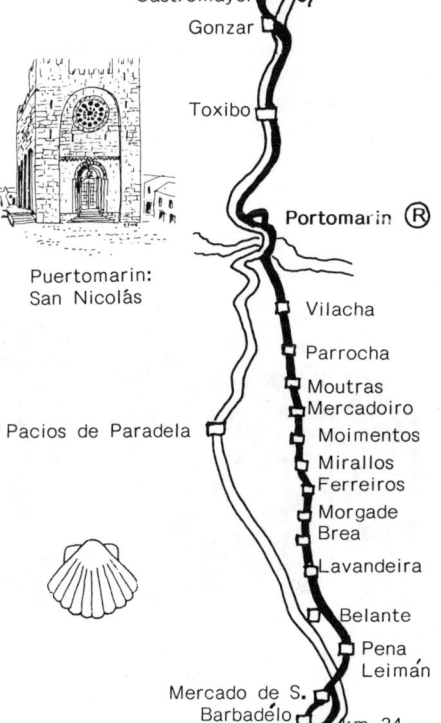

Puertomarin:
San Nicolás

Vilacha

Parrocha

Moutras
Mercadoiro

Pacios de Paradela

Moimentos

Mirallos
Ferreiros

Morgade
Brea

Lavandeira

Belante

Pena
Leimán

Mercado de S.
Barbadélo

km 34

SARRÍA ®

Die ſtraſʒ vnd
meylen tʒu ſant Jacob
auſʒ vnd ein in warheyt gantʒ erfarn
findeſtu in dyſem Buchleyn

anno 1500

Von Sarría nach Puertomarin
windet sich die Straße durch
eine parkähnliche Landschaft
mit stillen Tälern, waldreichen
Höhen und saftigen Wiesen.
Kurz vor Puertomarin eröffnet
sie den Ausblick auf die verzweigten und weit in die bewaldeten Hänge hineinragenden
Buchten des Stausees und
senkt sich sodann hinab in
das Tal des Miño.

*

Für Fußpilger:
kurz hinter dem Dorf Parrocha
führt ein kleiner Umweg zu
den Ruinen des Klosters Loio,
der Wiege des Santiago-Ritterordens (siehe Vilar de Donas).

*

Wenige Kilometer nach Sarría
hat auch der Autofahrer Gelegenheit, die viel bewunderte,
romanische Kirche Barbadélo
aufzusuchen, wenn er bei km
34 die Straße verläßt und
etwa 1,5 km auf einem Schot-
terweg zurücklegt, auf welchem er am besten auch wieder zur Straße zurückfährt.

279

SANTIAGO DE COMPOSTELA Ⓡ ⊼

Monte del Gozo

San Marcos

Zum Monte del Gozo:
in der Ortsmitte von
San Marcos links ab
(kleines Schild), nach
ca. 150 m rechts, bis
zur Kapelle, links den
Hang hoch.
Vorsicht Caravans:
enge Straße!

Labacolla

Amenal

Arca (El Pino) Ⓡ

S. Anton

Burgo

Santa Irene

Salceda

Boavista

Ferreiro

Calzada

Burres   Cortobe

Laberco

Arzua Ⓡ

Ribadiso

Portela

Castañeda

Boente

Raido

Melid Ⓡ

Furelos

Leboreiro

Provincia de la
Coruña

x–x–x – x – x – x–x– x–x–x–x –y–x–x–x–
Provincia de Lugo

Coto – x·x·x·x·

Orosa

Casanova

San Julian del Camino

Gaiola de Riba

Von Palas de Rey bis
Santiago de Compostela
folgt die Fahrstraße überwiegend der Route des
Camino Antiguo.
  Zwar ist diese Straße
keine belebte Haupt-
strecke, sondern eine
schmale, kurvenreiche
Landstraße durch lieb-
liche Landschaften mit
vielen Dörfern, doch ver-
schiebt sich das Verhältnis
zwischen Straße und Wan-
derweg von Jahr zu Jahr
zugunsten von gekenn-
zeichneten Feld- und Wald-
wegen, die durch duftende
Eukalyptuswälder mit
hohen Farnen führen.
  Ab Labacolla jedoch
wage ich, wegen des star-
ken Verkehrs vom und
zum Flughafen, dem Fuß-
pilger die Benützung des
Linienbuses zu empfehlen.

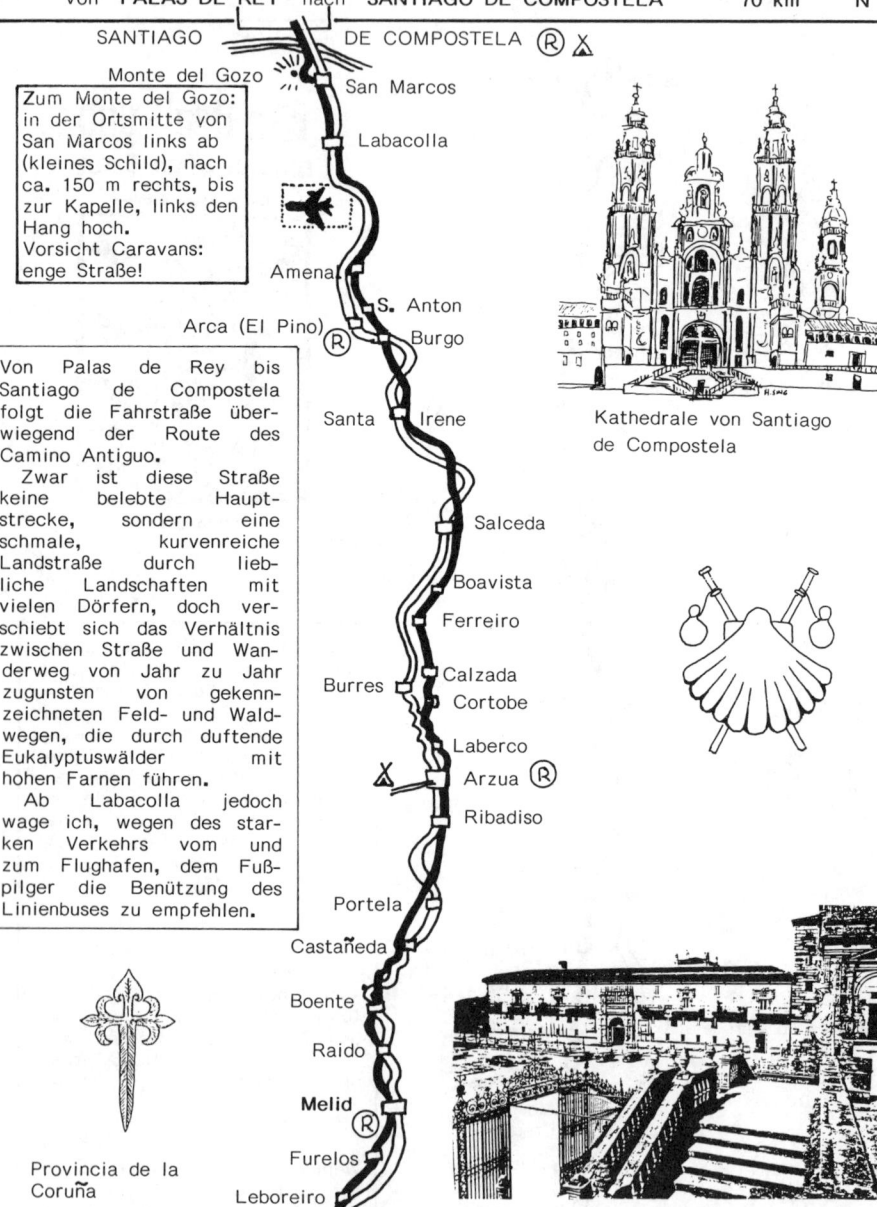

Kathedrale von Santiago
de Compostela

Hotel de los Reyes Cato-
locos in Santiago
einst Pilgerherberge, heute
Luxushotel bei der Kathedrale.

PALAS DE REY

SPEZIELLE INFORMATIONEN

Hotels, Campingplätze, Öffnungszeiten

Die Orte sind in der Reihenfolge des Jakobsweges aufgeführt, entsprechend der Wegbeschreibungen dieses Buches. Für Telefonnummern kann selbstverständlich keine Gewähr übernommen werden. Die Klassifizierung erfolgte nach den in Frankreich und Spanien üblichen Unterteilungen:

* bürgerlich, einfach
** bürgerlich mit etwas Komfort
*** Hotel mit Komfort
**** Hotel mit jedem Komfort
***** Hotel der ersten Klasse
***** L Hotel der ersten Klasse, Luxus
H = nur Hotel, H+R Hotel mit Restaurant, R = Restaurant, C = Camping

BEAUNE

H+R Poste **** T. 220811
H Le Cep **** T. 223548
H+R Bourgogne *** T. 222200
H+R Central *** T. 247724
H+R Crillon *** T. 224425
H Bretonnière ** T. 2215 77
R Auberge St.Vincent
R Ermitage de Corton , an der
  N 4 nach Dijon
C Camping Municipal les Cent Vignes
Öffnungszeiten:
Hôtel Dieu: 9-11,30/14-17 Uhr
Weinmuseum:
Mai-Sept. 10-12,30/ 14-18,15 Uhr
Okt.-April 9-12/14-17,45 Uhr

Pont d'Ouche

Wohnbootsverleih: Canal Plaisance
T. 80/921642

St.Thibault

Kirche: 9,30-19 Uhr

Semur en Auxois
H+R Lac *** T. 971111 beim
Stausee.
R Le Carillon
C Lac du Pont beim Stausee

Abbaye de Fontenay

Klosterführungen (45 Min.):
9, 10, 11, 12 Uhr vormittags,
14-18,30 Uhr alle halbe Stunde.

AVALLON
H+R Hostellerie de la Poste *****
  T. 340612 Rest.: **
R Les Capucins
R Morvan *
Im Tal des Cousin, Richtung Vézelay
H+R Moulin des Ruats **** T. 340714
H+R Moulin des Templiers ***
  T. 341080
C C. de Sous-Roches

VEZELAY
H+R Poste et Lion d'Or ****
  T. 332123
H+R Relais du Morvan *** T. 332533
H De la Terrasse *** T. 332550
In St.Père-sous-Vézelay:
R Esperance *** (!) T. 332045

Parc Morvan
C St.Agnan, am See gleichen Namens,
im Sommer meistens voll.

Saulieu
R+H Borne Imperial (wenige Zimmer)
  T. 641976

ARNAY-LE-DUC
H+R Chez Camille *** T. 900138

AUTUN
H+R St.Louis *** T. 522103
H Arcades ** T. 523003
H France ** T. 521400
R Hostal Vieux Moulin bei der
  Porte Arroux, *** T. 521090
  Einige Zimmer
C Ville d'Autun, an der Straße
  von Saulieu, am Ortsbeginn
Kirche: 10-12/14,30-18 Uhr
  täglich, deutsche Führungen
Musée Rolin:
  15.3.-1.10.: 9,30-12/14,30-19 Uhr
  1.10.-15.3. tägl.außer Di.:
  10-12/14-16, So 10-12/14,30-17 h

PARAY-LE-MONIAL
H+R Trois Pigeons ** T. 810377
H+R Terminus ** T. 810880
H+R Vendanges de Bourgogne **
  T. 811343
C Municipal du Pré Barret,
  schräg gegenüber der Kirche

ISSOIRE
H+R Le Parion *** T. 892211
H Terminus ** T. 892234
H Tourisme ** T. 892368
C 1 km außerhalb der Stadt
  bei der Umgehungsstraße

BRIOUDE
H+R Le Brivas *** T. 501049
H La Chaumine ** T. 501410

LA CHAISE-DIEU
H+R L' Echo et de l'Abbaye **
  Hinter der Kathedrale T. 000045
H+R Du Tremblant ** T. 000185

LE PUY
H+R Chris'tel **** T. 022444
H+R Valvert ** T. 090930
H+R Grand Cerf ** T. 090551
C Municipal bei St.Michel
Kathedrale: 7-19 Uhr
Kreuzgang:1.5.-30.9. : 9-12/14-18 h
1.10.-30.4.: 10-12/14-16 Uhr
St.Michel: täglich:
15.3.-1.6. 10-12/14-19
15.6.-15.9: 9-12/14-19

16.9.-30.10.: 10-12/14-17 Uhr
1.11.-14.3.: Mi, So 14-17 Uhr

ST.FLOUR
Unterstadt:
H+R L'Etappe **** T. 601303
H+R St.Jacques *** T. 600420
H+R Bonne Table *** T. 600586
C Municipal beim Sportplatz
Oberstadt;:
H+R Europe *** T. 600364
H+R Voyageurs *** T. 601554

La Chaldette
H Jacques ** T. 315106

Nasbinals
H+R Route d'Argent ** T. 325003

Aubrac
H+R Moderne ** T. 442842

Estaing
H+R Reynaldy * T. 447003

Conques
H+R Ste.Foy *** T. 698403

Figeac
H+R des Carmes **** T. 342078
H+R Terminus St.Jacques ** T. 340043
C des Carmes N 140 Richtg. Brive

ROCAMADOUR
H+R Beau Site et Notre Dame ****
  T. 336308
H+R Ste.Marie *** T. 336307
H+R Panoramic ** T. 336306

Cahors
H France **** T. 351676
H Terminus *** T. 352450
R La Taverne *

MOISSAC
H+R Moulin de M. **** T. 521615
H+R Chapon Fin *** T. 040422
C Municipal, auf der Insel im Tarn

Condom
H+R Continental ** T. 280058
R Table des cordeliers *

PAU
H+R Paris **** T. 273439
H Roncevaux *** T. 270844
H Le Navarre *** T. 302539
H Atlantic ** T. 323824
H+R Colbert ** T. 325278
C Le Terrier 6,5 km Straße nach
  Bayonne, dann links.

Sauveterre de Béarn
C Municipal du Gave im Süden
  der Stadt.

St.Jean-Pied-de-Port
H+R Pyrénées *** T. 370101
H+R Central *** T. 370022
H Continental *** T. 370025

SPANIEN

Roncesvalles
H+R Casa Sabina * T. 760012
Di zu, April-Nov.

Burguete
H+R Loizu * März-Nov. T. 760008
H Burguete * T. 760005

Espinal
C Urobi

PAMPLONA
H+R Tres Reyes **** T. 226600
H+R Sancho Ramirez *** T. 271712
M+R Yoldi *** T. 224800
H Eslava ** T. 222270
H+R Hostal Europa ** T. 221800
Museum: 10-14 (So 11-14 Uhr

Puente de la Reina
H+R Meson del Peregrino *** T. 340075
C El Molino 6 km südlich Richtung
  Mendigorría

ESTELLA
H Tatán ** T. 550250
H+R Irache *** T. 551150
  Außerhalb an der Straße nach
  Logrono.

LOGRONO
H Carlton Rioja ***** T. 242100
H Gran Hotel *** T. 252100

H Isasa ** T. 256599
C La Playa

Najera
C El Ruedo, in der alten Arena

SANTO DOMINGO DE LA CALZADA
H+R Parador Nacional ****
  T. 340300, vorher reservieren
H Santa Teresa * T. 340700

BURGOS
H+R Condestable **** T. 200644
H Almirante Bonifaz ****
  T. 206943
H+R Corona de Castilla ***
  T. 238212
H+R Mesón del Cid *** T.205971
H+R Espana ** T. 206340
H Asubio ** T. 203445
C Municipal Fuentes Blancas
  Auf dem Weg zur Cartuja de
  Miraflores, vorher links weg.
C Villafria 8km vor Burgos
  rechts der N 1.   Laut.
Kathedrale: 10-13.30/16-19 h tägl.
Miraflores:
  Werkt.10,15-15/16-18,
  Sonnt. 11,15-12,30
S.Nicolas de Bari: 10-12/16,30-20

Frómista
H+R Marisa * T. 810023
H San Telmo
Kirche San Martin:
Mi/Do/Fr 10-14/17-20 h
Sa/So 10-14/16-20 Di 17-20 h

Carrión de los Condes
C El Eden beim Fluß

Sahagún
Kirche San Tirso: 10-12/14-20 h
C neuer Platz ca. 0,5 km westlich

Mansilla de las Mulas
C Esla, am gleichnamigen Fluß

LEON
H+R San Marcos *****L T. 237300
H+R Quindos **** T. 236200
H+R Riosol *** T. 223650
H Don Suero ** T. 230600

Kathedrale: 9-13.30/16-19 h
Sonntagnachmittag zu.
San Isidoro: 9-14/16-18 h

Hospital del Orbigo
C   Don Suero de Quinones

Astorga
H+R Gaudi **** T. 615654
H La Peseta **   T. 617275

Ponferrada
H+R Los Rosales ** T. 467167
   12 km vor der Stadt an der N6
   neben einer Tankstelle
H+R Del Temple **** T. 410058
H+R Madrid *** T. 411550
C "C. el Bierzo", südlich der N 6
   Richtung Villafranca, bei
   Carracedo, Ort Villamartin d. B.

Villafranca del Bierzo
H+R Parador Nac.**** T. 540175
H neues Hotel an der Pl. Mayor

O Cebreiro
H+R Cebreiro ** T. 982-369025
   Hauptsaison: vorher reservieren!

Puertomarin
H+R Parador Nac., vorübergehend
   geschlossen. T. 545035 ****

SANTIAGO DE COMPOSTELA
H+R Reyes Catolicos *****L
   T. 582200 In der Hauptsaison
   unbedingt vorher reservieren!
Die folgenden Hotels sind nur eine
kleine Auswahl, liegen aber in der
Innenstadt:
H+R Peregrino **** T. 581950
H Compostela **** T. 585700
H Gelmirez *** T. 591100
Pensionen:
Suso * T. 586611

Alameda ** T. 588100
Mapoula ** T. 580124
Surina ** T. 580511
La Estela * T. 582796
San Roque * T. 581647
Pensionen in der **Calle del Franco:**
H+R El Rapido ** T. 584983
H Casa Enrique * T.583260
H+R La Arzuana * T. 581198

Auswahl guter Restaurants:
Carballeira, Rua de Villar 41
El Retablo, Rua Nueva
Cigala de Oro, Calle del Franco 10
A Charca, Calle del Franco 32
El Franco, Calle del Franco 28

Santiago-Informationen:

Touristenbüro: Rua del Villar 43
   T. 584081, 10-14/16-19 Uhr
   Dort auch: Stadtpläne, Info-
prospekte, Auskünfte über:
Zugverbindungen nach Frankreich über Orense und Irun
Busverbindugen nach Paris,
Genf, Zürich, sowie Flugverbin-
dungen nach Frankfurt.
Camping:
   AS CANCELAS: siehe Übersichtsplan Seite 210. 2,5 km
   zur Kathedrale. Empfehlenswerter Platz mit Busverbin-
   dung zur Stadt. T.580266
   Falls besetzt: C. Sionilla,
   7 km Richtung La Coruna.

Öffnungszeiten:
Kathedrale: 7.30-21.00 Uhr
Museen der Kathedrale:
   10-13.30/16-19.30 Uhr
Santo Domingo: 10-13/16-19 Uhr
Sta. Maria del Sar: 10-13/16-18
S. Martin Pinario: 10.30-13/16-19

EINIGE WORTE UND REDEWENDUNGEN - auf Französisch und Spanisch

ALLGEMEINE BEGRIFFE

Mein Herr = Monsieur - Senor; Meine Dame = Madame - Senora; Fräulein=
Mademoiselle - Senorita; Guten Tag = Bonjour - Buenos dias; Guten Abend=
Bonsoir - Buenas tardes; Ja/Nein = Oui/Non - Si/No; Danke (sehr) = Merci
(beaucoup) - (muchas) gracias; Bitte = S'il vous plaît - Por favor; Verzeihung = Pardon - Perdoneme; Auf Wiedersehen = Au revoir - Adiós

PILGER UNTERWEGS

Ich bin Pilger nach S. = Je suis pélérin à S. - Soy peregrino a Santiago;
Wo ist die Pilgerherberge = (gibt es in Frankr. nicht) - Donde esta el
refugio?; Wo ist das Pfarramt/der Pfarrer? = Où se trouve le cure/curé? -
Donde esta el curato/el cura? ; Wohin führt diese Straße? = Où conduit
cette route? - A donde conduce esta carretera?; Der alte Pilgerweg = Le
chemin de St.-Jacques - El camino antiguo a Santiago; Nach links/rechts=
à gauche/à droite - a la izquierda/a la derecha; geradeaus = Tout droit -
todo derecho (auch: siga adelante; Wenden (Umkehren) = Tourner - volver;
Fluß = Fleuve - Rio; Brücke = Pont - Puente; Kreuzung = Carrefour (auch:
Feux rouge) - Cruce (semáforo); Mechaniker = Mécanicien - Taller mecanico;
Arzt = Médicin - Medico;

ZAHLEN

1, 2, 3,	Un/Une, deux, trois	un/uno, dos, tres
4, 5, 6	quatre, cinq, six	quatro, cinco, seis
7, 8, 9	sept, huit, neuf	siete, ocho, nueve
10, 11, 12	dix, onze, douze	diez, once, doce
13, 14	treize, quatorze	trece, catorce
15. 16	quinze, seize	quince, diez y seis
17. 18	dix-sept, dix-huit	diez y siete, diez y ocho
19, 20	dix-neuf, vingt	diez y nueve, veinte
21	vingt et un	veintiuno
30, 40	trente, quarante	treinta, cuarenta
50, 60	cinquante, soixante	cincuenta, sesenta
70, 80	soixante-dix, quatre-vingt	setenta, ochenta
71	soixante-once	setenta y uno
90	quatre-vingt-dix	noventa
91	quatre-vingt-onze	noventa y uno
100, 1000	cent, mille	cien/ciento, mil
1 mal, 2 mal	une/ deux fois	una/ dos vezes
die Hälfte	la moitié	la mitad

WOCHENTAGE UND ZEIT

Montag, Dienstag	lundi, mardi	lunes, martes
Mittwoch, Donnerstag	mercredi, jeudi	miércoles, jueves
Freitag, Samstag	vendredi, samedi	viernes, sabado
Sonntag	dimanche	domingo
gestern, heute	hier, aujourd'hui	ayer, hoy
morgen	demain	mañana
heute nachmittag	cet après-midi	esta tarde
heute abend	ce soir	esta tarde/ noche
morgen früh	demain matin	mañana por la mañana

IM HOTEL

Haben Sie freie Zimmer?	Vous avez des chambres?	Hay habitaciones?
Doppelzimmer	pour deux personnes	un doble
Bad/ Dusche	salle de bain/douche	cuarto de baño/ducha
Für eine Nacht	pour une nuit	por una noche
Wieviel kostet es?	C'est combien?	cuanto es?
Wecken Sie mich um...	Réveillez-moi à...	despertame por favor a ...

IM RESTAURANT

Welches ist die Spezialität der Region?	quelle est la specialité du pays?	cual es el plato especial de la region?
Was empfehlen Sie?	Qu'est-ce que vous conseillez?	que puede recomendarme?
Vorspeise	hors d'oeuvre	entremeses
Fleisch/Fisch	viande/poisson	carne/pescado
Kalb/Rind/Hammel	veau/boeuf/mouton	ternera/vaca/cordero
Schwein/gut gebraten	porc/ bien cuit	cerdo/ bien echo
Die Rechnung	L'addition	la cuenta

REGISTER

Aachen 23
Acebo 196
Agatharied 22
Agen 128
Aire sur l'Adour   129
Alise-Ste-Reine 73
Altdorf 24
Altkastilien 155
Aquitanien 233
Argenton-sur-Creuse 253
Arles 232
Arnay-le-Duc 85
Arnéguy 135
Astorga 193
Aubrac 105
Augsburg 23, 39
Aulnay 244
Autun 86
Auvergne 91
Avallon 75
Azerables 253

Bad Aibling 23
Barbadelo 207
Barano 227
Bayona 228
Bazas 262
Beaune 63, **65**

Bénévent l' Abbaye 253
Bergerac 262
Betanzos 230
Beynac 262
Bierzo 196
Blaye 247
Bourdeille 258
Bourg 247
Bourges 249
Brantome 257
Braunschweig 23
Brioude 94
Bruère-Allichamps 251
Burgos 56, **164**
Burguete 142
Burgund 59
Bussy-Rabutin 73

Cabo Finisterre 226
Cadouin 262
Cahors 54, **121**
Cambados 227
Canal de Bourgogne 60, 69
Carnota 226
Carrión de los Condes 180
Castelnaud 262
Castrillo d.l. Polvazares 195
Castrojeriz 175
Cebreiro 202
Charité-sur-Loire 249

Châteauneuf en A. 69
Chaudes-Aigues 104
Chauvigny 241
Cirauqui 151
Clermont-Ferrand 94
Cognac 246
Combarro 228
Condom 128
Conques 54, **110**
Corcubion 226
Corullon 200
Coruña 229
Covarrubias 173
Cruz de Ferro 196

Dax 247
Dijon 63
Dombate 229
Domme 261

Eauze 126, **146**
El Ganso 195
El Grove 227
Estorde 226
Ezaro 226
Espalion 107
Estaing 108
Estella 152
Eunate 146

Fenioux 246
Figeac 116
Finisterre 226
Foncebadon 196
Fontenay (Abtei) 73
Fourcès 129
Frômista 176

Galicien 201
Gargilesse-Dampierre 253
Gascogne 126
Gibraltar 130

Hagetmau 263
Harambeltz 131
Hio 228
Hornillos 174
Hospital del Orbigo 192

Ibañeta-Paß 140
Irache 154
Issoire 94
Itero del Castillo 176

Jaca 231
Javier 230

Kap Finisterre 226

Labacolla 209
La Chaise-Dieu 95
La Chaldette 104
La Châtre 251
La Coruña 229
La Guardia 228
Lapalisse 93
La Réole 262
La Roque Gageac 261
Larrasoana 142
Larressingle 128
La Souterraine 253
La Toja 228
León 186
Le-Puy 38, 54, **98**
Les Eyzies 259
Leyre 230
Limoges 254
Logroño 156
Lourdes 129
Louro 226
Lugo 230

Manjarin 196
Mansilla d.l. Mulas 185
Manzanalpaß 194
Massif-Central 54
Melle 244
Mellid 208
Midi-Pyrênées 109
Mimizan 247
Miraflores (Kartause) 169
Moissac 54, **122**
Molinaseca 196
Montbard 73
Mont-de-Marsan 262

Morvan (Naturpark) 85
Muros 226
Mugia 229

Nájera 156
Nasbinals 105
Navarra 138
Nerga 228
Neuvy-St-Sepulchre 252
Nevers 249   Niort 244
Nohant 251
Nohant-Vic 252
Noirlac 251
Noya 226
Nürnberg 36

O Cebreiro 202
Olmilos de Sasamón 174
Oloron 231
Orthez 129
Ostabat 54, **131**

Padron 13, **227**
Palas de Rey 208
Pamplona 143
Paray-le-Monial 88
Paris 39, 53, 63
Parthenay 243
Pau 127, 129
Peiting 22
Peñalba de Santiago 198
Périgord 255
Perigueux 258
Pistoia 24
Poitiers 238
Poitou 237
Polignac 99
Ponferrada 197
Pons 246
Pont d'Ouche 69
Pontevedra 228
Pouilly-en-Auxois 69
Puente la Reina 147
Puente del Orbigo 192
Puertomarin 207
Puy-de-Dôme 94
Pyla 247

Quercy 115
Quilmas 226
Quintanilla d.l.Vinas 173

Rabanal del Camino 195
Rabanalpaß 194
Rabenden 23
Redecilla 161
Rias-Küsten 225 ff.
Rioja 155
Ribeiro 227
Rocamadour 36, 54, **118**, 261
Roncesvalles 48, 56, **141**
Rothenburg o.d.Tauber 23
Royat 94

Sahagún 182

St-Amand 251
St-Bertrand-de-Comm.231
St-Flour 104
St-Gilles 232
St-Guilhem-le-Desert 232
St-Jean-de-Côle 257
St-Jean-Pied-de-Port 132
St-Leonard-de-Noblat 254
St-Palais **130**, 248, 263
St-Père-sous-Vézelay 84
St-Savin 241
St-Sever 262
St-Thibault 70
St-Yrieix-la Perche 255
Ste-Foy-la-Grande 262
Saintes 246
Salles-de-Béarn 130
Samos 205
San Juan de la Pena 231
San Juan de Ortega 40, **162**
San Miguel de Escalada 185
San Millán d.l.Cogolla 157
Sangüesa 230
Sta.Catalina d.Somoza 195
Sta. Maria del Camino 192
Santiago de Comp. 210 ff.
Sto.Domingo d.l.Calz. 158
Sto.Domingo de Silos 172
Sanxenxo 228
Sarlat 259
Sarria 206
Sasamón 175
Saulieu 85
Sauveterre-de-Béarn 130
Savigny-les-Beaunes 69
Semûr-en-Auxois 70
Solignac 255
Somportpaß 231
Sorde l' Abbaye 247
Souillac 259

Thevet-St-Julien 251
Thiers 93
Thiviers 255
Toulouse 232
Tours 237
Tramin 24
Tremolat 262
Triacastela 204
Tuntenhausen 23

Ulm (Donau) 23

Vézelay 53, 68, **78**
Viana 154
Vic 252
Vichy 93
Vigo 228
Vilano (Cap) 229
Vimianzo 229
Vilar de Donas 208
Villafranca del B. 198
Villalcazar de S. 178
Yesa-See 231

Zubiri 143

PRESSESTIMMEN

WAZ, NRZ, WR, WP: ". .erfüllt alle Anforderungen an einen guten Reiseführer. .gründlicher, touristenfreundlicher Kulturführer. . ."

SÜDWESTPRESSE: ". . .beispielhafter Führer. . .lebendig, mit umfassenden Informationen, ohne Einschränkung zu empfehlen. . ."

DER ZAHNARZT - Colloquium med. dent.:
"Sings Ortsbeschreibungen sind präzise, seine kunst- und kulturhistorischen Ausführungen kenntnisreich, seine Tips zu gastronomischen Spezialitäten auch für den Genießer eine erfreuliche Anregung. . .dieses Buch ist ein wertvoller und zugleich sehr preiswerter Reisebegleiter."

JOURNAL FÜR ÄRZTE - notabene medici:
". . .beschreibt nicht nur Kulturdenkmäler, sondern gibt Hintergrundinformationen. . .Weil dieses Buch etwas von der Atmosphäre dieses alten Pilgerweges vermittelt, macht das Lesen Spaß."

LA VOZ DE GALICIA (Die Stimme Galiciens): "Der Führer vermittelt die Geschichte des Camino und seine zahlreichen Legenden. . .und enthält Informationen über Museen, Kirchen, Hotels, Camping, Küche und eine Vielzahl weiterer Details. . ."

ZUSCHRIFTEN VON LESERN

G.W.Kiel: ". . waren Ihr Buch und Sie mein ständiger Begleiter und ich habe die Fahrt genossen und bin fasziniert. Vom Weg und Ihren Erklärungen. Ich bringe Ihnen stehend Ovationen und Viertelstundenapplaus".

G.Bührlen: ". . wir haben in ihm einen so trefflichen und sympathischen Reisebegleiter gehabt, daß wir uns hinterher gar nicht vorstellen konnten wie wir ohne seinen Rat, seine geographischen, kulinarischen und historischen Hinweise zurecht gekommen wären . . ."

B.Bein: ". . per Auto und teilweise zu Fuß - ihr Buch war uns dabei ein einmaliger Helfer. . ."

W.Merk: "Herzlichen Dank für die hervorragende Führung (incl. Einführung) auf dem Jakobsweg."

P.Gratzer: "Es war eine Freude, alles so zu finden, wie sie es beschrieben haben." A.Darchinger: "Wir haben so viele schöne Eindrücke gesammelt, die wir ohne diesen Reiseführer nie erlebt hätten."